Great Lives ⑧
위대한 생애

맥아더 회고록 Ⅱ

반광식/옮김

🅤 일신서적출판사

머 리 말

　이 회고록은 역사도 아니고 자서전도 아니며, 또 일기도 아니지만 그 전부를 조금씩 겸하고 있다.
　여기에 쓴 것은 내가 직접 관계한 사건에 대한 완전한 설명은 아니고, 여러 가지 일에 대한 나의 개인적인 회상에 지나지 않는다. 다만 그 회상은 나의 메모를 정리하고, 또 나의 지휘와 감독하에서 막료들이 작성한 조사보고나 역사적 기록을 충분히 검토함으로써 신선한 작품이 되었다.
　이 기록은 장차 역사가가 전쟁이라는 상황에서 나타난 여러 가지 행위에 대하여 동기와 이유를 알고자 했을 때 도움이 될지도 모른다. 또 젊은 세대가 이 기록에 약간이나마 흥미를 가져서 자국의 정부는 필요하다면 국민을 위해서 싸우고 또 국민을 위해서 죽을만한 값어치가 있는 것을 배워주었으면 하고 희망한다.
　이 회고록을 쓰는데 있어서 가장 어려웠던 것은 어떻게 하면 수많은 중요한 사건에서 내가 수행한 역할을 설명하고, 더구나 내가 한 일을 부당하지 않게 쓸 수 있는가 하는 점이었다.
　이 기록은 미국이 경험해온 국가의 생존과 인간의 자유와 정치적 평등을 위한 위대한 싸움에서 내가 맡았던 역할, 그리고 나의 전생애에 대해서 나 자신이 직접 펜으로 쓴 것이다. 나는 거기에서 문학적 가치 따위는 조금도 기대하지 않는다. 내가 이것을 쓴 동기는 저술가가 책을 내는 동기와는 다르다. 내가 독자의 눈을 조금이라도 끌 수 있다고 생각한다면 그것은 이 기록에서 다루어진 문제의 내용에 관한 부분이다. 이 기록의 여러 가지 사실은 기록에 의해서 증명되고 있다. 비평은 나 자신의 것으로서, 여기에서 다루어진 문제에 대하여 다른 사람들이 같은 견해를 가지고 있는지의 여부는 상관없이 나 자신이 그것을 어떻게 보고 있는가를 나타내는 것이다.

 나는 이 기록을 지금까지 미국이 싸웠던 여러 번의 큰 전쟁에 참가했던 몇백만의 장병들과 헌신적인 여성들에게 삼가 바치고, 나의 아내와 아들에게 유산으로 남길까 한다.

더글러스 맥아더

차　례

제7장 태평양 전쟁 Ⅲ ─────────── 6
　1. 레이테 상륙 작전 …… 6
　2. 레이테 해전 …… 18
　3. 야마시타 사령관의 비극 …… 30
　4. 루손 섬 공략 …… 39
　5. 마닐라 입성 …… 48
　6. 일본 본토를 향하여 …… 61

제8장 일본 점령 ─────────── 79
　1. 항 복 식 …… 79
　2. 일본 천황과의 회견 …… 93
　3. 점령 정책 …… 110
　4. 헌법 개정 …… 120
　5. 경제·노동 그 밖의 개혁 …… 131
　6. 전범 재판 …… 144

제9장 한국 전쟁 ─────────── 154
　1. 비극 전야 …… 154
　2. 전쟁 발발 …… 162

3. 패전의 언덕 …… 167
  4. 휘청거리는 대만 정책 …… 178
  5. 인천 상륙작전 …… 187
  6. 38선을 돌파하여 북진! …… 206
  7. 웨이크 섬 회담 …… 211
  8. 성역 아닌 성역 압록강 …… 217
  9. 밀려오는 중공군 부대 …… 227
 10. 갈팡질팡하는 미국의 극동 정책 …… 237
 11. 반격 작전 …… 248
 12. 해　　임 …… 257

제10장 결　　별 ──────────────── 269
  1. 노병은 죽지 않는다 …… 269
  2. 환호와 감사에 묻혀 …… 281
  3. 아이크에게 한 나의 건의 …… 286
  4. 미국의 앞날 …… 295
  5. 센티멘탈 저니 …… 304
  6. 육사여 잘 있거라 …… 308

제 7 장   태평양 전쟁 Ⅲ

1. 레이테 상륙 작전

  1942년 3월 크레히돌에서 탈출한 이래 나는 한시도 필리핀을 잊을 수 없었다. 나는 태평양전쟁이 발발했을 때부터 이 군도가 일본의 남방 점령지역 중 중요한 요충으로 전략적 가치가 매우 높다는 것을 잘 알고 있었으므로 서남 태평양지역의 궁극적인 작전 목표로 필리핀을 염두에 두고 있었다.
  일본군의 전쟁 자료도 필리핀에 결정적인 우선권을 두고 있었음을 말해주고 있었다. 일본의 대본영 작전부장 미야자키 슈이치(宮崎岡一) 중장은 이 점에 대해서 다음과 같이 말하고 있다.
  "일본군의 남방 공략에 있어서 필리핀은 남부전선의 동익(東翼)에 위치하므로 미국이 반격해올 때 주요한 방위선이었다. 서익(西翼)은 버마와 말레이지아로, 이 두 지역은 일본이 남진하는 통로를 보호하는 역할을 맡고 있다. 또한 정치적 전략적 측면에서 보더라도 필리핀을 지키는 것은 미국과 영국을 상대로 한 전쟁 수행에 매우 중요한 요소였다. 필리핀 군도를 상실하게 된다면 일본 본토와 남방간의 통신 수단에 위협을 받게 되며, 보급과 병력 수송에 많은 지장을 줄 것이다. 필리핀을 상실하게 된다면 반대로 적에게 유리해질 뿐이다."
  제 14 군 참모부장 우츠노미야(宇都宮) 소장은 또 이렇게 말했다.
  "필리핀은 적군이 일본으로 전진하는 최후의 보루이다. 이 섬들의 중요성은 일본 본토에 대한 공격을 방어하는 방벽 구실을 해준다는 점에 있다. 우리가 필리핀에서 적의 진격을 지연시키는 동안에 본토의 방위 태세를 갖추어야 한다."

연합군이 뉴기니를 지나 전진을 계속하고 있을 때 연합국의 정책 수립가와 전략가들 사이에서는 일본을 패배시키기 위한 갖가지 의견이 속출했다. 그러나 나는 뉴기니와 필리핀을 직선으로 잇는 선에 따라, 포트 모메스비에서 마닐라로 전진하려는 나의 기본 계획에서 한 발자국도 물러서지 않았다.

그것은 다음과 같은 구상을 바탕으로 한 것이었다. 즉 하나의 진격 노선에 따라 육해공군을 진격시킴으로써 일본의 대부대를 고립시킨 다음, 이들을 공격하거나 항복시키려는 것이었다. 나는 부대가 전진할 때마다 지상에서 발진한 우군기의 엄호 아래 전진케 함으로써 우리는 언제나 안전하게 진격할 수 있었다. 뿐만 아니라 지상 기지를 가진 공군 부대의 전략상의 이점을 최대한으로 이용하여 수륙 양면작전을 전개할 때 제공권과 제해권을 장악할 수 있었다.

기본적인 구상은 끝까지 변하지 않았으며, 나는 이 구상에 따라서 부대를 포트 모메스비와 밀르느 만에서 부나와 라에로, 다음에는 비티아즈 해협을 지나 에디미럴티 제도로, 그리고 홀란디아와 포컬컵 반도로 전진시켰으며, 마침내 필리핀으로의 마지막 거점인 몰로카이 섬에 육박했다.

이러한 나의 계획은 '레노' 계획이라 하여, 필리핀 군도 네덜란드의 동인도지나와 말레이지아, 그리고 당시의 불령 인도지나를 연결하는 주요 해상 루트의 한복판에 위치하고 있어서 서남태평양 지역의 중요한 전략목표라는 전제하에 세운 것이었다.

따라서 그 당시 누구든지 필리핀의 공군이나 해군 기지를 장악하는 쪽은 일본 공업에 소요되는 원자재의 공급을 차단할 수 있었다. 이러한 보급로가 차단되면 머지않아 일본의 공업은 마비될 것이고, 연합군에 저항할 전쟁 수행 능력을 상실하게 되어, 일본군의 주요 기지를 쉽게 점령할 수 있을 것이다. 나는 우선 필리핀 방면의 전략적 목표를 민다나오로 정하고, 뉴기니의 서쪽 끝을 통과한 다음 부대의 측면은 태평양을 횡단하여 중부 태평양 쪽으로 진격하는 해군 부대의 엄호를 받기로 했다.

이 '레노' 계획에 따르면, 우리는 공격 목표에서 가장 가까운 거리에서 출발하여 가장 방비가 허술한 적진을 향하여 전진하게 되므로 쉽게 적의 방어선을 돌파하도록 되어 있었다. 이때는 공수부대와 해상부대를 동원하며, 이들은 지상 기지를 이륙한 항공대와 태평양상에서 활동 중인 해군 함대의 강력한 지원을 받도록 했다. 취약한 적의 방어선을 침투해서 진격하는 작전을 계속하면 우리가 건드리지 않은 채 지나쳐간 적의 튼튼한 기지는 그 수가 더욱 늘어날 것이고 그들은 고립되어 저절로 괴멸될 것이 분명하므로, 우리는 최소의 손실로 대량의 적을 섬멸시킬 수 있는 일거 양득의 효과를 얻을 수 있을 것이다.

그 밖에도 여러 가지 안이 나왔으나 결국 레노 계획이 채택되었으며, 이 계획은 '마스커티어 2호'라는 이름으로 고쳐 부르게 되었다. 이 계획에 의거하여 11월 25일에는 민다나오 남부를, 12월 20일에는 레이테 만을 공격하기로 했다. 그 주요 목표는 중부 루손 지역을 조속히 탈환함으로써 필리핀 내에 있는 일본군 주요 진지의 지휘 계통과 보급로를 파괴하여 앞으로 있을 일본 본토로 진격하기 위한 작전 기지를 설치하려는 데 있었다.

이 계획에 따르자면 미국 해군 함대는 필리핀 군도의 동해안에 교두보를 구축하는 것만이 아니라 중부 루손 지역의 공략에도 전면 지원을 하도록 되어 있었다.

이에 따라 9월 9일과 10일에 홀시 제독 휘하의 제3함대 소속 항공모함에서 발진한 전투기들이 민다나오를 공습했는데, 의외로 이곳 적들의 공중 방위가 너무나 허술함을 발견하게 되었다. 일본의 항공기는 거의 보이지 않았고 계속 탐색해본 결과 적의 공군 시설은 뉴기니의 기지에서 출격한 서남태평양 부대 폭격기들의 공격으로 막심한 손실을 입고 있음이 판명되었다.

9월 12, 13일, 제3함대의 항공모함 특공대들은 비사야 제도를 공습했는데, 이곳에서도 적의 공군은 저항이 미미하여 적의 항공기와 지상 시설은 막대한 손실을 보았다. 막강하기 이를데 없던 일본 공군은 뉴기니 전선의 소모전에서 대부분 괴멸되었다는 것이 점차 명백해졌다.

홀시 제독은 지금 당장 레이테 섬을 점령하자고 타전해왔다. 바로 이 시각에 캐나다의 퀘벡에서는 루스벨트 대통령과 처칠 수상의 회담이 열리고 있어서 미국의 전략 총본부는 거의 퀘벡으로 옮겨가다시피 된 실정이었다. 홀시 제독의 제의는 즉각 이들에게 전달되었는데, 이에 대한 나의 의견을 물어왔으므로 나는 다음과 같이 답전을 보냈다.

"필리핀 군도 지역에서 항공모함에 관한 제3함대 사령관의 보고를 참고한 결과, 레이테 공격을 10월 20일로 앞당겨도 무방하다고 판단됨."

레이테 공격에 관한 작전 변경은 퀘벡 회담에 참석한 전략 참모들의 의견에 따라 90분 이내에 결정되었으며, 우리는 두 달이나 앞당겨서 행동을 개시할 수 있게 되었다.

마샬 장군은 그 당시 퀘벡 회담의 극적 장면을 다음과 같이 묘사하고 있다.

"맥아더 장군의 의견을 타진한바, 레이테 상륙작전 계획을 최초에 예정했던 12월 10일에서 10월 20일로 앞당겨서 할 준비가 완료되어 있다는 회답이 왔다. 정말로 신속한 결정이었다.

맥아더 장군의 회답은 밤에 도착했는데, 그때 나는 리 제독, 킹 제독, 아놀드 장군과 함께 캐나다 장교가 주최하는 만찬에 참석 중이었다. 담당 참모가 먼저 장군이 보낸 전문을 읽고 곧 이를 승인하는 전보를 치는 것이 좋겠다는 의견서를 첨부하여 우리들에게 보냈다.

우리는 회식장 밖으로 나와서 상의했는데 맥아더 장군이나 홀시 제독, 그리고 니미츠 제독을 전폭적으로 신뢰하고 있었으므로 곧 결정을 내릴 수 있었다. 우리는 전보를 접수한지 90분만에 맥아더 장군과 니미츠 제독에게 10월 20일에 레이테 작전을 개시해도 좋다는 전보를 쳤다."

후일, 루스벨트 대통령은 의회에 보내는 일반 교서에서 내가 작전 계획의 변경을 신속하게 결정한 것을 가리켜서 '신축성 있는' 처사라고 칭찬하면서 다음과 같이 덧붙였다.

"24시간이라는 짧은 시간 안에 전략계획의 중요한 변경을 했다. 이 변경으로 필리핀의 해방과 최후의 승리의 날은 더욱 단축되었으며, 중간에 가로놓인 섬들을 점령하는 대신 우리의 전선에서 멀리 떨어진 후방에 고립시킴으로써 많은 생명을 희생시키지 않을 수 있었다."

나는 루스벨트 대통령이 그렇게 말했다는 것을 전해 듣고 속으로 매우 기뻐했다. 많은 희생이 따르는 정면공격을 피하고 적을 측면에서 포위하여 생명의 손실을 최소화하려는 나의 전략을 전폭적으로 지지하는 말이었기에 더욱 기뻤다.

민다나오에 먼저 상륙하지 않고 레이테 섬을 공격한다는 것은 가장 야심적인 작전이지만 어려운 일이었다. 레이테 섬은 연합군 전투기의 행동 범위에서 5백 마일이나 떨어져 있으며 일본군이 닦아놓은 비행장만이 한복판에 위치하고 있었다. 그러므로 레이테 상륙 작전에 성공하면 곧 필리핀 전역을 잃는 것이 되므로 일본군은 사력을 다하여 방어하리라는 것은 의심할 여지도 없었다.

그뿐 아니라 레이테 섬에 주둔해 있는 일본군은 가까운 곳에서 병력과 보급 물자를 이동시켜 방위를 강화할 수 있는 반면, 연합군측은 가까이 비행장을 갖고 있지 않아서 적의 증원부대나 보급 물자의 유입을 막으려면 함재기에 의존할 수밖에 없었다.

그래서 서남태평양 부대는 홀란디아 작전 때처럼 지상 전투기 부대의 엄호가 미치지 못하는 지역에서 함재기만의 엄호하에 공격할 수밖에 없었다. 따라서 상륙에 성공하더라도 작전의 성공은 연합군의 해군이 레이테와 가까이 있는 사마르 섬에 적이 병력을 집중시키는 것을 어느 정도 막을 수 있으며, 적의 함정이 아군의 하역 작업을 공격하지 못하게 하느냐에 달려 있었다.

신중한 검토 끝에 우리는 해안의 상륙 지점과 내륙으로의 진격 방향을 결정했다. 우리가 선택한 지점은 레이테 동북 해안의 평지였다. 두라그와 산호세 사이의 18마일의 해안선을 점령하면 타클로반 비행장을 빨리 수중에 넣을 수 있으며, 또한 건설 중인 두라그 비행장도 점령할 수 있다. 이것이 성공하면 연합군은 전략적으로 매우 중요한 산후아니코 해협을 지배하게 되고 남쪽에 있는 파나온 해협을 공격할 수 있는 위치를 확보하게 될 것이다. 정보에 따르면 내륙으로 향하는 도로망의 방비는 다소 강화되었으나 해안 지대는 허술하다는 것이었다.

　그러나 나는 이 작전을 결코 낙관적으로만 보지는 않았다. 이 전투야말로 태평양전쟁의 운명을 결정짓는 싸움이며 이 전투의 결과에 따라서 필리핀의 운명과 대일전의 장래가 판가름나리라는 것을 알고 있었다.

　나는 레이테를 교두보로 하여 일본군을 필리핀의 중심부에서 굴복시키고, 다시 루손을 공략한 후, 일본 본토로 진격할 생각이었다. 이제 전쟁의 주도권은 내가 쥐게 되었으며 전쟁은 결정적인 단계로 들어섰다. 이 단계에서 일본이 중대한 패배를 한다면, 일본 제국의 운명은 끝장이고 무패를 자랑하던 일본의 운명에 종지부를 찍게 되는 것이다.

　레이테를 점령하기 위한 지상에서의 작전계획은 제4단계로 되어 있었다. 즉, 제1단계에서는 레이테 만 어구에 있는 작은 섬들을 확보하기 위해서 소규모 상륙작전을 전개하고, 제2단계에서는 두라그에서 타클로반까지 주력부대를 동원하여 수륙 양용 공격을 가해 비행장을 점령한 다음 레이테 계곡을 따라 전진하여 산후아니코 해협과 파나온 해협을 확보한다. 제3단계에서는 내륙과 버안에서 필요한 작전을 전개하여 레이테 섬과 사마르 섬 남부를 완전히 점령한다. 제4단계에서는 사마르 섬의 나머지 부분을 점령하고 비사야 제도의 적을 무력화시킨다.

　10월 16일에 나는 홀란디아를 출발하여 나의 기함(旗艦)으로 정해진 순양함 〈내슈빌〉에 올랐다. 이 기함을 둘러싼 바다에는 역사상 보기 드문 대함대가 집결해 있었다. 미국의 재건된 전력이 한 자리에 모여 있었다.

거기에는 진주만 바다 밑으로 가라앉은 배들과 교체한 새로운 전함들과 당시의 진주만 공격에서 무사했던 전함들, 항공모함, 순양함, 구축함들이 늘어서 있었고 수송선과 3년 전까지만 해도 볼 수 없었던 신형 상륙 주정들도 있었다. 함정의 총수는 7백 척, 세계 어느 나라 군대보다도 뛰어난 미국의 정예부대 17만 4천 명이 타고 있었다.

이 병력은 필리핀 군도에 주둔해 있는 일본군 전체 병력의 약 절반에 해당했다. 그러나 적은 여기 저기 분산되어 있고 우리는 집결되어 있었다. 나도 기습 작전을 펴서 적보다 우세한 병력을 투입하여 적을 각개격파하는 전법을 사용하기로 했다.

작전이 개시된 뒤, 이틀 사이에 벌어진 광경은 직접 현장에 있던 나로서도 이루 다 형용키 어렵다. 전후좌우, 보이는 것은 배뿐이었다. 그들은 거대한 몸집으로 바닷물을 가르며 전진해갔다. 그리고 적의 공격을 피하기 위하여 지그재그를 교묘하게 되풀이했다.

우리는 달도 없는 깜깜한 밤, 자정이 되기 직전, 레이테 만 밖에 다달았다. 지옥 같은 해면 위에도 캄캄한 하늘이 우리를 에워싸고 있었으며 함대는 정선하여 레이테 만으로 진입하기 위하여 새벽이 되기를 기다리고 있었다.

계획의 제1단계는 이미 별다른 저항을 받지 않고 완료되어 있었다. 이따금 유령 같은 배가 어둠 속에서 나타나서는 우리 옆을 조용히 지나 다시 어둠 속으로 사라지곤 했다. 그러한 배에 신경이 날카로워진 장병들은 난간에 기대어 있거나 갑판 위를 거닐면서 새벽에는 무슨 일이 벌어질까 하고 생각에 잠겨 있을 것이다.

이럴 때 사람이 가지는 감정이란, 그가 제독이든 수병이든, 장군이든 똑같은 법이다. 어느 배에서나 장교들은 거의 예외없이 장교실에서 지도를 에워싸고 있을 것이고 보병들은 총기를 손질하고 승무원들은 기관을 점검하고 있을 것이다. 그리고 누구나가 최후의 편지를 쓰고 특수한 임무나 목표를 맡은 사람들은 그 내용을 암기하려고 애쓰고 있을 것이다.

이들 한 사람 한 사람에게는 몇 톤씩이나 되는 보급물자와 장비가 준비되어 있었고 트럭과 작종 차량 외에도 상륙할 병사들에게는 1인당 1톤 이상의 탄약이 배정되어 있었다.

나는 밤 늦게 선실로 돌아가서 영감과 희망을 안겨주는 성경의 몇 장(章)을 읽었다. 나는 하느님께서 이번 작전 때 장병들을 지켜주십사고 기도했다.

새벽이 되자 함대의 거포들이 불을 뿜기 시작했다. 엔진이 걸려 생명이 소생한 듯한 내슈빌 호는 레이테 만을 향해 돌진해갔다. 어젯밤의 음산하던 구름은 아직도 바다를 뒤덮은 채 솟아오르는 태양을 가리고 있었지만 암흑은 차츰 잿빛으로 바뀌기 시작했다. 드디어 수평선 위로 해안선의 윤곽이 모습을 드러낼 무렵, 우리를 에워쌌던 구름이 거치기 시작했다. 바다는 섬으로 돌진하는 배들로 가득차 있었다. 이렇게 하여 레이테 상륙작전의 막이 올랐다.

나는 함장 코니 대령과 함께 브리지에 서 있었다. 그는 예리한 눈으로 기뢰를 발견할 때마다 냉정한 목소리로 명령을 내렸고 배는 좌우로 뱃머리를 흔들었다. 이때 갑자기 적의 잠망경이 보였다. 그러나 우리 구축함의 공격을 받자 물러가버렸다.

바로 그 무렵 수평선 위로 태양이 솟아 오르고 타클로반이 눈앞에 나타났다. 41년 전 내가 웨스트포인트를 졸업한 후 보직을 받고 이곳에 왔을 때의 모습과 조금도 변함이 없었다. 참으로 가슴 벅찬 순간이었다.

우리는 곧 해안 가까운 예정된 장소에 도착했다. 함장은 조심조심 배들 사이로 배를 몰아 닻을 내렸다. 배가 처음 정박한 곳은 해안에서 2마일쯤 떨어진 지점인데 타클로반 뒤에 치솟아 있는 정글로 뒤덮인 산들이 뚜렷하게 보였다.

일단 사격이 시작되면 상륙전은 치열해지게 마련이다. 수천개의 포문은 고막을 찢을 듯한 굉음을 내면서 해안을 향해 포탄을 퍼부었고 예광탄이 교차했다. 검붉은 연기는 기둥처럼 치솟기 시작했다. 하늘에서는 비행기들이 벌떼 같이 덤벼들고 상륙용 주정들은 개미처럼 해안을 향하여 돌진해갔다.
　이것은 기함 내슈빌 호에서도 잘 보였다. 팔로 근처의 레드비치, 산호세의 화이트비치와 레이테 남쪽의 판손 섬에 우리 부대들이 상륙하고 있었다.
　북쪽에서는 시버트 소장이 지휘하는 제1기갑사단과 제24보병사단으로 구성된 제10군단이, 남쪽에서도 하지 소장이 지휘하는 제7 및 제96보병사단으로 구성된 제24군단이 배치되어 있었다. 이들 모든 지상군은 제6군사령관 크루거 중장이 지휘하고 있었다.
　레드비치의 아군은 이미 상륙 지점을 확보하고 내륙으로 전진을 시작했다. 나는 세 번째 상륙부대를 따라 상륙하기로 했는데 바로 옆의 수송선에는 오스메니아 필리핀 대통령이 필리핀의 육군 참모총장 발데스 장군과 로물로 장군을 대동하고 있어서 이들도 나의 배에 태워서 같이 해안으로 향했다. 로물로 장군은 전에 나의 부관으로 근무한 적도 있었으며 케손 파의 사람이었다. 그는 1942년의 바탄 전투 때 나와 함께 참전하였고 코레히돌에서는 '자유의 소리' 방송을 담당하기도 했다. 그는 워싱턴 주재 필리핀 판무관이 되었는데 웅변술이 뛰어나서 국민들 사이에서 인기 있는 애국자이기도 했다.
　우리의 배는 천천히 레드비치를 향하여 전진했다. 해안에 접근할수록 전투 소리는 더욱 크게 들렸다. 비행기들은 우리들 머리 위를 스치고 지나가 내륙에 있는 적의 진지에 기축소사와 폭탄을 퍼부었다. 그리고 요란한 함포 소리도 끊이지 않았다.
　해안이 더욱 가까워지자 군인들이 주고 받는 명령 소리도 들려왔다. 일본군의 기관총 소리는 유난히 낮아서 곧 알아들을 수 있었다. 그들은 해안의 백 야드 밖에서 쏘고 있음이 분명했다.
　상륙용 주정은 해안에서 오십 야드쯤 되는 곳에 발판을 내렸다. 우리는 바다에 내려섰다. 나는 4, 50보를 걸어서 마른 모래 위에 올라섰다. 내 생애 중 가장 뜻깊은 걸음걸이었다. 나는 그때 바탄에서의 숙적과 싸우기 위해 다시 돌아왔다는 것을 실감할 수 있었다. 모래밭에 쓰러져 있는 일본군 시체로 보아 분명히 혼마 장군의 정예부대 같았다. 제16사단의 부대 표지로 그것을 알 수 있었다.

우리 부대는 해안에서 나무토막 같은 엄폐물 뒤에 숨어서 맹렬한 사격을 가하고 있었다. 일본 병사들은 잡초 속에서 아직도 저항을 계속하고 있었다. 이동방송국이 마련되어 내가 마이크에 대고 말을 하려 할 때 비가 쏟아졌다. 그래도 나는 도착 제일성을 방송했다.

"필리핀 국민 여러분!

나는 돌아왔습니다. 전능하신 하느님의 은총을 입은 우리 부대들은 다시 필리핀의 땅에——미국과 필리핀 양 국민의 피로 씻은 이 땅에 다시 돌아와서 서 있습니다.

우리는 여러분이 겪고 있는 고통스런 적의 지배를 깨끗이 깨뜨리고 그 무엇으로도 파괴할 수 없는 튼튼한 기반 위에 여러분의 자유를 되찾아주기 위하여 다시 돌아온 것입니다.

지금 내가 서 있는 옆에도 여러분의 위대한 애국자 마누엘 케손 전 대통령의 훌륭한 후계자인 세르기오 오스메냐 대통령 각하와 그의 각료들이 서 계십니다. 이제 여러분의 정부는 필리핀의 땅 위에 다시 수립된 것입니다.

여러분, 여러분 자신을 구원할 시기는 바로 지금입니다. 여러분의 애국자들은 조국을 되찾기 위하여 헌신했습니다. 그것은 인류사에 기록된 가장 훌륭한 헌신이었습니다. 여러분! 다같이 궐기합시다. 그리고 필리핀의 내부에도 외부에서 들어오는 힘 못지 않게 강력한 힘이 있다는 것을 적에게 보여줍시다. 이 목적을 달성할 수 있도록 최대의 노력을 기울여주시기를 강력하게 요청합니다.

여러분 내 곁으로 모여 주십시오. 그리하여 굽힐 줄 모르는 바탄과 코레히돌에서의 정신을 이어갑시다. 우리가 전진할 때, 여러분도 궐기하여 적을 무찌르십시오. 여러분의 가정을 위하여, 여러분의 자녀들을 위하여, 치고 또 무찌릅시다!

하느님의 이름으로 정의의 승리를 위하여 전진합시다."

방송을 마친 후, 나도 오스메냐 대통령과 함께 해안을 떠나 잡초가 우거진 곳을 찾아 그곳에 앉았다. 이제 필리핀에 돌아왔으므로 이 나라 정부를 합헌적인 기관에 돌려주는 문제를 생각해볼 때가 온 것이다. 우리가 이야기를 끝낼 무렵 우리의 해안 거점이 처음으로 적군에게 폭격을 당했다. 그러나 우리가 앉아 있던 나무 토막이 조금 흔들렸을 뿐 더 이상 아무 일도 일어나지 않았다. 이미 비는 그치고 해안에는 저격병의 정찰대원만 남아 있었다.

나는 여기서 루스벨트 대통령에게 다음과 같은 편지를 보냈다.

"친애하는 대통령 각하

우리가 방금 상륙한 타클로반 근처의 해안에서 이 글을 씁니다. 자유를 되찾은 필리핀에서 보내는 최초의 서신입니다. 저는 이 편지가 무사히 도착되기를 희망합니다.

작전은 순조롭게 진행 중이며, 이 작전에 성공하면 적의 병력을 양분하게 될 것입니다. 전략적으로 보자면 일본 본토에서 싱가포르에 이르는 해안선에 뻗어 있는 적의 방위선 중간을 관통하게 되므로 우리는 앞으로 북쪽이든, 남쪽이든 마음대로 포위망을 펼 수 있게 됩니다. 그뿐 아니라 일본이 '대동아공영권(大東亞共榮圈)'을 내세워 떠벌이지 못하도록 동남아 지역의 풍부한 천연자원도 그들의 손에 들어가지 못하게 차단할 수 있을 것입니다.

한편 전술적으로는 필리핀 안에 있는 일본군을 둘로 갈라, 필리핀의 남반부를 스치고 지나옴으로써 미군의 전상자를 5만 명은 줄일 수 있을 것입니다. 그들은 우리가 민다나오를 먼저 공격할 줄 알고 그쪽 방어에만 신경을 쓰고 있었습니다.

필리핀 국민들의 반응은 가상하여, 이 탈환작전이 성공적으로 끝난 직후, 그들의 독립을 부여하도록 극적 조치를 취한다면 극동에서의 미국의 위신은 그 어느 때보다도 높아질 것으로 믿습니다.

저의 생각으로는 이 위대한 독립식전에 각하께서 직접 참석하시어 이 식전을 주재하여 주신다면 각하의 성가를 더욱 높이게 될 것이므로 꼭 그렇게 하실 것을 간청합니다. 그러한 조치는 전세계에 깊은 감동을 줄 것이며 미국의 신의와 명예를 높여줄 것이라 믿습니다.

난필을 용서하여주시기 바랍니다. 저는 지금 전투 중에 있으므로 이 야전용 편지지 외에는 아무것도 가진 것이 없습니다.

더글러스 맥아더"

나는 전방 부대와 타클로반 비행장 시찰을 마친 후 기함 내슈빌로 돌아갔다. 그날 밤 나는 필리핀 전역의 게릴라들에게 체계있는 공격을 개시하도록 다음과 같이 무전으로 명령을 내렸다.

"바야흐로 필리핀 탈환 작전은 시작되었다. 귀관들은 아직도 작전지역 안에 있지만 각 지구에서 일본군 예비 병력의 행동을 방해하여 가능한 한 현지에서 분투하는 데 최선을 다해주기 바라며, 사정이 허락하는 한 공격을 강행할 것을 요청한다."

이날 밤, 잠이 든 나의 지친 눈앞에는 총검이나 총탄이나 폭탄이 아니라 한 연로한 레이테 주민의 환상이었다. 그는 이날 오후의 포격 때 두 팔을 내밀면서 나를 환영했다. 그는 비사얀 방언으로 이렇게 말했었다. "안녕하셨습니까, 원수님. 뵙게 되어 기쁩니다. 정말 오랜만이군요."

상륙을 축하하는 전문이 쇄도해왔다. 그 중 중요한 것들을 대충 골라보면,

루스벨트 대통령으로부터——

"전국민은 귀관의 용감한 장병들이 필리핀에 상륙했다는 소식에 환성을 올리고 있다. 나는 이것이 귀관에게는 특별한 의미가 있다는 것을 누구보다도 잘 알고 있다. 또한 1942년 2월, 코레히돌을 떠나서 오스트레일리아로 가라고 한 나의 명령에 따르는 것이 귀관으로서는 매우 고통스러운 일이었음을 잘 알고 있다.

귀관은 그날 이후 강력한 부대를 이끌고 필리핀으로 돌아갈 그날을 위하여 혼신의 힘과 성의를 다하여 싸워왔다. 드디어 그날은 왔다. 온 국민은 귀관에게 감사하고 있으며 바탄으로 돌아가는 싸움에서 꼭

승리할 것을 기원하고 있다."
 스팀슨 육군장관으로부터——
 "필리핀 탈환작전 제1단계의 성공을 충심으로 축하한다. 작전의 진전에 계속 깊은 관심을 가진다."
 포레스틸 해군장관으로부터——
 "귀관의 작전 제1단계가 성공한 것을 전해군과 함께 축하하며 귀관의 지휘로 필리핀의 자유가 회복될 것을 확신한다."
 나는 이 전문에 대하여 사의를 표하고 "해군 부대는 전과 다름없이 맡은 바 임무를 성실하게 완수했다"는 회신을 보냈다. 영국의 처칠 수상과 육군 참모총장 앨런부르크 원수도 축전을 보내왔다.
 "귀관의 성공적인 필리핀 공격을 충심으로 축하한다. 건투를 빈다."
 홀시 제독으로부터——
 "제6군의 상륙 작전이 성공한 날은 귀관의 해군 동료들에게도 위대한 날이었다. 참으로 멋진 계획이었다. 나와 나의 참모들은 귀관과 귀관의 능률적인 참모들에게 충심으로 축하를 보낸다."
 그후 이들 사이에 연합군은 북쪽의 타클로반 지역과 남쪽의 두라그를 확보하고 점차 거세지는 일본군의 저항을 받으면서 내륙을 향해 전진을 계속했다. 두라그의 비행장 주변에는 작은 늪이 많았으며 평지도 위험한 흙으로 덮여 있는데다 배수 시설도 좋지 않아 당장은 별 쓸모가 없었다. 나는 타클로반에 총사령부를 설치했다.

2. 레이테 해전

 개전 이래 연합군이 가장 위협적인 작전을 감행했다는 것은 일본군도 잘 알고 있었다. 그들은 또한 나의 작전이 성공한다면 일본의 50만이나 되는 정예부대가 고립되고 지원을 받지 못하게 되어 섬멸되리라는 것도 알고 있었다.

그들은 필리핀 파견군 사령관에 야마시타 도모유키(山下奉文) 장군을 임명했다. 야마시타 장군은 매우 탁월한 무장으로, 1942년 말레이지아의 정글을 헤치고 싱가포르를 공격하여 함락시킨 인물이었다. 그는 1944년에도 그와 같은 성공을 거두겠다는 자신에 차서 전세계를 향하여 이렇게 장담했었다. "싱가포르 함락 협상 때 내가 영국군 사령관에게 물었던 말은 '예스냐, 노냐'는 한 마디뿐이었다. 나는 맥아더에게도 똑같은 질문을 할 것이다." 야마시타는 노일 전쟁 때 명장들처럼 유능한 군인이었으나 그들과는 달리 너무 수다스러웠다.

일본군은 레이테에 침입한 연합군을 격퇴하고 필리핀을 사수하기 위하여 그들의 연합함대까지 동원하는 모험을 시도했다. 레이테 섬에서 연합군 부대를 몰아내려는 그들의 결의는 어쩌면 성공을 거두었을지도 모른다. 그것은 근대의 전사상 가장 큰 해전으로 나타났다. 이 해전은 1943년 10월 23일부터 26일 사이에 4차에 걸쳐서 벌어졌다.

일본의 연합 함대도 싱가포르에 사령부를 두고 사령관은 도요타스에무(豊田副武) 제독이었다. 미군이 레이테에 상륙했다는 보고에 접하자 제독은 휘하의 함정을 총집결시켜 레이테 만으로 향했다.

그는 그때의 결의를 다음과 같이 말하고 있다.

"필리핀의 지상 부대는 우리 함대가 참가하지 않는 한 맥아더에 대항하여 승리할 가능성은 희박했으므로 전함대를 보내어 결전에 임하기로 결정했다. 일이 잘 되면 전세를 역전시킬지도 모르며, 이와는 반대로 최악의 경우에는 전함대를 잃을 위험도 있었으나 출격하는 것이 타당하다고 생각했다.

만약 이 작전에 실패한다면 설사 연합 함대가 잔존한다 하더라도 남방의 보급로는 완전히 차단당해 함대가 일본으로 돌아간다 하더라도 연료 보급을 받지 못할 것이다. 또 함대가 남방 수역에 남아 있더라도 무기와 탄약 보급을 받지 못한다. 따라서 필리핀을 희생시키고 함대만 살아남아야 할 명분은 하나도 없었다."

도요타 제독의 계획은 매우 뛰어난 것이었고 규모 또한 컸다. 우선 미해군에 결정적인 타격을 안겨준 다음 정세가 자기 편에 유리해지기를 기다렸다가 나의 상륙 부대를 일거에 괴멸시키려는 것이었다. 일본 함대는 레이테 만에 있는 연합군 부대와 그 보급 수송선을 포격할 수 있는 사정권에서 행동할 수 있게 하기 위하여 일본이 보유하고 있는 기동함대 전체를 잃을지도 모를 모험을 시도했던 것이다.

도요타 제독은 그들의 연합 함대를 3개 그룹으로 나누었다. 구리타(栗田) 제독 휘하의 중앙함대, 니시무라(西村) 제독의 전위, 시마(老摩) 제독을 후위로 하는 남방함대, 오자와(小澤) 제독의 북방함대가 바로 그것이었다.

일본의 중앙함대는 레이테 북방의 산베르나르디노 해협을 지나 레이테 만으로 남하하기로 하고, 남방함대는 민다나오 해를 지나 수리가오 해협을 거쳐 목표 지점으로 향하여 두 함대의 협공 작전으로 연합군을 양쪽에서 측면으로 공격하고 레이테 만에서 하역 중인 수송선단을 습격한다는 것이었다. 한편 북방함대는 산베르나르디노 해협에서 북쪽으로 3백 마일 떨어진 필리핀 해로 나와 레이테 만 어구를 지키고 있는 미국의 강력한 제3함대를 유인해낼 계획이었다.

운명을 판가름할 이 대해전을 앞둔 나는 매우 특이한 입장에 놓여 있었다. 뉴기니 작전을 통하여 나는 언제나 한 가지 원칙을 고수하고 있었다. 그것은 지상 공군 부대의 엄호없이는 어떠한 작전도 개시하지 않는다는 것이었다. 그래서 전진할 때는 언제나 2백 마일 내지 3백 마일 이내에 공군 기지를 확보하고 이 기지에서 출격하는 항공기들은 전진 부대를 충분히 엄호해주도록 계획했던 것이다.

그러나 레이테 상륙작전을 두 달이나 앞당긴 탓으로 나 자신의 지상 항공부대의 엄호없이 진격하지 않으면 안 되었다. 따라서 미 해군은 이중의 부담을 안게 되었다. 그 중 하나는 해안에 대한 폭격, 수송선단의 호위와 엄호로 상륙작전을 지원하는 것이고, 또 하나는 상륙 이후에도 레이테 근처에 비행장을 확보하여 나 자신은 지상 항공부대를 확보할 때까지 계속 나의 부대를 엄호해야 한다는 임무였다.

즉 레이테 작전에서는 공중 엄호를 내가 지휘하지 않는 다른 부대에 의존해야 하는 처지였다. 만약 우리 해군의 엄호 부대들이 일본의 막강한 해군 함대가 레이테 만을 향하여 접근하는 것을 허용한다면 필리핀 공격 계획이 와해될지도 모를 위기에 빠질 것이다. 그러므로 레이테로의 모든 통로는 충분한 해군력으로 방비를 튼튼히 하고 이를 저지하는 것이 무엇보다도 절실했다.

레이테 상륙작전을 호위하고 있는 미국의 해군 부대는 두 그룹으로 나뉘어져 있었다. 즉 킹케이드 제독 휘하의 제7함대는 레이테 만의 남쪽과 서쪽 어구를 지키고 있었으며, 홀시 제독의 제3함대는 사마르 섬 앞바다에서 산베르나르디노 해협과 레이테 만의 북쪽과 동쪽 어구를 지키고 있었다. 홀시 제독의 직속 상관은 태평양함대 사령관 니미츠 제독인데 하와이에 있었고 킹케이드 제독은 나의 지휘하에 있어서 나와 함께 타클로반에 있었다.

이처럼 지휘 계통을 분할해서 보는 불리함은 인식되고 있었다. 그러나 워싱턴 당국은 이러한 곤란은 상호간의 긴밀한 상의와 협력으로 해결할 수 있다는 비현실적인 견해를 가지고 있었다.

지휘 계통이 일원화되지 못하면 얼마나 위험하며 중요한 작전에서 책임을 지고 있는 사령관이 작전에 참가하고 있는 부대 전체를 지휘하지 못하면 얼마나 오해가 생기기 쉬운가를 레이테 해전은 현실적으로 증명해주었다.

나는 지상전의 전황을 살피기 위하여 10월 24일까지 매일같이 군함에서 해안까지 왕복하는 것으로 만족해야만 했다. 왜냐하면 혼잡한 해안을 더욱 혼란케 하거나 중요한 보급품의 하역 작업을 지연시키고 싶지 않아서였다. 또한 그 당시 내가 거느리고 있던 총사령부처럼 사령부를 필수적으로 따라다니는 통신 시설이나 다른 장비를 해안으로 옮기는 것은 별로 시급하지 않았다.

10월 23일, 일본측이 그들의 연합함대를 투입하려는 것이 명백해졌으므로 킹케이드 제독은 앞으로 전개될 제7함대의 해전에서 내슈빌 호도 참가시키고 싶다고 말하여 나도 그 의견에 동의하기도 했다.

내가 해전에도 같이 따라갈 의사를 비치자 킹케이드 제독은 이에 반대했고 나의 참모들도 그것은 마찬가지였다. 이들은 적이 해안에 퍼부을 몇백 톤의 강철보다도 일본 함대의 16인치 포탄이 나에게 더 위험하다고 생각한 것 같았다. 나는 평생 동안 해전에 관하여 읽고 연구하기를 좋아해서 해전에 대한 매력은 언제나 나의 상상력을 자극했었다.

킹케이드 제독은 좀체로 양보하지 않았다.

"총사령부가 내슈빌 호에 남아 있는 한 이 배는 해전에 참가시키지 않겠습니다."라고 킹케이드 제독은 단호하게 말했다.

결국 그의 의견에 따르기로 하고 나는 24일 총사령부를 육지로 옮기고 내슈빌 호도 전투 대열에 합세하게 되었다.

이날 구리타 제독 휘하의 일본의 중앙함대도 산베르나르디노 해협으로 암초가 많은 수로를 조심스럽게 전진하고 있었다. 그러자 제3함대의 항공기들이 맹렬한 공격을 가했다. 18인치 포를 갖춘, 일본에서는 가장 크고 새로 건조한 전함 중의 하나인 무사시(武藏) 호가 격침되고 또한 그 자매함인 야마토(大和) 호도 격파되었으며 중순양함 1척은 전투 불능 상태가 되었다. 그 밖에도 순양함, 구축함 여러 척이 큰 손실을 입었다.

공중 공격은 더욱 맹위를 떨쳤고 제7함대의 잠수함들이 어뢰 공격을 가하자 구리타 제독은 일단 진로를 바꾸어 함대를 재편성하기로 했다. 이러한 일시적인 후퇴는 24일 하오 3시 33분에 시작되었다. 연합군 비행사들은 일본의 중앙함대가 전부 퇴각했다고 희망적인 보고를 했다.

그러나 구리타 제독이 임무를 완전히 포기한 것은 아니었다. 오후 5시 14분에 다시 산베르나르디노 해협을 향하여 전진해왔다. 그는 도쿄의 도요타 사령장관으로부터 "천우(天佑)를 확신하고 전군 돌격하라."는 전문을 받았다.

니시무라 제독의 남방함대는 민다나오를 향해 항해를 계속하고 있었다. 항공정찰로 이들의 출동을 미리 알고 있던 킹케이드 제독은 접근해오는 일본 함대를 길목에서 지키고 있다가 격파하기 위하여 제7함대의 포와 어뢰를 올덴도르프 제독에게 전부 주어 현장으로 급파했다. 올덴도르프 제독은 일본 함대가 해협으로 접어들기 전날, 대열을 정비하기 위하여 수리가오 해협 입구에 어뢰정을 포진시켰다. 그 뒤에도 해협의 북쪽 경비도 겸해서 구축함, 순양함, 전함을 배치하여 거대한 화력망을 구축해놓고 있었다.

이 복병 전법은 완전한 성공을 거두었다. 사실상 일본의 남방함대는 여기서 전멸당했으며 살아남아 도망친 것은 구축함 1척뿐이었다. 니시무라 제독은 기함과 운명을 같이 했다. 이렇게 하여 레이테 만의 남쪽 입구는 완전히 봉쇄되었다.

제3함대의 정찰기들은 24일 오후 늦게 산베르나르디노 해협에서 약 3백 마일 떨어진 루손 섬 북동쪽에서 항공모함 몇 척을 포함한 적의 기동함대를 발견했다.

그 날 오후, 홀시 제독은 제24기동부대를 편성했다. 그것은 전함 4척, 중순양함 2척, 경순양함 3척, 구축함 14척을 거느린 강력한 함대였다. 이 기동함대는 구리타 제독의 중앙함대가 다시 전진해올 경우 이에 맞서 싸울 예정이었다.

저녁때가 조금 지나서 홀시 제독은 킹케이드 제독과 그 밖의 사람들에게 일본 중앙함대의 위치를 알려주었다. 그리고 "본관은 내일 새벽 적의 항공모함 부대와 격전하기 위하여 세 그룹의 선단을 인솔하여 북상한다."고 통보해왔다. 그는 24일 저녁 산베르나르디노 해협에서 전함, 항공모함과 보조함정들을 철수시켰는데 이것은 참으로 위험한 결정이었다. 이로 인해 불안과 혼란이 계속 야기되었다.

제3함대의 항공모함들은 그룹에서 떨어져나와 제34기동함대에 배치되어 있었으므로 이 기동함대는 당연히 산베르나르디노 해협을 지키고 있을 것으로 알고 있었던 것이다. 홀시 제독이 명확한 언질을 준 것은 아니지만 킹케이드 제독은 홀시 제독이 전함을 뒤에 남겨두어 일본의 중앙함대를 대기하게 하고 홀시 제독만 일본 항공모함을 추격하려 떠난 것으로 알았었다. 그런데 홀시 제독은 전기동력을 거느리고 가버려 산베르나르디노 해협은 무방비 상태로 되어 있었던 것이다. 홀시 제독은 일본 해군이 자기들의 항공모함 몇 척쯤 희생시키더라도 필리핀 함락을 저지시키겠다는 일종의 도박으로 나오리라고는 미처 생각하지 못했던 것이다.

그 후에 판명된 일이지만 그 당시 오자와 제독의 북방함대에는 항공기나 조종사가 거의 없었으며 미국 해군의 최강 부대를 레이테 만에서 유인해내는 미끼로 사용했던 것이다. 일본은 북방함대의 전멸을 각오하면서도 이 대담한 전법을 써서 중앙함대가 산베르나르디노 해협을 무사히 통과시키고 다시 남하해서 레이테 만으로 침입시키려는 계산이었다.

이 임무를 완수하기 위하여 오자와 제독은 자기 함대의 위치를 미국 함대도 알게 하려고 계속 무전 신호를 보냈으나 송신기 고장으로 홀시 제독의 함대는 단 한번도 그 신호를 잡지 못했다. 송신기의 고장은 그 후의 작전에도 중대한 영향을 주었다. 일본의 북방함대와 중앙함대는 서로 연락을 하지 못했다.

구리타 제독은 24일 밤 동안에 뛰어난 항해술을 발휘하여 산베르나르디노 해협의 위험한 수역을 통과했다. 자정을 조금 지나 그들은 필리핀 해에 성공적으로 진입했다. 25일 새벽 5시 30분경에 그는 사마르 섬의 해안선을 따라 남하하던 중 니시무라 제독의 남방함대가 전멸했다는 것을 알게 되었다. 이제 레이테 섬을 포격할 수 있는 사정거리에 있는 일본 함대는 중앙함대 뿐이고 미국의 상륙 부대를 괴멸시키는 일은 전적으로 자기 혼자 맡아야 했다.

25일 새벽, 제7함대의 호위 항공모함 17척, 구축함 9척, 호위 구축함 19척으로 편성된 함대가 토머스 스프레이그 제독의 지휘하에 사마르 섬과 레이테 동쪽에 배치되었다. 이 함대는 일본의 중앙함대의 정면을 향해 북진하였다.

홀시 제독은 너무 북쪽으로 나가 있어서 레이테 만을 엄호하는 것이 어려웠기 때문에 나는 니미츠 제독에게 홀시 제독의 함대를 다시 돌려보내 달라고 타전했다. 나는 세 번이나 전보를 쳤으나 헛수고였다. 니미츠는 홀시에게 계속 송신했으나 연락이 되지 않아 결국 내가 직접 홀시에게 연락하였다. 그러나 때는 이미 늦었다.

제3함대와 제7함대가 각각 다른 지휘계통하에 있었던 탓으로 애매한 교신만 했고 그나마 상태가 나빠서 레이테 만에 있던 킹케이드 제독이나 사마르섬 바다에 있는 스프레이그 제독은 산베르나르디노 해협의 입구가 무방비 상태로 된 것을 알지 못했었다. 그러나 24일 밤에 킹케이드 제독은 산베르나르디노 해협이 걱정이 되어 제34기동부대의 위치를 확인해보았다. 25일 새벽 4시 12분에 그는 홀시 제독에게 지급 전보를 타전하여 수리가 해협에서의 승리를 알리는 한편 사활 문제에 관한 질문을 했다.

"제34기동부대는 지금 산베르나르디노 해협을 지키고 있는가?"

이에 대한 해답은 7시 4분에 왔다.

"귀관의 241912호에 대답은 노였다. 제34기동부대는 지금 항공모함 그룹과 함께 적의 항공모함 부대와 교전 중."

이 무렵 구리타 제독의 함대는 사마르 섬 앞바다에서 포격을 개시하기 시작했다.

파면의 위기를 내포한 극적 정세였다. 속력이 느리고 전력이 약한 제4함대의 항공모함들과 속력과 화력면에서 월등한 일본 중앙함대 소속의 전함들은 대등한 싸움을 할 수 있는 상대가 아니었다. 그리고 스프레이그 제독의 호위 항공모함들로서는 일본 중앙함대의 거대한 전함이나 중순양함을 상대할 수 없었.

이러한 적의 함대가 레이테 만으로 들어온다면 수송선단을 때려부수고 해안에 양륙된 귀중한 군수 물자를 파괴하는 것은 간단한 일이었다. 또한 레이테 섬 안에 있는 몇만 명의 미군들은 고립되어 내륙과 바다에서 쏘아대는 적측의 화력 앞에 무릎을 꿇고 말 것이다. 뿐만 아니라 필리핀 공략의 성공 자체가 위태로워질 것이다.

제7함대의 전함과 순양함들은 레이테 만에서 백 마일이나 떨어진 수리가오 해협에 있었는데 해안 포격과 24일 아침 일본 남방함대와의 결전으로 중포탄은 거의 바닥난 실정이었다. 그리고 제3함대는 3백 마일 북방에서 일본의 북방함대만 쫓고 있어서 단시간에 달려와서 구리타 함대의 진출을 저지할 수 있을 것 같지 않았다.

나는 지상에서 레이테 해안을 엄호하기 위해서는 함재기의 지원에 의존할 수밖에 없었다. 그러나 지휘 계통이 분할되어 제3함대를 효과적으로 움직일 수 없었다. 나는 이번의 상륙 작전을 계획하기 전이나 계획 중에도 이 점을 명백하게 지적한 바 있었다.

레이테 상륙작전이 있기 전에 나도 이 문제에 대해서 홀시 제독과 토의할 때 이 점을 재차 강조하기 위하여 다음과 같이 말했다.

"내가 지상 항공부대의 엄호권 밖에서 처음으로 전개하는 이번 작전은 제3함대의 완전무결한 지원을 전제로 계획된 것이라는 것을 명심해주기 바랍니다. 물론 나는 지상에 최선을 다하여 비행장 건설을 서두를 것입니다. 비행장 건설이 끝날 때까지 우리 수송선단은 적의 공습과 해상 공격의 좋은 목표가 될 것이므로 이번 작전의 엄호를 맡은 제독의 임무는 매우 중요하다는 점을 명심해주시기 바랍니다."

현 단계에서 내가 할 수 있는 최선책은 부대를 굳게 단합시키고 전선을 정비하는 한편 해전 결과를 기다리는 것이 고작이었다. 구리타 제독의 중앙함대가 상당한 손해를 입은 것은 사실이었지만 아직도 막강했다. 이 함대의 주력은 속력이 빠른 전함 4척, 중순양함 6척, 경순양함 2척, 구축함 11척이었다. 이들 함선은 철갑도 관통시킬 수 있는 포탄을 만재하고 있었다.

오전 6시 44분 미해군의 호위 항공모함대를 발견한 구리타 제독은 6시 58분에 전투를 개시했다. 먼저 전함 〈야마토〉호가 18인치 포로 포격하고, 이어서 순양함들도 포문을 열었다. 미국 군함이 이처럼 큰 포탄 세례를 받기는 처음이었다. 구리타 제독은 거포들을 쏘아대면서 전속력으로 미국 함대에 달려들었다.

　스프레이그 제독의 항공모함은 적을 발견하자마자 진로를 동쪽으로 돌려서 함재기들을 모두 발진시켰다. 비행기들이 모두 항공모함에서 떠났을 때 구리타 제독은 전속력으로 육박해와서 거리를 측정하기 위하여 항공모함을 향해 착색탄(着色彈)을 퍼부어댔다.

　정세는 매우 급박해졌다. 킹케이드 제독은 상오 7시 42분에 지원 요청을 받았다. 그는 올덴도르드 제독에게 레이테만 동쪽 끝에 있는 스프레이그 함대와 합류하도록 하는 한편 호위 항공모함의 함재기에도 똑같은 명령을 내렸다. 그는 또 홀시 제독에게도 즉각 무전으로 지원을 요청했다.

　구리타 제독의 함대는 점점 거리를 좁혀서 그의 거함들은 목표를 포착하게 되었다. 또한 이와 때를 같이 하여 필리핀의 여러 지상 기지에서도 비행기를 발진시켜 항공모함에 대하여 가미카제(神風) 식 공격을 가해왔다. 곤경에 빠진 킹케이드 제독은 홀시 제독에게 다시 전보를 쳤다.

　"속력이 빠른 전함들을 레이테 만으로 급파하라."

　그런데도 홀시 제독의 제3함대는 일본의 항공모함 선단만 뒤쫓아 북상하고 있었다.

　스프레이그 제독의 호위 항공모함들은 해상 전투기의 묘기를 다하여 필시적인 싸움을 되풀이했다. 이들은 하루 종일 '치고 도망치는' 전법을 반복하면서 항전했다. 구축함과 호위 구축함은 맹렬한 반격을 시도하여 아군의 항공모함과 적의 함대 사이로 뚫고 들어가 함포와 어뢰로 적의 순양함과 전함을 공격했다.

　항공모함에서 뜬 함재기들은 적의 순양함 여러 척에 피해를 주어 전투 능력을 상실케 했다. 그러나 이 함재기들은 모함이 파손되어 못 쓰게 되자 비행사들은 초만원이 된 타클로반 비행장에 착륙했다. 나는 나의 공군 사령관 케니 장군과 함께 이들이 수없이 몰려와 착륙하는 것을 아픈 가슴을 안고 바라보았다. 두라그 비행장에 착륙하는 항공기도 있었지만 어떤 항공기는 레이테 만에 곤두박질치기도 했다.

파멸이 입박한 킹케이드 제독은 홀시 제독에게 다시 한 통 긴급 전보를 타전했다.

"우리 호위 항공모함들은 적 함대의 전함 4척, 순양함 8척 기타 함정들의 공격을 받고 있음. 즉각 레이 제독을 레이테 엄호로 돌리기 바람. 고속 항공모함으로 즉시 공격하기 바람."

홀시 제독은 이 전보를 9시에나 받았다.

이 무렵 호위 항공모함의 탄약은 바닥이 나 있었으며 일부 구축함들도 어뢰를 모두 발사하였으며 뇌격기들은 어뢰가 바닥나서 적함에 거짓 공격만 가할 뿐이었다. 아군 함대는 막대한 손해를 입고 말았다. 2시간 반에 걸친 치열한 전투에서 승리는 구리타 제독의 수중에 들어간 듯이 보였다.

절망 상태에서 킹케이드 제독은 홀시 제독에게 최후의 애절한 전보를 쳤다. 그것은 암호로 바꾸지도 않은 채였다.

"리는 어디 있는가? 리를 보내다오."

수천 마일이나 떨어진 하와이에서 홀시 제독의 직속 상관 니미츠 제독은 제3함대와 연락을 취하려고 갖은 노력을 다했으나 성공하지 못하던 차, 킹케이드 제독의 최후의 전보와 거의 때를 같이 하여 연락에 성공하여 다음과 같이 질문했다.

"전세계가 알고 싶어 한다, 제34기동함대의 위치는 지금 어딘가?"

이때 구리타 제독은 갑자기 전투를 중지했다. 그의 함대는 큰 손해를 입고 있었으나 그는 정확한 전황을 알지 못했다. 그는 자기의 함대에 공격중지 명령을 내리고 북쪽으로 다시 집결하라고 했다. 적 함대의 대피는 미국의 호위 항공모함들에게는 구원의 손길이었다.

그 직후 스프레이그 제독은 이때의 해전을 평하여 이렇게 말했다.

"적의 주력과 포위하고 있던 경량급 함정들은 우리 기동함대의 함선들을 섬멸하지 못한 것은 우리의 성공적인 연막, 어뢰 반격, 폭탄, 기총소사로 적을 계속 괴롭혔으며 적절한 함대 운영, 그리고 우리 편을 가호하신 하느님의 은총이었다."

　홀시 제독은 킹케이드 제독이 계속 보낸 긴급 전보와 니미츠 제독의 전보를 받고 나서 방향을 바꾸어 함대의 대부분을 남하시켰다. 그는 26일 아침 일찍 레이테 만에 도착할 예정이었다. 그의 나머지 함대는 오자와 제독의 함대를 엥가노 앞바다에서 발견하여 막대한 손실을 입혔으나 궤멸하지는 못했다.

　구리타 제독은 함대를 재편성하여 최후의 공격을 시도할 작정이었다. 11시 20분에 그는 남서쪽으로 함대의 방향을 돌려 다시 목표 지역으로 향했다. 그러나 그는 목표 지점에서 약 45마일 떨어진 지점에 와서 공격을 단념했다. 12시 26분에 함대의 방향을 돌린 그는 25일 오후 9시 30분에 산베르나르디노 해협을 통과했다.

　홀시 제독은 북쪽에서 거대한 선단을 이끌고 긴급히 남하했다. 그러나 그의 함대는 단 한 발도 응사하지 못했다. 도착이 너무 늦어 일본의 함대를 놓쳐버렸기 때문이었다.

　나는 레이테 만 해전의 불행한 사태를 관계 사령관들의 판단 잘못으로 돌리지는 않았다. 그 책임은 전적으로 워싱턴의 고위층에 있었다. 이번 해전에서 핵심 역할을 한 미국의 두 사령관은 같은 해역에서 같은 작전에 참가하면서도 한 사람은 내 밑에 다른 한 사람은 5천 마일이나 떨어져 있는 니미츠 제독 밑에 속해 있어서 각자 독립된 지휘하에 있었던 것이다. 나의 지휘를 받고 있던 제7함대는 이 해전 전이나 이후에도 훌륭한 공로를 세웠다. 킹케이드 제독은 이 해전에서도 미국의 해전사상 위대한 지휘관의 대열에 그 이름을 올리게 되었다.

　이 전투에 참가한 니미츠 제독 휘하의 각 함대의 행동에 대하여 나는 다음과 같은 메시지를 그에게 보냈다.

　"레이테 만 작전에서 뛰어난 활약을 한 귀관 및 귀관의 부대원들에게 심심한 감사를 드립니다. 귀 부대의 공적은 우리 모두가 감탄하고 있다고 전해드립니다. 귀하의 육해공군 부대들은 모두 영광에 싸여 있습니다. 이들이 없었더라면 이번 작전은 성공을 거두지 못했을 것입니다. 귀관의 호의와 협력에 대하여 개인적으로 감사를 드립니다."

일본 함대의 패배는 연합군의 레이테 상륙 작전을 방해하려는 일본군의 3면작전 제1단계가 실패한 것에 지나지 않았다. 해전의 실패에도 불구하고 일본군 지상 부대와 공군의 공격은 더욱 강화되었다.

루손의 여러 기지에 대만과 일본에서 새로운 항공 부대를 보급받은 일본군은 레이테 만에 있는 우리 수송선과 함대에 계속 공습을 가했다. 해변의 연합군 시설에 대한 일본군의 대대적인 공습은 10월 24일부터 시작했다. 타클로반에 있는 제6군사령부와 나의 총사령부는 일본군의 특별 목표였다. 그러나 직격탄은 단 한 번도 맞지 않았다.

가미카제 특공대의 자살적인 공격은 이때부터 시작되었는데 이것은 연합군 해군 사령관들에게 불안을 안겨주었으며 연합군 함대에 적지 않은 손실을 주었다. 우리 항공모함들은 가미카제의 공격을 막기 위해 보유한 항공기를 자체방어에 돌리어 레이테의 지상군을 엄호할 여유가 없었다.

3. 야마시타 사령관의 비극

우기에 접어든 이 지역 특유의 폭우와 어려운 지형으로 레이테에 비행장을 닦는 일은 지연되기만 했다. 일본군은 타클로반의 중요성을 알고 있었기 때문에 비행장에 폭격을 계속하여 항공기에 많은 손실을 입혔다. 한 차례의 공습에서 27대의 항공기가 파손되기도 했다.

탄약 보급소와 유류 탱크는 거의 매일 밤 폭파당했다. 일본군이 이처럼 강력하고 효과적인 공습을 계속한 것은 코레히돌에 대한 맹렬한 폭격 이래 처음이었다.

일본군의 지상 공격도 공군 활동의 경우나 마찬가지로 레이테 해전의 결과에 영향을 받지는 않았다. 그들은 미국 공군이 일시적으로 미비한 틈을 타서 루손 섬과 인근 도서에서 레이테로 계속 증원 부대를 옮겨왔다. 거의 5만의 새로운 병력을 레이테 섬에 이동시켜 '야마시타 라인'의 회랑 방어에 투입했다.

적은 그 어떤 희생을 치르더라도 레이테를 확보하려는 의도가 분명했다. 야마시타 장군은 이렇게 말했다.

"아군은 필리핀에서의 결전을 레이테에서 하겠다."

연합군 지상군은 내륙으로 진격을 계속하는 한편 해안선을 따라 하는 진격도 병행하여 적을 포위할 생각이었다. 그러나 진격할수록 적은 병력을 증강하여 저항이 강해졌다. 항공모함에서 출격한 연합군의 항공기들은 적의 수송선단을 공격하여 막대한 손실을 입혔다.

그러나 열대지방의 폭우로 우리의 작전은 여의치 못했다. 주요 도로는 진흙수렁으로 바뀌어 보급을 늦추고 때로는 보급이 중단되기도 했다. 통신도 자주 두절되고 부대간의 연락도 잘 되지 않았다. 배수시설이 좋지 않고 땅이 질어서 비행장의 활주로가 잘 조정되지 않아서 지상부대는 지상 항공부대의 지원 없이 작전을 계속해야 했다.

우리의 공군력은 취약한데다 적의 저항은 날로 증대되어 나는 윌리엄 G. 힐 소장이 지휘하는 제32공수단과 조세프 M. 스윙 소장이 지휘하는 제11공수단을 데려오기로 했다. 일본군은 오르목 회랑으로 향한 모든 통로를 완강하게 지키면서 '야마시타 라인'의 방위를 강화하고 이따금 역습을 시도하기도 했다. 11월 말이 되자 일본군의 병력은 10월말보다 수만 명이 더 증가했다.

나는 오르목에서 적의 보급로를 차단하면 적에게 결정적인 타격을 줄 수 있다고 판단했다. 그러나 지금까지도 선단의 안전을 보장할 수 있는 전투기의 엄호를 받지 못한데다 내 휘하의 해군 부대에도 수륙양용 작전을 위한 상륙용 주정과 보급용 선박이 부족했던 관계로 대규모 해상공격을 할 수 없었다.

그러나 이러한 낙관도 극복되었으므로 나는 서해안을 공격하여 레이테의 적 후방을 봉쇄할 수 있는 좋은 기회라고 생각했다. 나는 새로 도착한 제77사단에 대하여 오르목 지역으로 상륙하라는 명령을 내렸다.

12월 6일, 브루스 소장이 지휘하는 제77사단은 수송선으로 레이테의 해안을 따라서 섬의 남쪽 끝을 돌아 오르목 남쪽 3마일 반 지점인 데포시토에 상륙했다. 주보급로가 차단될 위기에 놓였음을 알게 된 일본군은 즉각 반격을 가해왔으며 비사야 제도의 비행기들을 총동원해서 연합군 선단을 공격해왔다.

적기의 공습으로 우리 수송선과 구축함은 많은 손실을 입었지만 제77사단은 신속하게 상륙을 완료하여 교두보를 확보했다. 나는 일일명령에서 오르목 상륙의 전략적 의의를 이렇게 설명했다.

"이번 작전으로 우리는 야마시타 라인의 중앙지점을 후면에서 탈취하여 적을 둘로 갈라놓았으며 북쪽 계곡의 부대를 남쪽 해안의 부대로부터 고립시켰다. 이 적들은 전전선에 진격중인 우리 부대의 협공을 받고 있다."

12월 15일, 제77사단은 적의 강력한 저항을 뚫고 오르목에 진입했고 다음 날에는 주력부대와 합류했다. 나는 12월 12일 다음과 같은 성명을 발표했다.

"야마시타 라인의 남쪽은 제거되었다. 적의 부대는 두 방면에서 진격하는 연합군 부대 사이에서 독안에 쥐처럼 괴멸되었다. 우리는 적들의 많은 보급품도 노획했다. 오르목에서의 전투는 더없이 치열했고 함락될 때까지 항복하지 않은 일본 방위대는 전원 전사했다."

일본군이 아무리 용감하다 하더라도 3면에서 쳐들어오는 연합군의 공격을 당해낼 수는 없었다. 그들은 소부대로 분단, 고립되어 계속 저항하든가 도망칠 도리밖에는 없었다. 나는 12월 26일, 다음과 같이 보고했다.

"레이테—사마르의 전투는 부분적인 소탕전을 제외하면 전부 끝난 것으로 판단된다. 야마시타 장군은 일본 육군사상 최대의 패배를 맛보게 되었다."

레이테를 공격하기 1년 전 나의 부대는 필리핀에서 1천5백 마일이나 떨어진 뉴기니의 정글이나 늪지대에 묻혀 있었다. 그러나 우리는 지금 필리핀 군도의 한복판에서 그 지배자가 될 수 있는 위치에 있는 것이다. 우리는 일본의 가장 뛰어났다는 장군이 지휘하는 부대를 상대로 싸운 결과 그들을 완전히 섬멸했다. 패배의 그림자는 어느 때보다도 일본의 얼굴을 가리고 있었다. 그리고 그 얼굴이 완전히 가려지는 날도 얼마 남지 않게 되었다.

전쟁이 끝난 몇 년 후 나는 일본 천황으로부터 '야마시타 라인'의 방위가 실패하자 일본 정부는 전쟁에 질 것을 알고 모든 노력을 강화를 맺는 일에 기울였다는 말을 들었다.

레이테 작전에서 일본군이 입은 손해는 막대했다. 그들은 항복을 거부했기 때문에 최후의 한 사람까지 사살해야 했던 것이다. 일본군 전사자는 8만 5백57 명인데 반하여 포로는 고작 1백78 명뿐이었다. 연합군측 피해는 전사 3천3백20 명, 전상자 1만 2천 명이었다. 일본의 제16사단은 생존자가 단 한 사람도 없었다. 이 사단은 바탄에서 악명 높은 '죽음의 행진'을 강요한 부대였다.

레이테 작전이 끝난 후 나는 부대 장병들에게 표창장을 주었다.

"나는 이번 작전의 총사령관으로서 가장 어렵고 위험하며 복잡한 상황 속에서 전부대의 장병들이 보여준 결의와 용기에 대해서 감탄과 감사의 뜻을 표하는 바이다.

육해공군은 긴밀한 협조 정신을 보여주었고 각군은 제각기 특수한 전술 능력을 발휘하여 용감하게 싸워주었다.

지상부대들은 온갖 역경을 극복하고 목표를 달성하기 위하여 혼신의 노력을 다했다. 이 어려운 전투에서도 전쟁사상 유례 없이 낮은 희생을 내었을 뿐이다.

나의 지휘하에 있던 해군 부대들은 병과가 다른 총사령관에게 충실하였을 뿐만 아니라 미국 해군이 창설된 이래 신축성 있는 전술 행동과 불굴의 용기를 보여주었다. 오스트레일리아 함대도 영국 연방 최고 전통에 손색없는 임무를 완수했다. 킹케이드 제독은 현존하는 가장 위대한 해군 사령관 중의 한 사람임을 행동으로 보여주었다.

나에게 배속된 육해군 항공 부대들은 태평양 전쟁에 있어서 그 어떤 공군부대보다도 뛰어난 투지와 지혜를 발휘했다. 케니 장군과 스트레이그 제독은 공군사에 중요한 위치를 차지한 인물임을 입증했다.

나는 제3함대의 엄호부대가 상륙 초기의 결정적인 해전에서 보여준 탁월한 작전에 깊은 사의를 표하는 바이다.

오스메나 대통령이 영도하는 필리핀의 민간인 및 게릴라 부대가 이번 작전 중 협력과 원조를 베풀어준 데 대해서도 심심한 사의를 표하고자 한다.

또한 고난과 긴장에 찬 끝없는 시간을 통하여 변함없이 나를 보좌해준 나의 충실한 참모들에게 나는 개인적으로 감사를 드린다.

우리는 이제 필리핀에서 튼튼한 교두보를 확보했으며 바탄과 코레히돌로 진격해 들어갈 때까지 나는 공격을 멈추지 않을 것이다. 전능하신 하느님께서는 우리 군을 축복해주셨다."

새로 취임한 제임트 포레스털 해군장관은 다음과 같은 서신을 나에게 보냈다.

"친애하는 맥아더 장군

본인은 두 가지 이유로 이 편지를 쓰게 되었습니다. 그 하나는 장군께서 레이테 상륙작전을 성공으로 이끈 데 대하여 해군을 대표하여 칭찬과 축하를 드리려는 것이고 다른 또 하나는 새해에도 장군의 전투력이 좋은 상과를 거두고 장군의 건강을 기원하기 위해서입니다.

해군이 담당했던 임무는 매우 어려운 일이었지만 우리는 장군의 임무가 얼마나 크고 막중한 것인지 잘 알고 있습니다. 근대전에 있어서 군함이나 항공기는 필요 불가결한 요소이지만 전쟁의 끝마무리를 하는 것은 역시 보병이기 때문입니다. 장군과 장군 휘하의 장병들을 우리는 항상 생각하고 그들의 무훈을 빌겠습니다."

필리핀 정부는 나에게 미국 의회의 명예훈장에 상당하는 용기훈장 (Medal of Valor)을 주었다. 오스메나 대통령은 나에게 이 훈장을 주면서 이렇게 덧붙였다.

"미국과 맥아더 장군은 하나입니다. 장군은 미국이 이상으로 하는 자유와 민주주의의 최고와 최선을 대표하는 인물이며, 미국인의 성격 중에서 가장 고상한 것과 미국민의 본질인 성실성을 구현하고 있습니다.

위대한 민주 필리핀을 건설함에 있어서 장군은 틀림없이 정신적인 용기를 줄 것입니다. 우리 필리핀 국민들은 영원히 장군의 이름을 기억할 것입니다."

마샬 장군도 이번 작전의 성공을 축하하는 전문을 보냈고 미국 정부는 군인의 최고 계급인 원수로 나를 진급시켜주었다. 그러나 그전처럼 진급이나 훈장을 받을 때 느끼던 기쁨이나 스릴을 맛볼 수는 없었다. 전장의 처참한 장면장면들이 나를 얼떨떨하게 만들어서인지, 아니면 나이가 연로해진 탓인지도 모르겠다.

레이테 작전 기간에도 나는 군사적인 문제와 아울러 정치적인 문제도 다루어야 했다. 미국의 직업군인들이 다 그러하듯이, 나는 민정(民政)이 군의 부당한 간섭이나 압력을 받아서는 안 된다는 신념을 갖고 있었다. 그래서 나는 레이테의 탈환지역에 대한 행정권은 오스메나 대통령의 합법적인 필리핀 정부에 이양했다.

나는 레이테에 상륙한 사흘 후 오스메나 대통령을 파괴되어 다 찌그러진 타클로반 지방 의사당으로 초청하여 그곳에 모인 필리핀 사람들이 보는 가운데 합법적인 정부의 부활을 정식으로 선언했다.

"나는 미국 정부를 대표하여 여러분이 선택한 합법적인 민간 정부의 부활을 선언합니다. 우리 부대가 전진을 계속하면 필리핀 전지역의 도시나 지방에서도 민정을 부활시킬 것입니다."

오스메나 대통령을 위시하여 필리핀 정부의 관리들은 내가 이렇게 빨리 민정을 부활시킬 줄은 미처 예기치 못했던 모양이다. 나는 이 문제에 대해서 이들의 누구와도 사전에 협의한 적이 없었다. 오스메나 대통령은 레이테를 단순히 의례적으로 방문한 것으로 생각하고 있었으며 다시 미국으로 돌아가서 전쟁이 끝났거나 최소한 필리핀에서의 군사작전이 끝날 때까지 망명 정부를 이끌어 나갈 것으로 생각하고 있었던 것 같았다.

이리하여 미군이 필리핀 군도를 탈환하는 동안이나 그 뒤에도 군정은 결코 실시하지 않았다.

미국의 역사상 미국의 군인은 "군인이 문관에게 복급하는 것은 필요하고 또 현명한 일이다."라는 기본 신념을 갖게끔 교육을 받아왔었다. 나의 마음 속에도 이러한 신념이 깔려 있었다. 그러나 이것은 문관이 군인의 책임 사항을 간섭해도 좋다는 뜻은 아니다. 전쟁에 대한 결정은 정부가 내리는 것이며 결정이 내려진 전쟁에서 이겨야 하는 책임은 군사적으로 훈련받은 사람들이 져야 하는 것이다.

문관이 전투 행위에 대해서 간섭한다면 유익한 것은 하나도 없으며 결과적으로는 패배를 초래할 뿐이다. 일단 사령관을 임명했으면 그 사람을 믿어야 하며 그렇지 못할 때는 교체하면 된다. 사령관이 내리는 결정을 멀리 떨어져 있는 사람들이 수정하거나 변경하지 말아야 한다.

그런데 나는 이 문제에 대하여 헤럴드 이케스 내무장관과 의견이 맞지 않았다. 그는 자기의 직책과 내무장관의 직무를 대리하던 고등판무관 제도가 폐지되었다 해서 필리핀 통치는 내무장관인 자기가 담당해야 한다고 주장했었다. 그는 필리핀이 미국의 영토라고 주장하여, 이 섬나라를 자기의 관할하에 있는 국립공원의 하나쯤으로 생각하는 것 같았다.

그는 레이테 작전 전에도 침공작전이 끝나면, 필리핀의 통치권은 자기가 장악하겠다고 나에게 통보했을 정도였다. 그는 필리핀의 통치권을 오스메나 대통령에게 이양하는 것에 대해서 반대했다. 그는 또 일본군이 필리핀을 점령한 기간 중에 미국에 충성했던 사람과 그렇지 못했던 사람에 관한 정보를 수집하고 있었는데 충성하지 않은 사람은 반역죄로 재판에 회부하겠다고 나에게 통보해온 적이 있었다.

점령기간 중 일본은 필리핀에 독립을 부여하고 괴뢰 정부를 수립했었다. 내무장관은 이 괴뢰 정권에 협력한 사람은 총살형이나 교수형에 처할 생각이었던 모양이다. 단순히 일본이 세운 괴뢰 정권하에서 부역을 했다는 이유만으로 반역죄를 씌울 수는 없는 것이다. 이들의 대부분은 일본군의 점령하에서 일반 민중의 고난을 덜어주려는 마음에서 그들을 도왔을 것이다.

스팀슨 육군 장관은 이 문제에 대해서 나의 의견과 충고를 물어왔다. 나는 이케스 내무장관의 견해에는 반대이며 필리핀 지도자들을 공정하게 비판할 수 있는 것은 오직 필리핀 사람뿐이라고 주장했다.

또한 나는 적과의 협력, 그 밖에 충성스럽지 못한 짓을 한 사람들은 전부 체포하여 필리핀의 법률에 정하는 절차에 따라 재판을 받도록 할 것이며 필리핀 당국이 행정 기능을 회복할 때까지는 그들의 신변을 안전하게 보호하겠다고 했다. 또한 나는 필리핀 정부가 과거에도 그러했듯이 그들의 책임을 완수하고 미국에 대하여 충실하게 협력할 것을 확신한다고 덧붙였다.

나는 또 이렇게 말했다. 태평양 전쟁이 발발했을 때 군사령관인 나에게 필리핀의 모든 행정을 관리하라는 말을 들었으나 이런 문제는 필리핀 사람들에게 맡기는 것이 당연하다고 하여 이 의견에 반대했으며 또한 실제적으로는 현지 주민들과 협력하는 것이 성공적이었다. 이케스 내무장관의 성격상 현지 주민들과 마찰이 생길 것은 분명하며 그는 필리핀에 와본 일이 한 번도 없었다 그리고 이케스는 동양에 대해서는 아는 것이 아무것도 없다는 점도 지적했다.

스팀슨 장관은 나의 의견을 적극적으로 지지해주었으며 워싱턴에서는 이 문제로 의견이 분분하다가 결국 루스벨트 대통령은 이케스 장관의 의견을 각하시켜 이 문제는 더 이상 왈가왈부하지 않게 되었다.

일본에 협력한 자들에 대한 문제도 필리핀 정부가 스스로 해결하게 되었으므로 편협한 미국 내무장관의 지시를 받지 않아도 되었다. 그런데도 이케스 장관은 그 후에도 나에 대해서 이 문제에 반감을 갖고 있었으며 나를 비방하는 데 언제나 앞장섰다.

이케스 장관이 현지 사정에 너무나 어두웠다는 것은 협력자 처벌

문제에 대한 그의 태도로도 알 수 있었다. 1946년에 필리핀 공화국의 초대 대통령이 된 로하스 장군의 경우는 가장 대표적인 예라고 하겠다. 로하스 장군은 태평양 전쟁 기간 중 연합군측 간첩으로 활동했었다. 1943년, 케손 대통령은 자기의 주치의인 크루스 박사를 오스트레일리아에 있던 나에게 파견한 적이 있었다. 그는 크루스 박사를 필리핀에 밀파하여 저항운동의 지도자들, 특히 로하스 장군과 만나게 하고 싶어 했다.

이리하여 크루스 박사는 매우 스릴에 찬 모험을 하게 되었다. 우리는 그를 잠수함 〈드레셔〉호에 태워 네이그로스 섬에 상륙시켰었다. 그가 필리핀에 잠입했다는 정보는 즉시 일본군의 귀에도 알려졌다. 일본군은 갖은 수단을 다 써서 그를 체포하려고 했으나 크루스는 변장과 위군 증명서를 써가면서 갖은 고생 끝에 마닐라에 도착했다. 그는 여기서 게릴라 지도자들과도 만났고 로하스 장군과는 오랜 시간 이야기를 나누기도 했다.

그는 1944년 2월, 오스트레일리아로 다시 탈출했는데 그가 수집해온 저항운동에 관한 정보는 그 당시 우리가 입수한 정보 중 가장 중요한 것이었다. 전쟁 기간 중 로하스 장군이 맡았던 역할에 대해서는 케손 대통령이나 게릴라 지도자, 그리고 나 자신도 전혀 의심하지 않았다. 그가 필리핀에 남아 있었던 것은 내가 직접 그렇게 하도록 명한 것이어서 나는 더욱 그를 신뢰할 수 있었다. 그의 충성심은 크루스 씨의 필리핀 잠입이 무엇보다 잘 증명하고 있었다. 만약 그가 크루스의 잠입을 일본군에게 밀고했더라면 그는 일본군으로부터 푸짐한 상금을 받았을 것이다. 크루스는 일본군이 가장 찾고 있던 인물이었으니까.

그런데 필리핀이 해방되자 이케스와 그의 추종자들은 로하스를 헐뜯고 또 내가 그를 반역자로 간주하지 않는다 하여 나까지 공박했다. 로하스 장군이 필리핀의 대통령으로 취임한 후에도 그에 대한 모략 중상은 그치지 않았다. 공산주의자들과 그 동조자들은 나에 대한 공격도 멈추지 않았는데 과격한 자유주의자들까지도 그들과 합세하여 비난을 퍼부었다.

4. 루손 섬 공략

필리핀 해방의 성패를 가름하는 루손 섬의 탈환이 계획되었다.

그러나 이 섬에는 우리 쪽보다 훨씬 많은 일본의 지상군이 포진하고 있어서 작전은 위험하고 어려웠다. 나는 본격적으로 공격을 개시하기 전에 다시 하나의 교두보를 확보하기로 했다. 그래서 선정한 것이 민도로 섬이었다. 이 섬은 루손 섬의 바로 남쪽에 있어서 루손 섬의 해안선을 마주보고 있었다. 이 섬만 점령하게 되면 나 자신의 공군 엄호를 확보하지 않고는 전진하지 않는다는 나의 기본전략으로 되돌아갈 수 있는 것이다. 이 섬은 레이테와 루손의 링가옌 만 중간에 위치하고 있어서 민도로 섬에 비행장만 확보하면 링가옌 만의 상륙부대를 충분히 엄호할 수 있을 것이다.

나는 워싱턴에 보내는 보고서에서 나의 전략을 다음과 같이 설명했다.

"우선 제8군으로 루손 섬 남쪽 가까이 있는 민도로 섬을 확보한 후 레가스피나 바탕가스 등 남해안의 항구에 상륙할 기미를 보여 일본의 주력부대를 그쪽으로 유인하며 이 작전이 끝나면 제6군으로 하여금 포위작전을 전개시켜 방비가 허술한 북부 해안에 상륙케 하고 또한 일본으로부터의 보급로를 차단한다.

그러면 적은 다시 북쪽으로 주력부대를 이동시킬 것이며 이때 제8군은 수륙양용 작전으로 남해안에 상륙시킨다. 두 부대는 최소의 희생으로 상륙을 완료하여 보급로가 차단된 적을 협공, 섬멸시킨다."

레이테 작전이 끝나기 2주 전인 12월 12일, 덩켈 준장이 지휘하는 기동부대를 제7함대에 소속된 호위함정과 함께 수리가오 해협을 통과하여 민도로 섬으로 보냈다. 일본군은 이번에도 우리의 다음 목표를 오판했다. 그들은 우리가 파나이 섬과 네이그로 섬을 공략할 것으로 예상하고 민도로 섬에 대해서는 별다른 대책을 세워놓지 않아서 우리가 목표지점 앞바다에 이르렀을 때까지 우리의 의도를 눈치채지 못했다. 우리는 단 한 명의 희생자도 내지 않고 이 섬에 상륙할 수 있었다.

그러나 이때 일본군은 가미카제 특공대로 공격해와서 민도로 섬 앞바다의 우리 함정들은 많은 피해를 입었으며 이때 입은 피해로 현지의 항공기 연료가 부족하게 되었다. 그래도 12월 23일까지 민도로 섬의 2개의 비행장이 기능을 발휘하게 되었다.

민도로 섬을 우리가 장악하게 되자 일본은 더 이상 증원부대를 필리핀에 보내오지 않았으며 네덜란드령 동인도지나 제도에서 오는 수송선단의 기항지로 마닐라 만을 이용하는 것도 포기했다. 이리하여 루손 섬을 공격할 준비가 완료되었다.

마샬 장군은 나에게 다음과 같은 전보를 쳤다.

"귀관은 레이테에서 작전에 성공했으며 지금 민도로 섬에서 진행 중인 작전은 군사적 걸작이다. 귀관과 귀관의 부대들이 계속 성공을 거두고 안전하기 바란다."

나는 레이테를 떠나기 전에 케니 장군 휘하의 C급 조정사 중에서도 가장 뛰어난 리처드 본 소령에게 미국 의회의 명예훈장을 수여했다. 그는 공중전을 통하여 일본 비행기 40대를 격추시켰었다. 이때 나는 이렇게 말했다.

"군인이 갖춰야 할 자질 중에서 가장 감명을 주는 것은 용기이다. 용기는 군사 작전에 있어서 성공의 기초이다. 귀관은 뉴기니에서 필리핀까지의 하늘을 지배해왔는데 나는 귀관을 용사 중의 용사, 미국의 명예훈장 수상자들만 참가하는 대열에 서게 하겠다. 하느님께서 이 젊은 용사를 보호해주시기를 이 늙은 총사령관은 기원한다."

그러나 이 용사는 1945년 8월 7일 미국에서 시험 비행을 하던 중 비행기의 엔진 폭발로 이륙에 실패하여 낙하산으로 탈출했으나 너무 저공이어서 낙하산이 펴지지 않아 결국 순직하고 말았다.

1944년 12월 29일자로 나는 미국 최고의 전사(戰史) 권위자인 더글라스 S. 프리먼 씨로부터 다음과 같은 서신을 받았다.

"친애하는 맥아더 장군

나는 이따금 내가 무덤 속에서 말하고 있는 것은 아닐까 하는 착각에 빠지곤 합니다. 잠을 자지 않는 시간은 거의 장군의 전투행적을 연구하고 있으며 나머지 시간은 남북 전쟁시 남군의 총사령관 리 장군을 연구하고 있습니다. 장군께서는 지금 레이테에서 적을 물리쳤으므로 리 장군도 장군을 자랑스럽게 여기고 있을 것이라 믿습니다. 미국 장교가 지휘한 전투 중에서 당신처럼 리 장군을 연상케 하는 사람은 하나도 없습니다.

또 한 사람의 남군(南軍)의 명장 재슨 장군의 담력과 전략을 계승한 장군께 경의를 표합니다. 그들의 영광은 지금 장군의 양어깨에서 빛나고 있습니다. 나는 앞으로도 장군의 행적을 깊이 연구하여 제가 리 장군과 그의 참모들에 관한 책을 썼듯이 장군과 장군의 참모들에 관한 책을 쓸 작정입니다."

그는 이 편지와 함께 그가 쓴 리 장군의 전기를 보내주었는데, 그 책에는 '이에 못지 않게 위대한 기록을 세우고 있는 더글라스 맥아더 장군에게'라고 친필로 씌어 있었다. 나는 좀처럼 경험하지 못했던 깊은 감명을 받게 되었다.

우리가 민도로 섬을 점령하자 일본의 야마시타 장군은 우리가 루손 섬의 남쪽 해안에 상륙할까봐 걱정하는 듯했다. 연합군은 상륙 목표가 링가옌 만이라는 것을 감추기 위해 갖가지 연막을 폈다. 연합군 폭격기들은 남부 루손의 목표물들을 계속 폭격하고 정찰 임무를 띤 항공기들은 바탄가스—타야바스 지구의 상공을 선회했으며 수송기들은 같은 상공에서 공수 작전의 시늉을 냈다. PT보트들은 루손 섬 남쪽과 남서쪽 해안에서 북쪽으로 마닐라 만까지 정찰했으며 소행정은 발라간, 바탕가스와 타야바스 만의 기뢰 제거 작업을 계속했다.

상륙용 주정과 상선대가 이 지역의 해안에 접근하여 일본군의 포격을 받으면 어둠을 틈타서 도주했다. 남부 루손의 게릴라 부대들의 움직임도 활발해져, 일본군의 관심을 남쪽으로 끌어들이려는 위장 작전을 폈다. 일본군은 결국 우리의 작전에 말려들어 병력을 남쪽에 집중시키기 시작했다. 야마시타 장군은 우리가 링가옌 만에 상륙할 때까지 그의 주력부대를 북쪽으로는 이동시키지 않았다. 야마시타 장군은 사령부를 바키오에 설치했었다. 제8군의 기만작전은 완전한 성공이었다.

워싱턴의 일각에서는 링가옌 만 상륙 작전이 너무 규모가 크고 위험이 따를 것이라는 우려의 소리도 없지 않았다. 이 계획을 보면 1945년 1월 4일, 공격 선단이 기지를 출발, 좁은 해협을 따라 일본군이 점령한 섬들 사이를 빠져나와 남지나 해를 북상하여 적의 방비가 튼튼한 바탄과 코레히돌을 우회하여 마닐라를 통과하기로 되어 있었다. 선단은 언제나 적의 비행장으로부터 20분 이내의 비행 거리 내를 통과하게 되어 있었다.

연합군 공군부대는 적의 비행장에 쉴새없이 공격을 가했다. 루손 섬의 일본군 병력이 방대하다는 것도 알게 되었고 적의 광신적인 자살 행위, 패배자의 최후의 발악도 우리는 각오하고 있었다.

공격부대는 레이테 작전 때와 거의 같은 편성이었다. 지상부대는 크루거 장군이 지휘하는 제6군이었는데 쉬프프 장군 휘하의 제1군단과 그리스월드 장군이 지휘하는 제14군단 및 강력한 육군 예비부대로 구성되어 있었다.

상륙 사단에는 제6, 제37, 제40, 제34사단이 포함되었고 제25사단과 다른 부대는 예비부대로 따라가게 했다. 그리고 제1군단은 좌측, 제14군단은 우측으로 동시에 상륙하기로 했다.

해군부대는 킹케이드 제독이 직접 지휘하는 제7함대와 오스트레일리아 함대의 일부였다. 이 작전에 참가한 제독으로는 올덴도프, 버키, 바비, 윌킨슨 등 쟁쟁한 멤버들이었다. 홀시 제독의 제 3 함대는 이번에도 전략 지원을 담당케 했다.

또한 공군으로는 제5공군과 제13공군이 참가했고 케니 장군이 총지휘했고 화이트헤드 장군은 작전을 보좌했다. 남쪽에는 아이켈버거 장군의 제8군이 배치되어 있었고 뉴기니에는 블레이미 장군이 지휘하는 오스트레일리아 제1군이 있었다.

총지휘는 내가 직접 담당했다.

1월 4일, 나는 기함인 〈보이즈〉호에 올랐다. 배는 무전을 끄고 있어서 엔진과 파도 소리만이 침묵을 깨고 있었다. 배는 필리핀 남해안의 파도를 헤치고 링가옌 만을 향해 달렸다.

정막과 긴장. 나는 3년 전의 그 어두웠던 밤, 바로 이 바다 위로 돌아오겠다는 결의를 안은 채 오스트레일리아로 떠나던 일을 회상했다. 도박꾼들 사이에서는 한번 일어난 일은 다시 일어나지 않는다는 뜻으로 '다시는 돌아오지 않는다(They never come back)'는 속담이 있지만 나는 내가 애용하는 콘컵 파이프에 입담배를 쑤셔넣으면서 도박꾼들의 말은 틀릴 때가 있을지 모르겠다고 생각하니 가슴이 뿌듯해짐을 느꼈다.

"전원 전투 준비!"

갑자기 깊은 침묵을 깨뜨리고 하얀 물줄기를 가르면서 보이즈 호를 향하여 어뢰가 수면을 미끌어져오고 있었다. 순양함은 황급하게 좌우로 뱃머리를 흔들면서 이 무서운 흰 물줄기를 피했고 호위하던 구축함은 폭뢰를 쏘아댔다. 일본군의 소형 잠수함들이 까만 고래처럼 물 위로 떠오르더니 구축함을 보자 바다속으로 다시 모습을 감추었다. 일본의 항공기들은 몇 번이고 급강하 공격을 되풀이했다. 그러나 우리 함정들이 대공화기를 일제히 발사하자 적기들은 순식간에 격추되고 말았다.

나는 기함의 뒤갑판 포대 가까이 서서 이 전투 광경을 바라보고 있었다. 조심성 없이 한 발포로 일본군은 총사령관인 내가 보이즈 호에 타고 있을 것이라고 믿었던 것이다. 그러나 태평양의 역사상 가장 거대한 연합군의 함대가 점차 해안에 접근하고, 낯익은 땅들이 시야에 들어오자, 나의 머리는 또 다른 생각으로 가득찼다.

수평선 저너머로 햇빛에 반짝이는 마보라, 코레히돌, 마리발레스,

바탄 참모들은 한 사람 한 사람 곁에서 떠나고, 나 홀로 추억에 잠겼다.
　적군의 가미카제 특공대의 공격으로 수송선단은 큰 피해를 입었다. 가장 큰 손실은 전함 뉴멕시코 호였다. 이 전함에는 서남 태평양 사령부에 영국 대표로 파견나와 있던 람즈덴 해군 중장과 옵서버로 참관 중인 영국 해군의 태평양 함대 사령관 프레이저 제독도 타고 있었다. 람즈덴 중장은 플랙 브리지(戰鬪艦橋) 우측에 서 있었는데 마침 뉴멕시코 호의 뒤쪽에 있던 구축함이 일본군의 자살 공격을 받았는데 람즈덴 장군은 더 잘 보이는 곳으로 옮기려고 내비게이션 브리지의 한복판에 섰다. 이때 적기 1대가 뉴멕시코 호에서 쏜 포화에 맞고 추락해 왔다. 람즈덴 장군은 다시 플랙 브리지로 가기 위해 막 사다리를 내려오는데 적기가 배에 충돌, 폭발하자 장군은 사다리와 함께 폭풍에 날려 전사했다. 우리는 장군을 해장(海葬)했는데 그는 영국의 가장 훌륭한 군인 중의 한 사람이었다.
　1945년 1월 9일, 우리 함대는 동이 트기 전에 링가옌 만의 상륙 지점에 도착했다. 그곳은 3년 전 일본 혼마 장군의 수송선들이 닻을 내렸던 위치와 거의 같은 곳이었다. 상륙용 주정은 오전 9시 30분에 출발했다. 적은 제1군단 전면의 언덕에서 박격포로 응수하는 정도였다. 나는 계획에 성공하여 12마일의 해안에 교두보를 확보했다.
　나는 제1군단의 상륙 주정을 타고 해안으로 향했다. 이번에도 해안까지 배를 대지 못하는 배를 타고 있어서 물 속에 내려 걸어서 상륙했다. 주위에서는 2천5백 척 이상의 주정들이 분주하게 움직였다.
　미국군은 개전 초 밀르느 만에서의 상륙 작전 이래 각종 수륙양용 주정을 개발했다. 육지나 바다를 자유로이 달릴 수 있는 탱크, 물 속이나 하이웨이를 달리는 트럭, 병력을 해안은 물론 내륙 깊숙이 운반할 수 있는 무한궤도가 달린 수송용 차량도 있었다.
　이러한 차량도 합세하여 교두보를 확보한 여세를 몰아 링가옌 해안의 모래벌판을 질주했다. 이따금 일본의 제로(O號) 전투기가 습격해왔으나 이번에는 우리도 충분한 대비책을 세워놓고 있었다. 대공포화가 불을 뿜고 항공모함의 미군 전투기들은 벌떼처럼 달려들었다.

상륙이 개시되기 전, 오스메나 대통령은 필리핀 국민에게 보내는 메시지가 담긴 삐라를 인쇄했는데 우리 부대의 상륙과 때를 같이 하여 우리 항공기들은 이것을 필리핀 전국에 살포했다. 메시지의 내용은 다음과 같았다.

"맥아더 장군의 해방군은 단기간에 레이테 섬의 일본 방위군을 괴멸시키고 민도로 섬을 탈환했으며 이제 루손 섬에 상륙하여 우리의 수도 바로 문턱에 서 있다.

우리의 기도는 드디어 그 보답을 받았으며 우리가 완전히 해방될 날은 멀지 않았다. 지금이야말로 우리는 자유를 사랑하는 국민으로서 우리가 갖고 있는 최고의 모습을 발휘하고 우리 앞에 가로 놓인 온갖 시련을 용기와 명예를 존중하는 마음으로 극복해야 할 것이다.

맥아더 장군은 우리들에게 장군 앞에 굳게 뭉칠 것을 호소하고 있다.

나는 대통령으로서 모든 애국 동포들이 장군의 호소에 호응할 것을 부탁하는 바이다."

필리핀 내의 게릴라 부대들은 나의 전투개시 명령을 받은 이래 맹렬한 활동을 계속했다. 그들은 일본군의 전화선을 절단하거나 하여 일본군의 통신을 방해했다. 또한 교량을 폭파하고 도로에 지뢰를 매설하여 그들의 보급로를 방해하고 정찰대를 습격하는가 하면 탄약 저장소에 불을 지르기도 했다. 게릴라 대원들의 만도(彎刀)는 일본군과의 치열한 싸움으로 붉게 물들었다. 내가 판단하기로는 북부 루손에서 활약한 폴크만 대령의 게릴라들은 전방의 1개 사단에 해당하는 능률을 과시했었다.

나는 다구판에 총사령부를 설치했다. 내가 지나는 곳마다 필리핀인들은 길가에 늘어서서 나에게 환호와 박수를 보내주었다. 그들은 나를 에워싸고 내 손에 입을 맞추고 내 목에 화환을 걸어주는가 하면 내 옷을 만져보기도 했다. 또 어떤 시민들은 어깨를 들먹이며 흐느끼기도 했다.

연합군의 진격이 계속되자 일본군은 점차 강한 저항을 보이기 시작하였다. 그들은 산허리에 여러 개의 동굴을 파놓고 그것을 서로 터널로 연결시켜, 그 안에는 탄약과 그밖의 긴급한 군수물자를 가득 저장해놓고 있었다. 일본군은 이러한 거점을 여러 개 만들어놓고 서로 엄호 지원하도록 하고 있었으며 또 탱크를 깊이 땅 속에 묻고 머리만 내놓아 견고한 토치카 역할을 하게 하기도 했다.

일본 병사들은 아무리 권고해도 항복하지 않았으며 총탄에 쓰러질 때까지 버티며 결코 총을 버리는 일이 없었다. 그래서 우리는 일본군의 머리를 총으로 쏘거나 총검으로 찌르고 전진할 수밖에 없었다.

야마시타 장군은 링가엔 만 동쪽 구릉지대에 병력을 집결시켜 바키오와 카가안 계곡에 이르는 입구를 방위하려 했다. 우리 제14군단은 루손 섬 중부 평야와 하이웨이망을 이용하여 마닐라로 빠지는 직통도로를 따라 빠른 속도로 남하했다. 그 사이에 제1군단은 동북쪽 산악지대에 있는 적을 견제하여 제14군단의 측면을 엄호하게 했다.

루손 섬 동서에 뻗친 산맥에서 흘러내려온 충적물(沖積物)로 이루어진 중부 평야는 그 길이가 링가엔 만에서 라구나 만까지 약 1백20마일이며 폭은 30마일에서 50마일에 이르렀다. 관개시설이 발달했고 주변의 산에서도 여러 갈래의 냇물이 흘러 매우 비옥한 지대였다. 따라서 경지면적이 넓고 철도와 도로등 교통망이 발달하여 중부 평야는 필리핀에서도 가장 풍요롭고 중요한 지역이었다.

연합군은 불과 12일 동안에 중부평야로 전진했으며 마닐라와 중간지점인 타틀락에 육박했다. 우리의 진격이 너무 빨라서 적은 공고한 방어진지를 이용할 시간적 여유도 거의 없었다. 야마시타 장군은 우리의 작전을 간파하지 못하여 남부로 돌렸던 병력을 다시 북쪽으로 이동시키려 하였으나 그들이 미처 도착하기 전에 연합군의 공격을 받았다. 일본군은 제1선에 있는 부대와 사령부간의 연락이 끊기고 일부 부대는 완전히 고립 상태가 되었다.

그 후 나에게 연합군이 어떻게 그토록 놀라운 속도로 진격할 수 있었는지에 대한 의견을 물어와서 나는 이렇게 말해주었다.

"그 당시 나는 일정한 예정표를 짜지 않고 한시라도 빨리 진격해야겠다는 생각이었다. 연합군의 포로를 한시바삐 해방시키기 위해서는 그래야 했다."

나는 세부적인 계획을 너무 일찍 세우는 것은 전투에 있어서 매우 위험한 일이라고 생각했던 것이다. 상황의 불확실한 요소로 예기치 못한 상황이 벌어졌을 때 지휘관의 판단을 그르치게 할 우려가 있는 것이다.

나는 작전계획을 짤 때 항상 작전 개시의 시간 외에도 일정을 정한 적이 없다. 이번 작전은 너무 빨라서 기대를 훨씬 상회하는 전과를 올리게 되었다. 고위 사령관으로부터 지나친 간섭을 받거나 일정이 꽉짜인 계획을 강요당하면 야전 사령관은 재량껏 지휘 능력을 발휘하기 어렵게 된다.

어느 부대든 각기 특유의 장단점을 갖고 있으며 그것은 부대의 작전에 영향을 주게 되는 법이다. 그 부대에 대해서 가장 잘 알고 있는 사람은 그 부대의 지휘관이다. 따라서 작전 현장에 없는 사람이 일방적으로 작전에 간섭하는 것은 전투를 위태롭게 할 우려가 있다.

나는 총사령부를 타틀락으로 이동시켰다. 부대가 클라크 비행장에 육박할 무렵에는 격전이 벌어지기 시작했다.

산마누엘에서는 일본군이 탱크 여단을 앞세우고 맹렬하게 반격해 왔다. 연합군은 이때 무척 고전했다. 나는 적군이 전선을 돌파할지도 모른다는 불안감에서 직접 제161보병 연대의 전투 지역으로 급행했다. 연대장 돌턴 대령은 매우 우수한 지휘관이어서 적의 진격을 저지하고 반격하여 사실상 적을 전멸시켰다. 나는 즉각 그를 준장으로 특진시키도록 상신하여 준장이 되었으나 아깝게도 그는 발레리 고개의 전투 때 전사하고 말았다.

나는 그때 워싱턴으로부터 세 번째 수훈 십자훈장을 받았다. 그리고 격려 메시지도 많이 받았다.

스팀슨 육관장관으로부터——

"필리핀 탈환 작전이 크게 전진한 것을 축하합니다. 이것은 바로 귀관의 탁월한 지휘 능력을 말해주는 것입니다."

마샬 장군으로부터——

"귀관이 마닐라, 바탄, 코레히돌 탈환작전을 성공적으로 이끈 데 대하여 심심한 축하를 보낸다. 레이테에서의 일본군 괴멸에 이어 루손의 적군이 섬멸된 것은 일본군의 만행과 오만한 태도에 대한 보복이며 우리는 그것을 흡족하게 생각하고 있다."

아놀드 장군으로부터——

"마닐라를 눈앞에 둔 귀관에게 충심으로 축하와 경의를 표한다. 일본 본토를 겨누는 귀관의 진격에 육군 항공대의 전대원은 충심으로 감탄하고 있다."

커튼 오스트레일리아 수상으로부터——

"오스트레일리아 정부와 국민은 귀관에게 심심한 축하를 보낸다. 오스트레일리아와 귀관의 조국, 그리고 연합군들을 위한 귀관의 공적은 전세계의 칭찬을 한몸에 받고 있다. 우리는 항상 귀관을 생각하고 있다."

5. 마닐라 입성

연합군이 마닐라로 진격하려는 중대한 시기에 워싱턴 당국은 내 휘하에 있던 수송선 70척을 다른 용도에 쓰겠다는 명령을 내렸다. 이 70척의 수송선을 샌프란시스코로 보내어 소련군에게 보낼 보급품과 군수 물자를 수송케 한다는 것이었다.

나는 이에 엄중히 항의했다. 그 많은 수송선을 내주면 필리핀 전투는 다시 위태로워지고 북부 루손 지역에서 싸우고 있는 수만 명의 장병을 희생시킬지도 몰랐다. 그러나 나의 이러한 항의는 아무런 소용이 없었다. 대일전에 승리하기 위해서는 소련의 힘을 꼭 빌려야 한다고 생각하고 있는 것 같았다.

전세가 이렇게 호전된 시점에서 그러한 조치를 취하는 것이 과연 옳은 판단인지에 대하여 워싱턴 당국은 나의 의견도 물어오지 않았다. 이들 수송선으로 블라디보스톡까지 운반한 물자는 그 후 미국이 제공한 수십만 톤의 물자와 함께 한국 전쟁 때 중공군과 북괴군이 미국을 상대로 싸울 때 사용되었다.

소련은 태평양 전쟁의 종전이 임박한 며칠 동안의 전쟁에서——전쟁이라 말할만한 것도 아니었지만——우리가 보낸 단 한 발의 총탄도, 단 한 파운드의 식량도, 단 한 벌의 피복도, 단 일 갤런의 휘발유도 사용하지 않았다.

70척의 수송선을 돌려보낸 얼마 후, 이번에는 또 태평양 함대의 대부분을 니미츠 제독에게 돌려주라는 명령을 받았다. 이렇게 되자, 나의 보급기지는 대만으로부터의 공습에 노출되게 되었다. 이 예기치 못했던 사태에 대처하기 위하여 나는 다음과 같은 계획을 세웠다. 다음 글은 나의 비망록에서 인용한 글이다.

"적군이 효과적인 반격을 가할 수 있는 것은 링가엔 만에 있는 나의 보급로를 차단하는 것이었다. 내가 확보했던 해안 거점이나 항만 기지들은 대만과 북방으로부터의 공격에 노출되어 있었다. 제7함대는 중부 태평양 함대 소속의 전함과 보조 함정으로 보강되어 있어서 제7함대가 링가엔 만 어구를 지키고 있는 한, 우리 해상 보급로는 약화되기는 했지만 당분간은 안전할 것으로 생각되었다.

하지만 니미츠 제독은 오키나와 공격을 위하여 자기 함대의 함정들이 빨리 돌아와 주기를 바랬다. 나는 홀 장군이 지휘하는 제8군의 제11군단을 선편을 이용하여 서부 루손의 잠발레스 해안으로 보내는 한편, 링가엔 만의 해상 전투력이 약화되어 그곳이 위태로워지면 지리적으로 보다 안전한 잠발레스 해안으로 나의 보급로를 이동시킬 작정이었다.

이 잠발레스 작전은 완전히 적의 허를 찔러 또 하나의 개가를 올릴 수 있었다. 홀 장군의 부대를 마닐라 주변의 평야에 배치하여 일본군의 부대의 측면을 위협하고 적이 바탄반도에 드나드는 것을 저지했다. 평야지대에서 적측의 저항선이 붕괴되면 맞은쪽 측면에서 링가옌 만을 출발하여 대기 중인 제1기 병사단을 출동시켜 적을 포위하고 이와 때를 같이 하여 제8군이 양면에서 공격하고 북쪽에서는 제6군의 주력부대가 일직선으로 계속 진격하여 마닐라를 공격케 했다."

이 계획은 적중했다.

제11군단은 단 한 명의 손실도 보지 않고 잠발레스 해안에 상륙, 오롱가포를 점령하고 2월 5일까지는 바탄 반도로 향하는 중요한 도로를 수중에 넣었다. 제11군단은 점차 강력해진 적의 저항을 격퇴하고 바탄 반도 전역을 확보했으며 마닐라 만으로 향하는 작전을 지원했다.

또 제14군단은 격전 끝에 클라크 필드, 포트스토첸부르크를 탈환하고 디나루피한에서 제11군단과 합류하여 마닐라로의 진격 태세를 갖추었다. 마지 소장이 지휘하는 제11기병사단은 북부 루손에 상륙하여 제14군단에 배속되었다. 제1군단은 본톡 구릉지대와 카가얀 계곡에서 적의 주력부대를 견제했다.

제8군의 제11공수사단과 제24사단은 남쪽의 바탕가스에 상륙, 전진을 계속하여 북쪽에서 공격해오는 부대와 함께 마닐라 협공 태세를 갖추었다.

나는 이제 성지(聖地) 같은 의미를 지닌 곳에서 싸우게 되었다. 이 일대는 50여년 전 나의 선친이 승리를 거둔 전적지이며 태평양 전쟁 초기에는 직접 내가 싸운 곳이기도 했다. 나는 이곳 지형에 대해서는 세세히 알고 있었다.

나는 이곳의 지형이나 적들이 파놓은 함정을 교묘하게 피해가면서 부대를 통솔할 수 있었다. 이 전투에서 내가 가장 만족스러워했던 것은 그러한 방법으로 많은 인명 손실을 막을 수 있었다는 점이다. 하지만 나의 참모들은 내가 전선에 나타나는 것을 좋아하지 않아서 그들은 나에 관해서 이렇게들 말하곤 했는데 그것이 나에 대한 책망인지 아

제 7 장 태평양 전쟁 III   51

넌지 나로서는 알 수 없었다.
 "타틀락 부근에서 있었던 일인데, 어느 날 저녁때 케니 장군이 보고할 것이 있어서 맥아더에게 갔다. 취사반장이 맛있는 음식을 많이 장만했는데도 맥아더는 전혀 입에 대지 않고 있는 것을 보았다. '왜 식사를 하지 않으십니까?' 하고 케니가 묻자 맥아더는 '조지, 너무 피곤해서 통 식욕이 없구만.' 하고 대답했었다.
 이튿날 아침 해가 뜨기 전에 케니는 당직 장교에게 일찍 가볼 데가 있어서 맥아더가 기상할 때까지 기다려 문안드릴 시간이 없다면서 잘 전해 달라고 부탁했다. 그러자 당직 장교는 '장군께서는 이미 두 시간 전에 전방으로 떠나셨습니다.'라고 말했다. 이 말에 케니 장군은 얼떨결에 '뭐라구? 그 친구는 머리가 좀 돈 모양이군. 그렇게 일을 많이 하면 노동조합에서 제명될텐데.'라고 말했다 한다."
 나는 전쟁 초기부터 루손의 여러 수용소에 억류되어 있던 수천 명의 포로들이 염려스러웠다. 일본군은 필리핀을 점령한 후 미국, 영국, 기타 연합국 사람들을 군인이건, 민간인이건 무차별 수용했는데 그 대부분은 부녀자와 어린이였다.
 나는 루손 섬에 상륙하기 전부터 포로수용소에 관한 정보를 보고받고 있었다. 우리가 상륙하기 전후의 정보에 따르면 사태가 심상치 않았다. 우리 부대가 포로 수용소가 있는 산토마스 대학, 빌리비드, 카바나투안, 로스바노스 가까이 진격하자 수용소를 감시하던 일본군은 포악한 짓을 자행하기 시작했던 것이다.
 우리가 이들을 빨리 구출하지 않으면 학대와 굶주림으로 이들은 목숨을 부지하지 못할 것이다. 해방을 며칠 앞두고 이들이 죽음을 당한다는 것은 생각만 해도 가슴 아픈 일이 아닐 수 없었다. 그래서 우리는 비상 수단을 강구했다. 즉 제8군 소속의 특공대에서 차출한 장병들과 필리핀 인 게릴라대원들이 전선에서 약 35마일 후방에 있는 카바나투안 포로 수용소를 기습하여 억류자들을 모조리 해방시키는 데 성공했다. 그 뒤에도 똑같은 방법으로 다른 수용소에 억류된 포로들을 석방시켰다.

　제1기병 사단은 2월 1일 아침, 좌측에 해병대의 엄호를 받아가면서 마닐라를 향하여 남하를 개시했다. 같은 시간에 제14군단의 제37사단과 제8군의 제11군단도 마닐라로 진격했다. 제1기병사단의 선발대는 체이스 준장 지휘로 2월 4일 마닐라에 진입하여 산토마스와 빌리비드 수용소의 포로들을 석방시켰다.

　이미 우리는 전략적으로 보아 마닐라를 확보한 것이나 다름없었다. 포위된 적의 일부는 절망적인 저항을 계속하여 많은 사상자를 내고 대량의 재산을 파괴했다.

　나는 제37사단과 함께 마닐라에 입성했다. 마닐라 호텔의 맨 위층에 있던 나의 숙소를 원래의 모습대로 되찾기 위해 나는 사단 정찰대와 동행했다. 이 숙소의 문 앞에는 선친께서 일본의 다이쇼(大正) 천황으로부터 선물로 받은 화병 두 개가 있었는데 그래서인지 이 숙소만은 원형대로 남아 있다는 보고를 받았다.

　우리는 다시 루네타 공원으로 갔는데, 번함 그린 식물원에 이르자 마닐라 호텔에서 갈겨대는 기관총 사격으로 전진을 일시 멈추었다. 그런데 그때 갑자기 나의 숙소가 화염에 휩싸이고 말았다. 나는 내가 모아두었던 값진 군사 서적, 기념품들 그리고 내 생애의 전재산이 불타는 것을 보았다.

　우리 정찰대는 호텔까지 밀고 들어갔다. 나는 기관단총으로 무장한 병사들의 호위를 받으며 호텔의 옥상으로 올라갔다. 계단에서는 치열한 전투가 계속되고 있었다.

　나의 숙소는 이미 잿더미로 화해 있었다. 일본군은 이곳을 후위부대의 사령부로 쓰고 있었던 것 같았다. 아직도 연기를 내뿜는 현관에는 대장의 시체가 쓰러져 있었고 다이쇼 천황에게서 받은 화병 조각들이 그의 머리와 다리 가까이 흩어져 있었다.

　나는 호텔에서 나와 포로수용소로 갔다. 나는 평생을 통해서 감동적인 장면을 많이 목격했지만 해방된 직후의 포로수용소를 방문했을 때보다 더 감동적인 때는 없었다. 산토마스 수용소에는 아직도 적의 포탄이 작렬하고 있었다. 거의 아사 상태에 빠져 있던 포로들은 도착한 나를 보자 함성을 질렀다.

다 헤지고 악취가 풍기는 옷을 걸친 이들은 눈물이 얼굴로 흘러내리는 것도 모르고 혼신의 힘으로 내 손을 잡으려고 다가오는 것 같았다. 어떤 남자 포로는 머리를 내 가슴에 파묻고 엉엉 울기도 했다. 남의 목숨을 빼앗는 것이 아니라 남의 생명을 구해주는 입장에 있다는 것은 영원히 잊을 수 없는 일이었다.

빌리비드 수용소의 사정은 더욱 나빴다. 이 수용소에는 8백 명이 수용되어 있었다. 지난 3년 동안 그들이 어떻게 죽지 않고 살아남았는지 나로서는 상상도 할 수도 없었다. 그들에게 주어진 음식은 구더기가 들끓었고 양도 적었다. 남자들은 거의 피골이 상접해 있었다.

군인들은 민간인과 격리하여 수용되어 있었다. 이들은 긴 억류 생활에도 불구하고 내가 다가서면 침대 옆에 서서 부동자세를 취하곤 했다.

나는 수염이 자랄 대로 자라고 때 투성이인 병사들이 검열을 받듯이 서있는 것을 둘러보았다. 머리카락은 어깨까지 내려왔고 셔츠와 바지는 찢어지고 때가 묻어 있었다. 헤진 구두에서는 발가락이 삐져나와 있었고 고뇌에 찬 주름이 얼굴에 깊게 패어 있었다. 바탄과 코레히돌의 부하들은 이처럼 처참한 몰골로 변해 있었다. 그들 앞으로 천천히 걸어가자 "돌아와 주셨군요."라든가 "고맙습니다."라고 인사를 했다. 나도 "돌아오긴 했지만 늦어서 미안하네."라고 말하는 것이 고작이었다.

나는 밖으로 나와서 수용소를 둘러보았다. 거기에는 그들이 밥그릇으로 쓰던 통조림통과 컵으로 대용하던 빈 병들이 수북이 쌓여 있었다. 나의 가슴은 메어질것만 같았다.

마닐라는 온통 광란의 도가니였다. 남녀노소 할것 없이 거리로 뛰쳐나와 덩실덩실 춤을 추는가 하면 "마부하이(만세)"라고 외치는 소리가 온 거리를 진동했다.

　루스벨트 대통령은 다음과 같은 메시지를 나에게 보냈다.

　"장군의 마닐라 입성에 즈음하여 필리핀 국민에게 보내는 이 메시지를 오스메나 대통령에게 전해주시기 바랍니다.

　미국 국민은 각하의 수도가 해방되었음을 나와 함께 진심으로 기뻐하고 있습니다. 최근의 수개월 동안 레이테, 민도로, 링가옌 만, 마닐라까지도 해방되어 우리의 가슴을 두근거리게 합니다. 맥아더 원수를 위시하여 미국의 육해공군 병사들이 적에게 막대한 손실을 주고 또한 역경 속에서도 독립을 위한 투쟁을 계속했던 귀 국민들의 용기와 충성심과 전우애에 대하여 미국 국민들은 큰 긍지를 느끼고 있습니다.

　필리핀에서 일어났던 이 위대한 사건은 적들에게 일대 경종이 되었습니다. 그들은 결코 자유와 평화를 추구하는 우리와의 싸움에서 승리하지 못할 것입니다."

　루스벨트 대통령은 다음과 같은 개인적인 메시지를 보내왔다.

　"마닐라 해방에 즈음하여 개인적으로 귀관에게 그리고 각 사령관과 장병들에게 축하를 보냅니다.

　이 승리는 극동의 자유와 예절을 부활시키는 역사적인 순간이며 신속한 군사행동과 병력의 절약으로 이룩한 귀하의 승리에 대하여 깊은 감사를 드립니다.

　게릴라 부대의 장병들은 용감하게 싸워주었고 특히 오늘의 승리를 위하여 여러 해 동안 겪어온 고초에 대하여 나의 감사와 축하를 전해주시기 바랍니다."

　나는 상하 양원에서 결의한 감사장을 받았다.

　오스트레일리아의 커틴 수상은 다음과 같은 메시지를 보내왔다. 이것은 그가 나에게 보낸 마지막 서신이었다.

　"오늘의 성공을 거둔 데 대하여 충심으로 축하합니다. 장군께서 세우신 확고한 목표를 향한 또 하나의 전설이 이루어지게 되었습니다. 우리는 항상 장군을 생각하고 있으며 장군의 위대한 최종 목적도 머지 않아 달성될 것으로 확신합니다."

장개석 총통으로부터 ——

"장군의 마닐라 탈환은 우리 국민에게 용기와 힘을 주었으며 우리는 미국과 중국 두 나라 군대가 힘을 합하여 중국 본토에서 일본을 몰아낼 수 있기를 염원합니다. 우리 정부와 국민은 나와 함께 장군께 심심한 축하를 드립니다."

프랑스의 망명정부로부터 ——

"필리핀 해방전은 역사상 가장 완벽한 것이었다. 진심으로 축하를 보낸다."

퍼싱 장군으로부터 ——

"참으로 뛰어난 솜씨였다. 이번의 승리는 모든 국민에게 스릴을 주었다."

스팀스 육군장관으로부터 ——

"귀관의 마닐라 귀환과 사상 유례없는 멋진 작전의 종결에 대하여 축하를 보낸다."

아놀드 장군으로부터 ——

"마닐라 재입성에서 귀관이 만끽하고 있는 만족감은 우리 모두가 공감하고 있다. 오랜 전투를 통하여 귀하가 거둔 계속된 승리는 귀관의 강력하고 상상력이 풍부한 지휘가 무엇보다도 중요한 요소였다."

조지 패튼 장군으로부터 ——

"귀관의 위대한 공적에 대하여 우리도 모두 감탄과 흥분을 감추지 못하고 있다. 또한 해군의 모든 장병들도 경탄하고 있다는 것을 덧붙여 둔다."

2월 15일, 제11군단은 바탄 반도를 점령한 후 마닐라 만의 입구를 개방하는 임무를 완수하기 위하여 반도의 양 측면을 따라 부대를 동시에 전진시켰다. 2월 18일에는 동해안을 완전히 점령하고 사흘 후에는 서해안에 남아 있던 최후의 거점인 바가에도 탈환하여 이제 바탄 반도는 불과 1주일 사이에 완전히 탈환하게 되었다.

해군과 공군을 동시에 동원한 연합군은 1월 하순부터 코레히돌에 대한 공격을 계속했다. 2월 16일, 제11군단은 공수부대와 수륙양용부대를 동원하여 전략적 요새에 최후의 공세를 취했다. 뉴기니의 나드잡 전투에서 용맹을 떨쳤던 제503 공수 보병연대가 이 섬의 서쪽 부근에 있는 고지인 톱사이드에 낙하했다.

한편 이 섬의 동쪽에 있는 말린타 터널 근처에는 다른 부대가 상륙했다. 일본군은 최후의 저항을 계속하면서 절망적인 자살 행위로 터널을 폭파했다. 그러나 결국 2월 28일, 우리도 이 섬을 완전히 점령했다.

12일간의 피비린내나는 처절한 격전 끝에 6천 명에 이르는 일본군 수비대는 완전히 전멸했다.

나는 해군의 PT보트 4척을 빌려 전에 내가 코레히돌을 탈출할 때 동행했던 일행을 모두 태웠다. 우리는 우리가 탈출할 때와 똑같은 루트를 거쳐 코레히돌 섬으로 향했다. 그때는 어둡고 파도가 심한 밤이었으나 이번에는 아침 햇빛을 받으며 이 섬으로 돌아갔다.

섬에는 공수부대의 낙하산 조각이 여기 저기 부러진 나뭇가지에 걸려 있었고 톱사이드의 고지에 지난날의 하얀 병사(兵舍)의 잔해가 햇빛에 반짝이는 가운데 멋지게 차려입은 의장병들이 우리에게 경례를 했다.

코레히돌 탈환 작전에서 용감히 싸운 부대의 젊은 지휘관 존스 대령이 나를 맞아주었다. 나는 그에게 훈장을 달아주면서 "저기 국기 게양대가 아직도 남아 있군 부대원들을 시켜 게양대에 국기를 달고 다시는 그 기를 적이 끌어내리지 못하게 하라."고 말했다.

이어서 나는 전쟁 초기에 바탄과 코레히돌을 지키던 용사들에게 이렇게 헌사를 바쳤다.

"바탄 방위에 불가결한 요새였던 코레히돌과 바탄은 그 뒤에 일어났던 모든 것을 가능하게 했다. 역사는 반드시 이곳에서의 싸움이 세계의 전사상 가장 결정적인 전투 중의 하나로 기록할 것이다. 이곳에서의 지연작전은 연합군으로 하여금 전투력을 결집시키게 해주었다.

우리가 이곳에서 버티지 못했더라면 오스트레일리아는 함락되고 처참한 결과가 나타났을 것이다. 오늘의 영광은 그때 전사했던 용사들에게도 나누어주어야 한다.

그들의 영웅적인 행위와 희생 정신은 충분히 인정되어왔지만 그 당시의 치열했던 전략적 효과는 이제 충분한 평가를 받게 되었다. 역사상 그들만큼 훌륭하게 맡은 바 임무를 완수한 군대도 없을 것이다."

이때까지 일본군이 루손 섬에서 입은 희생은 약 12만4천 명이었는데 그 대부분은 전사했다. 이에 반해 연합군 사상자는 2만5천 명 이하이며 그 중 3분의 2는 부상자이고 또 회복이 가능한 사람들이었다.

육군성의 인사국 당사자들은 그들이 전후의 필리핀 행정에서 어떤 역할을 할 수 있을지에 대하여 우려하며 나의 견해를 물었을 때 나는 이렇게 회답했다.

"민사 관리에 관한 계획을 수립할 때 유의해야 할 점은 필리핀 국민에게 일본군이 점령하기 전 연방제도하에서 부여했던 것과 같은 정도의 자유를 부여하는 것이 절대로 필요하다는 점이다. 정부의 직접적인 행동이나 개인적인 입장에서 필리핀 사람들에게 전쟁 이전보다 더 간섭을 강요하는 것은 매우 위험천만한 일이다.

만약 미국이 필리핀 사람들에게 전에 비해서 자유를 축소시키고 있다는 인상을 준다면 매우 불행한 반발이 일어날 것이다. 그들에게 어떤 제한을 가하는 것은 군사상 필요한 최소한의 범위로 축소해야 하며 그러한 제한도 조속히 제거되어야 할 것이다. 재삼 말하지만 현재의 상황 아래서 군사적 필요성을 내세워서 제국주의적 정착을 도입하는 일이 있어서는 안 된다."

육군성은 나의 의견을 잘 반영해주었다.

1945년 2월 27일, 합헌 정부의 정권을 필리핀 국민들에게 반환하는 식전이 말라카난 궁에서 있었다. 내가 궁전으로 가기 위해 시가지를 걸어갈 때 길가에는 아직도 치우지 못해 썩고 있는 시체가 악취를 풍기고 있었다. 지난 날 아름답던 마닐라의 가로를 장식하던 나무들은 앙상하게 가지만 남아 부러진 나뭇가지가 하늘을 향해 음산하게 뻗쳐 있었다. 거리는 폭격으로 여기저기 움푹움푹 패였고 건물들은 앙상한 뼈대만 남아 있었다. 거리의 표지판도 없어져서 낯선 거리에 들어선 것 같았다.

그러나 말라카낭궁 만은 거의 옛날 모습 그대로 보존되어 있었다.

나는 상급 사령관들과 참모들만 대동하고 오스메냐 대통령과 필리핀 정부의 각료들이 기다리고 있는 영빈실로 들어섰다. 방 안은 긴장에 싸여 있었다.

나로서는 정말 가슴 벅찬 순간이었다. 필리핀에서 활약하던 사람들 중 살아 있는 거물들은 거의 와 있었다. 그러나 나는 지금 여기 살아남은 사람들이 아니라 이곳에서 활약하다가 이미 고인이 된 사람들 생각이 났다. 나의 선친, 케손 필리핀 연방의 초대 대통령, 필리핀의 문관 지사로 있다가 후에 미국의 대통령이 된 태프트, 1921년부터 1927년까지 필리핀 총독으로 재직했으며 미국 육군 장관이 된 스팀슨, 데이비스 전 필리핀 총독, 데오도 루스벨트 전 필리핀 총독, 역시 필리핀 총독을 역임한 머피 등이었다.

내가 어머님을 여읜 곳도, 지금의 아내를 알게 된 곳도, 나의 아들이 태어난 곳도 바로 이 마닐라에서였다. 그리고 얼마전에 필리핀 군 원수의 자리를 이어받은 곳도 바로 이곳이었다. 내가 연단에 올라섰을 때 실내는 쥐죽은 듯 조용했다. 나는 이렇게 연설했다.

"대통령 각하, 본인이 아름다운 이 도시에서 우리 부대와 군사 시설을 철수시킨 이래 어언 삼 년이란 고난과 희생의 세월이 흘렀습니다. 그 당시 본인이 이 수도에서 철수한 것은 마닐라를 방비 없는 개방 도시로 선언함으로써 전쟁 법규에 따라 이 도시의 교회와 기념비, 그리고 문화의 중심지들을 군대의 폭격과 파괴로부터 보호하기 위해서였습니다.

그러나 그와 같은 본인의 간절한 소망은 헛되이 적측의 행위로 무참하게 파괴되고 말았습니다.

그 당시 우리는 적은 병력으로 압도적으로 우세한 적의 침공을 막기 위해 사투를 벌였던 것입니다. 그러나 하느님께서는 우리의 노력을 축복해주셨습니다.

막강한 미국의 힘은 연합군들의 적극적인 지지를 받아 태평양 지역의 전세를 역전시키고 싸울 때마다 적을 패배시켰으며 끝내는 각하의 국토를 탈환하고 각하의 국민을 해방시키게 되었습니다.

대통령 각하!

본인은 미국 정부를 대신해서 헌법에 입각한 모든 권리의 책임을 이 땅에 다시 수립된 필리핀 정부에 이양할 것을 엄숙하게 선언합니다. 이제 필리핀은 자유 국가의 일원으로서 자신의 운명을 개척해 갈 수 있는 자유를 획득했습니다.

필리핀의 수도는 비록 막심한 피해를 당했으나 동양에 있어서 민주주의 요새로서 그 위치를 되찾게 된 것입니다……"

이때 오스메냐 대통령은 나의 말을 가로 막으면서 다음과 같이 말했다.

"지금 이 순간은 역사적인 사건입니다. 지금부터 팔 세기 이전 우리의 조상인 말레이지아 인들이 이 도시를 건설한 이래, 식민주의 국가들은 이곳을 점령하고 지배하기 위하여 전쟁을 계속했습니다. 스페인 사람도, 네덜란드 사람도, 영국 사람도, 중국의 해적들도, 혁명 전쟁 때 우리의 선조들도 그러했습니다.

그러나 지금 우리가 겪고 있는 이 사건은 이제까지의 정복이나 승리와는 그 성질이 다릅니다. 미국의 승리는 권력이나 지배를 위한 승리가 아니라 자유와 민주주의와 독립을 위한 승리인 것입니다. 맥아더 장군에게도 이 전쟁이 십자군의 싸움이었습니다. 우리 국민의 친구이며 방위자인 장군께서는 추호도 우리 국민의 정신력을 의심하지 않았습니다.

이번 전쟁을 통하여 장군께서는 일찍이 1898년 8월 13일 미국의 병력을 이끌고 와서 외국의 지배로부터 마닐라를 해방시킨 장군의 선친이신 아서 맥아더 장군의 유업을 완성시키셨습니다. 맥아더 장군은 탁월한 군인일뿐 아니라 적의 수중에서 탈환한 필리핀 국민에 대한 민사 처리에서도 민주주의적 조처를 취해주셨습니다. 장군의 이름은 역사에 길이 남을 것입니다. 장군께서는 탈환한 이 땅에 군사 정부를 세우지 않고 미국의 전통에 입각한 해방자로서의 그 역할을 단 한 시도 잊지 않으셨습니다."

나는 목이 메어 더 이상 말을 계속하지 못했다. 다른 사람은 이 순간이 나의 개인적인 영광이며 기념할 만한 순간으로 생각했을지도 모른다. 그러나 나로서는 나의 육체와 정신을 파멸시켜온 파노라마의 절정에 지나지 않았다.

마닐라에서 민정이양식을 마친 후, 나는 〈에이프로 아메리컨〉이라는 통신사로부터 미국의 흑인 병사에 대한 나의 의견을 말해 달라는 요청을 받았다. 나의 부대에는 제91사단을 위시하여 많은 공병대대에 흑인 병사들이 복무하고 있었다. 나는 이 질문에 대하여 이렇게 말했다.

"나는 서남태평양 지역에서 복무하는 흑인 병사들에 대해서 의견을 말해 달라는 요청을 받았는데, 이 질문에 대답하기란 매우 어려운 일이다. 왜냐하면, 나는 휘하 장병들이 인종이나 피부의 색깔이나 신앙이 문제가 아니라 그들은 모두 똑같이 나의 부하이기 때문이다. 우리는 함께 고생했고 희생당했으며 승리의 기쁨도 함께 나누고 있다.

흑인 병사들은 매우 훌륭하게 맡은 바 임무를 성실히 수행했으며 그들의 인내심과 용기와 헌신은 미국의 가장 훌륭한 시민으로서 추호의 손색이 없다."

6. 일본 본토를 향하여

마닐라를 함락한 후 필리핀 군도 전역에서 일본군의 잔여 부대를 소탕하기 위하여 제6군을 루손 섬에, 제8군을 비사야 제도와 민다나오 섬에 보내어 각각 임무를 수행하게 했다. 한편 나는 오스트렐리아의 제1군에게는 보르네오 섬을 확보하도록 지시했다.

제6군은 루손 섬에서 3면작전을 펴서 제1군단은 북쪽에 위치한 바기오와 동부의 카가얀 계곡으로 진격케 하고 제11군단은 마닐라 북쪽과 동쪽에 있는 시에라 마드레 산맥의 적을 소탕케 했다. 그리고 제14군단은 남동쪽으로 진격하여 바탕가스, 라구나, 타야바스의 각 주를 확보케 했다. 야마시타 장군은 완강하게 저항했다. 그의 참모장이던 무토(武藤) 중장은 이때의 작전 상황을 이렇게 말했다.

"이 지역의 지형은 난공불락의 요새로 생각했었다. 그러나 2월 초에 공격을 개시한 미군은 공격을 멈추지 않았으며 열대 지방의 정글도 적의 폭격과 포격으로 도움이 되지 못했다.

적의 불도저는 불가능한 일을 했다. 감히 적들이 침입하지 못할 것으로 여겼던 곳에도 적의 탱크나 포병대가 들어왔다. 우리는 용감하게 백병전을 전개하여 적의 불도저나 탱크나 포를 파괴했으나 적들은 물러서지 않고 이 산을 점령하였다."

카가얀 계곡에 있는 발레테 고개는 탄탄한 요새였으나 5월 23일 적은 제25사단에게 내주고 말았다. 비콜 반도와 마닐라 남부에서의 저항은 이미 끝나고 말았다. 막강했던 야마시타 장군의 부대도 이제는 패잔병이 되어 항복과 굶어죽는 것 중 어느 하나를 선택할 수밖에 없었다.

6월 28일, 나는 다음과 같은 보고를 정부에 했다.

"남부와 북부에서 작전 중이던 우리 부대는 합류하는 데 성공했다. 막심한 타격을 입은 적의 잔류 부대들은 동쪽과 서쪽의 험준한 산악지대로 퇴각하여 보급로는 완전히 차단당했다.

미국의 전사상 가장 치열하고 피비린내나는 전투 중의 하나인 루손 작전은 이제 완료하였다. 이곳의 지형은 우리의 보급을 어렵게 하였으며 적에게는 더없이 유리한 자연의 요새를 제공해주었었다. 8백만의 인구와 4만4백20평방 마일의 면적을 가진 루손 섬은 완전히 해방된 것이다.

루스벨트 대통령의 뒤를 이은 트루먼 대통령은 다음과 같이 전보를 보내왔다.

"루손 섬의 적을 성공적으로 패퇴시킨 귀관과 부대 장병들에게 충심으로 축하를 보낸다. 귀관은 필리핀 전역에서 적을 무찔러 필리핀에 대한 미국민의 약속을 지켜주었다. 지금 우리가 필리핀에 구축하고 있는 강력한 기지는 최종적으로 일본을 붕괴시키는 데 충분한 역할을 할 것이며 세계의 평화와 자유와 기강을 회복할 것으로 확신한다."

스팀슨 육군장관도 메시지를 보내왔는데, 그것은 그의 오랜 필리핀과의 친분 관계를 잘 말해주고 있었다.

"루손 섬이 완전히 해방되었다는 귀관의 보고는 위대한 군사적 성공을 말해주는 것이다. 그것은 최소한의 희생으로 얻은 것이기에 더욱 값진 성공이다. 이 영웅적인 전과에 대해서 귀관과 귀부대의 전장병들에게 축하를 보낸다. 본인 또한 지난달 필리핀에서 근무한 바 있으며 필리핀 정부와는 밀접한 관계를 유지하고 있었으므로 그들에게는 항상 따뜻한 우정을 느껴 왔었다. 그들은 일본군의 점령하에서 심한 고통을 받아왔다. 필리핀 연방의 가장 큰 섬이 해방된 것을 나는 그들과 더불어 기뻐한다. 귀관의 위대한 승리로 필리핀 땅에서 일본군은 최후의 한 사람까지 추방될 날도 멀지 않았을 것이다."

남쪽의 여러 섬에서는 작전이 급속하게 진전되었다. 마샬 장군은 육군장관에게 보낸 보고서에서 다음과 같이 말했다.

"맥아더 장군은 아이켈버거 장군이 지휘하는 제8군을 배치하여 전격적인 수륙양용 작전으로 적을 기습, 차례로 제압했다. 파나, 세부, 민다나오, 비사야 제도의 남은 섬들, 남쪽의 섬들은 신속하게 해방되어 민정으로 이양되었다.

또한 맥아더 장군은 블레이미 장군 휘하의 오스트레일리아 부대로 하여금 보르네오 섬의 북쪽, 동쪽 및 남쪽 해안에 상륙하여 석유와 그 밖의 보급 자원이 풍부한 이 큰 섬을 탈환했다."

필리핀 작전에 참가한 지상 부대는 제10군단의 제24사단, 제31사단, 제40사단, 제41사단, 제77사단이었는데 그들은 모두 뛰어난 전술과 용맹을 발휘했다. 공군과 해군과 게릴라 부대도 각자 능력을 훌륭하게 발휘했다.

4월에는 제8군이 술루 군도 남단에 위치한 타위타위 섬을 점령했다. 필리핀을 탈환한 후 일본군을 완전봉쇄하기 위해서 연합군은 비행장망을 다수 건설했는데 그 비행장망의 마지막 고리인 타위타위 섬의 점령으로 그것이 완성된 것이다.

연합군의 비행장은 북쪽 끝에서 술루 군도의 남쪽 끝까지 1천 마일 이상의 해안을 제압하게 되어 아시아 대륙의 해안과 필리핀 군도 중간에 위치한 남지나해의 측면을 견제할 수 있게 되었다.

연합군의 비행장은 뉴기니에서 필리핀에 이르는 3천 마일이나 되는 광활한 지역에 산재하게 되었으며 자바, 보르네오, 세레베스, 몰로카스 제도, 서남 태평양의 모든 섬에 이르는 보급로에 이르는 모든 수역을 견제하게 되었다. 이리하여 아시아 대륙의 해안선을 연합군의 폭격기와 잠수함으로 쉽게 커버할 수 있게 되었다.

이제 일본과 남쪽의 일본군 점령지역 사이의 해상 연락망은 완전히 차단되었으며 동인도 제도로 향하는 일본 제국의 생명선은 끊기게 되었다. 만약 우리의 비행장이 제한된 수효밖에 없었다면 적은 우리의 봉쇄망을 돌파했을 것이다.

타위타위 섬에 비행 기지를 건설한 우리들은 이 봉쇄선을 풀로 가동할 수 있게 되었다. 동인도 제도는 완전히 고립되었으며 일본군이 이 지역을 착취하거나 이 지역에 병력이나 보급 물자를 보내는 것은 완전히 불가능하게 되었다.

보르네오 작전에는 모스테드 중장이 지휘하는 오스트레일리아의 제1군단이 투입되었다. 이 군단은 제7사단과 제9사단으로 편성되어 있었다. 북쪽의 타라칸이 먼저 탈환되고 중부 브루네이와 남쪽의 발릭파판은 그 다음에 탈환했다. 우리가 서해안을 공격할 것으로 예상했는지 적들은 충분한 방위를 갖추지 못하고 있었다. 브루네이 작전 때 나는 순양함 보이즈 호, 발릭파판 작전 때는 중순양함 클리블랜드 호를 타고 일선으로 함께 갔다. 그때 배 안의 취사병이 만들어준 초콜릿 아이스크림의 맛은 잊을 수 없다. 전투가 없는 밤에 상영한 영화도 기억에 새롭다. 적의 항공기도 잠수함도 볼 수 없는 조용한 전투였다. 지금까지의 격전과는 너무나 대조적인 전투였다.

　브루네이에서의 첫 상륙작전은 내가 직접 지휘했는데 모스테트와 케니 장군과 함께 상륙부대를 이끌고 상륙했다. 적의 저항은 거의 없었다.

　발릭파판에서도 저항은 별로 없었다. 나는 군단장 모스테드 장군에게 "우리가 삼 년 전 마카사르 해협에서 당했던 것을 오늘에야 복수하게 되었군." 하고 말했다. 오스트레일리아 부대도 내륙을 향하여 진격을 개시했다. 7월 말에는 보르네오 작전을 완료했다.

　보르네오 작전이 끝나면 오스트레일리아 부대를 이끌고 자바로 가선 동인도 제도를 탈환할 계획이었다. 뉴기니에서처럼 이곳을 탈환하여 네덜란드 정부를 부활시키면 질서가 회복될 것이다. 그러나 워싱턴 당국은 이 계획을 승인하지 않았다. 별 피해없이 수월하게 이 작전을 성공시킬 수 있다고 수차 내가 주장해도 본국에서는 끝내 들어주지 않았다. 나의 계획이 취소되어 인도네시아에서는 일대 혼란이 야기되었다. 이것은 중대한 과오로서 그 원인은 군사적인 문제에 대하여 정치적인 장난이 개입된 때문이었다.

　보르네오 작전이 성공하자 오스트레일리아 정부는 나에게 태평양 성장(pacific star)을 주었는데, 외국인으로는 내가 최초로 이 훈장을 받게 되어 더욱 값진 것이었다.

　이 무렵 미국 남서부에 있는 아메리카 인디언의 추장들이 뉴멕시코에서 회의를 갖고 나를 그들의 추장 중의 추장으로 지명하고 하이 매디슨 맨(High Medicine Man)이 쓰는 새털이 달린 전투모를 보내왔다.

메디슨 맨은 꿈이나 예언, 또는 마술로 종족을 지도하는 인디언 부락의 실력자를 말하는데 하이 메디슨 맨은 그 중에서도 최고의 우두머리를 가리키는 말이었다. 나는 이 전투모를 그 어느 훈장보다도 소중하게 여기고 있다. 그들은 내가 개척기의 서부 지방에서 어린 시절을 보낼 때 사귀었던 옛친구들이었다.

마닐라가 함락된 후 몇 달 동안은 전투와 직접 관련이 없는 일들이 자주 벌어졌다.

1945년 3월 14일, 연방 수사국장 J. 에드거 후버 씨가 정보 활동을 위하여 FBI의 비밀 정보원을 나의 사령부로 파견하겠다는 편지를 보내왔다. 그 중에는 다음과 같은 구절이 포함되어 있었다.

"이들 정보 요원들은 장군을 위해서도 다소 도움이 되리라 믿습니다. 본국에 있는 우리는 모두 장군이 태평양 지역에서 거둔 놀라운 성공에 대하여 칭찬을 아끼지 않고 있습니다. 그러한 성공을 극히 적은 희생으로 거두었다는 것은 기적입니다. 일찍부터 장군을 알고 있는 우리는 장군과의 우정을 큰 자랑으로 생각하고 있습니다."

3월 15일, 영국의 동남아군 총사령관 마운트 바텐 경이 마닐라를 방문하겠다는 서신을 보냈다.

"필리핀 작전의 성공에 대하여 다시 한 번 축하를 드립니다. 장군께서 그토록 신속하게 마닐라를 탈환한 것은 매우 놀라운 사실이며 장군의 휘하 장병들이 일본군의 완강한 저항을 용감하게 물리친 데 대해서도 축하를 보냅니다. 장군의 전투에 대한 역사가 기록될 때는 링가옌 상륙작전과 거기에 이따른 수륙양용작전은 모범적인 예로 지적될 것입니다.

마운트 바텐 경의 방문은 나를 매우 즐겁게 해주었다. 그는 매우 핸섬한 청년이었는데 성격도 온화하여 사령부 사람들은 모두 그를 좋아하게 되었다. 그는 해군의 전술에 관하여 전문적인 훈련을 받았는데 극동의 여러 가지 문제에 대해서도 즉석에서 핵심을 파악했다.

4월에는 처칠 수상이 편지를 보내왔다.

"새로 부임한 나의 직속 연락장교 게어드너 중장 편에 이 편지를 보냅니다. 게어드너 중장은 전쟁 경험이 풍부하며 '사막의 쥐(Desert Rats)'로 유명해진 제7기갑사단의 참모장으로 최초의 리비아 작전에 참전했으며 제6기갑사단과 제8기갑사단의 사단장을 역임했습니다. 그리고 제8기갑사단을 지휘할 때는 앨알라메인 전투에 참가했습니다.

게어드너 중장은 알렉산더 원수 밑에서 참모장으로 있었는데 알렉산더 원수는 그를 높이 평가했습니다. 본인은 그가 람즈덴 장군의 후임으로 손색이 없을 것으로 믿어 의심치 않습니다. 우리는 장군의 필리핀 작전에 경탄하고 있습니다. 충심으로 축하를 보냅니다."

게어드너 장군은 처칠 수상의 말대로 훌륭한 군인이었다.

미국의 하원 민주당 원내총무로 있다가 후에 하원의장이 된 매코맥 의원은 루스벨트 대통령이 서거했을 때 다음과 같은 편지를 보냈다.

"장군을 직접 만나볼 기회는 없었으나 본인은 장군을 존경하고 또 신뢰하고 있습니다. 본인은 루스벨트 대통령께서 장군을 매우 칭찬하는 것을 여러 차례 들은 적이 있습니다. 대통령께서는 고인이 되셨으므로 그분이 장군을 높게 평가하셨다는 사실을 말씀드려도 무방하리라고 생각하여 이 글을 드립니다.

루스벨트 대통령은 하와이에서 열렸던 매우 중요한 회의에 관하여 우리들에게 얘기해준 적이 있는데 그때 대통령은 필리핀 탈환 계획이 최종적으로 채택된 것은 장군의 공이라고 말씀하셨습니다.

그때 회의가 시작된 지 24시간도 되기 전에 회의에 참석한 해군이나 그 밖의 군사 지도자들에게 필리핀 탈환 계획을 설득시킨 것은 바로 장군이었으며 그 결과 그 계획은 즉시 워싱턴으로 보내져 최종적인 결정과 승인을 얻게 되었다고 하셨습니다.

내가 이렇게 말씀드리는 것은 그분이 장군을 얼마나 높게 평가하고 있었는가를 알리고 싶어서입니다. 나는 루스벨트와 같은 위대한 인물이 다른 사람을 극구 칭찬하는 것은 처음 보았습니다.

섬을 하나하나 점령하는 것이 아니라 단숨에 필리핀을 공격하자고 주장하여 작전을 성공시킨 것은 모두 장군의 공적이라고 나뿐만 아니라 트루먼 부통령, 레이번 하원의장 및 아클리 상원의원도 같이 있던 자리에서 말씀하였다는 것을 알려드리고 싶습니다. 그 당시 장군의 판단이 옳았다는 것은 이번 작전의 성공으로 훌륭하게 입증되었습니다."

7월 초에는 오스트레일리아의 커틴 수상이 작고했다. 그의 죽음은 나에게 큰 슬픔을 안겨주었다. 나는 오스트리아 국민에게 애도의 뜻을 전했다.

"커틴 씨는 전쟁 중에 가장 위대한 정치가 중의 한 분이었습니다. 적의 침입으로부터 오스트레일리아를 수호한 씨의 공적은 영원히 빛날 것입니다. 삼가 깊은 애도의 뜻을 전합니다."

4월 16일, 태평양의 미군부대가 재편성되었다. 나는 모든 지상부대의 지휘관이 되었으며 니미츠 제독은 모든 해군부대를 지휘하게 되었다. 아놀드 장군이 지휘하는 제20전략공군 부대가 창설되었는데 이 사령부도 지구의 반대쪽에 있는 워싱턴에 본부를 두고 독자적으로 전투를 전개하게 되었다.

이때부터 같은 지역에서 같은 시간에 같은 목표를 대상으로 한 전쟁을 위하여 케니와 니미츠와 아놀드가 지휘하는 3개의 공군부대가 각기 독립적으로 행동하게 된 것이다. 나는 규모는 작지만 우수했던 제7함대를 잃는 대신 리처드슨 장군이 지휘하는 하와이에 있던 강력한 지상부대를 얻게 되었다. 이 부대의 주력은 버크너 중장이 지휘하는 제10군이었다.

의회에서는 태평양의 지휘 체계를 통일시키려고 했으나 효과를 거두지 못했다. 나는 민주당의 상원 원내 부총무인 힐 의원으로부터 편지를 받았는데 거기에는 지휘 체계의 통일에 관한 움직임을 다음과 같이 밝히고 있었다.

"태평양의 모든 미군부대를 통솔하는 최고 사령관을 두어야 할 시기가 되었다고 나는 생각합니다. 나는 장군이 그 최고 사령관으로 임명되어야 한다고 믿고 있으며 또한 고위층에도 그렇게 하도록 주장하고 있다는 것을 알려드립니다.

　이번 전쟁의 역사가 기록될 때, 뉴기니에서 필리핀이 이르는 장군의 작전은 전쟁의 역사 중에서 가장 훌륭한 것 중의 하나로 남을 것이라는 것을 나는 확실히 믿습니다. 장군께서는 엄청난 전과를 올렸음에도 불구하고 우리 청년들의 생명과 육체적 손실을 최소화하였습니다.

　축하와 아울러 보다 많은 권한이 장군께 부여되기를 바랍니다."

　로물로 장군도 다음과 같은 전보를 보내왔다.

　"우리는 이제 예정된 시간에 역사상 가장 뛰어난 미국의 군인을 선두로 하여 도쿄(東京)에 진주할 수 있다는 것을 확신한다."

　마닐라가 함락된 얼마 후 중부 태평양부대는 유오지마(硫黄島)와 오키나와(沖繩)에 대하여 전면 공격을 개시했다. 나는 혼신의 노력으로 이 작전을 지원했다.

　제10군은 니미츠 제독의 작전지휘를 받게 되었고 나는 케니 장군에게 공중 지원을 하도록 했다. 이 작전에서 해상 지원을 담당했던 제5함대 사령관 스프루언스 제독과 니미츠 제독은 우리부대의 지원에 감사하는 전보를 보내왔다.

　유오지마와 오키나와는 결국 함락했으나 우리의 희생은 너무나 컸다. 추정된 사망자수는 약 5만, 유오지마에서 2만2천 명이었다. 오키나와에서는 가미카제 특공기로 구성된 일본 항공기의 공격으로 미국 함정 36척이 격침되고 368척이 파괴되었으며 8백 대의 항공기를 잃었다. 이것은 서남태평양 부대가 멜버른에서 도쿄까지 진격하는 기간에 입은 피해보다도 훨씬 많은 숫자였다.

　이 작전에서 제10군 사령관 버크너 장군이 전사하자 스틸웰 장군이 그 뒤를 이었다.

　7월 4일, 나는 필리핀 작전의 종결을 정식으로 발표했다. 산 속에 숨은 적들이 산발적으로 소규모 게릴라 활동을 할 것이 예상되기는 했지만 11만5천6백 평방마일의 면적과 1천7백만의 인구를 가진 필리핀 군도는 이제 완전히 해방된 것이다.

이 전투에서 적은 약 45만 명이나 되는 23개 사단을 투입했으나 거의 모두 전멸했다. 이에 반하여 연합군은 17개 사단을 동원했다. 이것은 숫적으로 우세한 지상 부대가 열세인 상대에게 전멸당한 보기 드문 예였다.

2년 동안 악전 고투를 계속해야 했던 뉴기니 작전에 비하면 필리핀 전투는 9개월이라는 짧은 기간에 승리를 거둘 수 있었다. 이 작전 전체를 통하여 우리가 성공할 수 있었던 것은 미국의 육해공군이 일치단결하여 입체적인 작전을 전개할 수 있었던 때문이었다.

이 새로운 전략이 놀라운 힘을 발휘했다는 사실은 일본군 장교들의 반응에도 잘 나타나 있다.

가령 일본군 제14군의 작전담당 참모부장 코누마(小沼) 소장은 3군의 협동작전에 관하여 다음과 같이 평했다.

"미국군이 필리핀에서 승리할 수 있었던 것은 맥아더 장군이 전선에 필요한 병력과 물자를 집결시키는 한편 일본군의 보급로를 차단한 데 있다. 또한 장군이 육해공군의 행동을 결합시킬 수 있었던 것도 승리하게 된 요인의 하나였다."

대본영 작전부장 미야자키(宮崎) 중장은 또 이렇게 말했다.

"맥아더 장군은 전략을 계획하여 준비하고 이것을 실전에 옮기는 결정을 매우 적절하게 내렸다. 나는 도쿄에서 육해공군의 합동작전과 3군의 협력을 기초로 한 작전 계획으로 훌륭한 성과를 올리고 있다는 결론을 내리게 되었다."

한편 제14군 작전참모 고바야시(小林) 대령은 이렇게 말했다.

"미군의 계획은 매우 훌륭했다. 그들은 작전 장소를 잘 선택했으며 상륙 시기도 잘 잡았다. 또한 맥아더 장군은 대만과 인도차이나 사이의 일본군 보급로를 차단하는 데도 성공했다. 미군의 지원을 받은 필리핀의 게릴라들은 우리의 보급로를 차단하고 미국측에 정보를 제공했다. 이로 인해 미군은 우리의 거점과 보급소를 효과적으로 폭격할 수 있었다."

　서남태평양에서의 3년 동안에 걸친 전투에서 일본은 8개군이 완전히 괴멸되거나 더 이상 전투를 할 수 없을 정도로 전력이 약화되었다. 뉴기니와 솔로몬 군도에서 일본군은 제2, 제17, 제18군이 괴멸되었으며, 필리핀에서는 제14, 제35군이 전멸했다. 그리고 보르네오와 세레베스에서는 제16, 제19, 제37군이 완전 고립되고 보급이 차단되어 연합군의 진격에 아무런 위협도 주지 못했다.

　일본은 방위선의 후방 지역에 본토의 방위를 위하여 건재한 부대를 남겨두었으면서도 전방 부대의 후퇴 작전을 단 한 번도 펴지 못했다. 이것은 근대전에서 그 유례를 볼 수 없는 상황이었다. 이처럼 방대한 군대가 어처구니 없게 분산, 고립되어 적극적인 전투를 해보지 못한 예는 없었다.

　나는 네 번째 수훈십자훈장을 받았다.

　필리핀 작전이 거의 끝날 무렵, 나의 사령부에서는 태평양 전쟁의 장래에 관한 계획을 세우기 시작했다. 노획한 문서에 의하면 일본의 중공업, 특히 군수 산업은 치명적인 타격을 입고 있었다.

　모스크바 주재 일본 대사가 일본과 미국간의 강화 교섭의 기초를 마련하기 위하여 소련에게 중재 역할을 맡아 달라고 소련 외상에게 사정사정하고 있다는 것은 우리도 알고 있었다.

　나의 참모들은 일본이 패망 일본 직전에 있다는 데 의견의 일치를 보았다. 나는 앞으로 군사 행동을 필요로 하지 않는 경우에 대비해서 평화적인 점령 정책에 관한 계획도 수립토록 지시했다.

　4월 12일, 마샬 장군은 앞으로의 태평양 전략에 관한 나의 의견을 전보로 타진했다. 그는 통합참모부의 전략계획 수립자들 사이에 서로 다른 두 가지 의견이 있다면서 다음과 같이 말했다.

　"한쪽 견해는 주요한 작전을 개시하기까지는 많은 준비 공작이 필요하다. 그러므로 해·공군에 의한 봉쇄와 폭격이 계속되어야 한다.

따라서 중국의 산동성이나 한국 또는 쓰시마(對馬) 해협의 여러 섬들에 교두보를 확보해야 한다는 의견이다.

다른 의견은 준비를 갖추는 대로 일본 본토를 직접 공격하자는 것이다. 12월까지 일본 본토에 상륙하려면 소련의 참전이 절대로 필요하다는 주장이다."

나는 4월 20일, 규슈(九州)를 공격하여 혼슈(本州)에서 벌어진 결전을 엄호할 수 있는 공군기지를 확보하는 것이 우선 필요하다고 강력하게 주장했다. 그리고 소련의 참전에 대해서는 전혀 언급하지 않았다. 내가 제의한 목적을 달성하는 데는 태평양의 병력을 집결하는 것만으로는 충분하며 일본의 붕괴는 멀지 않다는 나의 판단을 거듭 설명하고 규수의 공격 개시일을 11월 1일로 제의했다.

5월 25일, 통합참모본부는 규수에 대한 올림픽 작전 명령을 내리고 공격 개시일자를 11월 1일로 하달했다. 나는 이 작전 수행의 최고 책임자로 내정되었으며 사태가 긴급할 때는 적당한 사령관을 시켜서 수륙양용작전을 지휘할 수 있도록 되었다.

내가 이 작전의 최고 책임자가 된다는 것이 정식으로 결정되자, 나는 일본 공격을 대비한 최종적이고 세부적인 계획을 서둘렀다. 나는 이 작전을 '다운폴(Downfall)'이란 암호로 부르기로 하고 그 제1단계인 올림픽 작전에서는 우선 규수에 상륙하고 제2단계인 코로넷 작전 때는 혼슈에 상륙할 예정이었다. 올림픽 작전에는 제6군을, 코로넷 작전에는 제8군과 유럽에서 돌아올 제1군을 출동시키고 제10군의 제24군단은 한국 작전에 동원할 예정이었다.

태평양 전쟁에 소련이 참전하는 문제는 1944년 말부터 1945년 초에 걸쳐 열린 얄타 회담 같은 국제회의에서 심각하게 고려되었다. 이때 이루어진 비밀 양해 사항에는 소련의 개입이 가져오는 정치적, 경제적, 군사적 영향이 중요한 요소로 대두되었던 것 같다.

하지만 그러한 회담에 나는 한 번도 초대된 적이 없었고 나의 의견을 묻는 일도 없었다. 나의 견해로는 1945년의 단계에서 소련의 개입은 필요없었다. 일본 육해군의 정예부대는 치명적인 타격을 받았으며 일본 본토는 우리의 공습과 침공에 대해서 속수무책이었다. 1941년 나는 남태평양과 동남아시아에서 일본군을 빼돌리기 위하여 소련의 참전을 강력하게 주장했지만 1945년의 시점에서는 그럴 필요가 없었다.

패배한 것이나 다름없는 일본 참전을 놓고 소련과 흥정이 진행되고 있다는 것을 알게 된 나는 기가 막혀 말문이 막힐 지경이었다. 당시의 나의 심경은 육군성 작전국의 서남태평양 담당관이며 마샬 장군과 나 사이의 참모 겸 연락장교인 윌리엄 리치 장군의 공식 기록에 잘 나타나 있다. 그는 내가 주고 받은 전보를 전부 보았으며 나의 사령부에도 자주 왔었다. 다음은 그 기록의 일부이다.

"1945년 8월, 나는 포츠담 회담의 결과를 맥아더 장군께 보고하기 위하여 서남태평양 지역으로 갔다. 그때 얄타가 화제에 올랐다. 장군은 우리가 소련에게 양보한 사실을 알게 되자 무척 충격을 받은 것 같았으며 나에게 캐물었다. 장군은 그 밖의 양보는 더 없었느냐고 물었다. 소련이 대일전에 참전하기로 확실하게 동의했다는 사실을 안 장군은 소련의 참전에 따른 세부적인 문제에 대하여 물었다. 소련이 언제 공격을 개시하며 어디를 공격할 것인지 알고 싶어했다."

일본에 대한 공격이 임박했으므로 포츠담 회담에서는 서남태평양 지구 사령부는 8월 15일에 해체하기로 했다. 마운트 바텐 제독의 동남아시아 사령부는 보르네오와 세레베스까지 담당하게 되었으며 동인도제도는 오스트레일리아 군과 네덜란드 부대가 방위하게 했다.

나는 새로운 임무를 맡기 위해 오스트레일리아, 뉴질랜드, 네덜란드 등 각국 정부에 메시지를 보냈다. 서남태평양 지역의 전투를 통해서 나의 지휘 아래 분투할 연합군 장병들에게는 그 노고를 치하하는 헌사를 보냈다. 특히 오스트레일리아 육해공군의 장병들에게는 다음과 같은 성명을 발표했다.

"1942년 4월 18일 이래, 나는 전사에 기록된 전투 중에서 가장 치열한 전투를 통하여 귀관들을 지휘하는 영광을 얻었었다. 그 전투는 초기의 승리에 광란하는 적군을 상대로 하는 것이었으며 또한 돌파가 거의 불가능하다고 생각되었던 자연의 장애를 상대로 한 싸움이었으며 압도적으로 우세한 적군이 귀관들의 조국의 문턱까지 밀려와서 아슬아슬한 고비에서 치렀던 싸움이었다.

귀관들은 적의 공격을 잘 견디어 냈으며 연합군과 함께 1942년 가을, 오웬스탠리 산맥과 밀른 만에서 적의 진출을 차단하여 오스트레일리아를 침공하려는 적의 의도를 좌절시키고 전세를 역전시켰었다. 그 후 고나, 와우, 살라모아, 라에, 핀슈하펜, 휴온 반도, 마당, 알렉시스하펜, 웨이크, 브루네이 만, 발릭파판에 이르기까지 귀관들은 공격을 계속했다.

귀국의 공군병사들은 적이 지배하는 하늘을 날으면서 도전해오는 적들을 완전히 굴복시켰으며 귀국의 해군 장병들은 귀관들의 함정이 바다에 떠 있는 한 언제 어디서나 용감한 접근전을 강행했다.

귀관들의 이처럼 위대한 업적은 사령관인 나의 큰 자랑이며 귀관들의 국가와 동포와 종족에게는 영원한 영광이며 우리의 전쟁 목적을 달성하는 데 지대한 공헌을 했다.

귀관들이 충성과 용기로써 지원해준 이 사령부는 곧 해체된다. 귀관들의 공로에 대하여 진심으로 경의를 표하며 깊은 애정을 간직하면서 나는 이 사령부를 떠나면서 귀관들에게 작별을 고한다."

7월 26일, 포츠담 선언이 발표되었다. 일본은 항복이냐 전멸이냐의 기로에 서게 되었다. 일본 정부가 이 선언을 즉각 수락하지 못한 결과 그들은 전쟁사상 가장 파괴적이고 혁명적인 무기, 즉 원자폭탄의 희생자가 되었다. 최초의 원자폭탄은 8월 6일, 슈퍼포트레스 폭격기에 의해서 군사도시인 히로시마(廣島)에 투하되어 가공할 폭발력을 과시했다. 히로시마는 거의 완전히 파괴되었다. 이 핵무기의 개발에 대해서 히로시마에 대한 공격이 있기 직전까지도 나는 모르고 있었다.

1945년 8월 7일, 트루먼 대통령은 방송을 통하여 다음과 같은 성명을 발표함으로써 전세계를 놀라게 했다.

"열여섯 시간 전 미국의 비행기 한 대가 일본의 중요한 육군 기지인 히로시마에 폭탄 한 개를 투하했다. 이 폭탄은 TNT 2만 톤 이상의 위력을 갖고 있다. 이 폭탄을 갖게 된 우리 군은 새롭고도 혁명적인 파괴력을 추가하게 되었다. 그것은 원자폭탄인데, 우주의 기초를 이루는 힘을 이용한 것이다.

이제 우리는 일본이 어떤 도시에 갖고 있는 생산기업이라도 보다 신속하고 완전하게 말살할 수 있는 준비를 갖추게 되었다. 우리는 일본의 조선소, 공장, 통신 시설을 모조리 파괴할 것이다. 우리는 일본의 전쟁 능력을 완전히 파괴할 것임을 명백히 밝혀둔다.

지난 7월 26일, 포츠담에서 최후의 통첩을 보낸 것은 철저한 파괴로부터 일본 국민을 구제하기 위해서였다."

전세계가 이 원자폭탄으로 들끓고 있을 때 8월 8일, 소련은 일본에 대하여 정식으로 선전을 포고했다. 소련은 4년 동안 가면으로 중립을 지키면서 일본군이 소만국경의 방위에 발이 묶이지 않고 뉴기니와 필리핀으로 진격, 점령할 수 있도록 방치하고 있었다. 소련군은 만주의 관동군을 공격하는 한편 뒤에 도쿄의 소련 외교 대표가 된 쿠즈마 데레비얀코 장군을 단장으로 하는 군사 사절단을 마닐라에 있는 나의 사령부로 보내왔다.

8월 9일에는 제2의 원자폭탄이 나가사키(長崎)를 파괴했는데 그 먼지와 파괴물의 연기는 5만 피트 상공까지 올라갔으며 그것은 1백75마일 이상의 거리에서도 볼 수 있었다. 히로시마와 나가사키에 원자탄을 투하한 것은 티니안에 기지를 둔 제509 혼성 폭격전단이었는데 이 부대는 아놀드 장군이 지휘하는 전략공군 사령부에 소속되어 있었다.

나가사키가 제2의 원자탄 공격 목표로 선정된 것은 기후가 좋지 않았던 것이 그 원인이었다. 원래는 오쿠라(小窘)시를 목표로 정했으나 비행사는 매연으로 희미해진 시의 상공을 50분 동안이나 선회하다가 대리 목표인 나가사키로 가서 투하했던 것이다. 오쿠라는 그래서 화를 면하게 되었지만 나가사키에서는 순식간에 10만 명이 죽었다.

8월 10일, 일본 정부는 심한 내부 갈등 끝에 일본의 국체(國體)를 유지할 수만 있다면 포츠담의 최후 통첩을 수락할 용의가 있음을 스위스 정부를 통해 미국에 통고하도록 스위스 주재 일본 공사에게 훈령을 내렸다. 다음은 일본 정부가 미국에 전달한 문서의 내용이다.

"일본 정부는 몇 주 전에 중립 관계에 있던 소련 정부에게 적국과의 평화회복을 알선해줄 것을 의뢰한 적이 있다. 불행하게도 이 노력은 실패하였으므로 천황폐하의 뜻을 받들어 전쟁으로 인한 형용키 어려운 고통을 조속하게 종식시키려는 염원에서 다음과 같은 결정에 도달했다.

일본 정부는 1945년 7월 26일, 미국과 영국, 중국의 원수들이 포츠담에서 발표하고 뒤에 소련 정부도 서명한 공동 서한의 각 조항을 폐하의 국가 통치에 관한 대권을 훼손하는 어떠한 요구도 포함되지 않는다는 양해 아래 수락할 용의가 있다.

일본국 정부는 이 양해 사항이 보증되기를 충심으로 바라고 있으며 이 취지에 대한 명백한 표시를 조속히 해주기 바란다."

8월 11일, 미국 정부는 연합국을 대표하여 다음과 같은 회답을 보냈다.

"항복하는 순간부터 천황과 일본 정부의 국가 통치에 관한 권한은 연합군 최고 사령관에게 속하며 사령관은 항복 조항의 실시를 위한 조치를 취한다. 천황은 일본 정부의 대본영에 대하여 포츠담 선언의 각 조항을 실시하는 데 필요한 항복 조항이 서명할 수 있는 권한을 부여하며 그것을 보증하고, 또 천황은 일본의 육해공군 당국과 어디에 있든지 그 지휘하에 있는 모든 군대에게 전투 행위를 중지하고 무기를 인도하도록 하고 그밖에 항복조항의 실시를 위해 최고 사령관이 요구하는 명령을 내려야 한다.

일본 정부는 항복 즉시 포로와 민간 억류자들을 연합국 선박에 신속하게 승선시킬 수 있도록 안전한 장소로 수송한다.

일본의 최종적인 정치 형태는 포츠담 선언에 따라 일본 국민의 자유로운 의사에 따라 결정된다.

연합국 군대는 포츠담 선언에서 제시된 목적이 달성될 때까지 일본에 주둔한다."

일본 정부가 연합국측 회담을 검토하는 동안 8월 12일, 트루먼 대통령은 전략공군에 대해서 공격을 중지할 것을 명했다. 나의 지휘하에 있는 극동 공군과 일본 수역 내의 연합국 함대는 포격을 계속했다. 8월 13일이 되어도 일본은 아무런 대답을 하지 않아, 홀시 제독의 제3함대 소속 항공기 천 대가 도쿄에 대하여 최후의 공격을 감행했다.

대전이 끝나기 전의 마지막 15일간 내 휘하의 제5공군과 제7공군은 규슈에 대해서만 6천3백72대가 출격했다. 케니 장군의 극동 공군은 요란한 폭발음을 내면서 일본에게 최후의 타격을 안겨주었다. 전쟁이 끝나기 전 7개월 반 동안, 그들은 15만 회 이상 출격하여 10만 톤의 폭탄을 투하했고 선박 2백84만 6천9백23톤과 적기 1천9백75대를 파괴했다.

1945년 8월 15일은 역사적 사건이 벌어진 날이다. 미국은 일본의 항복 통고를 접수했으며 트루먼 대통령은 태평양 지역에서의 전투 종결을 발표하고 일본 천황은 국민에게 항복을 알리는 극적이고 이례적인 방송을 했다. 이 날은 나에게도 특별한 날이었다. 이 날짜로 나는 연합군 최고 사령관으로 임명되었던 것이다.

일본이 항복했다는 발표를 듣고 나는 깊은 감사의 뜻을 표하는 메시지를 발표했다.

"이 위대한 전쟁이 끝나게 된 것에 대하여 나는 자비로운 하나님께 감사한다. 나는 적대 행위와 더 이상의 유혈을 중지시키기 위한 조치를 즉시 취할 것이다. 승리를 획득한 우리의 훌륭한 아들딸들은 머지 않아 고향으로 돌아가서 자기가 종사하던 일터로 복귀하게 될 것이다. 그들은 전쟁 중 훌륭한 병사들이었다. 나는 평화시에도 훌륭한 시민이 되기를 빈다."

제 7 장 태평양 전쟁 Ⅲ 77

수많은 축하 메시지와 영예가 나의 몸을 감쌌다. 모두가 나를 과찬했다. 그 중에서도 나를 가장 기쁘게 한 것은 해군수훈공로장(Navy Distinguished Service Medal)이었는데 "육해공 3군통합에 따라 전투의 여러 단계를 잘 파악하여 탁월한 전략적, 전술적 지식, 탁월한 지휘, 굽힐줄 모르는 용기를 발휘했다."는 것이 내가 이 공로장을 타게 된 이유였다.

얼마 있으면 필리핀 공화국의 초대 대통령이 될 마누엘 로하스 씨는 다음과 같이 말하여 나에게 감동을 주었다.

"맥아더 장군을 잘 아는 사람들은 그의 육체보다도 남다른 정신적 용기가 더욱 뛰어났다는 사실을 알고 있다. 그는 문제를 결정할 때 대중적인 인기나 그 자신의 장래에 미칠 영향이나 고위층의 압력에 좌우되지 않고 그것이 옳으냐 그렇지 않으냐 하는 자기 자신의 판단에 의존하고 있다.

그는 자기에게 부여된 명령이나 지시를 충실히 이행하는 한편 최종 결정이 내릴 때까지의 토의 과정에서는 자기의 솔직한 의견을 거침없이 내놓았다. 부하들의 권리에 대해서는 극히 민감하며 국가의 복지에 대해서 매우 헌신적이다. 그는 의무와 명예와 조국을 최고 목표로 하는 웨스트포인트의 전통을 상징하고 있다."

필리핀의 파견 대표 카를로스 로물로 씨는 미국의 하원에서 이렇게 말했다.

"맥아더는 군인이며 그래서 그는 분명히 파괴했다. 그러나 그는 파괴만 하지 않고 건설도 했다. 그는 동양과 서양이라는 두 세계간의 이해를 파괴로부터 건져낸 사람이다. 그는 일본의 그릇된 선전으로 간격이 벌어진 동양과 서양의 거리를 개인의 힘으로 다시 이어놓았다."

이어서 나에게는 가장 뜻깊은 영예가 안겨졌다. 그것은 필리핀 의회가 최초로 채택한 두 가지 공동 결의안이었다. 그 하나는 나에게 필리핀의 명예 시민권을 주는 것이었으며 또 하나의 결의안은 다음과 같이 말하고 있었다.

"더글러스 맥아더 장군에 대한 감사의 뜻으로 장군의 이름을 필리핀 육군의 중대 명부에 기록하고 점호 때 장군의 이름을 부르면 선임 하사관은 '장군의 정신이 계십니다.'라고 대답하여 일생 동안 필리핀 육군의 병사 열두 명으로 편성된 의장병 1개 분대를 장군에게 배치한다. 한편 더글러스 맥아더 장군의 초상이 담긴 화폐와 우표에는 '방위자——해방자'라는 문구를 넣도록 한다."

이 결의안을 전해 듣자 나는 유년시절 이후 처음으로 눈물을 흘렸다.

제 8 장   일본 점령

1. 항 복 식

　나는 항복 교섭에는 관여하지 않았으나 일본측이 항복을 수락한 후, 항복조항을 실행에 옮기는 일은 나에게 맡겨졌다. 나는 방송으로 일본 정부에 대하여 일본측 대표단을 마닐라로 보내어 항복식에 관한 나의 지시를 받도록 명했다. 또한 그들에게 아스기(厚木) 비행장을 복구하고 비행장에 있는 모든 비행기의 프로펠러를 제거하고 비행장에서 요코하마까지의 수송을 준비하며 뉴잉글랜드 호텔을 연합국에게 제공하라고 요청했다.

　나의 총사령부는 우선 요코하마에 두며, 항복식은 도쿄 만에 정박 중인 미주리 호 함상에서 하기로 했다. 일본이 제기한 이의는 한 가지가 있었는데 내가 아산키 비행장에 내리려는 계획을 반대했다. 일본은 그것이 너무 위험하다고 생각한 모양이었다.

　아스키 비행장은 가미카제 특공대의 훈련기지였는데 이 부대의 대원들이 이 비행장과 그 주변에 숙영하고 있었던 것이다. 이 결사대원들은 항복을 거부하고 반란을 일으켜서 일본 천황의 항복문을 녹음한 테이프를 찾으려고 황궁에 난입했으며 근위 사단장을 사살하고 스즈키 간타로(鈴木貫太郎) 수상의 저택에 불을 지르기도 했었다. 그들은 이처럼 험악한 분위기 속에서 내가 이 비행장에 착륙하는 것을 매우 위험하다고 생각한 것 같았다.

　우리 참모들도 똑같은 의견이었다. 최고 사령관이 무기도 갖지 않은 몇 명의 참모를 대동하고 위험을 무릅쓰고 착륙한다는 것은 무모한 짓이라는 것이었다. 아직도 완전무장한 적군이 우글거리는 적국의 비행장인데다가 간토(関東) 평양에도 일본군 22개 사단 30만의 전투 부대가 남아 있다는 것이 그들의 주장이었다.

나는 적은 수효의 선발대를 먼저 아스키로 보내고 8월 30일 새벽에는 아이켈버거 장군이 현지에 도착하여 나를 맞을 준비를 하게 했다.

그날 오후 기수에 '바탄'이라고 쓴 나의 C-5-4형 항공기도 가마쿠라를 지나 아스키로 향했다. 나의 군사 비서관 휘트니 장군은 그때의 인상을 이렇게 적고 있다.

"우리는 저공으로 비행장 위를 선회했다. 비행장 주변에는 여러 개의 고사포 진지가 보였다. 나는 최근까지의 일본의 행위에 대하여 생각에 잠겼다.

그들은 선전포고도 없이 전쟁을 일으켰으며 그들은 어디서나 결사적으로 저항했다. 그들은 통상적인 전쟁 법규를 무시했으며 거대한 함전을 만들어 전선에 보냈었다. 막다른 골목에 몰린 그들은 위험천만한 모험을 자행할지도 모른다.

이 정도의 거리라면 그들의 고사포가 빗나갈 까닭이 없다. 전쟁터의 괴물인 죽음이 수많은 전선에서 맥아더를 놓아두었다가 결국 여기에서 그를 데려갈 것인가? 나는 숨을 죽였다. 온세계도 이 순간 숨을 죽이고 있을 것이다. 그러나 언제나 그랬듯이 맥아더는 옳았다. 동양을 잘 알고 일본인의 기질을 잘 알고 있는 그가 죽음을 상대로 서투른 도박은 하지 않을 것이다. 그는 일본 국민들의 정신을 지배하는 '무사도' 정신을 알고 있었으며 또한 그것을 믿었었다.

비행기가 착륙하자 맥아더는 콘컵 파이프를 입에 물고 비행기에서 내렸다. 그는 걸음을 멈추고 사방을 둘러보았다. 내려쪼이는 햇살을 받아 활주로와 에이프런(격납고 앞의 포장된 터)에는 아지랭이가 아른거렸다. 비행장에는 다른 몇 대의 우리 항공기와 소수의 연합군 무장병이 있을 뿐이었다.

제 8 장 일본 점령 81

　최선임자였던 아이켈버거 장군이 다가와서 맥아더 장군을 맞았다. 맥아더 장군은 그와 악수하면서 다정한 목소리로 말했다.
　"호주 멜버른에서 도쿄까지는 무척 긴 여행이었어. 이제야 겨우 종착역에 도착했네."
　뒤쪽에는 처음 보는 낡은 차량이 줄지어 대기하고 있었다. 그것이 우리를 요코하마까지 싣고 갈, 일본측이 준비한 최선의 차량이었다. 장군은 몇 년도 형인지도 알 수 없는 미제 링컨에 타고 다른 장교들은 덜컹대는 차에 올라 그 뒤를 따랐다. 투너빌 트롤리(1930년대에 미국의 인기 연재 만화에 나오는 털털이 전차) 같은 소방차 1대가 요란한 폭음을 내면서 요코하마로 가는 우리 일행의 선두에 섰다.
　일본 본토에서 내가 무장한 부대를 본 것은 그것이 처음이었다. 요코하마까지의 15마일 거리의 길 양편에는 일렬로 일본 병사들이 늘어서 있었다. 그들은 천황을 호위할 때와 같은 방법으로 이 최고 사령관을 호위했다.
　그것은 완전무장한 2개 사단 3만 명의 병력이었다.
　나는 이 병사들에게 경계의 눈초리를 보내지 않을 수 없었다. 그들이 과연 진심으로 존경를 표하고 있는 것인지 실제로 그와 같은 엄중한 호위가 필요했던 것인지 여러 가지로 생각이 착잡했다.
　요코하마는 유령의 도시 같았다. 상점의 진열장은 판자로 가려져 있었으며 보도에서는 거의 사람의 그림자를 찾아볼 수 없었다. 우리는 임시 숙사로 사용할 뉴잉글랜드 호텔에 도착했다. 이 호텔은 1923년의 지진 때 파괴되어 새로 지은 건물이었는데 그때의 지진에 비하면 제2차대전은 이 건물에 대하여 훨씬 관대했던 모양이다.
　호텔 지배인과 직원들은 정중하게 허리를 굽신거리며 우리를 안내했다. 우리는 피로하고 공복이어서 식당으로 가서 그 밖의 미군 장교들과 비프스테이크로 저녁 대접을 받았다.
　첫날밤 식사 때 나는 장군의 접시에 독이 묻혀 있는지를 확인하고 싶은 충동을 억제하느라 애를 먹었다. 이런 나를 보자 장군은 빙그레

웃으면서 '아무도 영원히 살 수는 없지 않은가.'라고 말했다."

그로부터 1년 후인 1946년 9월 27일 나는 주영 대사였던 윈드롭 올드리치 씨로부터 다음과 같은 편지를 받았다.

"나는 나의 선친이 상원위원으로 있던 무렵 귀하를 뵈온 적이 있었습니다. 그러나 오랜 세월이 흘러서 장군께서는 아마도 저를 기억하지 못할 줄 믿습니다. 하지만 저는 언제나 장군을 존경하고 있으며 장군이 일본에서 보여주신 훌륭한 태도에 모두 감탄하고 있다는 것을 전해드리지 않을 수 없습니다. 얼마 전 윈스턴 처칠 씨가 미국을 방문했을 때 귀국 직전 뉴욕에서 열린 만찬회 때, 나는 그분의 옆자리에 앉게 되었습니다. 처칠 씨는 전쟁동안 모든 사령관이 했던 일 중에서 어떤 것이 가장 훌륭한 업적인가 알아 맞춰보라고 나에게 물었습니다. 그때 나는 대답을 하지 않고 그것이 무엇이냐고 반문했더니 그것은 장군께서 아직 무장도 해제하지 않은 수십 만의 일본군이 우글거리는 곳으로 소수의 병력을 이끌고 상륙한 것이라고 말했습니다. 미국인들의 마음도 이 처칠 씨의 생각과 똑같을 것입니다."

우리가 일본에 도착한 것과 거의 때를 같이하여 일본의 각 포로수용소에서는 연합군의 포로가 석방되기 시작했다. 웨인라이트 장군과 퍼시벌 장군은 만주 봉천의 수용소에서 즉각 마보라로 공수되었.

나는 이들 두 장군을 일본으로 초청하여 항복식에 참석시키기로 했다. 내가 막 저녁 식사를 하려는 데 두 장군의 도착을 알려왔다. 내가 자리에서 일어나 로비로 나가려는데 문이 열리더니 웨인라이트 장군이 들어왔다.

웨인라이트는 매우 수척하고 늙어보였다. 그는 홀쭉한 몸을 지팡이에 의지하고 있었다. 눈은 움푹 들어가 있었으며 볼이 홀쭉했다. 머리는 백발이 되었으며 피부는 까칠했다. 내가 두 팔로 껴안자 그는 일그러진 미소를 지을 뿐 목이 메어 말을 잇지 못했다.

나는 그를 나의 오른쪽 식탁에 앉혔다. 그는 코레히돌에서 일본군에 투항하여 오랜 수용소 생활로 깊은 굴욕감에 빠져 있었다. 그는 더

제 8 장 일본 점령 83

이상 자기를 현역에 복귀시켜주지 않을 것이라고 생각하고 있었던 것이다. 나는 그의 말에 충격을 받아 "짐, 자네가 지휘하던 부대는 자네가 원하기만 한다면 언제나 자네 것일세."라고 말해주었다. 그때 웨인라이트는 무척 고마워했다.

나는 1945년 9월 2일을 항식 조인식 날로 정하고 장소은 도쿄 만에 정박 중인 미주리 함상으로 결정했다. 이 운명의 날 아침, 극동은 숨을 죽이고 나의 말을 기다리고 있었다. 일본은 무서운 벌을 받는 아이처럼 조마조마했고 세계는 긴장 속에서 어떠한 처벌이 내려질 것인지 귀를 기울였다. 나는 본국정부로부터 무슨 말을 하고 무엇을 하라는 아무런 지시도 받고 있지 않았다. 그 날 아침, 나는 나의 양심 이외에는 나를 인도해줄 아무 도표도 없이 미주리 호의 뒷갑판에 서 있었다.

그 날의 연설이나 상황에 대해서도 많이 보도되었었지만 일본측 대표단의 일원이며 애머스트 대학과 하버드 대학을 나온 후 일본 외무성에서 20년간 복무한 외교관 가세 도시카르(加瀬俊一) 씨가 조인식 후 천황에게 제출한 보고서는 그 중 훌륭한 것으로 생각된다. 이 보고서는 이미 책자로도 간행되어 있는데 다음에 그것을 인용해 본다.

"9월 초순인데도 날씨는 제법 선선했다. 하늘에는 짙은 구름이 낮게 깔려 있었다.

오전 5시 경에 우리는 도쿄를 출발했다. 우리 일행은 정부 대표인 시게미츠(重光) 외상과 육군 참모총장 우메즈(梅津) 장군 등 두 사람 외에 외무, 육군, 해군, 의 각 성에서 3명씩 모두 9명의 수행원이 동행했다. 두 대표의 차량을 선두로 하여 우리가 탄 차들은 요코하마를 향해 전속력으로 달렸다. 군수공장이 밀집해 있던 자리는 폐허의 잔해만 쌓여 있었다. 이 죽음과 폐허는 이제부터 우리가 연출하려 하는 이 비통한 드라마의 서곡이었는지도 모른다. 우리는 멸망한 제국의 묘지를 얻으려는 슬픈 사자였다. 또한 이 폐허는 일본이 전멸 일보

직전에 와있음을 생생하게 보여주고 있었다. 원자폭탄의 격렬한 파괴는 전멸에 대한 경고가 아니었을까?

전쟁의 무익함과 항복의 굴욕감이 뒤엉켜서 나의 마음 속은 말할 수 없는 비애로 가득 차 있었다. 연도에서는 거의 사람의 그림자도 볼 수 없었으며 우리가 무엇 때문에 차를 달리고 있는지 알고 있는 사람도 없었을 것이다. 우리는 과격 분자가 폭력으로 방해하는 것을 피하기 위하여 우리의 출발은 극비에 부쳤던 것이다.

우선 항복 대표단의 인선이 문제였다. 이 불명예스런 일을 맡아 하겠다고 나서는 사람은 아무도 없었다. 히가시쿠니(東久邇) 수상은 천황의 숙부가 되는 사람이어서 부적격자로 간주되었다. 다음은 국무상으로 정부의 실권을 쥐고 있는 고노에(近衛) 공이 물망에 올랐으나 공은 한사코 그 일을 맡지 않았다. 그래서 뽑힌 사람이 시게미츠 외상이었다. 시게미츠 외상이 정식 대표가 되어 항복 문서에 조인하라는 칙명을 받았는데 그는 이 칙명을 자기에 대한 천황의 신임 표시로 여겨 명예롭게 생각하고 있었다.

시게미츠 씨는 도조 내각의 말기와 그 뒤의 고이소(小磯) 내각 때 두 차례나 외상을 지낸 사람으로 자타가 공인하는 평화주의자였는데 1년간의 재임 중에 전쟁의 조속한 종결을 위하여 혼신의 노력을 기울였다. 그의 노력에는 나도 협조하였었다.

다른 사람들은 이 일을 감당하기도 어렵고 회피했으나 시게미츠 씨는 이 국가적 굴욕의 날을, 평화 국가로 나갈 새로운 출발점으로 삼아야겠다고 마음속으로 다짐하고 있었다.

그러나 우메즈 장군의 입장은 달랐다. 장군은 부대표라는 자리를 맡으려 하지 않다가 결국 그 자리를 수락하기는 했지만 그는 끝까지 전쟁 종결을 반대한 사람이었다. 그는 전권 대표로 추천되었을 때 자기에게 이 일을 억지로 맡긴다면 그 자리에서 할복하여 항의하겠다고까지 말했다고 한다. 장군이 이 일을 맡게 되기까지는 천황이 직접 설득에 나서야 했다.

제8장 일본 점령

　당시의 험악한 공기로 보아 두 전권대표의 임명은 보도진에게도 끝까지 알리지 않았다.
　수행원 9명의 명단을 연합군 당국에 알리고 승인을 받았으나 아직도 국내에서는 군인들이 항복에 반대하고 있었으므로 전혀 발표하지 않았다. 이것이 그 당시의 분위기였다.
　우리는 한 시간이 못 되어 요코하마에 도착했다. 그 날 제8군의 선발부대가 요코하마 항에 도착했다. 우리가 탄 차가 천천히 항구를 달리고 있을 때 연도에는 위병들이 총검을 착검하고 엄중한 경계를 하고 있었다. 우리가 현지 사무실에서 휴식을 취하고 있을 때 누군가 자동차에 매단 깃발과 장교들의 칼을 훔쳐가버렸다. 우리는 깃발도 내리고 칼도 끌러놓은 꼴이 되었다. 깃발도 달지 않은 외교관과 군도도 차지 않은 군인——우리는 침통한 기분으로 차를 몰아 부두에 도착했다.
　부두에는 구축함 4척이 A에서 D까지 글자가 쓰인 플래카드를 마스트에 달고 대기하고 있었다. 우리는 B표지가 달린 구축함에 승선했는데 이 군함은 태평양 전쟁 때 수많은 공적을 세운 랜즈다운 호였다.
　우리가 탄 구축함이 항구에서 나오자 크고 작은 수많은 군함들이 위풍당당하게 열을 지어 닻을 내리고 있었다. 주위는 화려한 축제기분으로 넘치고 있었다.
　구축함은 한 시간쯤 항해하여 약18마일 앞바다에 정박 중인 전함 미주리 호의 선체가 보이는 지점에 멈추었다. 4만 5천 톤의 거대한 이 전함은 주위를 위압하고 있었다. 마스트에는 성조기가 펄럭이고 있었다.
　우리가 모터 런치로 미주리 호에 다가가자 눈이 부시도록 하얀 제복을 입은 미국 수병들이 줄지어 서 있는 것이 보였다. 우리는 지팡이에 의지하여 절름거리는 시게미츠 외상의 뒤를 따라 배에 올랐다. 시게미츠 외상은 15년 전 상하이에서 한국의 독립운동가가 던진 폭탄에 맞아 왼쪽 다리를 잃고 의족에 몸을 의지하고 있었던 것이다. 시게미츠 씨는 몸을 옮길 때마다 신음 소리를 냈는데 우리는 그 신음 소리에 맞추어 숨을 쉬고 있는 듯한 기분이었다.
　우현의 갑판에 올라선 우리 일행 11명은 초록색 천에 덮인 테이블을 사이에 두고 3렬로 연합국측 대표와 마주앉았다. 테이블 위에는 항복문서가 놓여 있었다. 연합국 대표들이 입고 있는 형형색색의 제복과 훈장은 리본으로 장식되었으며 베란다의 데크는 빨강, 노랑, 회색, 초록빛으로 화려하게 장식되어 있었다. 검소한 카키색 제복을 입은 미국의 육해공군 장성들은 두 줄로 열을 지어 있었다.
　눈길이 닿는 높은 곳에서는 신문 특파원들이 원숭이처럼 아슬아슬하게 매달려 있었다. 계단처럼 된 보도진석에서는 카메라맨들이 열심히 사진을 찍고 있었다.
　거대한 전함의 여기저기에는 많은 구경꾼들로 가득 차 있었다.
　우리 일행은 마치 수갑과 족쇄로 차고 고문을 당하고 있는 듯한 느낌이었다. 수많은 눈들이 우리를 향해 화살을 쏘아대듯이 집중해 있었다.
　우리는 잘못을 뉘우치면서 무서운 교장 선생님을 기다리고 있는 어린 학생처럼 움츠린 채 서 있었다. 나는 가급적 패자의 위엄을 유지하려고 노력했으나 일분 일초가 그토록 지루하게 느껴지기는 처음이었다. 쳐다보니 우리의 일장기가 여러 개 작게 그려져 있었다. 미주리 호가 격추하거나 격침시킨 일본의 항공기와 잠수함 수를 나타낸 것 같았다.
　벽에 걸린 일장기의 수를 세어보려 했으나 울음이 치밀어서 눈물을 참아야 했다. 나는 더 이상 벽에 걸린 일장기를 쳐다볼 수가 없었다.
　우리의 수많은 영웅들, 그들은 일본의 상징인 벚꽃처럼 일시에 피어나서 아름다움을 자랑하다가 한꺼번에 저버렸다. 이들의 영혼은 우리가 항복하고 있는 모습을 굽어보면서 무엇을 느끼고 있을까?
　맥아더 장군이 조용히 마이크 앞으로 걸음을 옮겼다. 그리고 이렇게 말했다.
　'우리들 주요한 교전국의 대표들은 평화를 회복하는 엄숙한 협정을 체결하기 위하여 이곳에 모였다. 갖가지 이상과 사상들은 이미 세계의 전쟁터에서 결말이 났으므로 여기서 다시 토의할 필요는 없다. 그리고 지구상의 대다수의 사람들을 대표하는 우리는 불신과 악의와 증오심으로 여기에 모인 것이 아니다.

우리가 여기에 모인 것은 승자도 패자도 한마음이 되어 이제부터 우리가 추구하고자 하는 보다 높은 존엄을 향하여 일어서고 모든 나라의 국민이 이 자리에서 맡으려는 의무를 충실하게 수행하기 위해서이다.

이 엄숙한 식을 계기로 하여 유혈과 학살의 과거를 청산하고 보다 나은 세계, 신뢰와 이해를 바탕으로 한 세계, 인간의 존엄과 인간이 가장 갈망해 마지 않는 자유, 관용, 정의의 완성을 목표로 하는 세계가 탄생되기를 나는 진심으로 희망하는 바이다. 이것은 또한 전인류의 희망이기도 하다. 일본 제국 군대의 항복 조건은 여러분 앞에 놓인 문서에 명기되어 있다.

나는 연합군 최고 사령관으로서 항복 조항이 신속하고 충실하게 실행되도록 만반의 조치를 취하는 한편 나에게 부과된 임무를 정의와 관용으로 완수할 것을 선언하는 바이다.'

2,3분의 연설을 끝낸 연합군 최고 사령관은 일본측 대표에게 항복 문서에 조인할 것을 요구했다. 먼저 시게미츠 외상이 서명하고 다음에는 우메즈 장군이 서명했다. 맥아더 장군이 서명할 때는 오전 9시 8분이었다. 계속하여 다른 연합국 대표들, 미국, 중국, 영국, 오스트레일리아, 캐나다. 프랑스, 네덜란드,뉴질랜드의 순으로 서명을 마쳤다.

전대표가 조인을 마치자 맥아더 장군은 '이제 세계에 평화가 다시 돌아오고 하느님이 그것을 영원히 지켜줄 것을 여러분과 함께 기도하고자 한다. 이것으로 이 식을 마친다.'라고 말했다. 그때 뭉게 구름 사이로 태양이 얼굴을 내밀면서 찬란한 햇빛이 쏟아져 내렸다. 그 순간 쉴새없이 울려오는 폭음으로 고막이 찢어진 듯하더니 비행기의 대편대가 함대 위를 날았다. B-29 4백 대와 함재기 1천5백 대가 항복식의 마지막을 장식하는 퍼레이드였다. 이렇게 하여 항복 조인식은 끝났다.

맥아더 장군은 미국 국민에게 다음과 같은 방송을 했다.
'오늘 포성은 멎고 하나의 큰 비극은 막을 내렸다. 이제 하늘은 죽음의 비를 뿌리지 않을 것이며 바다는 통상(通商)을 낳으며 사람들은 어디서나 밝은 햇빛 아래 가슴을 활짝 펴고 걸을 수 있다. 온 세계는 평화를 누릴 수 있으며 성스러운 사명은 완수되었다. 나는 이 일을 미국 국민에게 우리가 전진해온 정글과 해변, 태평양에 잠든 수많은 영령들의 소리없는 입을 모아 보고한다.

바탄과 코레히돌에서의 암울한 나날, 온 세계가 공포에 떨고 민주주의가 수난에 몰리고 현대의 문명이 붕괴의 위기에 서게 된 때부터 길고 험난했던 발자취를 뒤돌아볼 때 나는 승리를 얻게 한 신념과 용기와 힘을 우리에게 내려주신 하느님의 은혜에 감사할 뿐이다.

우리는 패배의 참담한 맛도, 승리의 달콤한 맛도 맛보았다. 그 양쪽을 통하여 이제 우리에게도 되돌아갈 길이 없다는 것을 배웠다. 우리는 전쟁에서 얻은 것으로 평화를 지키기 위하여 전진해야 한다. 이제 우리에게는 새로운 시대가 찾아왔다. 전쟁 능력의 파괴적인 성격은 과학적 발명의 전진과 더불어 전통적인 전쟁의 개념을 수정하지 않을 수 없게 되었다.

창세기 이래로 인류는 언제나 평화를 추구해왔었다. 국가간의 분쟁을 방지하고 해결하기 위한 국제 기구를 만들려는 시도는 각 시대를 통하여 갖가지 형태로 나타났다. 그러나 국제적인 기구로서의 기구는 아직 한 번도 성공한 적이 없었다. 군사동맹이나 세력 균형이나 국제적인 연맹 조직도 모두 실패로 끝나고 결과는 쓰디쓴 전쟁의 시련에 빠지지 않을 수 없었다.

이 전쟁은 그러한 시련에 호소하는 마지막 기회였다. 우리가 지금 무언가 보다 크고 보다 공정한 제도를 찾아내지 못한다면 우리는 세계 최초의 결전장인 아마겟돈 계시록에 나오는 세계 종말의 선과 악의 결전장으로 향하는 길밖에는 없을 것이다. 이 문제는 기본적으로 신학적인 것이며 우리가 지난 2천년 사이에 이룩한 과학, 예술, 문학

등 각 분야의 유례없는 진보와 물질적, 문화적 발전과 병행하여 정신의 재부흥과 인류적 성격의 개선이 이루어지지 않으면 안 된다. 육체를 구원하려면 정신부터 개선하지 않으면 안 된다.

 오늘 우리들은 92년 전, 우리의 동포이던 페리 제독과 흡사한 모습으로 도쿄의 문턱에 서 있다. 페리 제독은 일본에 개화와 진보의 시대를 가져다주었으며 세계의 우정과 무역과 통상을 위해 고립의 장막을 걷어치우려고 일본에 왔었다. 그러나 유감스럽게도 서유럽의 과학에서 얻은 지식은 탄압과 인간 노예화의 도구로 이용되었으며 미신과 무력으로 언론의 자유, 행동의 자유, 사상의 자유까지도 부정되었다.

 우리는 포츠담의 원칙에 따라서 일본 국민을 이 노예 상태에서 해방할 것을 약속했다. 나는 무장 병력을 해체하고 그 밖에 전쟁 능력을 소멸게 하는 데 필요한 수단을 써서 이 약속을 실천에 옮기는 일이다. 일본 민족의 저력은 적절히 지도하면 바르게 확대할 가능성을 지니고 있다. 이 민족의 재능을 건설적인 면으로 돌리기만 한다면 비참한 상태에서 벗어나서 존엄성이 있는 지위를 획득할 수 있을 것이다.

 이제 태평양은 새롭고 해방된 세계로 되었다. 바야흐로 자유는 공세를 취하고 민주주의는 전진하고 있다. 오늘날 아시아나 유럽에서는 억압에서 풀려난 사람들이 자유의 기쁨과 공포로부터의 해방감을 마음껏 즐기고 있다.

 미국은 새롭고 자유로운 아시아의 본보기를 필리핀에서 만들어냈다. 미국은 필리핀에서 동양 민족과 서양 민족이 존경과 이익을 나누면서 함께 살아갈 수 있다는 실례를 보여주었다.

 미국 국민 여러분, 여러분의 아들과 딸들은 미국 군대의 병사들이 갖춘 침착하고 단호한 전투 정신을 발휘하여 여러분의 기대에 충분히 보답하였다는 것을 나는 보고하는 바이다. 그러한 전투 정신은 적들의 광신적인 행동이 신화적이고 조작된 이야기에서 나온 것과는 달리 역사적인 진실에 뿌리박은 전통에 기인한 것이다. 그들의 정신력이

우리를 승리로 이끌어준 것이다. 이제 그들은 고향으로 돌아갈 것이다. 이들을 따뜻하게 돌보아주기 바란다.'

최고 사령관의 연설이 끝났을 때 나는 그 연설에서 받은 인상을 나의 보고서에 써놓았었다. 맥아더 장군은 평화를 사랑한다. '평화에서의 승리는 전쟁에서의 승리보다 훌륭하다.'는 말의 진리가 이처럼 웅변적으로 잘 표현된 예는 없을 것이다.

이처럼 폭넓은 성격의 소유자가 일본의 운명을 결정지을 최고사령관으로 선택되었다는 것은 행운이 아닐까 하고 나는 자문해보았다.

우리가 절망과 비탄에 빠져있는 암울한 순간이 맥아더 장군이란 인물을 통하여 인류의 참된 빛이 비친 것이다. 구축함에 항구를 향해 가는 사이에 나는 항복식에서 받은 인상을 서둘러 써내려갔다. 폐하께서는 초조한 마음으로 보고를 기다리고 계실 것이므로 시게미츠 외상은 도쿄로 돌아가자 내가 쓴 보고서를 휴대하고 궁성으로 직행했다.

나는 이 보고서에서 최고 사령관의 훌륭한 연설의 귀절을 많이 인용하면서 우리가 승리자였더라면 이처럼 관대하게 패자를 포용할 수 있었을지 의문스럽다고 썼다. 시게미츠 외상은 배알을 마치고 나와서 폐하께서도 탄식하면서도 수긍하더라고 말했다. 일본과 미국 사이에는 숫자로 표현할 수 없는 거리가 있다. 우리는 전쟁에서 우수한 무기 앞에 굴복한 것이 아니라 정신적인 승부, 보다 높은 이상에 패배당한 것이다.″

일본의 외교관이 받은 이 우호적인 인상은 일본 국민이 그들의 정부로부터 귀가 따갑게 들어온 것과는 전혀 다른 것이었다. 내가 그들을 이해한 것처럼 그들도 나를 이해하여 주었다. 일본인들은 나의 말에 열성적으로 반응해주었고 대단한 힘으로 새로운 신일본 건설에 나섰다.

극동 지역의 강력한 군국(軍國)의 항복을 받은 내 기분은 어떠했

제 8 장 일본 점령 91

던가. 나는 지금 그때 일을 회상하면서 내가 좀더 글재주가 있었더라면 하는 아쉬움을 느낀다.

항복식 날의 전경을 나는 다 기억하지 못한다. 하지만 그랜드 캐니언을 보는 시인이나 나이아가라 폭포를 본 학자라면 그날 태양이 빛났다든지 어떠했다는 말로 우리에게 실감나게 설명해줄 것이다. 그날은 아지랑이나 구름이 끼었었던가? 도쿄의 항구에는 드문드문 나무가 서 있었던가?

나는 그런 것을 전혀 기억하지 못한다. 그러나 내가 그때 나의 조국의 불멸의 승리에서 느낀 뿌듯한 마음은 지금도 나의 가슴에 남아 있다. 그때 미국의 앞날은 청년의 장래처럼 밝기만 했다.

나는 혼자서 중얼거렸다. 국제 정세의 물결이란 때로는 밀려오고 때로는 빠져나가기도 할 것이다. 낡은 제국은 멸망하고 새로운 국가가 등장할 것이 예상되기도 했다. 동맹 관계가 새로 맺어지고 혹은 번영하고 혹은 소멸하기도 할 것이다. 그러나 경제적인 성장과 번영, 희망에 찬 자유로운 환경, 힘과 하나의 목적으로 맺어진 공동 사회 그리고 정의로운 영원한 평화를 구축하려는 시점에서 나의 사랑하는 조국은 이제 세계를 지도할 입장에 있다.

지금 우리는 새로운 삶에의 입구에 서 있다. 앞으로 얼마나 큰 파노라마가 전개될 것인지는 아무도 모른다. 그런데 그 파노라마는 지금 지평선 너머 바로 우리 앞에 와 있다. 그리고 그 파노라마는 그 누구도 이해하지 못할 만큼 위대하고 다양하다.

그러나 나의 충실했던 병사들에게 생각이 미쳤을 때 나도 내 영혼을 꽁꽁 묶어놓은 듯한 느낌을 받았다. 베르당에서, 바탄의 참호 속에서, 코레히돌의 포대 위에서, 혹은 지상에서, 또는 바다와 하늘에서, 늪지대와 정글 속에서, 또 때로는 열사의 모래밭에서, 또는 얼어붙은 벽지에서, 혹은 포격으로 엉망이 된 진흙탕 속에서 나는 그들이 죽어가는 모습을 목격했었다.

그들이야말로 아메리카니즘의 진정한 추진자들이다. 그들은 나에게 미국의 장래에 대한 굳은 신념과 미국의 앞날에는 자유와 번영과 행복이 기다리고 있다는 신념을 심어주었다.

나는 항복식이 있을 11개월 후 일본의 수상 요시다 시게루(吉田茂) 씨로부터 항복과 그 직후의 정세에 대하여 일본의 지도층이 어떻게 생각하고 있는지에 대하여 다음과 같은 서한을 받았다.

"친애하는 장군

나는 오늘 아침, 항복 당시의 수상이던 스즈키(鈴木) 남작이 8월 15일자의 마이니치 신문 2면에 쓴 글을 읽었습니다. 그 이야기의 마지막 부분에 대해서 나는 전적으로 동감합니다. 그 중대한 결정을 내릴 때, 스즈키 씨의 태도나 마음은 폐하의 마음과 통할 뿐 아니라 표현은 서툴었지만 올바른 생각을 하는 대다수 사람들의 태도나 마음과 상통하는 것이라고 확신합니다. 게재된 기사는 스즈키 제독 자신이 서명한 것으로서 여기에 내가 말한 부분을 영역(英譯)한 것을 동봉합니다.
요시다 시게루"

동봉된 내용은 다음과 같았다.

"항복을 하는 순간 나의 기분은 매우 담담했다. 주위 사람들은 여러 가지로 걱정했으며 어떤 사람은 국체 유지에 관한 연합군측의 명확한 보장을 얻도록 교섭하라고 주장했다.

그러나 그것은 본질적으로 무리한 것이고 나는 그러한 노력을 회피했다. 우리는 패배했으며, 우리가 그것을 스스로 인정한 이상 모든 것을 승자(勝者)에게 맡기는 것이 좋겠다고 나는 생각했었다. 이것은 옛부터 군인 정신의 전통이었다.

그러나 나는 다음 한 가지에 대해서만은 절대적인 신념을 가지고 있었다. 그것은 적장(敵將)을 신뢰하는 것이다. 무사도(武士道)는 일본의 독점물이 아니며 세계의 보편적인 모럴이다. 일단 자기 편에 항복한 이상 그를 보호해주는 것이 무인의 올바른 태도인 것이다. 맥아더 장군의 성품에 대해서는 잘 알지 못하지만 나는 군인의 한

제 8 장 일본 점령 93

사람으로서 이 군인 정신을 믿고 있다. 그 당시는 여러 가지 불안을 주는 뜬소문도 없지 않았으나 나는 별로 걱정하지 않았다. 그때 폐하의 심중도 우리와 다를 바 없었다. 우리가 알고 있듯이 폐하는 사람을 의심하지 않는다. 적을 신뢰하고 모든 것을 개방하라고 말했을 정도였다. 내가 폐하를 배알한 것은 추밀원 의장직을 물러난 1946년 6월 중순이었는데 폐하는 맥아더 사령관의 점령 정책은 공명 정대하고 현재의 진행 상태도 매우 만족할 만하다고 하셨었다.

 지금 생각해 보니 적의 사령관을 믿었던 나의 신념은 전적으로 옳았음을 알게 되었다. 나는 지금 은거지인 나의 고향에서 연합국의 점령정책이나 현재 전개되고 있는 일본의 민주주의화 과정을 지켜보고 있다. 종전시 국가 시책을 결정할 때 우리가 취한 방법은 일본을 위해 결코 해롭지 않았다는 것이 밝혀져서 나는 매우 기쁘게 생각하고 있다.
스즈키 간타로(鈴木貫太郎)"

2. 일본 천황과의 회견

 내가 실시한 대일정책이 일본 국민으로부터는 호평을 받았으나 워싱턴의 국무성이나 연합국의 일부 관리들은 탐탁하게 보지 않았다.
 소련의 스탈린 수상은 플로리다 주 상원의원 클로드 페퍼와의 회견에서 맥아더 장군의 대일 점령정책은 너무 온화하여 불안하다고 했으며 몰로토프 소련 외상도 런던에서 같은 이유를 내세우면서 4국 관리위원회를 만들어 통치하자고 했다.
 나의 통치는 증오나 복수심에서 하는 편견 투성이의 통치와는 확실히 거리가 멀었다. 나는 전쟁에서는 일본군을 무찔렀지만 일단 전쟁이 끝난 후이니만큼 자유세계의 방침대로 그들을 우리 편으로 끌어 넣으려 한다는 것을 소련은 간파했던 것이다.
 한편 미국에서는 신문과 라디오가 천황제를 존속시키는 데 대하여 반대운동을 전개했다. 이전에 독일의 산업 시설을 때려부수라고 떠들던 보도 기관이나 논설가들이 이번에는 천황과 그 일족, 나아가서는 일본 전체를 송두리째 타파하라고 주장하는 것이었다. 이러한 것을 선두에 서서 조종한 것은 공산당 계열의 〈데일리 워커〉지였다. 그리고 뉴욕의 신뢰받는 몇 개 신문도 여기에 동조했으며 전국적인 방송망을 가진 방송국의 뉴스 해설가들도 비판을 일삼았다. 그들은 심지어 총사령관인 나를 중상 비방하는 일도 서슴지 않았다. 9월 4일, 일본에서는 미국의 제8군이 도쿄 만에 상륙하는 것과 병행하여 임시 국회가 소집되고 천황의 연설에 이어 히가시쿠니 수상이 항복하게 된 경위를 보고했다. 천황은 일본의 역사상 처음으로 직접 국민에게 항복 조항을 준수하고 세계의 신의를 되찾자고 호소하였다. 이것은 일본의 역사에 새로운 기원이 열리려는 것을 말해주는 것이었다.

그 무렵 나는 스팀슨 육군장관으로부터 매우 가슴이 뭉클해지는 메시지를 받았다. 그 중 한 통은 다음과 같은 내용이었다.

"태평양에서 완전한 승리를 쟁취하는 데 있어서 그 주요한 담당자였던 귀하에게 진심으로 축하를 드린다. 바탄에서의 암담했던 나날 이후, 귀하는 일본을 격멸하는 것이 귀하의 유일하고 절대적인 목표였다는 것을 나는 잘 알고 있다. 귀하에 전선에서 그토록 철저하게 패배시킨 이 적이 이제는 평화를 사랑하는 나라에 대하여 전쟁은 다시 도발할 수 있는 능력을 더 이상 갖지 못하게 하는 귀하의 명령에 따르게 된 것은 매우 공정하고 타당한 일이라 하겠다."

또 다른 메시지에서는,

"길고도 험난했던 중요한 임무를 귀관이 현명한 판단과 실천으로 완수한 것에 대하여 나는 만족과 찬양의 마음으로 나는 가득 차 있다. 귀관은 또 그러한 능력을 발휘하여 일본에 대한 승리를 성공시킨 이번의 중대한 임무도 훌륭하게 완수할 것을 확신한다."

태평양 전쟁을 승리로 이끈 '중요한 담당자'라고 나를 평한 이 육군장관의 말에 전장 글의 온갖 고난과 위험은 싹 자취를 감춘 듯했다.

나는 다음과 같이 회답했다.

"귀하의 따뜻하고 감동어린 메시지에 감사하게 생각한다. 귀하는 항상 일선에 있는 우리를 격려해주었으며 동양에 대해서 깊은 이해를 보여주어 전부대에 큰 용기를 주었었다. 신의 가호가 항상 귀하와 함께 하기를 빈다."

항복식이 끝난 6일 후, 나는 처음으로 도쿄로 갔다. 요코하마의 뉴 그랜드 호텔에서 도쿄의 미국 대사관까지는 불과 22마일 거리였으나 그 사이는 고목으로 가득 찬 폐허였다. 그러나 미국 대사관은 거의 손실이 없었다.

이 도쿄의 첫나들이에는 홀시 제독, 아이켄버거 장군 등 나와 행동을 함께 한 사람들도 동행했다. 도쿄 도착은 나에게 엄숙한 순간이었다. 대사관 앞에는 아이켄버거 장군이 제 1 기갑사단, 제 2 기병대대의 의장병을 대기시켜 놓았는데 나는 의장병들을 국기 게양대 앞에 정렬시켜 놓고 아이켄버거 장군에게 "미국의 국기를 게양하여 억압된 자에게는 희망의 상징, 올바른 자에게는 마음껏 영광과 함께 휘날리게 하라."고 명했다.

나는 황궁 맞은 쪽에 있는 다이이치 빌딩에 총사령부를 설치했다. 그리고 나는 역사상 가장 진기한 일 중의 하나에 착수했다. 나는 8천만을 넘는 일본 국민의 절대적인 지배자가 되어 일본이 다시 자유 우방의 책임있는 일원이 될 수 있는 준비와 능력과 의사를 나타낼 때까지 그들을 지배하게 되었던 것이다.

한 나라와 그 국민의 종전 직후의 일본인만큼 철저하게 굴복한 예는 역사상 그 예를 찾아볼 수 없었다. 일본인이 경험한 것은 단지 군사적 패배나 산업 기지의 상실 이상의 것이었으며 외국 군대의 총검에 국토를 점령당한 이상의 것이었다.

근대사를 통하여 이처럼 큰 파멸의 충격을 맛본 예는 없을 것이다. 이 섬나라에는 이상한 봉건주의의 영향을 받아 자기 나라의 군대는 무적이며 자기나라의 문화는 탁월하다는 광적인 신념이 팽배해 있었다.

일본은 주요한 천연자원을 거의 갖고 있지 않았으나 온 국민의 절약과 근면으로 지난 1세기 동안 번영을 유지해왔었다. 그들은 노동의 존엄성과 일을 하고 건설하는 때가 보다 행복하다는 것을 실천에 옮겨왔었다. 그 결과 강철, 석탄, 광석, 면화, 석유 등이 결핍했으면서도 일본은 위대한 산업 국가가 되었다.

일본은 무역으로 오스트레일리아의 양모, 미국의 면화, 말레이지아와 동인도 제도의 고무, 주석, 석유 등 원료를 수입하여 값싼 노동력과 수송력으로 그들이 만든 상품을 유럽이나 미국의 비싼 상품을 살 수 없는 아시아 쿨리(노동자) 계급의 시장에 팔아왔었다. 그래서 일본은 기본 정책과 목표를 생산 공장에서 필요한 원자재의 공급원을 확보하는 데 두고 있었다.

이를 위해 일본은 대만, 한국, 만주를 수중에 넣고 중국도 그들의 지배하에 두려고 했다. 이번 전쟁의 원인도 따지고 보면 그들이 루스벨트 대통령에 의하여 시작된 미국과 동맹국들의 뛰어난 경제 체제를 두려워한 데 있었다. 일본은 이 경제 체제 때문에 그들의 산업이 마비되면 국내에서 혁명이 일어날지도 모른다는 생각에서 그들의 산업 제국을 유지하기 위한 기지를 수중에 넣어, 이른바 '대동아공영권'을 영원히 확보하려고 했던 것이다.

일본은 자기들이 전쟁에서 승리하고 있다고 선전했다. 그런데 그것이 일시에 무너졌던 것이다. 모든 인류가 그러하듯이, 일본 사람들은 종교적인 신앙에서 그 안식처를 찾았다. 그러나 종교도 정부의 통제 안에 흡수되어 파시스트 지도 체제의 일부가 되어버리고 말았다.

나는 일본 국민에 대하여 무제한의 권리를 갖고 있었다. 역사상 그 어떤 식민지 총독이나 정복자도, 총사령관으로서 내가 일본에서 가졌던 만큼 권력을 잡을 일은 없었다. 나의 권력은 절대적이었다.

이러한 권력은 내가 받은 다음과 같은 지시에 근거를 둔 것이었다.

"항복한 순간부터 천황과 일본 정부의 국가 통치권은 귀하에 종속되며 귀하는 항복조건의 실시에 필요하다고 인정되는 조치를 취할 수 있다. 귀하는 일본에서 항복 조항을 실시하기 위하여 관계 연합국이 할당하는 전육해공군의 최고 사령관이 된다. 우리와 일본의 관계는 계약에 의한 것이 아니며 무조건 항복에 의한 것이다. 귀하는 그 권력의 범위에 대해서 일본측이 이의를 제기하지 못하게 해야 한다."

그러나 권력을 잡을 것과 그 권력을 어떻게 행사하느냐는 전혀 별개의 것이다. 나는 나의 이전의 생애에서 경험한 적이 없는 어려운 문제에 부딪쳤다. 직업군인으로서의 내가 갖고 있는 지식은 한 나라를 다스리기에는 너무나 미비했다. 나는 경제학자이고, 기사이고, 산업경영자이고, 교사이고 신학자여야 했다.

전쟁에서 완전히 파괴된 한 나라를 재건하는 것이 나에게 부과된 과제였다. 일본은 전체주의적 군부 지배에서 국민을 풀어놓고 정부를 자유화하는 일대 실험장소가 될 것이다. 일본에서 전쟁 재개 능력을 뿌리째 뽑고 전범자를 처벌하는 연합군의 주요 목표보다는 훨씬 앞선 것이 되어야 한다는 것은 명백했다.

나는 또 근대사를 통하여 피점령국에서의 군사점령이 성공한 예가 없다는 것도 잘 알고 있었다. 나는 군사 점령에 대한 경험이 전혀 없는 것은 아니었다. 제1차대전 때 무지개사단을 이끌고 독일의 라인 강 서쪽에서 군사 전령에 종사한 적이 있는데 군사점령의 기본적인 약점을 현장에서 목격하였다.

그 약점이란 민간인의 지배가 군의 지배로 대치된다는 것, 피점령지의 주민은 이유야 어떻든 자존심과 자신을 상실하게 된다는 것, 자유 세계의 대표제와는 달리 중앙집권화된 독재로서 전체적인 권력이 날뛴다는 것, 외국 군대의 총검에 지배된 국민의 정신적, 도의적인 풍조가 저하된다는 것, 권력이라는 병이 점차 점령군에 만연하여, 점령은 일종의 민족적 우월을 나타낸 것이라는 착각으로 점령군 자체도 점차 타락해버린다.

군사 점령이 너무 장기화하거나 처음부터 경계를 철저히 하지 않으면 한쪽은 노예가 되고 한쪽은 그 주인 역할을 하게 마련인 것이다.

대개의 경우 군사 점령은 새로운 전쟁의 씨를 뿌리게 된다는 것을 역사는 말해주고 있다. 내가 전에 연구한 알렉산더나 시저, 나폴레옹의 생애를 보면 그들은 모두 위대한 군인이었으나 점령군의 지휘자가 되고부터는 한결같이 오류를 범하고 말았었다.

나는 선친에게서 배운 교훈, 선친께서 필리핀 군사총독이셨을 때의 경험에서 얻은 교훈을 생각해보았다. 그러나 내가 안은 불안은 어찌할 도리가 없었다. 내가 품고 있던 의문은 컸으며 불안도 컸다. 그러나 이 불안은 나에게 가장 좋은 안전핀이 되었고 불안은 나의 가장 큰 힘의 원천이 되어주었다.

최고 사령관으로 임명된 순간부터 나는 천황과 일본 정부를 통하여 실시하게 될 정책을 짰다. 나는 일본 행정 조직의 장단점을 잘 이해하고 있어서 내가 단행하려는 개혁은 일본은 현대의 진보파 사상이나 행위의 기준으로 이끌어 올리는 데 유익할 것으로 생각했다. 우선 군사력을 분쇄하고 전범자들을 처벌한 다음 대표제에 의한 정치 형태를 만들며 헌법을 근대화하기로 했다. 자유 선거를 실시하고 여성에게도 참정권을 주고 정치범을 석방했으며 농민을 해방했다. 자유로운 노동 운동을 권장하고 자유 경제를 촉진시키며 경찰의 탄압을 폐지하도록 했다. 건전한 언론을 육성하고 정치 권력의 집중을 견제하며 종교와 국가를 분리케 했다.

나는 5년에의 세월을 일본을 개혁하는 일과 씨름하게 되었다. 이러한 개혁안은 모두 실현되었다. 그러나 개혁이 진행되고 일본 국민에게 자유가 확산됨에 따라서 일본 국민과 최고사령관 사이에는 신뢰를 바탕으로 한 독특한 관계가 성숙되었다.

내가 연합국의 의사에 반대하면서까지 일본 국민을 공정하게 취급한다는 것이 알려지자 일본 국민은 나를 정복자가 아닌 보호자로 보기 시작했다. 나는 일본 국민에 대하여 보호자로서 깊은 책임감을 느끼고 있었다.

점령군의 행동은 모범적이었다. 쇄국적인 상태에서 자라난 일본의 낡은 관습은 차츰 점령군 병사가 보여주는 표준으로 바뀌어, 점령군 병사는 그야말로 친선대사였다.

나는 종종 공식 성명을 통하여 일본인들이 지닌 장점과 미국인들의 우수한 장점이 건전하게 융합되기를 바란다고 역설했다. 나는 각계의 일본인들에게 서유럽을 시찰하라고 종용했다.

점령정책이 성공한 이유 중의 하나는 미국은 일본인을 가르칠 뿐 아니라 그들에게 배울 것을 희망한다고 말한 데 있다고 본다. 이것은 일본 국민들 사이에 위엄과 국가 목적을 달성케 하는데 유익하며 자신감을 되찾은 그들은 신의로써 협조를 아끼지 않았다. 여기에서 싹튼 서로간의 존경은 미·일 두 나라 국민 사이에 신뢰감을 구축하여 일본 점령은 세계사를 통하여 보기 드물게 성공적인 한 예로 남게 되었다.

우리는 1945년 여름 종전 당시에 상상도 하지 못한 큰 문제에 봉착하게 되었다. 일본은 20세기의 문명국이라고는 해도 서유럽 제국이 이미 4세기 이전에 팽개쳐버린 봉건 사회 같았다.

신인(神人) 융합의 정치형태는 서유럽 사회에서는 자취를 감춘지 오래였는데 일본에는 아직도 그것이 존재하고 있었다. 천황을 신격시하여 일반 국민은 천황을 정면으로 쳐다보는 일조차 금지되고 있었다. 이 신격시된 천황은 절대군주이며 그의 말은 절대적인 것이었다.

천황의 권력은 군부, 정부 기구나 재계를 지배하고 있었으며 국민은 인간으로서의 권리조차 인정되지 않았다.

지배층은 국민의 재산을 마음대로 거두어들일 수 있었으며 국가 시책에 반대하는 개인 사상은 금지되고 있었다.

1937년부터 1940년 사이에 '불온사상'을 가졌다 하여 비밀 경찰에 투옥된 사람은 6만 명을 넘고 있었다. 미국인들의 시각에서 보자면 일본은 근대 국가가 아니라 고대 스파르타에 가까운 국가였다.

태평양 전쟁에서 일본은 완전한 패배를 했다. 패배는 공장이나 주택, 도시 전체가 파괴된 물질적인 것만이 아니라 정신적인 면에도 미치고 있었다. 4년 가까이 일본 국민은 승리를 기대했으며 정부는 열심히 승리를 선전하고 있었다.

그들은 야만인들을 상대로 하여 일종의 십자군으로 싸우고 있으며 강간, 살인 등 가공할 잔학행위를 막기 위해 일본은 무슨 일이 있어도 이 전쟁을 승리로 이끌어야 한다고 배워왔었다. 미군의 총사령관이던 나도 일본 정부의 공격 목표가 되었었다. 1945년 8월 미군부대가 일본에 상륙할 당시 일본 국민은 잔혹한 미국 사령관과 야만적인 미군 병사라는 인상을 버리지 못하고 있었다.

나는 점령 초기부터 이러한 이미지를 불식시키려고 노력했다. 미주리 함상에서의 연설을 통해서도 그들을 안심시키려고 노력했으며 다이이치 빌딩에 총사령부를 설치한 며칠 후에도 "연합군 총사령부의 관심은 일본인들을 억압하는 것이 아니라 어떻게 하면 일본인들이 하루 속히 일어설 수 있게 하느냐 하는 데 있다."고 성명을 통해 발표했다.

확실히 우리는 군국(軍國)으로서의 일본을 파괴하고 그들이 저지른 과오에 대해서도 처벌하겠으나 그것은 항복조항에 명시한 범위에서 벗어나지 않으며 우리는 일본 국민에게 자유와 정의, 어느 정도의 방위력을 가진 일본을 건설하는 것이 점령 목적을 달성하는 최상의 수단이었다.

나는 그 점에 대해서 다음과 같은 성명을 발표하여 확실히 다짐했다.
"연합군의 점령 목적의 성공 여부는 지도 정신과 목표에 달려 있다. 우리가 전쟁에서 지켜온 몇 가지 원칙을 확고하게 적용하는 것만이 새로운 일본, 평화와 안전과 정의의 방향으로 선회한 일본을 탄생시킬 수 있다.

따라서 그러한 정책을 펴는 것이 앞으로 나의 통치 목표가 될 것이다. 우리가 만일 그렇게 하지 않는다면 바꾸어 말해서 일본의 패배를 철저하게 하는 일에만 노력한다면 역사는 우리의 정책을 빈약하고 불안전한 것이라는 심판을 내릴 것이다.

일본 국민이 보다 높은 원칙과 이상과 목적을 향하여 전진할 수 있도록 인도하고 일본 국민이 사회적으로나 정치적으로도 새롭고 보다 높은 도의 수준에 도달할 수 있도록 그들을 도와주며 장차 일본이 인류를 위하여 유익하게 공헌할 수 있게 하는 것이 우리가 당면하고 있는 과제인 것이다."

전쟁기간 중 연합국이 육지와 해상을 철저하게 봉쇄한 결과 일본은 식량의 자급능력을 상실했으며 폭격의 피해가 심한 지역은 기아 상태에 있었다. 일본의 식량이 바닥이 난 것을 알게 되자 나는 점령군에게 현지의 식량을 소비하지 못하게 하고 구호 물자의 긴급 수송을 워싱턴에 요청했다.

그러자 효과는 즉각 나타났다. 일본 정부는 겉모양의 공손한 태도에서 우리를 신뢰하는 태도로 바뀌었으며 일본 국민에게 우리의 점령 정착에 안심해도 된다고 홍보했다. 그러자 신문들은 입을 모아 찬사를 아끼지 않았다.

소련은 점령 초기부터 문제를 야기시켰다. 그들은 자기들의 군대가 북해도를 점령하겠다고 했는데 그것은 결국 일본을 둘로 분단하자는 요구나 다름이 없었다. 소련은 일본을 최고사령관의 통치하에 두지 말고 최고사령관의 권한에서 완전히 분리시켜야 한다고 주장했다.

나는 그것을 거부하였으나 소련의 테레비얀코 장군은, 소련은 나를 최소사량관의 직책에서 파면시키게 할 것이라면서 내가 승낙하든 하지 않든 간에 소련군을 일본에 진주시키겠다고 말했다.

나는 나의 허가없이 소련병이 단 한 명이라도 일본에 들어오면 테레비얀코 자신은 물론 소련 대표부 전원을 투옥시키겠다고 맞섰다.

그러자 테레비얀코 장군은 묵묵히 듣고만 있다가 은근한 어투로 "당신은 그렇게 하고도 남을 사람이다."라고 말하고 나가버렸다.

그 후 한 동안 이 문제는 재론되지 않았다. 소련은 나에 대한 위협을 개인적인 형태로 바꾸었다. 그리고 몇 년 후, 소련은 기어이 그 목적을 달성할 수 있었다.

항복식이 끝난 후 당면 목표는 일본군의 제대와 무장 해제였다. 1945년 9월 2일, 일본은 육군 1백54개사단, 기타 1백36개여단, 주요 해군

부대 20개 등 총 6백98만 3천명의 병력을 갖고 있었다. 그 중 일본 본토에는 57개사단, 14개여단, 45개연대가 있었으며 다른 일본군 부대는 만주에서 솔로몬 군도를 거쳐 중부 및 서남 태평양 제도까지 아치형으로 흩어져 있었다.

일본의 군사 기구를 해체하고 군인들을 제대시키는 업무를 수행하기 위하여 일본군의 기술적, 행정적 능력을 활용하는 문제는 일본측 육해군 대신들에게 맡겼다. 이 복잡한 업무는 모든 것에 우선하여 행해졌다. 연합군 총사령부 제8군 및 미해군이 감독 협조했다. 나는 일본 정부의 여러 기관을 이용하는 것이 나의 정책이었다는 것을 이렇게 신문에 설명했다.

"일본의 민간 정부는 활동 능력을 가지고 있으므로 점령군 당국은 일본에 대한 행정을 직접 하지 않아도 된다. 그대신 일본 정부는 연합군 사령부의 지시에 따르게 했다. 한편 점령군은 일본의 관리가 종전의 전체주의 정부에서 경험하지 못했던 문제에 대하여 그들에게 조언했다. 다시 말해서 이제 일본에는 문자 그대로 군사 정부라는 것은 존재하지 않았다. 그것은 민주적인 행정 계통에 따라 일본측을 관찰하고 원조하기 위하여 기존의 정부 기구 위에 최고 사령관이라는 상부 기관을 두었을 뿐이었다."

10월 16일에는 다음과 같은 성명을 발표하였다.

"오늘로써 일본 전국의 일본군이 완전히 제대하여 이제 군인으로는 존재하지 않게 되었다. 역사상 이처럼 신속하고 원활하게 제대가 완료된 예를 나는 보지 못했다. 일본에는 모든 종류의 육해공군 병력이 이제 존재하지 않는다. 그 결과 일본이 국제 문제에서 군사력을 행사할 수 없게 되었으며 금후 일본은 전쟁의 길 대신 그 길을 평화로운 수단에서 찾지 않으면 안 된다. 거의 7백만에 이르는 병력이 한 발의 총성도 없이 무장해제가 완료된 것이다.

나는 우리 부대의 훌륭한 행동에 거듭 찬사를 보냈다. 약간의 예외도 없지는 않았으나 우리 부대는 점령군으로서 모범적인 태도로 일관했다.

제 8 장 일본 점령   103

일본 국민은 이처럼 자유로운 업무 처리를 목격하고 새로운 사고와 사상을 배우게 된 것이다.

　일본은 일본의 군부에서 말해오던 것과는 달리 이미 항복하기 이전에 완전히 패배했던 것이다. 일본군은 연합군의 공세에 행동 불능, 또는 지리멸렬한 상태에 빠졌으며 장비를 잃고 사기가 저하되어 조기 항복이 불가피했던 것이다. 우리 부대는 난공불락을 자랑하던 일본군의 거점을 차례로 비켜 나와 행동력이 없는 군대로 만들어, 포위작전으로 고립된 수많은 일본군 부대를 격파했었다.

　일본군이 항복하게 된 기본적인 이유는 위로부터 강요당한 것이 아니다. 일본군은 전략적, 전술적으로 어쩔 수 없이 패배한 것이다. 우리가 일본 본토에 최종적인 공격을 감행하는 것은 시간문제였다.

　이 승리는 육해공군의 완벽한 일체화로 이룩한 승리였다.

　우리는 적을 압도할 만한 대병력을 사용하지 않고 한정된 병력으로 최대의 효과를 올린다는 원칙이 이처럼 교묘하게 성공을 거둔 예는 그 전례가 없었다. 전쟁에서 이기는 비결은 3군의 완전한 일체화에 있다는 것은 후세에 남길 크나큰 교훈이다. 강력한 전투력은 단결에 있으며, 단결은 승리를 안겨주었던 것이다.

　일본의 군수품과 전쟁 능력을 파괴하고 있는 동안 일본의 사이클로트론(원자핵 파괴장치, 또는 입자 가속장치라고도 하는데 그 당시 일본에는 이것이 있었다)을 파괴하는 불행한 사건이 일어났다. 나는 이 기계가 과학 발전을 위한 연구용이므로 보존하도록 명했는데 육군성은 나의 결정을 번복했었다. 나의 항의에도 불구하고 육군장관은 그것을 파괴하라고 명했다.

　이 사이클로트론의 파괴는 전세계의 과학자들로부터 엄중한 항의를 받았는데 육군성은 그 책임을 나에게 전가했다. 메사추세츠 공과대학장 칼 T. 콤프턴 박사는 육군장관에게 다음과 같은 서신을 보냈다.

　"일본제 사이클로트론의 사려없는 파괴에 대한 여론에 가담하지 못했던 유일한 이유는 10일간 외국에 가있다가 오늘 아침에 귀국한 때문입니다. 이 사이클로트론의 파괴는 참으로 어리석은 짓입니다.

그 동안 군부가 지난 5년 동안 일본에서 쌓아올린 신뢰는 이로 인해 크게 손상되었습니다. 이것은 일본에서 미국의 가장 좋은 벗인 일본의 사상적 지도자의 반감만 부채질하는 결과를 초래한 것 같습니다.

내가 런던에서 보고 들은 바로는 이 행위로 해서 미국은 외국 지식층의 비난과 조롱을 받게 되었습니다. 나는 3개월 전 그 일본제 사이클로트론 중 2대를 시찰하고 일본의 핵학자들의 연구를 계속하도록 정하는 규칙을 작성하는 일에 참가했습니다. 이 규칙은 맥아더 장군에 의해 채택되었으며 이 분야에서 일본 학자들이 위험한 연구를 하지 않도록 할 수 있는 충분한 조항을 삽입하고 있었습니다.

사이클로트론은 원자폭탄을 제조할 수 있는 능력을 가진 기계가 아닙니다. 그것은 과학 연구용 기계이며 근소한 양의 폭발물도 생산하지 못합니다. 그리고 거기에 있던 최대의 사이클로트론은 생물학과 의학 연구에 사용되고 있었을 뿐이었습니다.

사이클로트론은 과학 연구에 있어서 해군의 군함보다도 귀중하여 군함보다 손에 넣기 어려우면서도 사회 발전을 위하여 훨씬 큰 가치를 지니고 있습니다. 우리는 이러한 사이클로트론이 파괴되는 것을 매우 안타깝게 생각하고 있습니다. 런던의 신문은 사이클로트론에 대한 파괴 명령이 맥아더 장군의 이름으로 나왔다고 보도했으나 장군을 잘 알고 있는 나는 그것이 장군에게는 책임이 없다고 확신합니다.

육군장관인 귀하에 대해서도 마찬가지입니다. 그러나 문제의 권한을 행사할 만한 판단력을 갖지 못한 장교나 관리 혹은 그러한 집단이 어디엔가 있다는 것은 확실하며 그러한 자들은 정리할 필요가 있습니다."

그로부터 얼마 후 콤프턴 박사는 나에게 다음과 같은 서신을 보냈다.

"귀하의 일본 점령 계획의 진전과 성공을 신문에서 보고 늘 기쁘게 생각합니다. 그러나 일본에서 사이클로트론이 파괴된 것만은 유감스런 일입니다. 그래서 나는 육군장관에게 서신으로 항의했으며 매우 훌륭한 회답을 받았습니다. 장관은 그 명령이 자기의 사무실에서 나왔다는 책임을 인정했습니다. 장관은 자기가 모르는 사이에 그런 명령이 나갔으며 그것은 잘못된 일로서 우선 장관에게 보고되었어야 했다고 말했습니다."

이 불행한 일은 육군성이 책임을 전가하려고 해서 뒷맛이 개운치 않았다. 일본에서 사이클로트론 파괴 사건이 일어나기 전 워싱턴의 군 고위층에서는 큰 인사 이동이 있었다. 육군참모총장이던 마샬 장군이 물러나고 아이젠하워 장군이 임명되었다. 해군 작전부장에는 킹 제독의 후임으로 니미츠 제독이, 육군장관에는 스팀슨 장군의 후임으로 패터슨 육군 차관보가 임명되었다. 패터슨 장관은 전쟁 기간 중, 나와 긴밀한 연락을 유지했으며 뉴기니 작전 때는 나의 사령부에 와 있기도 했다.

그는 시종 나에게 격려와 찬사의 메시지를 보내주었었는데 육군장관이 된 얼마 후, 그는 휴가차 워싱턴에 가 있던 나의 부관 중의 한 사람인 라바스 대령에게 다음과 같은 의견을 전달했다.

"우리는 일본에 대하여 아무런 걱정도 하지 않는다. 그 이유는 맥아더 장군이 현지에서 잘 처리하고 있기 때문이다. 우리가 골치를 앓는 것은 독일에서이며, 그 가장 큰 이유는 매사를 관계 4개국의 동의를 얻어야 하기 때문이다. 일본에서 맥아더 장군만큼 일을 잘 처리해나갈 수 있는 인물은 달리 없을 것이다. 그는 위대한 장군일 뿐 아니라 정치가, 외교가여서 훌륭한 업적을 올리고 있다. 나는 맥아더 장군을 전적으로 지지하고 있으며 그가 하고 있는 일이 완전히 성공을 거두리라는 것을 추호도 의심하지 않는다. 그는 동양과 동양인의 마음을 잘 알고 있어서 지금의 일을 수행하는 데 있어 가장 적격자이다."

내가 도쿄에 도착한 얼마 후, 나의 참모들은 위세를 과시하기 위하여 천황을 사령부로 초청하자고 나에게 건의했다. 그러나 나는 그렇게 하지 않았다. "그런 짓을 하면 일본 국민의 감정을 상하게 할 뿐이다. 천황이 자발적으로 나를 만나러 오겠지. 서양식으로 성급하게 서두르기보다는 동양식으로 기다려보는 것이 더 현명할 것이다."라고 나는 설명했다.

아닌게 아니라 얼마 뒤에 천황이 회견을 요청해왔다. 모닝 코트와 줄무늬 바지에 톱 해드 차림의 히로히토(裕仁)천황은 다임러 차를 타고 궁내 대신과 함께 왔다. 나는 점령 초기부터 천황에 대한 대접은 융숭히 하라고 명하고 군주에 어울리는 예우를 하도록 했다. 나는 천황을 정중하게 맞고 노일전쟁 종결 때 천황의 선친과 만난 적이 있다고 추억담을 말해주었다.

천황은 침착하지 못했다. 몇 달 동안 쌓였던 긴장 탓이었을 것이다. 천황의 통역관 이외에는 모두 물러가게 한 후 우리는 영빈실 한 구석의 난롯가에 앉았다.

내가 미국 담배를 권하자 천황은 고맙다면서 받았고 나는 천황의 기분을 편안하게 해주려 했는데 패배에서 오는 굴욕감이 얼마나 깊게 깔려 있는지 잘 알 수 있었다.

나는 천황이 전범자로서 기소되지 않도록 자기 입장을 호소하지 않을까 걱정이 되었다. 연합국 중, 특히 소련과 영국은 천황을 전범자에 포함시켜야 한다고 했던 것이다. 이들이 제출한 전범자 리스트에는 천황이 첫머리에 올라 있었던 것이다. 나는 그런 불공정한 것이 얼마나 큰 비극을 초래할 것인지 잘 알고 있었으므로 강력하게 이에 반대했다.

만약 워싱턴 당국이 영국의 입장으로 기울어져 그런 결정이 내려진다면 나는 앞으로 백만 명의 군사력이 더 필요해질 것이라고 경고했다. 천황이 전범자로 기소되어 교수형에 처해진다면 일본 전역에 군정을 실시해야 하며 게릴라 전이 벌어질 것은 뻔했다. 결국 전범자 명단에서 천황의 이름은 삭제하게 되었는데 천황은 그런 경위를 알 까닭이 없었다.

그런데, 나의 불안은 기우였다. 천황의 입에서 나온 말은 이러했다.

"맥아더 장군, 나는 나의 국민이 전쟁을 수행하기 위하여 취한 모든 정치적 군사적 결정에 대하여 전적으로 책임을 지기 위하여 나 자신을 연합국의 판단에 맡기기 위하여 방문했습니다."

제 8 장 일본 점령 107

　그 순간 나는 큰 감동을 받았다. 죽음이 뒤따를지도 모르며 자기에게 돌아가지도 않을 책임을 지려는 천황의 용기있는 태도가 나를 감동시킨 것이다. 그는 세습 제도에 따라 천황이 되었다. 그러나 나는 천황이 개인적으로도 일본 최고의 신사임을 알게 되었다.
　천황이 돌아간 후 아내에게 천황의 풍모를 말해주려고 하자, 아내는 웃으면서 "저도 뵈었어요. 아서와 나는 붉은 커튼 뒤에서 천황을 엿보았어요."라고 말하는 것이었다.
　천황과의 첫대면 이후 나는 종종 천황의 방문을 받았으며 세계의 여러 문제에 대해서 의견을 나누기도 했다. 천황은 일본인 중 누구보다도 민주적인 사고방식이 몸에 밴 인물이었다. 점령 후의 정치적 성공은 천황의 성실한 협조와 영향력에 힘입은 바가 컸다.
　10월 초순 무장 해제가 끝난 다음 나는 '공민권 지시'로 알려진 조항을 공표했다. 나는 이를 통해서 정치적, 민사적, 종교적 자유를 제한했던 이제까지의 일본 법규를 폐지하고 신문 검열을 정지했으며 정치범을 석방하고 악명 높던 헌병대도 해체시켰다.
　그러자 유럽의 연합군들은 이러한 조치에 대해서 비난을 퍼붓기 시작했다. 이 비난에 앞장선 것은 일본의 점령관리에 더욱 많이 참여시켜 줄 것을 요구하던 소련이었다. 미국에서는 사소한 문제라도 국무성의 재가를 받아야 했음에도 내가 멋대로 했다는 것이었다. 그 당시 국무성의 극동 관계 문제는 딘 애치슨 신임 국무차관이 담당하고 있었다.
　그러나 미국의 일반 신문들은 나의 처사를 압도적으로 지지해주었다. 나는 미국으로부터 수많은 지지 메시지를 받았다. 그 중 한두 개를 들어보면, 아서 반덴버그 상원의원은 "당신은 팬 레터 같은 것을 읽을 겨를이 없도록 바쁜 몸이겠지만 나를 위시하여 몇천만의 미국 국민이 당신은 훌륭한 일을 하고 있다고 느끼고 있으며 당신을 적극 지지하고 있다는 것을 알리지 않을 수 없다."는 메시지를 보냈고 극동에서는 중국의 장개석 총통이 "맥아더 장군의 일본 점령 및 탁월한 점령 정책에 대하여 찬탄을 금할 수 없다."라는 메시지를 보내왔다.

1945년 11월 27일, 나는 터키로부터 내가 참모차장이던 무렵의 추억을 생생하게 되살려주는 한 통의 서한을 받았다.

"전날 앙카라에서 개최된 터기 언어학회 제5차 회의에서 더글라스 맥아더 장군을 명예회원으로 하자는 뉴레틴 아르템 씨의 동의가 채택되었습니다. 장군은 이 영예를 받은 최초의 외국인입니다. 아르템 씨는 이것을 동의할 때 장군께서 1932년 9월, 이스탄불에서 개최된 제1차 회의에 고(故) 아타투르크 대통령의 빈객으로 참석했다는 사실을 지적했습니다."

이 터키의 우정은 한국의 피비린내나는 전쟁터로 옮겨지리라고는 상상도 하지 못했다.

11월 초에 나는 영국 군부의 제1인자인 육군 참모총장 앨런부르크 원수의 방문을 받았다. 그는 1주 동안 체재했는데 제2차대전을 통하여 내가 접촉한 사람 중 가장 우수한 전략가였다.

그는 실전을 통하여 상급 사령관의 경험을 가진 제1급 직업군인이었다. 그는 솔직하고 정직한 인물로서 육해공 3군간의 경쟁에도 구애받지 않는 세계적인 전략의 안목을 갖고 있었다. 미군 상급 사령관에 대한 원수의 비판은 매우 신랄했다. 그는 매일 일기를 썼는데, 이것은 나중에 책자로 간행되었다.

원수는 일기에 다음과 같이 썼다.

"나는 태평양에서의 맥아더의 전략을 주의깊게 지켜보았다. 그리고 깊은 감명을 받았다. 그는 징검다리를 건너뛰듯이 많은 일본군을 그대로 놔둔 채 쓸모없이 만들어버린 훌륭한 작전을 폈다. 보통 장군이라면 일본군의 작은 집단을 닥치는 대로 먹어치워 결국 소화불량을 일으켰을 것이다.

그가 다음의 전쟁터로 선택한 지점은 언제나 육해공 3군을 효과적으로 사용하기에 가장 알맞은 곳이었다. 그리고 영국의 우수한 연락장교의 입을 통해서도 맥아더에 관한 얘기는 많이 들었다. 어느 점으로 보든 그는 나의 칭찬에 손색이 없는 인물이었다.

맥아더는 많은 사람들에게 깊은 인상을 주는 성격의 소유자로서 드라마틱한 언동에 치우치는 경향도 없지 않지만 그것이 결코 불유쾌할 정도는 아니다. 나는 맥아더가 매우 큰 인물이며 이번 대전을 통하여 내가 만난 가장 위대한 장군이라는 인상을 안고 도쿄를 떠났다. 그는 마샬보다는 훨씬 큰 인물이며 그가 지난 4년간을 마샬의 자리에 있었더라면 미·영 합동참모장 회의에서 내가 한 일은 훨씬 수월했을 것이다.

맥아더는 이번 전쟁에서 탄생된 가장 위대한 장군이며 전략가였다. 맥아더는 마샬, 아이젠하워, 기타 몽고메리도 포함하여 미·영의 어느 장군보다도 훌륭하다. 몽고메리는 전선에서 전사(戰士)나 병사의 통솔자로서는 뛰어났지만 그가 맥아더의 입장에 있었다면 맥아더만큼 전략적인 천재성을 발휘할 수 있었을지 의심스럽다. 맥아더는 코레히돌에서 탈출한 후 오스트레일리아의 커틴 수상이나 오스트레일리아 국민과 접촉할 때도 뛰어난 솜씨를 발휘했다. 맥아더는 오스트레일리아를 태평양 전쟁의 기지로 정한 다음, 즉석에서 오스트레일리아 국민의 신뢰와 지지를 얻어 전쟁 초기에는 미국 병력이 충분히 정비되지 못했음에도 불구하고 오스트레일리아 부대를 지휘하여 뉴기니를 지나는 이른바 '개구리 뛰기 작전'을 전개했었다.

이런 일련의 작전을 수행할 때 맥아더는 미국의 참모장들로부터는 별로 지지를 받지 못했던 것 같다. 어니 킹 미 해군 작전부장은 분명히 맥아더를 별로 좋아하지 않은 것 같은데 이것은 미국의 육해군간의 대립 때문인지도 모른다. 당시 미국의 육군 참모총장이던 마샬도 맥아더에게는 별로 호의적이지 않았다.

이번 전쟁을 장차 더욱 객관적으로 평가할 때 맥아더의 작전이 얼마나 탁월했는지 당연히 인정하게 될 것으로 나는 확신한다."

영국의 군사 문제 전문가로 저명한 B. H. 리델하트 씨도 앨런부르크 경이나 마찬가지로 "맥아더는 모든 장군 중에서 가장 걸출한 인물이다.

그의 강인한 개성, 전략적 두뇌, 전술적 재능, 작전의 기동성, 그리고 폭넓은 시야는 모든 지역의 연합군 사령관 중에서도 가장 뛰어났었다."고 말하고 있다.

미국은 자유로운 나라이므로 이러한 사람들의 의견을 받아들일 필요도 없으며 나 자신도 지나친 찬사에 불안을 느끼고 있다. 그러나 군사적인 경험도 제대로 없이 안락의자에 앉아서 자신만만하게 병법에 대해서 글을 쓰고 사령관들의 장단점을 분석하는 전략가들은 이런 사람들의 의견에 귀를 기울여볼 필요가 있다.

3. 점령 정책

1945년의 겨울이 다가오자 일본에 대한 단독 관리권을 분할하기 위하여 소련과 영국의 압력은 한층 노골화되었다. 영국과 소련은 비참한 결과를 초래한 독일의 분할처럼 일본도 연합국의 담당지역별로 분할하자고 강력하게 주장했다.

나는 그러한 주장을 인정하지 않았다. 그런데도 연합국들은 어떤 형태로든 합동위원회를 만들려고 책동했다. 나는 점령군의 75퍼센트를 미국이 맡고 있음을 지적하면서 반대 의사를 강력하게 표명했다.

나는 이들 나라가 태평양 전쟁 기간, 미국이 병력을 요청할 때도 지원하지 않아서 결국 미국이 오스트레일리아와 함께 전쟁 부담을 짊어졌으니 당연히 미국이 점령관리를 맡아야 한다고 강조했다.

그러나 12월에 번즈 국무장관은 모스크바에 가서 분할 점령을 강력하게 요구하는 영·소의 대표와 회동했다. 이 회의에 프랑스와 중국은 초청되지 않았었다. 나는 이 회의에 대해서 아무런 정보나 연락도 받지 않았으며 일본이 토의의 대상이 되고 있다는 것도 신문을 보기 전까지는 알지 못했다.

이 모스크바 회의에서 대일전에 참가한 11개국 정부에 의한 극동

제8장 일본 점령

의원회를 설치하기로 결정하여 미국은 단독 관리권을 이 위원회에 양보하게 되었다. 극동위원회는 워싱턴에 본부를 두고 그 명령을 연합국 대일위원회 자문기관에 전달하기로 되었다. 대일위원회는 미·영·중·소의 4개국으로 구성되어 도쿄에 두게 되었다. 그 임무는 내가 일본 점령을 관리하는 것을 감독하는 것처럼 보였다.

모스크바에서 결정한 이 공식 조치와 트루먼 대통령이 회고록에 쓴 다음 말은 일치한다고 볼 수 없었다.

"우리는 소련을 대일전에 참가시키기를 원했으나 포츠담에서의 경험으로 보아 나는 소련을 일본 관리에는 참가시키지 않겠다고 결심했다."

워싱턴이 정책 조정에 실패한 결과, 혼란이 증가하고 있음을 알게 되었다. 모스크바에서의 결정은 미국 내의 맹렬한 공격을 받았다. 비난의 소리가 너무 큰 데 놀란 정부는 책임을 나에게 전가시키려고 12월 30일, 토머스 블레이크라는 국무성 관리가 극동위원회를 대표하여 기자들의 질문에 "맥아더 장군은 새로운 일본 관리 계획이 모스크바에서 승인되기 전에 그것을 보았으며 반대도 하지 않았다. 회의 중에 일본과 극동 문제에 관한 사항은 모두 맥아더 장군에게 통보되었다."라고 했다.

이것은 명백한 책임 회피였으므로 나는 즉각 다음과 같은 성명을 발표했다.

"내가 '새로운 일본 관리계획이 모스크바에서 승인되기 전에 그것에 반대하지 않았다.'는 극동위원회의 한 관리의 성명은 옳지 않다. 모스크바 회의가 열리기 전인 지난 10월 30일, 나는 국무장관의 최고 보좌관 앞으로 협정 조항을 '나의 견해로는 수락할 수 없다.'는 취지의 전보를 보냈으며 이 계획에 대하여 최종적인 반대 의사를 표명했었다. 그 후 나는 견해를 표명해 달라는 요청을 받은 적이 없다. 블레이크 씨의 성명이 모스크바 회의 중에 내가 상의를 받았다는 인상을 주는 것도 사실과 다르다. 나는 모스크바의 결정에 대하여 전혀 책임이 없다."

이 성명으로 국무성은 과오를 인정하고 나의 부정이 옳았음을 확인했다. 나는 이러한 견해차가 차츰 확대되고 있다는 것을 잘 알고 있었다.

극동위원회는 그 구성과 심의 절차에 대한 성격 문제로 아무 일도 하지 못했다. 이 회원국 중 4개국은 모두 거부권을 행사할 수 있었다. 위원회의 모임은 시간이 너무 걸렸고 일단 모인다 하더라도 어떤 결정을 보기까지는 더욱 긴 시간이 걸려야 했다. 결국 그 활동은 이미 점령군이 자기의 주도권 하에 집행한 일을 확인하는 정도에 그치고 말았다.

소련 대표는 극동위원회를 처음부터 선전장으로 이용하려 했으며 일본에서의 질서잡힌 정치를 방해하기 위하여 파괴적인 연설이나 성명 발표의 장으로 이 위원회를 이용했다. 국무성은 소련의 그러한 선전에 대하여 일체 반대하려 하지 않았다. 주미 소련 대사는 이러한 미국의 태도를 안이하게 보았던지 마침내 전대미문의 독설을 퍼부어 점령은 실패 투성이라고 비난하면서 연합군 최고 사령관과 일본 정부를 비방했다.

나는 거기에 대하여 역시 욕설로 응수해줄 필요가 있다고 생각하여 다음과 같은 공식 회답을 발표했다.

"나는 일본에 대한 미국의 정책과 행동을 헐뜯은 극동위원회에서의 소련 대사의 연설을 들었다. 이 연설은 어떤 진실성이나 현실성도 갖고 있지 않으며 소련은 자기들의 무책임성을 선전하는 것 외에는 아무것도 없었다. 소련이 이러한 연설을 하는 이유는 일본을 공산주의 사상의 세력권 내에 흡수하려는 소련의 노력이 완전히 실패한 데 따른 것이다.

소련의 그러한 노력은 점령 초기부터 부단히 계속되어왔었다. 그들은 온갖 방법으로 일본에 불화와 마찰의 씨를 뿌리려고 노력해왔었다. 일본 대중을 철저하게 선동하여 그 결과 야기되는 비참과 고통 속에 무신론과 전체주의에 입각한 사악한 노예관념을 심으려는 것이 소련의 노리는 바였다.

이러한 노력은 주로 일본 국민이 지니고 있는 선천적인 양식과 보수주의에 뿌리를 내리고 있는 민주적인 자유의 관념, 그리고 생활조건의 현저한 개선으로 결국은 실패로 끝나고 만 것이다. 그 결과에서 온 분격과 실망이 절제없고 야비한 언동을 낳게 되었으며 이것은 곧 선전이 실패로 끝났음을 말해주는 것이다. 소련은 야만 행위니, 노동의 자유니, 자유경제니 하면서 떠들지만 그것은 새빨간 거짓말이다."

매우 난폭한 어투이지만 이렇게 해야지 소련에게는 통하는 것이다. 극동위원회는 토론회 장소의 범위를 넘지 못하게 되었으며 최종적인 대일 평화조약의 조인으로 위원회 자체가 소멸해버렸다. 극동위원회나 그 위성 기관인 대일 이사회에서 일본의 지도나 재건에 대하여 건설적인 의견이 나온 적은 한 번도 없었다.

대일 이사회는 자문과 협의를 위한 기관이었다. 그런데 실제로는 그 어느 쪽도 아니었으며 이 기관이 한 유일한 일은 방해하는 것과 욕설을 퍼붓는 일뿐이었다.

항복 당시인 1945년 8월부터 10월경까지 일본 수상은 천황의 숙부인 히가시쿠니 노미야였다. 천황은 이 친족 관계가 점령군이 단행할 갖가지 개혁에 유해하다고 생각하여 일본에서 가장 존경받고 경험이 풍부한 외교관인 시노하라(幣原) 남작으로 교체했다.

신임 수상이 나를 방문했을 때 나는 다음과 같은 견해를 말해주었다.
"일본의 사회제도를 개혁할 때 다음 사항을 신속하게 실행에 옮겨주기 바란다.
1. 여성에게도 참정권을 주어 일본의 여성을 해방한다. 여성이 정치에 참여함으로써 정치는 가정의 복지에 직접 연결된다는 새로운 관념을 도입한다.
2. 근로자의 조합조직화를 권장한다. 그 목적은 노동자를 착취와 혹사로부터 보호하고 생활 수준을 향상시키는 데 있으며 노동조합에 강력한 발언권을 준다.

3. 유년자 노동의 관습이 지니는 악폐를 제거하기 위하여 필요한 조치를 강구한다.
4. 학교를 보다 자유로운 교육기관으로 개방한다. 목적은 그렇게 함으로써 국민이 사실적인 지식으로 장래의 발전을 계획하고 또한 정부는 국민의 주인이 아니라 국민의 심부름꾼이라는 점을 이해하고 이러한 제도의 혜택을 국민이 모두 받도록 한다.
5. 비밀 심문과 학대로 국민을 공포의 도가니 속으로 몰아넣었던 모든 제도를 폐지한다. 이에 따라서 국민을 전제적, 강제적 내지는 부정한 수단으로부터 국민을 보호하는 재판 제도를 수립한다. 사상의 자유, 언론의 자유, 종교의 자유를 유지하지 않으면 안 된다.
6. 일본의 경제기구를 민주화한다. 생산, 통상수단의 사유권 및 수입의 광범한 분배를 보증하는 조치를 강구하여 독점적 산업 지배를 배제한다.
7. 당면한 행정면에서는 악질(惡疾)질병, 기아, 기타 사회적 재해를 방지하기 위한 국민의 주택, 식량, 의료에 관하여 정부가 신속하게 활발한 행동을 전개한다.

시노하라 수상은 전적으로 동의했으며 즉시 정력적으로 활동을 개시했다. 나는 이러한 일을 명령조로 억압하거나 개혁이 실현되지 못하는 경우, 내가 불유쾌한 기색을 보이는 것은 현명하지 않다는 것을 알고 있었다. 나로부터의 강제나 나, 또는 나의 배후에 있는 것에 대한 공포로 일본의 새로운 정부에서 좋은 것이 나올 수는 없을 것이다. 이러한 사항은 일본인 자신의 발의로, 일본인 자신이 진심으로 그것을 추구하여 실행해야 실효를 거둘 수 있는 것이다. 내가 제안한 변혁의 몇 가지는 일본인들의 근본적인 성격에는 맞지 않는 것이었다. 종전의 습관이나 신화나, 종래의 정책수립 방법을 영구히 타파하려면 새로운 제도나 현실에 적응한 사고나 새로운 방법이 어째서 바람직한지 그들에게 이해시켜야 한다.

제8장 일본 점령 115

　이러한 기본적인 사고 방식에 입각하여 진행하지 않는 한, 점령정책 전체가 실패하게 될 것이라는 것을 나는 알고 있었다. 개혁은 일본인 자신에 의해서 비롯되어야 한다. 도쿄에 재임하는 동안 이러한 사고 방식은 항상 나와 나의 참모들의 지침이 되었다.
　나는 참모들을 이렇게 설득시켰다.
　"미국에서도 찾아볼 수 없는 완전무결함을 추구하여 일본측 행동에 간섭하는 일은 피해야 한다. 그들이 현재 만들고 있는 법률은 그들의 생각과 사상에서 나온 것이며 다소 불완전하더라도 장차 나타날지도 모르는 국가 권력의 압력에 견딜 만할 것이다. 반대로 만일 우리가 변혁을 강요하거나 한다면 그것은 연합군의 권력에 추종하는 결과가 될 것이며, 그 권력이 없어지는 순간 폐기될지도 모른다."
　1946년 1월 1일, 점령정책이 순조롭게 진행되어 나는 일본 국민에게 다음과 같은 성명을 발표했다.
　"새해가 밝아왔다. 새해와 함께 일본에는 새로운 새벽이 찾아왔다. 이제는 장래가 소수 인간에 의해서 결정되는 일은 없어졌다. 군국주의, 봉건주의, 심신에 대한 통제의 족쇄는 제거되었다. 사상 통제와 교육의 남용도 이제는 볼 수 없게 되었다. 모든 국민이 종교의 자유와 부당한 제약을 받지 않는 언론의 권리를 얻고 있다.
　여러분에게는 집회의 자유도 보장되어 있다. 이처럼 노예 제도가 제거된 것은 일본에 자유를 주고 동시에 일본 국민 각자가 스스로 생각하고 자기의 의사에 따라 행동하는 의무를 부과하는 것이다.
　일본의 대중은 지금이야말로 자기 자신을 통치하는 권리를 획득했다. 이런 모든 일은 일본인 자신이 해야 한다."
　포츠담 선언은 "연합군 포로에게 잔악행위를 한 자를 포함하여 모든 전범자를 엄벌에 처한다."고 발표했다. 이러한 선언에 근거하여 야마시타(山下) 장군은 마닐라의 군사위원회에서 재판에 회부되고 유죄가 확정되어 사형이 언도되었다. 장군은 미국의 연방 최고재판소에 항소했으나 기각되었다. 이 결정에 반대한 것은 9명의 최고재판소 판사

중에서 머피, 라틀렛지, 두 사람뿐이었다. 트루먼 대통령은 위원회의 판결을 지지하고 본 사건은 1946년 2월 나에게로 돌아왔다. 나는 그 때의 심사에서 다음과 같은 의견을 피력했다.

"대규모의 군사 작전에서 패배한 적에 대하여 형벌의 판정을 내리는 것이 나로서는 용이한 일이 아니다. 나는 재판절차상의 심사에서 야마시타 장군에게 정상을 참작할 만한 자료를 찾아보았으나 끝내 찾지 못했다. 이만큼 잔혹하고 난폭한 기록이 민중의 눈에 띄기란 참으로 드물 것이다.

행위 그 자체를 증오해야 함은 물론이며 그것이 군직(軍職) 전체에 미치는 영향은 더욱 불길하고 중대하다. 군인은 피아를 막론하고 약한 자, 무장하지 않은 자를 보호할 의무가 있다. 그것이 군인의 정수이고 존재 이유이기도 하다. 이 신성한 의무를 위반하는 군인은 군직 전체를 더럽힐 뿐 아니라 국제 사회의 기초를 위협하는 것이다.

전사(戰士)의 전통이란 길고도 영예로운 것이다. 이 전통은 희생이라는 인간의 가장 숭고한 행위를 기초로 하는 것이다. 야마시타는 전선에서 지휘관으로서의 행동 기준을 어기고 자기의 군대, 자기의 조국, 자기의 적, 나아가서는 전인류에 대한 의무를 태만히 하고 군인에 대한 신뢰를 완전히 배반했다.

이 재판에서 명백하게 드러난 범죄는 군인의 직업을 더럽히고 문명의 오점이 되어 영원히 씻을 수 없는 치욕과 불명예를 남겼던 것이다.

특히 하느님을 신봉하는 그리스도 교회의 시민과 많은 역사적 유적이나 문화재를 가지고 있는 마닐라를 괴멸시킨 것은 가혹하고 지나친 행위라고 말할 수밖에 없다.

피고는 자신의 포학행위에 대한 개인적인 책임에 대하여 사전에 경고를 받은 사실이 있었음을 상기할 필요가 있다. 우리 부대가 레이테에 상륙한 4일 후인 1945년 10월 24일, 나는 '전쟁포로, 민간인 11곳 민간인 비전투원에 대하여 그들의 당여한 권리인 공정한 취급과 보호를 해주지 않음으로써 피해가 생기는 경우에는 필리핀에 있는 일본군 당국에게 직접 책임을 묻겠다.'고 포고했었다.

이 재판에서는 국가적으로나 국제적으로도 새로운 법을 적용하거나 옛 법의 원칙을 인용할 필요는 없었다. 본권은 기본적인 원칙과 관습에 기초하고 있으며, 그것은 가장 자연스럽고 보편타당성을 지니고 있다.

재판은 편협한 방법이나 기술적 조작을 배제하고 완전하게 진실을 확인한다는 원칙에 입각하여 진행되었다. 여기에서 얻은 결론은 재론할 여지가 없다.

나는 위원회의 판결을 승인하고 서부태평양 육군부대 사령관에 대하여 피고의 군복, 훈장, 기타 군직의 일원임을 표시하는 부속물을 박탈하고 형은 집행을 명한다.”

혼마(本間雅晴) 중장(필리핀 파견군 최고 지휘관이었으며 〈죽음의 행진〉에 대한 책임자)도 마닐라 군사위원회에서 재판을 받아 이제까지 일본 국민에게 알려지지 않았던 ‘바탄의 죽음의 행진’에 관한 비밀이 폭로되어 일본 국민에게 큰 충격을 주었다. 이 말을 전해 들은 천황은 혼마를 면관시키고 훈장을 몰수했다. 위원회는 유죄 판결을 내리고 그에게 사형을 선고했다.

이 사건은 최종 결정을 받기 위해 3월 초에 나에게 회부되었고 혼마 부인은 관대한 조치를 탄원하기 위하여 나를 만나고자 한다기에 나는 이를 승낙했다. 부인은 재판 때 변호를 담당한 미군 장교와 함께 왔는데 교양이 있고 매우 매력적인 인품의 여성이었는데 이 회견은 내 생애 중 가장 괴로운 한때였다.

나는 부인에게 개인적으로는 매우 동정하고 부인의 심정을 충분히 이해할 수 있다고 말했다. 그리고 전쟁이라는 것이 얼마나 사악하고 얼마나 비참한 결과를 낳게 되는지 이번의 경우처럼 심각하게 나타난 적은 없다고 부인에게 말해주고 끝으로 나는 부인의 말을 고려하겠다고 위로했다. 3월 21일 나는 이 사건에 대한 심사서를 제출했는데, 나는 거기에서 이렇게 말했다.

“나에게는 또 다시 이전의 적에게 최후의 심판을 내려야 하는 불유쾌한 의무가 부과되었다. 재판을 심의해본 결과 피고는 야전부대의 최고 사령관으로서 필요 불가결한 도의심이 전혀 결여되어 있었다.
　어느 나라를 막론하고 정사(正邪)를 구분하는 보편적인 도의심을 갖지 않은 지휘관에게 군인으로서의 영예를 맡겨서는 안 된다. 그는 이 간단하고 절대적인 기준을 완전히 무시했다. 그 결과 빚어진 포로에 대한 잔학행위는 전세계에 큰 충격을 주었고 공포의 상징이 되었으며 가장 열등한 인간성을 폭로했다.
　적을 믿고 투항한 병사들에 대한 잔학행위만큼 악랄하고 비극적인 행위는 그 예를 찾아볼 수 없을 것이다. 그것도 그 포로들이 더없이 영웅적인 행위와 용기를 보여준 방위부대였다는 것을 감안해볼 때 혐오를 느끼지 않을 수 없다.
　이 행위는 역사를 통하여 명예를 중하게 여기는, 승자가 패자를 다룰 때 지켜오던 기본적인 기사도 정신의 관습을 범하는 것이며 승자에 대한 치욕으로 기억될 것이다. 나는 형을 경감할 자료를 찾아보았으나 정상을 참작할 여지가 전혀 없었다.
　본건을 심사하는 과정에서 나는 이 법정의 재판권뿐만 아니라 재판의 방법과 타당성까지 부정한 미국의 연방 최고재판소 판사들의 소수 의견도 신중하게 고려하였다. 본건에 관한 나의 임무를 완수하고 본건의 기록을 완전하게 하기 위하여 이 문제에 대하여 나의 솔직한 의견을 진술하는 것이 최종 심사관으로서의 나의 의무라고 생각한다.
　이번처럼 공정하게 행해진 재판은 없으며 피고에게 변호의 기회가 완전히 주어지고 편견없는 심의가 행해진 예는 없다. 우리는 가능한 모든 자료를 수집하여 법정에 제출했다. 본 재판은 한 점의 미비한 점이 없이 진실, 완전한 진실, 아무런 허구도 가미되지 않은 진실의 빛 속에서 행해졌었다.
　이처럼 공정한 재판에 반대하는 사람들은 현실을 무시하고 독단론을 주장하고 사형의 냉혹함에 겁을 먹고 발뺌을 하는 소수에 지나지 않을 것이다. 잘못을 바로잡고, 바른 것을 지키며, 질서와 안전과 복지를

제8장 일본 점령 119

탄생케 한다는 재판의 기본 목적을 어떠한 이유에서든 포기해버리는 법률이 있다면 매우 해괴한 법이라 하지 않을 수 없다.

재판이 정당하냐 아니냐는 그 질에 있다. 재판의 순수성은 그 목적에 있으며 부분적으로 어떻게 행해지느냐에 있는 것이 아니다. 전쟁의 규율과 전쟁 법규는 도의의 범위 안에서 판결을 내린다는 탄력성을 충분히 보여주었다.

만약 이 피고가 그에 대한 판결을 받을 만한 가치가 없다고 가정한다면 법률의 역사를 통하여 볼 때 그러한 사람은 한 사람도 없을 것이다. 전쟁 수행에 도움이 되지 않는다 하여 무력한 사람들을 군의 권력이나 군사적 필요성을 빙자하여 대량 살육하는 것이야말로 증오해야 할 위험한 범죄이다. 이런 어마어마한 범죄를 법으로 처벌할 수 없다면 세계의 사회조직 그 자체의 존립마저 위험하다. 인류의 자유, 인간의 기본적인 존엄성, 문명의 장래가 걸린 기본적인 자유는 위협을 받게 될 것이다.

어느 군대든 그 병사들은 사령관을 본받게 마련이다. 지휘자는 항상 중심이 된다. 산발적인 약탈 사건이 간혹 일어날 수도 있지만 폭행이 광범위하게 연속적으로 일어났다면 그 책임은 당연히 최고 지휘관에게 있는 것이다. 그러한 행위로 야기되는 범죄에 대해서는 지휘관에게 책임이 있는 것이다. 그것을 부정하는 것은 지휘 계통의 규칙을 본질적으로 부정하는 것이다. 사령관은 전시에 강력한 존재가 되지만 절대적 권력을 지니는 것은 아니며 전쟁 중이라도 역시 보편적인 법의 심판 앞에 서게 되는 것이다.

예로부터 상급 사령관은 비록 군대라 하더라도 절도와 공정을 유지해왔다. 이번 전쟁을 통하여 그것이 무시된 것은 관례에 어긋나는 행위이다. 이러한 행위는 군사 재판에서 심판하게 된다. 미국의 군사 재판은 숭고한 전통에 바탕을 두고 있으며 앞으로도 그 전통을 이어갈 것이다.

나는 유죄 판결을 승인하고 서부태평양 육군부대 사령관에게 형의 집행을 명한다."

필리핀에 있던 미국 병력이 귀국하게 되어 미국과 관계가 있는 이런 종류의 사건은 도쿄의 국제 법정에서 다루게 되었다. 다른 연합국들은 그 후에도 자국 내의 군사 법정에서 전범을 재판했다.

포츠담 선언에서는 전쟁 전에 군사적, 초국가주의적 활동에 종사하던 일본인은 모두 공직에서 추방하고 정치적 영향을 행사하지 못하게 한다고 규정했었다. 이것은 신일본 건설이라는 입장에서 보자면 정부가 유능한 인물을 많이 잃는 일이 되므로 이 조치에 대하여 나는 많은 의문을 느끼고 있었다. 나는 온화한 방법으로 추방을 실행에 옮겼는데 이 문제에 대해서만은 일본 국민으로부터 지지를 얻을 수 없었다.

이러한 강제적인 정책은 국민의 원한을 사게 되어 장래에 마찰의 소지를 남기게 될 것이다. 추방 대상자 중 그 대부분은 그때의 정세에서 국가에 이바지한 애국자였으며 그들을 처벌한다는 것은 국가의 잘못에 대해서 그 벌을 개인에게 뒤집어씌우는 것이다. 평화조약에서 일본의 주권이 완전히 회복되자 피추방자에 대한 금지 조항은 모두 제거되었는데 그것은 당연한 일이라고 할 것이다.

4. 헌법 개정

일본의 정치 조직에 대해서 손을 대기 전에 우선 일본의 기본적인 법, 즉 일본의 헌법을 개정하는 것이 필요하다고 생각했다. 당시 일본의 정치 정세는 무질서한 상태였다. 그들은 메이지(明治) 헌법을 멋대로 해석하여 왜곡하였으며 전쟁 결과 국민으로부터 신용을 잃고 있었으므로 일본에 자치 기구를 유지하려면 새로 헌법을 만드는 것이 급선무였다.

문제는 외국인의 군정부와 일본인 자신의 자치적인 민간 정부 중에서 어느 쪽을 택하느냐 하는 것이었다. 전자를 택하게 하려는 연합국측 압력은 너무 강해서 극단적인 의견이 잇따라 나타났다.

　우리는 일본에서 민주주의를 성장시키도록 해야 했다. 그들의 구 헌법은 일본의 모든 권력은 천황에게 있으며 천황으로부터 권력을 위임받은 자들을 통해서 국가를 통치하게 되어 있었다. 즉 일본의 정치제도는 독재 체제였으며 최고의 독재자인 천황은 세습제였다. 따라서 국민은 천황에게 봉사하는 의무가 주어져 있었다. 일본 국민은 기본적인 인권을 전혀 갖고 있지 못했다. 일본 국민은 그러한 권리가 있다는 것을 몇 세기 동안이나 모른채 살아왔었다. 따라서 새로 제정하는 헌법은 이전에 경험한 적이 없는 새로운 것을 부여한다는 성격을 지니고 있어서 새로운 헌법을 제정하여 국민에게 받아들이게 하는 일은 매우 쉬운 일일 것 같았다. 일본 국민의 입장에서 보자면 자기들이 얻는 것은 있을지언정 잃는 것은 없을 것이니까 말이다.

　일본이 항복한 후 우리가 일본 지도자들에게 누누이 말한 것은 일본의 헌법을 개정하라는 것이었다. 나는 새로운 일본을 만들기 위하여 민주적인 정부를 구성해야 했으며 일본을 민주화하기 위해서는 인권에 대하여 명확하게 법으로 정해야 하며 또한 그것을 국민에게 분명하게 이해시켜야 한다고 강조했다.

　그러나 미국제 일본 헌법을 만들어서 그것을 강제로 채택시키지는 않았다. 일본인 자신이 자발적으로 만들어야 했으므로 미국제 헌법을 강요하지 않았다.

　헌법 개정에 관한 실제적인 일은 1945년 10월, 시노하라 수상이 특별히 임명한 위원회에서 했다. 이 위원회는 각료인 마쓰모토 조지(松本烝治)를 위원장으로 하여 정계의 지도적인 인물을 위원으로 하고 헌법문제 조사위원회라는 명칭을 붙였는데 이 위원회가 발족하자마자 일본의 각계 각층으로부터 조언이 쇄도해왔다. 이들의 조언은 신문의 사설이나 서신 형식으로 답지했으며 위원회를 직접 방문하는 사람도 있었다.

　일본에서는 이미 검열제도가 존재하지 않게 되어 국민은 거리에서나 신문을 통하여 또는 가정에서 새 헌법에 대한 의견을 자유롭게 교환했다. 공산당까지도 이 논의에 적극 참가했다.

헌법문제 조사위원회의 토의에는 나도, 나의 참모들도 관여하지 않았다. 따라서 이 위원회가 어떻게 움직이고 있는지 나로서는 알지 못했다. 작업이 3개월쯤 계속되었는데 나는 위원회가 분열되어 의견 통일을 보지 못하고 있다는 것을 비로소 알게 되었다. 자유주의적 헌법을 채택하자는 쪽과 가능한 개정을 피하자는 두 파로 나뉘어진 것이다.

그러나 위원회는 대체로 마쓰모토 위원장의 의향을 반영하고 있었다. 마쓰모토 위원장은 극단적인 반동가여서 위원회의 토의를 강압적으로 진행하고 있었다. 1946년 1월에 새 헌법의 개정안이 제출되었는데 그것은 구헌법의 자구만 바꾼 것이었다. 천황의 권력은 조금도 삭제되지 않았으며 다만 종전까지 "신성하여 침해하지 못한다."라는 말대신 "최고로서 침해하지 못한다."라는 정도로 고쳤을 뿐이었다.

또한 이 개정안은 기본적인 인권을 명문화하는 대신 오히려 약간의 기존 권리까지 삭제해버렸던 것이다. 즉 이들의 기존 권리를 일반 법령에 종속시켜버렸다. 가령 신앙의 자유에 대해서도 "법령에 의해서 별도로 규정하는 경우를 제외하고"라고 되어 있었다.

이 개정안으로는 옛 군국주의자나 관료들이 다시 의회를 지배하고 헌법에 인정된 권리를 손쉽게 무시해버릴 수 있다. 3개월의 개정 작업 끝에 나온 이 개정안은 구태의연한 것, 차라리 개악이라 볼 수 있었다.

이 무렵 나는 시간적인 문제를 안고 있었다. 이에 앞서 일본 의회는 나의 제안으로 여성을 포함하여 종래에 선거권을 갖지 못했던 다수의 국민에게 선거권을 줄 수 있는 선거법 개정을 하고 있었다. 이 선거법의 발효로 정부는 1946년 4월 10일에 총선거를 실시한다고 공포했다. 나는 그때까지는 신헌법이 제정되고 총선거는 신헌법에 대한 국민투표가 될 것을 기대했으나 마쓰모토 박사가 작업을 끝낸 상황으로는 국민이 구헌법 내지는 그와 유사한 것을 보존할 것인지의 여부를 묻는 것이

된 것 같았다. 이런 헌법으로는 국민에게 아무런 선택도 하지 못하게 할 뿐이다.

나는 참모들에게 수락 가능한 개정안이 기초되도록 하기 위하여 일본측에게 원조와 조언을 하도록 지시했다. 시노하라 수상은 개정안을 매듭짓기 위하여 정력적으로 활동했다. 완성된 개정안에 대해서 천황은 즉석에서 승인하고 "여기에 나타난 여러 가지 원칙은 국민 복지와 일본의 재건에 기초가 될 것이 분명하다."라고 말했다.

천황의 이러한 태도는 훌륭했다. 왜냐하면 새 헌법은 천황을 권력에서 멀리하게 하고 천황 자신을 위시하여 황실의 대부분의 재산을 국가에 환원하게 되어 있었기 때문이다.

1946년 3월 6일, 나는 긴장 속에서 헌법개정 문제를 지켜보고 있는 국민에게 다음과 같은 성명을 발표했다.

"나는 오늘 천황과 일본 정부가 내가 전적으로 승인하는 새롭고 진보적인 헌법을 일본 국민에게 제시하기로 결정한 것을 발표하게 된 것을 매우 만족스럽게 생각하는 바이다."

일본 국민에게 새로운 헌법 초안을 읽고 평가하게 하는 기회를 주는 일이 시작되었다. 초안 내용이 전국에 공표되고 국민은 열심히 그것을 토의했다. 자질구레한 수정 의견이 나왔으나 전체적으로 볼 때 초안은 국민의 마음에 들어 절대적인 지지를 받았다. 여기에 반대한 것은 예측했던 대로 공산당뿐이었다.

일본 정부에서는 신문이나 라디오를 통하여 신헌법에 대하여 대대적인 계몽활동을 폈으며 헌법의 모든 면을 설명하고 질문에 답해주었다. 4월에 있는 총선거에서는 내가 바랐던 대로 국민투표가 된 셈이어서 신헌법을 지지하는 사람들이 의회에서 다수 의석을 차지하게 되었다.

그러나 신헌법이 바로 채택된 것은 아니었다. 위원들도 무더운 여름을 신헌법 토의로 보냈다. 8월에 중의원에서 신헌법이 가결될 때는 많은 수정이 가해졌으나 기본 원칙은 조금도 달라지지 않았다. 다음

달에는 귀족원도 신헌법 채택을 가결했다. 이렇게 하여 신헌법은 11월 3일 천황에 의해서 공포되어 1947년 5월에 발효되었다.

신헌법이 성립되기까지는 1년반 이상이나 시일이 소요되었는데 이것이 국민의 주목을 집중하고 개방적으로 토의된 것은 미국 헌법을 포함하여 달리 그 예가 없을 것이다. 이 신헌법의 탄생은 메이지 헌법의 개정이라는 형식을 취했다. 그렇게 한 것은 계속성을 유지하게 하자는 의도에서였으며 일본에서는 계속성이라는 것이 매우 중요한 의미를 지니고 있었다.

이 신헌법이 역사상 가장 자유주의적 헌법이라는 데는 의심할 여지가 없었다. 거기에는 여러 나라 헌법의 장점이 채택되고 천황은 절대 군주의 자리에서 '국가와 국민 통합의 상징'인 입헌군주의 상징으로 되었다. 의회는 이제 국가 권력의 최고 기관이 되고 일본 국민은 기본적인 인권의 보장과 보호를 받게 되었다.

신헌법에 의해서 일본은 3권이 분리되고 법정을 사법 기관에서 독립시키게 되어 구정체가 안고 있던 큰 폐해가 제거되었다. 최고 재판소가 있고 재판소는 법의 범위 내에서 독자적인 절차를 마련하는 것이 인정되고 또한 독자적으로 예산을 세워 의회의 승인을 받게 되었다.

신헌법에 따른 정체는 미국의 행정제도와 영국의 의회 제도를 절충한 것으로서 수상은 임기가 4년이며 중의원 중에서 선출했다. 수상은 의회에서 토의되는 문제에 대하여 지지를 받지 못하면 사직하고 중의원에서 후계자를 선출케 하거나 중의원을 해산하고 총선거를 실시하거나 어느 한쪽을 강구해야 된다.

제도는 어느 정도 정부를 안정시키는 효과가 있었다. 의회의 각 정당은 조심스럽게 행동하지 않으면 새로운 선거 비용을 뒤집어쓸 우려가 있으므로 수상의 행정을 무턱대고 비판하지 못했다.

1946년 여름, 제국 의회에서 벌어진 자유 토의의 결과 신헌법에 부가된 중요한 부칙의 하나는 국민 투표를 통하여 헌법을 개정할 수

제 8 장 일본 점령 125

있다는 규정을 삽입한 것이었다. 유권자의 3분의 2의 표를 얻으면 헌법 개정을 할 수 있다는 내용이었다. 이로써 국민 자신은 헌법의 지배자가 되었으며 주권자가 되었다.

1946년에 신헌법이 제정되고 17년이 지난 오늘까지 아직 한 번도 개정되지 않았다는 것은 신헌법의 최종안이 얼마나 신중하게 만들어 졌는가를 말해주는 것이며 현존하는 일본 정치가의 대부분이 신헌법 제정에 관여했거나 채택을 위해 노력한 것에 크나큰 긍지를 느끼고 있다는 것을 보여준다.

신헌법은 일본 국민에게 전에 없던 자유와 특권을 안겨주었으며 점령군이 남긴 가장 중요한 성과였다. 만약 그 당시 최고 상령부가 그 당시 극동위원회의 심의에만 의존했더라면 이 헌법은 결코 탄생하지 못했을 것이다. 극동위원회는 소련의 거부권이라는 제약이 항상 도사리고 있었기 때문이다.

신헌법에 전혀 비판이 없었던 것은 아니다. 그러나 그것을 비판하는 자란 대개 극우파이거나 극좌파의 사람이었다.

일본의 신헌법에 들어 있는 '전쟁포기' 조항은 나의 명령으로 일본에게 강요한 것이라는 비난이 있었다. 그러나 이것은 다음 사실이 말해주듯이 진실이 아니다.

구헌법 개정의 모든 원칙을 마련하기 훨씬 이전의 일인데, 시노하라 수상은 나의 도움으로 당시 일본에서는 구할 수 없었던 페니실린을 구하여 자신의 병을 치료하게 되었는데 나에게 감사의 뜻을 표하기 위해 나를 방문한 적이 있었다. 그것은 마쓰모토 박사가 헌법문제 조사위원회에서 헌법 개정안의 기초에 착수하던 무렵이었다.

시노하라 수상은 1월 24일 정오에 내 사무실로 방문하여 페니실린을 구해주어 감사하다고 사의를 표했는데 그가 좀 당황해하는 것을 눈치챘다. 나는 왜 그러느냐고 물으면서 좋은 일이든, 언짢은 일이든 말해 달라고 했다.

수상은 내가 군인이라서 말하기 곤란하다고 했다. 나는 내가 군인인 것은 틀림없지만 느낌이 둔하거나 완고하지는 않으며 남못지 않게 인간미도 있다고 말해주었다.

그때서야 수상은 신헌법을 만들때 '전쟁포기 조항'을 포함하여 일본은 군사 기구를 절대 갖지 않는다는 조항을 삽입하고 싶다고 제안했다. 그렇게 되면 앞으로 군부가 언젠가 다시 권력을 장악하는 것을 막을 수 있으며 또한 일본이 앞으로는 다시 전쟁을 일으킬 의사가 없다는 것을 세계 각국에 납득시킬 수 있는 이중의 목적을 달성할 수 있다는 것이 시노하라 수상의 설명이었다.

그리고 수상은 말하기를 일본은 빈곤한 나라이므로 군비에 돈을 쓸 여유가 없으며 일본이 갖고 있는 자원은 경제 재건에 써야 한다고 했다.

나는 정말 놀랐다. 나는 끔찍한 일을 많이 겪어서, 사람을 흥분시킨다거나 이상하게 흥분시키는 일에 거의 불감증이 되어 있었는데 이때만은 숨이 막힐 정도였다. 국제간의 분쟁 해결에 전쟁 수단을 동원한다는 것은 시대에 뒤떨어진 일이어서 전쟁을 없애야 한다는 것은 내가 오랫동안 품어오던 이상이었다.

현재 생존해 있는 사람 중에서 나만큼 전쟁과 그것이 야기시키는 파괴를 경험한 사람도 드물 것이다. 20개의 국지전, 6개의 대규모 전쟁에 참가했으며 수백 회의 전투에서 살아남은 노병인 나는 거의 세계의 모든 나라의 병사들과 때로는 함께, 때로는 적이 되어 싸운 경험을 가지고 있으며 원자폭탄의 완성으로 전쟁을 혐오하는 마음은 절정에 달해 있었다.

내가 그런 취지로 말하자 이번에는 시노하라 수상이 깜짝 놀랐다. 씨는 너무 놀란 듯이 나의 사무실에서 나갈 때는 꽤나 감동한 듯 눈물을 보이면서 "세계는 우리를 비현실적인 몽상가라고 비웃을지 모르지만 백 년 후에는 우리를 예언자라고 평가할 것입니다."라고 말했다.

새 헌법의 제2장 제9조는 다음과 같이 규정하고 있다.

"일본 국민은 정의와 질서를 기조로 하는 국제 평화를 성실히 희구하고 국권을 발동한 전쟁과 무력에 의한 위협, 또는 무력의 행사는 국제 분쟁을 해결하는 수단으로서는 영원히 이를 포기한다. 전항의 목적을 달성하기 위하여 육해공군 기타의 전력을 보유하지 않는다. 국가의 교전권은 이를 인정하지 않는다."

이 조항은 도처에서 공격을 받았으며 이 조항은 인간이 지닌 기본적인 성질에 위배된다고 비웃는 사람도 있었으나 나는 이것을 변호하여 헌법에 삽입할 것을 권유했다. 나는 모든 사상 중에서 이 조항이야말로 가장 도의적인 것이라는 확신을 갖고 있었으며 이것은 또 당시 연합군이 요구하는 것과 일치하고 있다는 것도 알고 있었다.

연합국은 포츠담 선언에서 이미 그러한 의사 표시를 하였으며 그 뒤에도 그랬다. 그때 내가 받았던 지시는 "일본은 육해공군, 비밀경찰 조직 및 민간항공을 보유해서는 안 된다."라는 것이었다. 그런데 그것은 전승국의 강요에 따른 것이 아니라 일본 자신이 선택했던 것이다.

그러나 제9조는 국가의 안전을 유지하기 위하여 필요한 모든 조치를 취할 것을 금지하지는 않았다. 인간이면 누구나 가지고 있는 자기 보존의 법칙을 일본에서만 무시되어도 된다는 것은 무리한 요구이다. 외부로부터 공격을 받으면 당연히 자기를 방위해야 하는 것이다.

제9조는 다른 나라의 침략에 대처하기 위한 것이며 신헌법을 채택할 때 그것을 언급하였고 그 후, 필요한 경우에는 방위대로 육군 10개 사단과 거기에 상응하는 해공 병력으로 구성된 부대를 창설할 것을 제안했다. 나는 일본 국민에게 다음과 같은 사항을 명백하게 설명했다.

"세계 정세의 추이로 보아 전 인류가 자유를 수호하기 위하여 무기를 들고 일어나고 일본도 직접 공격의 위기에 휩싸이게 되는 사태가 발생하는 경우에는 일본 또한 자국의 자원이 허용하는 한 최대의 방위력을 마땅히 발휘해야 한다. 헌법 제9조는 최고의 도의적인 이상에서 나온 것으로서 도발하지 않았는데도 공격을 받았을 때 자위권을 갖지 않아야 한다는 해석은 그 어떤 이유로도 타당하지 않다.

이 조항은 총검에 의해서 패배한 국민이 무력을 더 이상 사용하지 않겠다는 국제적 도의심과 정의감이 결국은 승리한다는 것을 선언한 것이다. 그러나 국제적으로 도발 행위가 지상을 휩쓸고 탐욕과 폭력으로 인류의 자유를 유린하는 행위가 허용되는 한, 제9조의 이상이 온 세계에서 받아들여져야 할 것이다."

4월 10일의 총선거는 지난 몇 세기를 이어온 관습이나 전통을 뒤엎은 일본 최초의 자유 선거였다. 그 날 75퍼센트의 투표율을 보였고 466명의 새로운 의원을 선출했다. 6천3백만 명 이상의 여성이 선거권을 행사했는데 이 표는 일본 정계의 모습을 일변시켰다. 종전까지만 해도 일본에서는 수상이 의원의 대다수를 자기의 뜻대로 선택하는 관습이 있었는데 이러한 구세대는 거의 낙선되어 투표 결과를 보면 보수적인 직업 정치가는 겨우 6명이 당선되었을 뿐이었다.

전에는 변호사나 실업가가 대부분을 차지했던 중의원 대신, 농민이나 교사, 의사, 노동자가 의원으로 선출되었으며 그 대부분은 훨씬 젊었다. 총선거가 끝난 2주일 후 나는 대폭적인 정계의 변동에 대한 의견을 요청받고 다음과 같이 말했다.

"창세기 이래로 민주주의를 달성하고자 하는 염원은 전인류가 바랐던 일이지만 뜻대로 이루어지지 못했다. 링컨은 '인민은 지배자보다도 현명하다.'라고 말했는데 이 말이 옳다는 것은 역사가 증명하고 있으며 그것은 일본국민의 경우에도 예외는 아니다.

자기의 의사를 자유롭게 표명할 기회를 얻은 일본 국민은 그것을 환영했으며 그들은 극우(極右)와 극좌(極左)를 신봉하는 지도자들을 배제하고 국민의 이익에 가장 효과적으로 봉사할 수 있는 정책을 발전시키기 위하여 광범위하게 중도(中道)를 택했던 것이다."

나는 또 이렇게도 말했다.

"공장이나, 상점이나, 가정에서, 혹은 마을이나, 농장이나, 광산에서 전국 방방곡곡의 일본 국민이 투표소로 발길을 옮기고 시민으로서 맡은 바 책임을 완수했다. 일본 국민은 아무런 두려움없이 자유스럽게 자기의 판단에 따라 자기가 선택한 후보자에게 표를 던졌다.

이처럼 자유라는 공기 속에서 일본 국민은 진지한 노력과 성의를

제 8 장 일본 점령   129

다했으므로 자기들이 선택한 사람에 대해서 비판을 가한다는 것은 온당치 못하다. 이 선택은 일본의 역사상 최초로 소수의 전체주의적 지시에 의하지 않고 대다수의 의사에 따라 행해졌다. 이것이 바로 민주주의인 것이다."

신헌법과 새로운 선거법에 따른 최초의 총선거에서 가장 놀라운 일 중의 하나는 처음으로 선거권과 피선거권을 행사한 여성들이 38명의 여성 의원을 의회에 보냈다는 사실이었다.

선거는 흥미있는 몇 가지 에피소드를 남겼다. 선거 결과가 발표된 다음 날, 나는 매우 근엄했으나 약간 얼이 빠진 듯한 일본의 의회 지도자 한 사람으로부터 면담 요청을 받았다. 그는 하버드 대학 법과를 졸업한 사람이었는데 그는 나를 만나자마자 자기를 괴롭히는 핵심 문제를 털어놓았다.

"매우 유감스럽게도 곤란한 일이 생겼습니다."라고 그는 말을 꺼냈다.

"무슨 일인데 그러십니까?"

그런데 그의 대답은 너무나 걸작이었다.

"각하, 창녀가 중의원 의원으로 당선되었습니다."

나는 그 여자가 몇 표나 얻었느냐고 물어보았다. 그러자 그 중의원은 한숨을 내쉬면서,

"25만 6천 표나 얻었다 합니다."라고 대답했다.

나는 엄숙한 표정을 지으면서 이렇게 말해주었다.

"그렇다면 그 여성의 수상한 과거 이외에 무슨 특별한 이유라도 있나보군요."

내 말에 그 중의원은 큰소리로 웃으면서,

"군인 양반들에게는 당할 수가 없군요."라고 말하더니 더 이상 말을 꺼내지 않았다. 아마도 그는 나를 몽유병자가 아닐까 하고 생각했을 것이다.

일본 여성들은 신헌법에 의한 새로운 지위를 활용하여 전에는 여

성들과 전혀 인연이 없던 직업에 취업하기 시작했다. 5년 동안 약 2천 명의 여자 경찰관이 탄생했으며 각종 노동조합에서도 여성이 활동하여 여성 조합원은 1백50만 명이나 되었다.

일본의 역사상 일본 여성은 처음으로 남성과 동등한 임금을 인정하는 법률을 만드는 데 노력하여 그것을 성공시켰다. 이제 여성은 남성보다 더 오래 일을 하지 않아도 되었으며 출산휴가도 인정되었다.

우리가 점령하기 전까지 일본에서는 저학년을 제외하고는 남녀공학이 허용되지 않았으나 이제는 완전히 평등하게 교육의 기회를 얻게 되었다. 또한 남녀 평등화 계획의 일환으로서 결혼·이혼·간통에 관한 법률도 개정되고 중매 결혼의 관습이나 축첩(蓄妾)도 사라지게 되었다.

점령군이 일본에서 실행한 계획 중에서 여성의 지위향상만큼 흡족한 일은 없었다. 나는 이 점에 관해서 다음과 같이 견해를 밝혔다.

"여성이 가정에서의 지위를 희생하지 않고 사회 문제에 대한 영향력을 급속하게 발휘하기 시작한 것은 일본의 역사를 통하여 참으로 크나큰 사건이었다. 이전에는 여성의 개성은 거의 인정받지 못하고 전통적인 가정에서 가사에 얽매어 있던 여성이 이제는 정치 동향에 대하여 주권자로서의 책임을 남성과 동등하게 짊어지고 있다. 이처럼 고매하고 극적인 변화는 달리 그 예를 찾아볼 수 없다."

내가 여성의 참정권을 지지하자 비난도 적지 않았다. 미국이나 기타 일본을 잘 알고 있다는 대부분의 사람들은 나의 그러한 의견에 반대했었다. 일본의 여성들은 남편에게 굴복하는 전통에 너무 젖어 있어서 정치적으로 독립된 행동을 한다는 것은 곤란하다는 것이었다.

한편, 나를 지지해주는 사람도 없는 것은 아니었다. 트루먼 대통령은 "나는 맥아더를 백 퍼센트 지지하고 있다. 그는 훌륭한 일을 하고 있다고 나는 믿고 있으며 나의 지지가 확고하다는 것을 그에게 전해주기 바란다."라는 메시지를 보냈으며, 번즈 국무장관도 "맥아더에게 이렇게 전해주기 바란다. 나는 맥아더가 훌륭한 일을 하고 있다고 느끼고 있다. 본국에 있는 우리들은 그의 노력을 적극 지지하고 있으며 금후에도 지지할 것이다. 우리는 맥아더를 자랑스럽게 생각하고 있다."
는 전보를 보냈다.

후버 전 대통령은 "귀하가 얼마나 큰 곤란에 부딪치고 있으며 미국을 위하여 얼마나 놀라운 성과를 올리고 있는지 나는 누구보다도 충분히 이해하고 있다."는 메시지를 보내왔다.

저명한 역사학자인 메리 R. 비어드 박사는 다음과 같이 말했다.

"일본 여성들에게 참정권을 주려는 장군의 결의에는, 가족은 사회의 중책이며 여성은 사회의 중요한 옹호자라는 사고를 가지고 있음을 나타내는 무언가가 있다. 이러한 사고의 소유자를 다른 어떤 사람에게서 구하고자 한다면 아마도 공자(孔子)까지 거슬러 올라가야 할 것이다.

5. 경제 · 노동 그 밖의 개혁

점령정책은 정치면에서의 개혁뿐만 아니라 더욱 광범위하게 확산되고 있었다. 종전 당시의 일본은 극도로 폐허화되어 있었다. 일본 경제는 수출입 무역으로 지탱하고 있었는데 패전으로 인해 해외에서 수입해 오던 원자재의 공급이 끊기고 상품을 팔 시장도 무역을 위한 선박도 남아 있지 않았다.

일본열도의 4개 섬은 일본 국민에게 식량이나 생활 필수품을 공급해줄 수 있는 능력이 없었다. 경지 면적은 전체 국토의 16퍼센트에 불과했으며 쌀이나 기타 주식은 수입에 의존해왔는데 종전이 되자 그것도 끊겨버렸다.

수송 시설이 파괴되어 일본 국내에서 생산하는 근소한 양곡조차 운반할 수 없었다. 나는 우선 미군의 급식반을 편성하여 다소라도 식량을 공급하려고 애썼다. 아마 그렇지 않았더라면 몇만 명의 아사자가 발생했을 것이다.

나는 급히 서둘러서 미국이 태평양 지역에 축적해두었던 식량 중에서 3백50만 톤을 들여왔다. 이것은 일본 국민에게 생명줄과 같았다. 그런데 미국의 하원 세출위원회는 미 육군의 예산을 사용하여 이전의 적을 먹여살리는 것을 어떻게 정당화할 작정인가 하는 문제를 나에게 제기했다.

나는 여기에 대해서 다음과 같이 설명했다.

"근대전에서의 승리는 전선에서의 승리만으로 결정된다는 그릇된 생각이 일반적으로 만연하고 있다. 역사는 그러한 사고방식을 명확하게 부정하고, 물질적인 것만 아니라 전쟁 도발 의지를 부채질하는 충동을 없애야 한다는 확실한 증거를 보이고 있다.

이러한 충동을 없애는 데는 패전의 충격을 일시적으로 이용하는 것만으로는 충분하지 못하다. 즉 장래의 세대에까지 지배적 영향을 미칠 수 있는 정신 개혁이 있어야 한다. 그렇지 않는 한, 승리는 다음 전쟁까지의 휴전에 지나지 않는다.

지난날에는 군사적으로 적을 패배시켰을 뿐, 전쟁을 불가피하게 만든 근본적인 원인을 제거하여 승리를 더욱 위대한 것으로 만들려는 노력을 거의 하지 않았었다. 이러한 노력을 게을리한 예가 허다했는데 이것은 현재 심각한 교훈과 경고를 남기고 있다.

우리는 이번의 승리에 따른 책임으로 일본인들을 포로로 인수받았다. 그것은 바탄 반도가 함락되었을 때 굶주린 우리 장병이 일본군의 포로가 된 때와 조금도 다를바 없다. 일본군은 포로들을 아사케 하는 학대 행위를 가하고, 그 결과 우리는 책임이 뚜렷한 일본군 장병을 재판에 회부하여 처벌했다.

이번에는 입장이 바뀌었지만 전쟁은 이미 끝났다. 만일 우리가 이 좁은 섬나라에 갇히어 우리의 감시하에 있는 일본 국민에게 생명을 이어갈 만한 식량조차 주지 않는다면 우리가 취한 징벌 행위를 정당화시킬 수 있겠는가 ?

현재의 상태에서 일본에 대한 구호물자를 중단한다면 많은 일본인

제 8 장   일본 점령   133

들이 아사할 것이다. 굶주림은 대중을 불온하게 만들 것이고 혼란과 폭력이 일어날 것이다. 나에게 빵을 주지 않으려거든 탄환을 주기 바란다."

이렇게 해서 나는 빵을 얻었다.

총사령부의 장교들은 파괴된 일본의 경제 체계를 재건하고 조속하게 자급자족 체제를 갖추는 일에 필사적인 노력을 경주했다. 우리는 일본 국민에게 빵을 제공하고 있지만 언제까지나 계속 제공할 수는 없었다. 나는 참모들에게 가능한한 빨리 일본이 자급자족 체제를 갖출 수 있는 계획을 세우라고 명했다.

우리는 파괴된 공장을 재건하고 기계를 다시 가동할 수 있는 상태로 복구시켰으며 전신, 라디오, 신문을 활용해야 했다. 종국에는 해외 무역을 부활시키는 일이 기다리고 있었다. 최대 과제 중의 하나는 일본에게 균형잡힌 예산을 마련해주는 일이었다.

종전 당시 일본 정부의 재정은 엉망이었다. 일본은 국고의 대부분을 전쟁에 쏟아 부었었다. 그것이 어느 정도였는지는 아무도 예측하지 못한다. 세금은 허리가 휘청거릴 만큼 과중했으며 빈곤한 자들에게는 전재산을 몰수해야 할 형편이었다. 전쟁 말기에는 일종의 납세거부 운동 같은 것이 일어나기도 했다. 우리는 세제(稅制)의 개혁을 결의하고 세제 전문가를 미국에서 초빙하여 일본의 세법과 징세 절차의 개정을 담당케 했다. 이 개정안은 채택되어 잘 시행되었고 나는 일본 정부에 대해서 세입의 범위 내에서 지출할 것을 요청했다.

일본 정부와 국민은 예산면에서의 이러한 조치에 잘 순응하여 연합군 최고사령관으로 재임하는 동안 일본의 재정은 세계의 훌륭한 모범이 되기에 충분했다. 내가 일본을 떠날 당시 국채는 7천2백억 불 이하로 줄어들어 있었다.

자유기업 체제를 만들어내는 데에는 약간의 장애가 있었다. 일본의 생산 배급 수단은 오랜 동안 소위 몇몇 재벌에 의해서 독점적으로 지배되어 왔으며 전산업의 90퍼센트를 차지하고 있었다. 결국 이 재벌은 일부 해체되고 경쟁에 나선 자유기업 체제가 세워졌다.

우리는 이들 재벌의 재산을 무상으로 몰수하지는 않았다. 주주는 대부분이 재벌에 속해 있었는데 이들은 모두 주식 대금을 지급받았다. 중요한 것은 이 사람들의 세력이 끊겼다는 사실이다.

한편 일본의 근로자들은 점령군에 의해서 단체 교섭의 권리를 얻게 되었다. 이것 역시 내가 최초로 착수한 개혁의 하나인데 일본의 근로자가 즉시 이 새로운 권리를 행사하여 1947년까지 노동조합 2만5천 개, 조합원 총수는 5백만 이상에 이르렀다.

그런데 노동자는 곧 우파와 좌파로 분열했다. 노동 불안은 특이한 형태로 나타나기 시작했다. 코러스 걸들은 '반(半) 스트라이크'에 들어갔다는 표시로 보통때의 절반 높이밖에 발을 올리지 않았다. 철도 종업원의 한 조합은 1분간 기차의 기적을 동시에 울리는 '기적 전술'로 나왔다.

나는 노동 분쟁은 노동자와 경영자의 이해에만 국한된 것이 아니라 일반 대중에게도 영향을 준다는 점을 이해하는 노조 지도자들을 육성하려고 노력했으나 성공하지 못하고 말았다. 이런 틈을 타서 공산당은 분쟁을 일으키기 시작했으며 일부 조합에 침투하여 제네스트 (총파업)를 감행하려고 했다.

나는 새로 조직화된 근로자들이 자기들의 권리를 주장하려는 것에 대해서 방해할 의사는 없었다. 그러나 공산당 지도자가 스트라이크를 정치 무기로 사용하고 경제를 파면 상태로 몰고 가려는 것은 용서할 수가 없었다.

결국 나는 다음과 같은 포고를 내렸다.

"연합군 사령관에게 부여된 권한으로, 나는 제네스트를 일으키기 위하여 동맹한 노조 지도자들에게 일본의 빈곤하고 어려운 상황에서 위험천만한 사회적 무기를 함부로 사용하지 못하게 할 방침임을 통고하고 그러한 행동을 추진하지 못하도록 명했다.

이러한 조치를 내린 것은 심각한 위기에 당면하고 있는 일본 대중의 복지가 그와 같은 과격한 행동으로 치명적인 타격을 받는 결과가 나타나는 것을 막기 위해서였다.

현재 일본은 패전과 연합군에 의한 점령이라는 제약 아래 움직이고 있다. 도시는 무참하게 파괴되었고 산업은 거의 마비 상태에 있으며 국민은 기아에 시달리고 있다. 제네스트로 수송과 통신을 마비시킨다면 국민을 먹여살릴 식량과 중요한 공익 사업을 추진시킬 석탄을 수송할 수 없게 되어 산업 활동은 정지될 것이다. 그 결과 많은 국민은 기아에 직면하게 될 것이고 이번 쟁의에 직접 이해관계가 있든지 없든지 국민들은 참담한 곤란을 겪게 될 것이다.

지금까지도 일본의 기아 상태를 구제하기 위하여 미국인은 자기 자신의 식량을 대량으로 일본에 공급하고 있다. 제네스트에 관여하는 사람들은 일본 국민의 소수에 불과하다. 이 소수 그룹이 얼마 전 일본을 전쟁의 소용돌이 속으로 끌어들인 소수의 군부나 마찬가지로 다시 일본 국민을 파국 상태로 몰고 가려 하고 있는 것이다."

일본 국민은 일반 노동자까지도 나의 심정을 이해해주었다. 결국 제네스트의 시도는 무산되고 말았다.

그러나 공산당원들은 끈질기게 수송관계 조합에 침투해갔다. 이 조합이 소속하고 있는 산업은 주로 정부가 소유하여 운영하는 기관이었는데, 나는 이 침투 전술은 정부 전체를 위협하는 것이어서 전 종업원을 공직 제도 안에 넣도록 정부 당국자에게 권고했다. 그 결과 그 취지가 법으로 성문화되었다.

그런데 각국에서는 이 조치를 비난하고, 나를 근로자의 적이라고 몰아부쳤다. 미국 정부 내에도 이 법을 비판하는 자가 있었다. 나는 미국 공직위원회에 이 법에 대한 비평을 요청했더니 위원회는 "의논할 여지도 없이 이 법은 미국의 공직제도 관계의 법률보다는 진보적이다."라는 회답이 왔다. 이 결과 일본의 근로자들은 공산당과 인연을 끊게 되었다.

나는 그 무렵 일본의 경제 정세에 대해서 이렇게 견해를 피력한 적이 있다.

"일본인들은 긍지가 높고 예민하며 근면한 민족이다. 그들은 누구에게서나 물건을 공짜로 받으려고 생각하지 않으며 또한 받을 것을 기대하지도 않는다. 일본인들이 원하는 것은 그 누구에게도 양보할 수 없는 생존의 권리뿐이다.

일본이 취해야 할 방침은 극히 명확하다. 공장을 가동하는 데 필요한 원료와 생산품을 팔 수 있는 시장을 손에 넣을 수 있든지 아니면 세계의 인구가 적은 지역으로 많은 인구가 자발적으로 이주할 수 있도록 그 방도를 마련해주든지 둘 중의 하나밖에는 없다.

이것은 모두 다른 나라들의 선의와 정치적 관용에 달려 있다고 하겠는데 그것이 없다면 일본은 절망 상태에 빠지거나 죽는 수밖에 없다. 인간은 굶어 죽느니 싸우다 죽기를 원한다."

일본에서 일어난 것은 헌법상의 변혁이나 경제 부흥만이 아니라 정신의 부흥이기도 했다. 나는 이 일에 관하여 다음과 같은 의견을 말한 적이 있다.

"지난 수 세기 동안 일본은 중국인, 말레이지아 인, 인도인 그 밖에 태평양 지역의 이웃나라 사람들과는 달리, 언제나 전쟁 기술과 사무라이 계급의 제도를 연구, 숭배해왔다. 일본인은 선천적으로 태평양의 용감한 전사였다.

일찍이 일본 군대가 패배를 몰랐던 것은 그들의 무사 계급의 힘과 슬기로움에 대한 신화적이라 할만한 신앙이 일본의 문명을 지배하는 유일한 지주가 된 데서 기인하고 있다. 이 신앙은 정치기구뿐만 아니라 육체적, 정신적으로 모든 면에 스며들어 일본인을 지배해왔다.

그것은 정부 만이 아니라 일상 활동의 모든 면에 침투해 있는 생활의 본질이며 일본인의 생활을 엮어내는 씨줄과 날줄이었다.

일본은 봉건적인 소수의 지배자들에 의해서 통치되어왔으며 개화된 극소수의 사람들을 제외하면 대다수의 국민은 전통과 전설과 신화에 얽매인 노예였다. 2차대전 중 국민은 이기고 있다는 말만 듣고 그것을 철석같이 믿으며 살았던 것이다.

　여기에 갑자기 찾아온 것이 완전 패배라는 비통한 충격이었다. 이들의 세계는 뿌리부터 흔들리기 시작했다. 일본은 군사력만 붕괴된 것이 아니었다. 패전으로 인해 신앙이 붕괴되고 그들이 믿어왔고 그것에 의지하여 살아왔으며 그것을 위하여 싸우던 일체의 것이 소멸되고 만 것이다.

　남은 것은 도의적, 정신적, 육체적인 철저한 진공 상태였다. 그 진공 속에 민주적 생활 방법이라는 것이 흘러들어왔다.

　그들은 이전에 배운 것이 매우 잘못된 것이라는 것, 이전의 지도자들이 많은 과오를 저질렀다는 것, 그들이 가졌던 과거의 신념이 잘못된 것이었음을 현실적으로 깨달았던 것이다.

　이때부터 일어나기 시작한 일본인의 정신 혁명은 2천 년의 역사와 전통과 전설에 기초한 생활과 관습을 하룻밤 사이에 무너뜨리고 말았다. 봉건적인 지배자와 군인 계급에 대한 우상적인 숭배관념은 증오와 멸시로 바뀌고 자기들의 적에 대하여 품고 있던 증오와 멸시는 차츰 경의로 바뀌게 되었다.

　이러한 정신 혁명은 응급처방 식의 일시적인 겉치레가 아니다. 이것은 세계 역사상 그 예가 없었던 대변혁이었다."

　인류의 종교 중에는 그리스도교보다 훨씬 역사가 오랜 것이 많이 있다.

　나는 기독교도로 자랐으며 그리스도의 신앙을 진심으로 믿고 있지만 어떠한 종교이든 그 밑바닥에 깔려 있는 기본 원칙에는 많은 공통점을 가지고 있다.

　그리스도교와 동양의 종교 사이에는 우리가 흔히 생각하는 만큼 큰 차이가 없다. 양자 사이에는 충돌할 것이 거의 없으며 서로가 이해해야 할 것으로 생각된다. 나는 그러한 생각에서 선교사들을 계속 일본에 초청했었다.

　나는 점령 초기부터 일본 국민에게 신앙의 자유를 보장해주었는데 그들이 참된 종교의 자유를 누리기 위해서는 국가의 관리와 보조를 받고 있는 신도(神道)를 개혁할 필요가 있다고 생각했다.

천황 자신이 신도의 중심이며 미개시대부터 이어져온 신화적인 교의에 의하여 신인(神人) 선조인 역대 천황으로부터 독특한 정신적 권력을 이어받고 있었다. 천황은 곧 신이며, 천황에게 목숨을 바치는 것은 모든 신하들의 지상목표라고 일본 국민은 배워왔었다. 일본을 전쟁에 몰아넣은 군부는 이 신앙에 편승했으며 점령 초기에 정부는 신도에 보조금을 지급하고 있었다.

1945년 11월, 나는 신학 문제에 공격을 가하는 것을 피하면서도 신도에 대한 국가 보조금의 지급을 중단하도록 지시했다. 1946년 1월에 천황은 나의 간섭을 받거나 나와 상의하거나 하지 않고 자기의 신격(神格)을 공식적으로 부정하는 조서를 발표했다. 그 조서에는 다음과 같은 구절이 있다.

"짐은 모든 국민과 함께 있으며 항상 이해를 같이 하며 희비를 함께 나누기를 원한다. 짐과 모든 국민간의 유대는 상호간의 신뢰와 경애에 의해서 이루어지며, 단순한 신화와 전설에 의해서 생긴 것이 아니다. 이 유대는 천황이 살아있는 신이 아니며, 일본 국민은 다른 민족보다 우월한 민족으로서 세계를 지배할 운명을 타고났다는 가공할 관념에서 기인한 것이 아니다."

나는 즉시 다음과 같이 성명을 발표했다.

"천황의 신년 칙지(勅旨)는 나에게 커다란 기쁨을 주었다. 천황은 이 칙지를 통하여 직접 국민의 민주화를 지도하고 앞으로 천황의 입장은 자유주의적 노선을 따를 것을 확실히 천명했다. 이러한 천황의 행동은 건전한 사고가 얼마나 위력적인 것인가를 보여주는 것이다. 건전한 사고는 억압할 수 없는 법이다."

이때부터 신도는 국가와 신사(神社)가 분리되어 있는 한 포교 활동을 계속해도 무방하게 되었다.

나는 일본을 방문하는 그리스도교 선교사들에게 일본 내에서 선교

사의 활동이 얼마나 필요한가에 대해서 기회가 있을 때마다 강조했다. 일본으로 들어오는 선교사가 많아지고 그 대신 일본에 있는 점령군이 많이 줄어드는 것이 바람직하다고 그들에게 말해 주었다. 포켓판 성서연맹은 나의 요청에 따라 점령 기간 중, 일본에서는 서서히, 그러나 확실히 정신적 탈바꿈이 시작되었다. 나는 이 점에 대해서 브룩클린 태블리지에게 다음과 같은 편지를 보냈다.

"우리는 그리스도교의 역사적 발전에 관한 연구를 가능한한 권장할 계획이다. 점령정책의 모든 면을 그리스도교의 교리에 부합하도록 계획하며, 점령군 한 사람 한 사람이 언제나 이 교리를 실천하고 있다는 본보기를 보여준다면 틀림없이 그리스도교에 대한 초보적인 이해가 생길 것으로 믿는다.

가정 생활에 근거를 둔 그리스도교의 고매한 영향이 일본인들의 마음 속에도 스며들고 있다. 이러한 영향은 빠른 시일 안에 열매를 맺고 있으며 많은 사람들이 그리스도교 신자가 되어가고 있으며 대다수의 국민이 그리스도교의 근본 원리와 이상을 이해하고 실천하며 또한 존경하려 한다."

나는 뉴턴 목사로부터 다음과 같은 따뜻한 편지를 받았다.

"나는 남부 침례교 연합회의 의장으로서, 개인적으로 또는 우리 교회의 육백만 신자를 대표해서 장군이 일본에서 훌륭한 선교 계획을 수립하여 우리 신자들에게 본보기를 보여주신 데 대하여 심심한 감사를 드립니다. 장군께서는 일본에 진주한 이래 중요한 여러 문제에 대하여 폭넓은 견해와 용기 있는 입장을 보여주셔서 우리는 새로운 희망을 갖게 되었습니다."

내가 일본에 진주했을 당시, 일본의 교육 제도는 매우 위험한 상태에 있었다. 학교는 모두 중앙 정부의 통제를 받고 있었고 지방의 교육위원회나 교육감 같은 기구는 전혀 없었다. 도쿄의 문부성이 모든 과목에 걸쳐서 국정교과서를 만들어 전국에 배포하고 있었다.

이들 교과서는 군국주의적이고 반미적인 내용이 많았으며 그 관리도 중앙 정부에서 하고 있었다. 점령이 시작될 때까지 학교, 신문, 극장, 방송, 영화 등은 모두 정부의 선전 도구로 이용되고 있었으며 그 본래의 목적보다는 사상 통제를 위하여 이용되고 있었다.

자유인은 사상통제가 없어야 존재할 수 있으며 따라서 나는 교과서의 발행을 문부성의 통제에서 분리시켰으며 학교 교과서의 편집과 발행을 출판업자들간의 자유 경쟁에 맡겼다. 특정한 교과서를 일본 학생들에게 강요하는 일이 금지되고 군국주의적이거나 초국가주의적 선정을 교과서에서 배제시켰다.

그 결과 연합군이 일본에 진주한 첫해에는 일본의 어린이들이 교육을 주요한 내용으로 담은 교과서로 공부하게 되었다. 제1차 연도에 배표된 새 교과서는 2억5천만 부를 상회했다.

한편 교과서의 검열은 폐지해도 교육자를 검열하는 제도가 그대로 존속한다면 아무런 의의도 없는 일이었다. 교육자들에게 완전한 학문의 자유를 줄 필요가 있다고 생각한 나는 문부대신에게 다음과 같이 지시하여 그것을 실천에 옮기도록 했다.

"자유주의적이거나 반(反) 군국주의적 의견을 말했다는 이유로 파면, 휴직, 또는 면직된 교사나 교육 공무원들은 즉각 복직할 자격이 있음을 공표해야 한다. 인종, 국적, 종교, 정치 사상 또는 사회적 지위에 따라서 학생, 교원 및 교육 공무원에게 차별 대우를 하는 것을 금지한다. 학생이나 교원 또는 교육 공무원들이 정치적, 공민적, 종교적 자유에 관한 문제를 아무런 제한없이 토론할 수 있도록 하기를 권장한다."

이러한 조치를 실천에 옮긴 지 얼마 안 되어 얼마나 효과를 거두었는지 검사해본 결과 매우 성적이 좋았다. 우선 사물을 보는 학생들의 눈이 일변하여 최근까지만 해도 거의 군국주의 일색이던 것이 이제는 일반적인 직업이나 일상적인 세계에 관심을 보이게 되었다. 어느 조사에서는 몇백 명의 어린이 중 군인을 지망하는 어린이는 하나밖에 없었다. 그 어린이는 맥아더 장군 같은 군인이 되겠다고 말했다고 했다.

제8장 일본 점령 141

그래서 나는 나의 충실한 추종자가 적어도 한 사람은 있다는 것을 알게 되었다.

다음의 절박한 해결은 위생 문제였다. 대체로 일본은 의학과 위생 분야가 발달된 것으로 알고 있었는데 실제로는 이와 정반대였다. 천연두, 디프테리아, 장티푸스 같은 전염병의 경우 미국에서는 이미 1920년대에 거의 다 소멸되었는데 일본에서는 1945년에도 한창 창궐하고 있었다. 결핵은 거의 전국에 만연되어 있었다. 이처럼 놀라운 통계의 근원을 조사해본 결과 그 원인은 극히 간단했다. 종전 당시의 일본에는 전국적으로 위생관이 단 두 사람밖에 없었으며 위생 관계의 인력 부족으로 폐허가 된 일본의 위생 사정은 혼란에 빠져 있었다.

나는 즉각 위생 상태를 개선하는 작업에 착수했다. 나는 위생 문제를 전담하여 다룰 부서를 내각 안에 설치하도록 일본 수상에게 제안했다. 이런 부처가 일본의 정부 기구에는 아직 없었다. 그 결과 현재의 후생성이 만들어졌다. 나는 또 각급 학교에서 공중위생에 관한 교육을 실시하도록 제안했는데 그대로 실시되었다.

한편 미국 의료당국의 원조와 협조를 얻어 일본 국민 전체에 대하여 예방 접종을 실시하였다. 3년 동안에 실시한 우두 접종은 7천만 회에 달했으며 그 결과 맹위를 떨치던 천연두를 박멸하는 데 성공했다. 또한 전국민을 상대로 결핵 검진을 실시하고 2천3백만 회의 접종을 실시하여 일본의 결핵환자 수가 79퍼센트 감소했다.

또한 전국 방방곡곡에서 조직적으로 디프테리아 예방 접종을 실시하여 환자의 수를 3년 사이에 86퍼센트나 감소시켰다. 장티푸스와 파라티푸스도 예방 주사와 위생 교육에 관한 종합계획을 실시하여 사실상 자취를 감추게 되었다. 이질은 위생교육만으로 퇴치하였다. 최대의 성공은 콜레라 대책이었다. 이 전염병은 1947년 초까지는 일본에서 거의 완전히 자취를 감추었다. 나의 위생 담당관들의 추정에 의하면 점령 당국이 실시한 위생 조치로 목숨을 건진 수는 2년 동안에 2백만 명이나 되었다.

전쟁으로 인한 인명 손실에 대해서 아직도 무서운 기억이 새로운 나에게 이러한 통계는 큰 위안이 되었다.

점령군의 업적 중에서도 가장 큰 것은 농지개혁이었다. 일본의 봉건제도는 토지의 소유 관계에서 가장 잘 나타나 있다. 종전 당시까지만 해도 고대로부터 내려오던 노예나 다름없는 토지제도가 농민들을 착취하고 있었다. 농민의 대부분은 말 그대로 농노(農奴)이거나 매년 농민이 거두어들이는 수확 중에서 지주가 터무니없이 많은 소작료를 징수하는 제도 아래서 살아가고 있었다. 나는 점령이 시작된 몇 달 후, 이 문제와 씨름하게 되었다. 토지를 경작하는 사람은 누구든지 법이 정하는 바에 따라 그 수확물을 가질 권리가 있으며 소작농제도를 폐지하고 더욱 근본적인 문제로는 농지를 누구라도 살 수 있도록 일반 국민에게 개방시켜야 한다고 생각했다. 그 당시 일본에서 시행되고 있는 제도에서는 농민이 토지를 산다는 것은 실제적으로 불가능했다.

나는 총사령부 내에 천연자원국을 설치하여 일본 정부에 조언을 주도록 했다. 그 후 수년간에 걸쳐서 통과된 일련의 법에 따라 일본 정부는 부재지주로부터 공정한 값으로 토지를 사들여서 그것을 장기 상환계약에 따라 소작인들에게 매도했다. 이 방법으로 1950년까지 재분배된 농지 면적은 2백만 정보를 상회했다.

이 조치로 일본은 가난한 농노와 봉건적인 농업 경제에서 자유로운 자작농의 나라로 바뀌었으며 경지 면적의 89퍼센트 이상을 농민이 관리하는 형태로 전환시켰다. 토지의 재분배는 일본의 농촌에 공산주의가 침투하는 것을 막는 강력한 방패가 되었다. 일본의 모든 농민들은 이러한 재분배에 의해서 각자 자기 나름의 자본가가 되었다.

해결하기 어려웠던 또 하나의 문제는 일본의 경찰 제도였다. 이 문제에 대해서는 두 가지 사고 방식이 있었다. 그 하나는 일본의 경찰 제도를 중앙집권화하는 것이 치안 유지에 유익하다는 생각이었다. 또 하나는 경찰권의 행사에 관한 책임을 새로운 헌법에 규정된 바와 같이 지방 정부가 지는 것이 지방자체 제도의 본질적인 것이며 이것이 없이는 지방 정부가 다이나믹하며 발전할 수 없다는 견해였다.

이 문제에 관하여 나는 요시다 수상에게 다음과 같은 의견을 제시했다.

"중앙집권적인 강력한 경찰 관료 제도를 수립하여 국민의 손이 미치지 못하는 곳까지 행정장관이 감독케 하는 것은 전체주의적 독재체제의 가장 큰 특징이며 지난날 일본의 봉건제도에서도 그러한 폐단이 야기되었다.

전쟁이 발발하기 직전의 10년 동안 일본 군벌이 가지고 있던 가장 강력한 무기는 중앙 정부의 사상경찰과 헌병대였다. 그들은 지방정부의 구석구석까지 권력을 행사했었다. 군벌은 이러한 기관을 이용하여 정치적인 첩보망을 조직하여 언론, 집회를 탄압하고 사상의 자유까지 박탈했다.

따라서 민주사회의 치안 유지를 담당할 경찰은 국민을 강압적인 방법으로 통제해서는 안 되며 국민의 공복이라는 관계를 수립하는 편이 보다 큰 힘을 발휘할 수 있다는 점을 명심해주기 바란다.

이렇게 함으로써 국민으로 하여금 경찰은 국민을 위한 법의 집행기관이라는 신뢰감과 친근감이 깃든 긍지를 갖게 할 수 있는 것이다.

이것은 또 국민 각자에게 법에 대한 존경심을 고취시킬 수 있을 것이다."

일본의 국회는 오랜 토의 결과 지방의 자치 정부는 지방의 재산에 관한 문제와 행정 사무를 관리하며 법이 정한 범위 안에서 자체적인 규정을 제정할 수 있다는 내용을 골자로 한 법령을 통과시켰다.

나는 이를 계기로 성명을 발표했다.

"민주주의는 국민에게 강요해서는 안 된다. 민주주의를 오래 유지하기 위해서는 사회의 밑바닥까지 그 정신이 스며들지 않으면 안 된다. 국민 스스로의 이해와 신념에서 나와야 하는 것이다.

민주주의는 자유를 누려야겠다는 국민의 의지, 지역적인 여러 가지 문제는 특권층이나 소수 압력단체나 관료주의의 지배를 받지 않고 국민이 스스로 처리하고 싶다는 희망과 결의에 따라서 자연스럽게 우러나오는 것이어야 한다.

이를 위해서는 모든 현(縣)이나 도시 및 마을에서 완전한 의사표시를 할 수 있는 기회가 국민에게 부여되어야 한다. 민주정치의 본질을 자발적으로 배우려는 책임감을 갖는 것이 무엇보다도 절실하다."

그러나 그 당시의 일본으로서는 이것은 매우 어려운 문제였으며 이에 대한 논쟁은 아직까지도 그치지 않고 있다.

일본의 역사상 최초로 인신보호법을 도입한 일에 대해서는 지금까지도 흐뭇하게 생각하고 있다. 이것은 신헌법의 인권선언을 강화하기 위하여 제정한 법인데 이와 유사한 제도를 나의 선친은 1901년에 이미 필리핀에 도입했었다.

이 법은 앵글로 색슨 민족이 만들어낸 독창적인 제도인데 이 지구상에는 아직도 이 제도를 갖지 못한 국가가 많이 있었다. 강제적인 구속을 방지하는 것을 보장하는 이 제도를 아시아의 민족을 위하여 극동 지역에 도입하는데 나의 가족들이 부분적으로나마 공헌하게 된 것은 나에게는 무척 감격스런 일이었다.

6. 전범 재판

여러 분야에 걸쳐서 개혁을 실천할 때 점령군 당국자들의 노고가 컸다. 이들 중에는 총사령부의 민정국장 휘트니 소장, 경제과학국장 매카트 소장, 정보담당 참모부장 윌로비 소장, 공중위생복지국장 샘스 준장, 경제고문 다즈 씨, 경제과학국의 세입과장 모스 씨, 세제 사절단장 슈프 씨, 민정국 차장 케이디스 씨 등이 있었다.

이들의 뛰어난 재능과 노력이 없었더라면 우리의 개혁안은 좋은 성과를 거두지 못했을 것이다.

한편 일본인들도 여러 분야에서 헌신적으로 일했다. 그들은 요시다

시게루 수상의 영도 아래 전쟁의 폐허 속에서 재기할 수 있었으며 유럽식 사상과 이상을 그들의 빛나는 전통과 유서 깊은 문화에 잘 융합시켰다. 이리하여 일본은 정치적, 도의적, 경제적으로 자유와 민주적인 사상이 뿌리박은 나라로 재기했다.

점령정책의 진전 상황을 살피기 위하여 저명한 인사들이 많이 도쿄를 방문했다. 나의 오랜 전우이며 당시 육군참모총장이던 아이젠하워도 왔다. 우리의 재회는 참으로 즐거웠다.

아이젠하워는 매우 친근감을 주는 성격의 소유자였다. 오랫동안 그와 더불어 군대 생활을 해온 나로서는 그에게서 우정과 호의를 느끼고 있었다. 우리 두 사람의 관계가 마치 시기와 경쟁심으로 가득 차 있는 것으로 악의에 찬 중상모략을 하는 사람도 없지 않았으나 그것은 사실과는 매우 거리가 먼 것이었다. 나는 아이젠하워로부터 두 차례 편지를 받은 적이 있는데 그 중 하나는 내가 66세 되는 생일 때, 또 하나는 일본 항복 1주년 기념일에 보내온 것이었다.

"장군의 생신을 맞이하여 충심으로 축하와 경의를 표합니다. 일본 제국을 무조건 항복시키는 데 지대한 공헌을 하신 장군의 예민한 통찰력과 확고부동한 결의, 그리고 빛나는 송고에 대하여 미국 국민은 거국적인 감사를 느끼고 있습니다. 장군의 앞날이 항상 국민전체의 감사로 가득 차기를 빕니다. 주일 연합군 총사령관으로서 귀하가 남긴 탁월한 업적과 미군 자체가 안고 있는 여러 문제에 대한 현명한 처리에 대하여 본인은 충심으로 감사하고 있습니다."

또 다른 메시지는 이러한 내용이었다.

"일본 군국주의에 대한 승리를 경축하는 전승 기념일을 맞이하여 본관은 전 육군을 대표하여 바탄에서 도쿄에 이르는 멀고도 비극적인 길과 일본 국민을 새로운 생활양식으로 이끄는 전례없는 과업에서 장군이 보여주신 위대한 노력에 대하여 감사를 표합니다. 전쟁 중 암담하던 시기의 매우 불리한 상황에서도 장군께서는 탁월한 군사적 지도력을 발휘하여 전세계의 자유민들에게 용기를 북돋워주셨습니다.

전쟁의 위협으로부터 벗어나기를 희구하는 인류에게 더욱 뜻 깊었던 것은 장군이 현재의 지위에서 인간 관계의 새로운 길을 개척하고 있다는 업적일 것입니다. 이 기념일을 맞이하여 본관은 전 육군과 더불어 장군께 축하를 보냅니다."

나는 아이젠하워 장군에 대해서 언제나 형이 아우를 아끼는 것 같은 애정을 느껴왔었다. 그의 놀라운 성공에 대해서는 흐뭇함과 감동을 금치 못했다.

점령기간 중에 나에 대해서 비판적이었던 사람들은 현실이나 사실과는 다른 말들을 퍼뜨리고 있었다. 그러나 이에 대한 대답은 여러 계통에서 압도적인 힘으로 나타났다. 가령〈뉴욕 타임즈〉지는 사설을 통해 다음과 같은 견해를 밝혔다.

"일본은 연합군이 군정을 실시하고 있는 지역 중에서 가장 모범적인 지역이다. 맥아더 장군의 군사 행정은 정치의 모범이며 극동의 평화에 크게 공헌하고 있다. 장군은 군신(軍神)이 이끄는 독재적인 군사정권을 추방하고 그 자리에 인간적인 천황이 주재하는 자유 선거를 통하여 자유롭게 표명된 국민의 의사에 따른 민주 정부를 수립했다."

이 사설은 대일이사회의 소련 대표들이 음흉한 속셈을 가지고 있으며, 소련의 의도는 포츠담 선언의 각 조항을 위반하고 공산주의의 선전을 시도하기 위한 것이었다고 단언했다. "약간 이상한 것은 이러한 소련의 전술에 대해서 대일이사회의 중국과 영국 대표들은 거의 공개적으로 소련을 공조 지지하고 있다는 사실이다. 이들 두 나라는 소련이 만주와 북한을 벌거벗겼듯이 일본도 벌거벗기기를 원하고 있다. 두 나라 대표들은 이와 같은 요구를 어떤 방법으로 관철시키려 하는지도 모르고 있다."고 평했다.

그 무렵 영국 하원에서는 고든 랭게 씨를 단장으로 한 6명의 위원단이 일본에 와서 광범위한 조사를 했다. 조사가 끝난 후 위원단의 대변인은 다음과 같은 성명을 발표했다.

"도쿄와 일본 국내의 각 지역을 조사해본 결과 랭게 씨와 그 위원들은 일본의 점령 상태에 대해서 말로는 형용키 어려울 만큼 좋은 인상을 받았다. 우리 위원단 전원은 연합군 총사령관의 개인적인 지도에 깊은 감명을 받았으며 이 점령정책은 역사상 위대한 성과의 하나라고 런던 정부에 보고할 생각이다.

지금 일본에서는 영국 의회정치의 관념이 뿌리내리려 하고 있으며 맥아더 장군은 영·미의 정치경험에서 발전해온 국민의 자치라는 기본 원칙에 대하여 넓은 지식을 가지고 있으며, 이 과업을 수행하는 데 있어서 가장 이상적인 인물이라고 생각한다."

미국으로부터도 칭찬의 소리를 들었다. 패터슨 육군장군은 나에게 보낸 서신의 말미에 다음과 같이 적었다.

"귀하가 거둔 훌륭한 업적에 언급하지 않고 이 편지를 끝낼 수는 없다. 미국의 역사를 통하여 이토록 빛나는 페이지는 찾을 수 없다. 많은 업적에 미국은 일치단결로 귀하를 지지하고 있다."

1946년 7월 4일, 필리핀이 독립했다. 마닐라 루네타 광장에서는 환희에 찬 백만 군중이 운집한 가운데 광화국의 독립식전이 거행되었다. 나는 미국 육군을 대표해서 이 식전에 참가했는데 다음은 그때 내가 한 연설의 일부이다.

"이 식전으로 하나의 새로운 국가가 탄생하게 되었다. 48년 전, 이 땅의 사람들은 미국의 주권이라는 덮개를 쓰고 있었다. 그것은 해방자의 관대한 마음으로 필리핀 국민의 복지를 손상하지 않는 범위에서 하루 속히 없애버릴 것을 약속하고 있었다.

미국은 오늘 마침내 그 약속을 완수했다. 오늘 주권은 필리핀 국민에게 넘겨지지만 미국과 필리핀 두 국민을 연결하는 본질적인 것은 지금도 없어지지 않고 있다. 이 두 나라의 관계는 상호 이해, 상호간의 존경과 애정으로 굳게 맺어져 있으며 주권이나 인위적인 협정 또는 그 어떤 정치적 차별로도 무너뜨리지 못할 것이다. 그것은 영원히 계속되는 관계이다.

오늘 이 기념할 만한 사건을 역사에 기록해두자. 인종, 문화, 언어의

차이나 지리적으로도 먼 거리임에도 불구하고 두 국민을 잇는 이해는 부동의 평화이며 국민들은 격렬한 전화(戰禍)에도 견디어왔다.

　민주주의 발전의 상징인 오늘의 이 식전은 힘으로 한 국민을 지배하던 시대는 이미 끝나고 약자를 강제로 식민지화하는 제국주의의 산물인 주종적(主從的) 국가관계 따위는 이미 과거의 것이 되었음을 역사에 기록하는 것이 아니겠는가? 오늘 이 식전을 자유를 갈구하는 인류의 영원한 투쟁의 상징으로, 문명의 발전과정에 있어서 하나의 큰 전기로 역사에 기록해두기로 하자.

　나는 내가 대표하는 미국 육군의 이름으로 필리핀 공화국과 그 국민, 내가 오래 전부터 알고 있으며 깊이 사랑하는 이 땅, 이 사람들에게 경례를 보낸다."

　1947년 봄에 나는 일본 국기의 게양을 허용했다. 이 조치는 일본 국민들 사이에 전격적인 반응을 일으켜 일본 국민들은 자신과 자존심을 되찾게 되었다.

　그 무렵, 일본 천황이 참석한 어떤 회의에 있었던 당시의 농림대신 기무라 고자에몽(木村小佐衛門) 씨는 나에게 다음과 같이 말했다.

　"천황은 눈물을 글썽이면서 일본 재건에 대한 맥아더 장군이 취한 태도와 관심을 치하했다. 천황은 국민이 맥아더 장군을 '가미카제' (神風)로 생각하고 있다고 말했다. 페리 제독은 미국에 대해서 일본의 문을 열었지만 맥아더 장군은 미국의 마음을 일본에 열어주었다."

　변한 것은 일본만이 아니였다. 미국에서는 모든 군대의 지휘 계통이 제임스 포레스턴이 장관으로 있는 국방성의 영역으로 단일화되었다. 영국에서는 노동당이 집권하여 윈스턴 처칠이 수상직에서 물러나고 클레멘트 에틀리가 수상이 되었다.

　나는 영국의 선거 결과에 무척 놀랐고 실망을 금치 못했다. 처칠의 지도로 영국은 존폐의 기로에서 구원되었던 것이다. 그의 위대한 예지와 경험이 이제부터 전후의 혼란 수습에 힘을 발휘해야 할 단계에 영국민의 대다수는 어찌하여 그에게 찬성표를 던져주지 않았을까.？ 나는 그 점에 대해서 무척이나 의아하게 생각했다. 그것이 민주주의라는 것이겠지만 너무나 변덕스러웠다.

처칠 씨는 켄트의 차트웰에 있는 자택에서 나에게 서신을 보냈었다.
"오랫동안 말씀드리려고 벼르고만 있다가 이제 겨우 펜을 들게 되었습니다. 귀하가 일본에서 추진하고 있는 정책과 통치에 대하여 나는 항상 흥미와 공감을 느끼면서 주목해왔습니다. 전쟁 중의 갖가지 사건에도 불구하고 나는 일본 국민에 대하여 경애의 마음을 품어왔으며 일본의 로맨틱한 긴 역사에 대해서도 깊이 생각하고 있습니다.

내가 일본을 방문하는 것은 나에게 남아 있는 야심 중의 하나이지만 이 꿈이 과연 실현될 수 있을지 희망을 가질 수 없습니다. 귀하가 일본 국민을 군부가 내던진 함정 속에서 구원할 수 있었다는 것은 나를 매우 즐겁게 해주고 있습니다. 일본 국민은 사실의 일부밖에 알지 못하고 있었습니다.

귀하의 현명하고 관대한 정책에는 경탄을 금할 수 없습니다. 장차 우리는 일본을 우리의 벗으로 삼아야 하고 귀하가 내린 많은 중요한 결정도 그것을 기초로 하고 있다고 나는 느끼고 있습니다. 제2차 대전을 승리로 이끄는 것은 오히려 쉬운 일이었을지도 모릅니다. 장래의 여러 문제와 씨름을 한다는 것은 쉬운 일이 아닙니다.

자유와 평화를 사랑하는 여러 나라가 제2차대전과 같은 과오를 다시 범하는 일이 있어서는 안 되겠습니다. 귀하의 행운을 빌면서 장군으로서 또는 정치가로서의 귀하의 훌륭한 업적에 마음으로부터의 축하와 격려를 보냅니다."

신헌법이 채택된 얼마 후 다섯 명의 일본인이 천황을 비판했으나 도쿄의 검찰총장은 이들에 대하여 공소를 제기하지 않았다. 이것은 일본 국민으로서는 특이한 일이었으며 나는 그 기회에 미국 대통령이나 영국 국왕도 특별한 법으로 보호받고 있지 않다는 점을 지적했다. 링컨의 경우와 같이 대통령이 암살되었을 때 범인은 일반 국민을 살

해했을 때나 똑같은 취급을 받았다는 점도 부언했다. 나는 그때 다음과 같은 성명을 발표했다.

"이 조치는 모든 인간은 법 앞에서 평등하다는 기본 개념을 적용한 것이다. 일본에서는 천황이라 하더라도 보통 시민에게 주어지지 않은 법적 보호를 받을 수 없다는 점을 훌륭하게 실행에 옮긴 것이다. 이것은 또 모든 국민은 각자 관심을 갖고 있는 정치적, 사회적, 경제적인 문제는 무엇이나 자유롭게 토의할 수 있는 권리를 갖는다는 신헌법의 고매한 정신이 참되게 이행되고 있다는 사실도 포함되어 있다.

자유롭게 사상을 표현하고, 자기의 의견을 자유롭게 말할 수 있으며 관리나 정부의 시책을 자유롭게 비판한다는 것은 국민을 위한 정부가 생명을 가지고 성장하기 위해서는 없어서는 안 될 절대적인 요소이다. 민주주의는 생명력이 넘치는 다이내믹한 사상이며 모든 시민이 자유롭게 말할 수 있어야 그 생명을 유지할 수 있는 것이다. 천황에 대한 법률상의 보호는 일반 시민에 대한 것보다 커도, 작아도 안 된다."

점령 중에 내가 경험했던 일 중에서 극동 국제군사재판의 판결을 실행에 옮기는 의무만큼 나에게 걱정을 안겨준 일은 없었다.

나는 전쟁 중에 포로나 피억류자들에게 잔학행위를 하거나 그것을 허용한 현지 사령관이나 그 밖의 군 관계자에 대한 형벌을 승인한 적이 없었다. 그러나 전쟁에서 패배한 나라의 정치적인 지도자에게 범죄의 책임을 추궁한다는 것은 매우 불유쾌한 일이었다. 그와 같은 행위는 재판이라는 기본 룰에서 벗어나는 일이라는 것이 내 생각이었다.

나는 일본의 정치 지도자에게 전쟁범죄에 대한 책임을 묻는다면 진주만 공격에 대한 고발에 그쳐야 된다고 생각하고 있었으며 또한 그렇게 진언했다.

진주만 공격은 국제법과 국제 관습이 요구하는 선전포고도 없이 자행한 만행이었기 때문이다.

그 후 나는 국제군사재판의 실제적인 재판 절차에 관한 모든 책임에서 물러났는데 재판은 1946년 1월 4일 도쿄에서 시작되었다.

제 8 장 일본 점령   151

　재판은 연합국의 각 정부가 지명한 우수한 재판관에 의해서 진행되었다. 재판받을 대상자를 가려내는 일도 나의 책임은 아니었으며 다만 재판의 최종적인 판결이 전달되면 그것을 실행하는 일이 내가 하는 일이었다.
　포츠담 선언의 조항에 따라 '모든 전쟁 범죄자는 엄벌에 처한다.'는 것을 확인하는 것이 내가 맡은 일이었다. 여기에 해당되는 자들을 찾아내는 일은 쉬웠으며 수 주일만에 우리는 도쿄 로즈를 위시하여 도조 수상에 이르기까지 여러 계층의 전범자를 투옥시켰다. 전범자의 수는 몇백 명이나 되었는데, 중대한 전범과 그렇지 않은 자를 우선 구분했다. 도쿄 로즈는 후자에 속하는 것으로 간주했으며 연합국의 국민을 학대한 포로수용소의 간수들도 그렇게 분류했다. 전범들은 재판 결과 합당한 형벌을 받았다. A급 전범은 28명뿐이었다. 이들은 정부나 기타 지도적인 위치에서 실제로 일본을 패국으로 이끈 책임자들이었다. 그 중에서 재판을 받은 것은 25명이고 다른 3명은 법정에 들어가기 전에 이미 사망했거나 혹은 정신이상이 되었거나 환자들이었다. 재판에 회부된 2명은 도조 수상을 포함하여 전원이 유죄 선고를 받았다.
　재판 절차를 임무하는 것은 나의 심사였는데 나는 우선 도쿄에 대표부를 갖고 있던 각 연합국 대표들을 만나서 그 의견을 들었다. 이어서 재판 기록을 직접 검토한 후 1948년 11월 24일 다음과 같은 심사 결과를 발표했다.
　"나는 오랜 공직 생활에서 참으로 괴롭고 비참한 임무를 맡아왔지만 극동 국제군사재판관들의 일본 전범자들에 대한 판결을 심사하는 일 만큼 나에게 불유쾌하기 짝이 없는 일은 없었다.
　이 재판은 국가의 시정을 담당했던 자들에 대한 국제적인 모럴의 기준을 정하고 이를 범전화할 것을 목적으로 했던 것이다. 그러나 재판이 지닌 인류 보편의 기본적인 사항을 평하는 것이 나의 목적은 아니며 여기에 필요한 지식도 갖고 있지 못했다.
　이 문제에 대하여 나에게 주어진 의무와 한정된 권한의 범위 내에서 나는 다음과 같은 점을 말할까 한다. 이번의 재판 경위를 관계 연합국들이 상세히 제시한 원칙이나 절차에 비추어 보더라도 간섭의 구실이 될만한 실수는 하나도 찾아볼 수 없었다.

인간이 내리는 판결이란 완벽할 수는 없겠지만 판결이 내려지기까지 이처럼 용의주도하게 과오를 피하는 조치를 강구한 법적 절차는 그 전례를 찾아볼 수 없었다.

많은 사람들이 이 판결과 의견을 달리하는 것은 피할 길이 없다. 재판에 참석한 권위있는 재판관들조차도 완전한 의견 일치는 볼 수 없었다. 그러나 불완전한 현대 문명사회의 진화 과정에서 이 군사재판만큼 성실성을 신뢰할 수 있는 것은 달리 없었다고 나는 확신한다. 나는 제8군 사령관에게 형의 집행을 명했다. 그렇게 함으로써 나는 이 비극적인 죄에 대한 속죄가 전능하신 하느님에 의하여 하나의 상징이 되고 선의의 모든 사람들이 인류의 가장 참혹한 고통이며 최대의 죄악인 전쟁이 얼마나 철저하게 무익한 것인지 알고 있으며 앞으로 모든 나라들이 전쟁을 포기하게 되기를 바라고 있다.

나는 이를 위하여 사형 집행일에는 전국의 모든 종교나 종파에 관여하는 사람들이 사적으로 또는 가정에서, 혹은 공적인 제단에서 기도를 통하여 세계의 평화가 지켜지고 인류가 멸망에서 구원받도록 하느님의 도움과 인도를 빌 것을 요청한다."

7명의 전범에 대한 처형 예정이 발표되자 그 장면을 신문에 보도할 수 있도록 해달라는 요청이 나에게 쇄도해왔다. 나는 그것이 일본과 전세계의 양식을 가진 사람들의 감정을 해친다는 이유로 허락하지 않았다.

형이 집행된 것을 전세계에 알리기 위하여 나는 대일이사회 대표들에게 이 처형에 입회할 것을 요청했다. 대표들은 별로 마음이 내키지 않으면서도 응해주었다.

유죄 판결이 있은 후 전범자 자신이나 가족들은 공정한 재판에 감사한다는 서신을 나에게 보냈다. 전범재판 결과 일본측에 반감이 일고 있는 기색을 찾아볼 수 없었다.

　일본의 점령정책이 순조롭게 진행되고 있는 동안 세계의 다른 지역에서는 갖가지 사건이 일어났다. 미국에서는 공화당 대통령 후보 지명 운동이 한창이었는데 갑자기 나의 이름이 오르내렸다. 나는 입후보 운동을 하는 것조차 거절했다. 나는 일본 점령만으로도 충분했다. 정계에서 나의 이름을 거론하는 것에 대해서 사전에 명확한 태도를 표명하지 않았던 것은 나의 큰 실수였다.

　당연히 예상되었던 일이지만 그렇게 하려고 해도 나의 노력은 전혀 효과가 없었으며 그 결과 나에게는 여당쪽의 맹렬한 욕설이 퍼부어졌을 뿐이었다. 반대당으로부터 이런 악담을 듣는 것은 정치가로서는 아무렇지 않을지 모르겠으나 나에게는 큰 고통이었다. 이 일이 있은 후 내가 보복을 받는 것은 시간 문제였다.

제 9 장   한국 전쟁

1. 비극의 전야

　제2차대전 직후 한국에서는 하지 장군이 지휘하는 미 제24사단이 북위 38°선 이남을 점령하고 북위 38°선 이북에는 소련군이 진주했다. 남한은 거의 전쟁의 피해를 입지 않았으며 연로한 애국자 이승만 박사의 영도 아래 독립정부를 수립할 준비에 박차를 가하고 있었다.
　1948년 8월 15일, 남한은 이승만 박사를 대통령으로 하여 대한민국을 수립했다. 나도 그 독립식전에 초청되어 따뜻한 환영을 받았다. 나는 그때 다음과 같이 연설했다.
　"나는 이 역사적인 날에 한국의 땅을 밟고 자유와 개혁, 권리, 정의가 확립되어가는 것을 보고 감격해마지 않는다. 귀국의 애국자들은 지난 사십 년 동안 외국의 억압적 지배에서 벗어나기 위하여 애써온 것을 나는 경탄의 눈으로 지켜보아왔었다.
　이 애국자들은 한국 민족의 자유를 운명의 흐름에만 맡기지 않겠다는 불굴의 투지를 나타냈고 자유의 정신은 영원히 소멸되지 않는다는 진리를 세계에 입증한 것이다.
　이 독립의 기쁨은 현대사의 가장 큰 하나의 비극으로 흐려지고 있다. 왜냐하면 귀국의 국토가 인위적인 경계선으로 분단된 탓으로 야기된 것이며 이 경계선은 조속히 철폐되어야 한다.
　이제 아무도 한민족이 자유 시민으로 단결하는 것을 방해하지 못한다. 한민족은 자신들의 성스러운 목적을 희생시키면서까지 외국의 파괴 사상에 굴복하기에는 너무나 긍지 높은 민족이다. 미국 국민은 이미 오래 전부터 한국에 대하여 깊은 우정을 품어왔다. 1882년 한·미간에 우호통상조약이 체결되었을 때 이미 두 나라는 '영원한 평화와 우정'을 유지할 것을 선언했었다. 미국은 이 서약 이후에 그 선언을 저버린 적이 없으며 여러분은 이 우정이 그 어떤 난관이 닥치더라도 극복하고 계속 이어진다는 것을 믿어주기 바란다.

이승만 대통령 각하, 귀하도 정치 생활에서 볼 수 있는 가장 복잡한 성격의 문제에 당면하고 있다. 이 문제가 어떻게 해결되느냐 하는 것은 여러분의 단결과 복지뿐만 아니라 아시아 대륙 전체의 안정이 크게 좌우된다."

미국은 한국군 부대의 훈련을 돕기 위한 군사 사절단만 남긴 채 한국에서 철수했다. 따라서 한국은 나의 지휘에서 떠나 국무성이 담당하게 되었다. 즉 군사 사절단의 운영을 포함하여 미국측 권익의 전면적인 관리를 국무성이 맡게 된 것이다.

이 무렵 중국 대륙에서는 장개석 총통이 미국의 원조를 받아서 서서히 공산군을 밀어내고 있었다. 그런데 어찌된 일인지 국무성은 중국의 공산당을 적대시하지 않고 그들을 단순히 '농지개혁주의자'로 간주하고 있었다. 승리가 장개석 총통에게로 돌아가는 것 같더니 더 이상 밀어붙이지 못하고 휴전 교섭이 시작되어, 그 중재자로서 마샬 장군이 파견되었다. 이때 마샬은 내가 기거하던 미대사관에서 묵은 다음 토쿄를 거쳐서 중국으로 향했다. 지난 날 뉴기니로 나를 찾아온 이래 처음 만남이었다. 마샬은 정신적으로도 무척 쇠약해보였으며 지난날의 영민함과 기력은 더 이상 찾아볼 수 없었다. 겉으로 보기에는 그리 달라지지 않았지만 정신적으로 무척 피곤해보였다.

쓸모없는 교섭이 몇 달이나 계속된 끝에 구체적인 성과는 하나도 거두지 못한 채 마샬은 돌아왔고 전쟁은 다시 계속되었다. 그런데 이 7개월 사이에 결정적인 변화가 일어났다. 그것은 장 총통에 대한 무기와 그 밖의 보급이 일체 중단된 것이었다. 이와는 달리 소련은 중공군의 강화에 밤낮을 가리지 않고 힘을 쏟았다.

태평양 전쟁의 최종 단계에서 미국이 블라디보스톡으로 보낸 방대한 양의 군수물자는 전혀 손도 대지 않은 채 그대로 쌓여 있었는데 그 대부분이 중공군에게 돌려졌으며 전쟁이 전개된 시점에서는 힘의 균형이 완전히 바뀌어져버렸다. 우세했던 장 총통 대신 이번에는 중공군이 우위를 차지하게 되었다. 중공군은 우세한 힘으로 밀어부쳐서 결국 장 총통의 국부군(國府軍)은 중국 대륙에서 밀려나 대만으로 옮겨갔다.

이와 같은 미국의 조처는 미국의 역사상 이제까지 범한 일 중 가장 큰 과오의 하나였다. 이 실수로 해서 매킨리와 루스벨트 양 대통령의 국무장관이던 존 헤이가 1899년에 중국의 문호개방 정책을 주선한 이래 미국이 피땀 흘려 쌓아올린 성과를 한꺼번에 잃고 말았다. 이를 계기로 아시아 대륙에서의 미국 세력은 붕괴되기 시작했으며 미국은 '종이 호랑이'라는 치욕적인 별명을 얻게 되었다. 그것이 끼친 영향은 금후 몇 세기나 계속될 것이다. 그것이 궁극적으로 자유세계의 운명에 얼마나 비극적인 결과를 초래할 것인가는 아직 알 수 없었다.

제2차대전 중 미국의 우방이었던 자유중국을 몰락시킨 결정적인 유인(誘因)이 된 일련의 경위는 아직도 미국 국민들에게는 명확하게 밝혀지지 않고 있다. 일본이 항복한 이후부터 종전까지는 거의 믿을 수 없을 만한 사건이나 동향이 나타나기 시작했는데, 그것은 무지와 오해와 판단착오에서 비롯된 것이었다.

이 시기에 대하여 가장 정확한 논평이라 생각되는 것 중의 하나는 1949년 1월 30일, 태평양 전쟁 때 활약한 바 있는 젊은 하원의원 존 F. 케네디가 매사추세츠 주 살렘에서 발표한 연설이었다. 그 연설 내용은 다음과 같았다.

"제2차대전이 끝난 다음 미국과 자유중국의 관계는 비극적인 것이었으며 미국을 현재의 궁지로 빠지게 한 책임자가 누구인지를 규명하여 그들에게 스포트라이트를 비추어야 한다.

중국의 독립과 국민정부의 안정이 미국의 극동 정책에 있어서 기본적인 목표임은 1941년 11월 26일에 명백하게 밝혀졌었다. 미국의 극동 정책에 관한 몇 개의 성명이 일본의 진주만 공격을 초래케 한 직접적인 원인이 되었다는 것은 다 아는 사실이다.

그런데 전후에 장개석 정권을 지지할 것인지 아니면 미국이 원조를 주는 댓가로 장개석에게 중공과 연립정권을 만들도록 강요할 것인가의 문제를 둘러싸고 미국의 외교 관계자들은 분열하기 시작했다. 미국의 중국 정책은 갈팡질팡했다. 그 결과 연립정부를 만들지 않겠다면 원조를 중단한다는 미국의 주장이 끈질기게 되풀이된 결과 자유중국은 치명적인 타격을 받고 말았다.

미국의 외교 관계자나 고문들은 20년 동안이나 전란에 시달린 자유중국이 외교 체제를 충분히 갖추지 못하고 있다는 관념과 자유중국의 고위층은 부패했다는 말에 정신을 빼앗겼으며 또 비공산주의의 중국을 갖는다는 것이 얼마나 중대한 관련성을 갖느냐 하는 것을 잊어버리고 말았던 것이다.

이것이 바로 수년 전까지 우리가 자유를 지키기 위하여 함께 싸운 중국의 비극인 것이다. 미국의 젊은이들이 피를 흘려 지켜온 것을 우리 외교관들과 우리 대통령은 헌신짝처럼 팽개치고 말았던 것이다."

이렇게 하여 미국이 공식적인 정책으로 지지를 약속했던 우방을 몰락시켰고 나아가서는 미국의 안전 그 자체를 위험 속으로 몰아넣게 된 것이다. 그 결과 의리 있던 우방의 땅에 공산주의를 표방하는 정부가 들어섰고 공산 제국주의는 그 세력을 온 세계로 뻗쳐가고 있다. 역사를 모르고 적을 알지 못하는 데서 생겨난 유화정책을 맹목적으로 써온 결과는 몇천 명이나 되는 미국 젊은이들의 생명을 헛되이 버리게 했다.

1949년 12월 9일, 자유중국 최후의 부대가 대만으로 철수했다. 그 후 국무성은 해외 주재 대표들에게 대만은 공산군에게 빼앗긴 것으로 예상되며 미국 내외에서 미국의 권위가 손상되는 것을 방지하기 위하여 대만은 전략적으로 아무런 가치가 없다는 점을 일반에게 주지시키도록 통첩했다는 사실이 밝혀졌다. 국무성의 지시란, 대만을 유지하면 자유중국을 구원할 수 있다. 대만을 잃는 것은 미국과 우방의 이해를 크게 해치게 되므로 모든 수단을 강구하여 대항하라는 것이었다. 그리고 또 "이 문제에 너무 방관한다는 인상을 주지 말고 다음의 두 가지 중 어느 것이든 적당하게 강조하면 된다——대만에 관한 책임은 전적으로 자유중국에 있다. 대만에는 군사적으로 이렇다 할 중요성이 없다."라고도 했다.

1950년 1월 12일, 애치슨 국무장관은 워싱턴의 내셔널 프레스 클럽에서의 한 연설에서 자유중국은 "우리의 방위선 밖에 있다."고 언명했다. 그리고 한국도 미국의 방위선 전초 거점에서 제외했다고 말했다. 트루먼 정권의 이러한 정책은 미국 내에서 비난이 심해 결국 여론의 압력에 못 이겨서 전면수정하게 되었다.

나는 애치슨 장관이 극동 문제에 대하여 매우 잘못된 정보를 듣고 있다고 생각해서 나의 빈객으로 도쿄로 초청했다. 나는 그때까지 애치슨 장관은 한번도 만난 적이 없으며 그 이후에도 만나지 못했지만 아시아의 정세를 직접 확인한다면 그의 생각도 크게 달라질 것이라고 생각했었다. 그러나 애치슨 장관은 나의 초청을 정중한 말로 업무가 바빠서 워싱턴을 떠날 수 없다고 거절했다. 그는 국무장관 재임 중 유럽에는 여러 차례나 갔었다.

필리핀의 명석하고 재능이 뛰어난 마누에 로하스 대통령이 서거했다. 이처럼 위급한 시기에 그가 세상을 떠난 것은 큰 손실이었다. 그의 후임으로 나의 옛 친구였으며 전시나 평화시를 통하여 자기 나라에 변함없는 충성을 바치고 있던 엘피디오 쿠리노가 대통령이 되었다. 나의 생일인 1월 26일에 쿠리노가 훌륭한 메시지를 보내주었.

이때 내 나이는 어언 일흔이었다. 그는 다음과 같이 말하고 있었다.

"귀하가 미국과 필리핀, 그리고 전세계에 송두리째 바친 창조와 봉사로 가득찬 생애에서 또 하나의 새로운 이정표에 도달한 것을 국민과 함께 축하하면서 또 하느님께 감사드립니다. 귀하의 폭넓은 애정은 모든 국가가 인류의 복지를 증진하는 데 대한 하나의 귀감이 되었습니다. 귀하는 민주주의와 자유사상의 전통에 뿌리박은 미국 군인과 정치가의 위대한 전통을 상징하는 전설적인 토대가 되었습니다. 아시아 및 세계의 자유와 평화와 안정을 위하여 혼신의 노력을 기울이고 있는 귀하와 귀하의 위대한 사업이 하느님의 축복을 받기를 빕니다."

이 밖에도 많은 메시지가 답지했다.

트루먼 대통령으로부터——

"귀하의 탄생일을 맞이하여 전쟁과 평화를 위한 귀하의 노력에 고국을 대신하여 감사를 드린다. 귀하의 업무는 자유와 민주주의라는 위대한 목적을 위하여 앞으로도 크게 공헌할 것으로 확신한다."

애치슨 국무장관으로부터——

"귀하의 생신을 충심으로 축하합니다. 귀하의 탄신일을 맞이하여 귀하의 경력을 돌이켜볼 때 군사적으로나 정치적으로 훌륭한 업적을 남기신 것을 만족하게 느끼고 있습니다. 우리들 공동의 문제에 대하여 귀하가 공헌한 협력과 이해에 대하여 동료들과 함께 감사를 드립니다. 앞으로도 계속 행복하시기 바랍니다."

존슨 국방장관으로부터——

"나는 국방장관으로서 육해공 3군을 대표하여, 그리고 개인적으로도 생신을 맞으신 귀하에게 축하와 인사를 보냅니다. 평화와 민주주의 원칙에 입각해서 일본을 창조하고 있는 귀하의 탁월한 활동에 대해서 우리 일동은 마음으로부터의 찬사를 보냅니다."

미국 국무성은 점령정책에 대한 나의 빛나는 보고에 약간 의아한 듯 1949년 연말에 일본의 현황을 조사하기 위하여 대표를 파견했다. 조사를 맡은 사람은 필립 C. 조셉 무임소대사였는데 그는 일본을 떠나면서 공식으로 다음과 같이 발표했다.

"나는 일본에 체재하는 동안 일본 국민이 종전 이후에 이룩한 눈부신 발전에 매우 생생한 인상을 받았다. 맥아더 장군은 놀라운 정도로 우수하고 역사상 위대한 공헌을 하고 있다. 장군과 만나서 여러 가지 문제에 대하여 의견을 교환할 수 있는 기회를 얻은 것은 나에게 소중한 경험이었다. 내가 경험하고 의견을 나눈 상황들은 국무성의 광범위한 극동 문제 연구 계획에 매우 유익하였다."

나는 항상 일본 지도자들에게 미국을 방문하도록 강력하게 권장했다. 일본의 국회 대표단을 뉴욕에 파견하는 것이 어떻겠느냐고도 제안했다. 전쟁의 흥분이 채 가시지 않은 때였으므로 나는 뉴욕 주지사 노머스 E. 듀이에게 전보를 쳐서 그러한 방문객이 지장이 없을 것인지 문의해 보았다.

듀이 지사는 즉각 답장을 보냈는데 그 내용은 매우 마음을 훈훈하게 했으며 미국의 대일 감정이 차츰 변화하고 있음을 알 수 있었다.

그는 회신에서 "일본의 의원단을 가장 정중하게 맞아주겠으니 걱정하지 마십시오. 마음으로부터의 호의와 함께 극동에서의 미국에 대한 이해를 돕도록 애써온 귀하의 절대적인 공헌에 대하여 최고의 경의를 표합니다."라고 씌여 있었다.

미국 내의 이러한 국민 감정의 변화는 공화당의 지도적인 상원의원 로버트 태프트가 나에게 보낸 서신에서도 나타나 있었는데 그 내용은 다음과 같은 것이었다.

"나는 귀하가 일본의 국회의원단을 미국에 파견하는 문제에 대하여 적극적인 관심을 보이고 있다는 것을 알고 있습니다. 이러한 계획은 현재 점차 굳어져 가는 미국과 일본간의 우정에 더욱 공헌하게 될 것으로 믿습니다.

대일 강화조약에 대해서 귀하가 어떻게 느끼고 있는지 알고 싶습니다. 저로서는 이 문제에 대하여 좀더 정보를 얻을 때까지 이 문제에 대한 의회의 고려를 요청하거나 나 자신의 입장을 공식으로 표명하는 것을 피하고 싶습니다. 일본에서 당신이 펼친 훌륭한 통치에 대하여 내가 들은 것은 좋은 비평뿐이었으므로 귀하가 성취한 것에 진심으로 찬양의 뜻을 표할 뿐입니다."

나는 이 편지에 보낸 회답에서 미·일 강화조약 체결과 점령 종결을 되도록 빠른 것이 바람직하다고 말하고 다음과 같은 의견을 덧붙였다.

"일본을 위하여 공정한 평화를 완성한다는 목적을 향하여 그 어떤 구애도 받지 않고 전진하는 일은 아시아 지역에서 미국의 주도권을 확립하고 아시아 문제의 동향에 대하여 상실했던 미국의 주도권을 되찾는 하나의 방법이며 현 시점에서 생각할 수 있는 가장 극적이고 다이내믹한 방법이라 사려됩니다. 대일 강화조약을 체결하면 우리는 현재의 경향을 막을 수 있을 것이며 최종적으로는 그것을 역전시킬 수 있을 것입니다."

1950년 5월 27일, 오스트레일리아 부대가 일본에서 철수했다. 나는 이 부대에게 다음과 같은 표창장을 수여했다.

"사령관에서 병사에 이르기까지 귀 부대는 빛나고 위대한 모국에 알맞은 모범적인 근무 태도를 보였다. 평화시에 귀 부대가 보여준 행동은 전쟁 중의 행동에 결코 뒤지지 않는 것이었다. 더 이상 할 말은 없다. 과거 10년 동안 귀 부대와 인연을 맺은 것을 나는 큰 자랑으로 생각하고 있으며 글로는 다 표현할 수 없는 마음으로 여러분께 작별을 고한다."

한국의 독립과 한국에서의 미군 철수로 나와 한국과의 공적 관계는 끝나고 1948년 8월 15일 독립을 선포한 이래 이 작고 불운한 나라는 국무성의 단독 책임하에 놓이게 되었던 것이다. 그러나 나의 정보부는 1950년 여름에 북한 괴뢰군의 도발적인 공격이 있을 것임을 감지하고 있었다.

대한민국이 독립하기 5개월 전에 애치슨 국무장관은 공식 연설에서 미국은 '군사적 공격에 대하여 보장한다'는 지역에서 한국을 제외한다고 말했었다. 그 후 미국의 통합참모본부가 작성한 아시아 방위 전략계획에서도 미국은 어떠한 경우에도 대한민국에 대한 방위는 하지 않는다는 것이 전제로 되어 있었다.

나는 극동 지역에서 공산 세력의 위협이 차츰 심각해지는 사실을 알리는 일을 게을리하지 않았으나 전혀 효과가 없었다. 1949년부터 이듬해 6월에 걸쳐서 나는 북한 괴뢰군이 공격할 위기가 박두하고 있다고 워싱턴에 계속 보고했으나 전반적인 무관심과 중공은 '농지 개혁자'에 지나지 않다는 일부의 의견에 눌려 아무 반응이 없었다. 그 당시 내가 제출한 보고에는 북한 괴뢰군이 38°선을 넘는 시기를 1950년 6월로 예상한 것도 있었다.

6월 19일에는 존 F. 덜레스가 애치슨 장관을 대신하여 한국을 방문했다. 덜레스 씨는 내가 워싱턴에 보낸 대일 강화조약의 범위에 대하여 협의차 도쿄를 방문했었다.

그때 덜레스는 한국 의회에서 만일 한국이 북한 괴뢰로부터 공격을 받는다면 미국은 한국을 방위하겠다고 말하여 전에 국무성이 말했던 정책을 뒤엎는 듯한 인상을 주었다. 나는 도대체 어느 것이 미국의 아시아 정책인지 의심하지 않을 수 없었다.

덜레스는 서울에서 자동차로 38선을 돌아보고 겉보기에는 별로 위험을 느끼지 못한 것 같았다. 북으로부터 공격을 받더라도 대한민국의 국군은 충분한 방비가 있는 것 같았다는 것이 그 당시 덜레스가 받은 인상이었다. 전술적으로 아무런 경험이 없으며 정확한 정보도 결여되어 있어서, 그는 자기가 직접 눈으로 확인한 부대의 병력과 장비가 38선 북쪽에 있는 부대와 비교하여 얼마나 열세에 있는지 전혀 알지 못했던 것이다.

2. 전쟁 발발

1950년 6월 25일 새벽, 도쿄 주일 미 대사관에 있던 나의 침실 전화가 요란한 소리를 내며 울렸다. 그 소리는 무언가 심상치 않은 사태를 알리는 듯이 다급하게 울려왔다. 전화를 통해서 총사령부의 당직 장교가 다음과 같이 보고했다.

"각하, 방금 서울에서 보낸 긴급 전보에 의하면 북한 괴뢰군 대부대가 오늘 새벽 네시에 삼팔선 전역에서 공격을 개시했다 합니다."

수만 명에 이르는 북한 괴뢰군이 경계선을 넘어서 대한민국 국방군의 전초 진지를 무찌르고 전진을 계속하고 있으며 그 진격 속도는 매우 빠르고 국방군의 저항을 분쇄하고 있다는 것이었다.

당직 장교의 전화는 악마의 사자가 말하는 것같이 들렸다. 9년 전 마닐라 호텔의 옥상 숙사에서 자고 있던 나의 잠을 깨운 것도 역시 일요일 새벽에 걸려온 다급한 전화였다.

그럴 수 없는 일이었다. 놀란 나는 이렇게 다짐하고 있었다.

──나는 지금 꿈을 꾸고 있는 것이겠지. 또 전쟁이라니 말도 안 되는 소리!

그런데 이번에는 나의 충직한 참모장 네드 아몬드 장군이 침착한 목소리로 전화를 걸어왔다.

"각하, 무슨 명령이라도 내리셔야 하지 않겠습니까?"

미국은 어쩌다가 이처럼 통탄할 사태가 벌어질 때까지 한국을 방치해 두었다는 말인가? 나는 이렇게 자문해보았다. 미국이 세계의 어느 나라보다도 군사적으로 강대했던 5년 전의 일을 되돌아보았다.

1945년만 하더라도 육군 참모총장이었던 마샬 장군은 육군 장관에게 다음과 같이 보고할 수 있었다.

"미국 민주주의의 힘이 지금처럼 막강하고 인류의 장래를 위해 미국이 나아갈 길을 스스로 결정할 수 있는 때는 일찍이 없었다."

그러나 5년이란 짧은 기간에 미국의 힘은 흔적도 없이 사라져버리고 장기적인 목표를 향한 적극적이고 용기 없는 지도력은 파산하고 만 것이다. 나는 다시 한번 나 자신에게 자문해보았다.

"도대체 미국의 아시아 정책이란 무엇인가?"

그 순간 내 머리에 떠오르는 생각에 등골이 오싹해졌다.

미국은 뚜렷한 아시아 정책을 갖고 있지 않은 것이다.

대한민국을 방문한 후 도쿄로 돌아와 있던 덜레스는 국무장관에게 다음과 같은 전문을 보냈다.

"만약 대한민국이 자기의 힘으로 공격을 격퇴하거나 저지시키지 못한다면 소련 개입의 위험을 무릅쓰더라도 미군을 보내어 대항해야 할 것으로 생각한다. 정당한 이유없이 한국이 무력 공격으로 침공당하는 것을 좌시한다면 또다시 세계대전이 일어날지도 모른다."

나의 휘하부대가 당면한 시급한 문제는 한국에 있는 미국 시민과 유엔 관계의 직원 약 2천 명을 철수시키는 일이었다. 일요일 늦게 주한 미국 대사 무치오 씨가 이들의 철수를 요청해왔다. 나는 즉각 행동을 개시했다. 수 분 안에 수송기들은 일본 기지의 활주로에서 이륙하였고 해상의 선박들은 전속력으로 한국의 항구를 향해 질주해갔다. 적의 항공기들이 위협을 가해오면 일본에 있는 전투기를 보내기로 했다. 이 철수 작전은 단 한 사람의 희생자도 내지 않고 완결되었다.

대한민국은 38선 일대에 4개사단의 병력을 배치하고 있었다. 이들은 훈련이 잘 되고 용감하고 애국심이 강했으나 경찰군으로서의 장비와 편제였지 일선의 전투 부대는 아니었다. 그들은 가벼운 무기밖에는 갖고 있지 않았으며 공군이나 해군은 물론이고 탱크나 대포, 그 밖에 필수 불가결한 무기도 갖고 있지 않았다. 한국군은 이러한 편제로 조직한 것은 미국의 국무성이 내린 결정이었다.

그 이유는 대한민국이 북한을 공격하지 못하게 하려는 조치라는 것이었다. 이 근시안적 결정은 반대로 괴뢰군의 공격을 유발하게 된 것이다. 대한민국으로 하여금 북으로부터의 공격에 대처할 수 있도록 대비하지 않았다는 것은 중대하고 치명적인 실수였다. 괴뢰군이 공격을 가해올 가능성은 그들이 한국군이 갖추고 있지 않은 탱크, 중포(重砲), 전투기 같은 무기를 보유하고 있었다는 사실만 보아도 충분히 짐작할 수 있었다.

이러한 결정은 태평양 지역에 관해서는 전혀 아는 것이 없고 한국에 관해서도 전혀 모르는 워싱턴의 인사들이 내린 것이다. 그들은 이상론에 사로잡혀 대한민국이 무력 통일을 시도하는 것을 방지하려다가 결과적으로 38선을 사이에 두고 대치중인 북한 괴뢰군에게 남침할 기회와 용기를 돋워준 결과로 나타났다. 외교관들이 군사적 판단을 내릴 때 이처럼 근본적인 과오를 저지르게 되는 것은 불가피한 일이었다. 그것이 소총 이외에는 아무런 무기도 갖지 않은 10만 명의 경찰군이 현대전에 필요한 장비를 갖춘 20만 명의 괴뢰군과 대치하는 결과를 낳게 하고 만 것이다.

괴뢰군은 그들의 공격 준비를 매우 교묘한 수단으로 은폐했었다. 그들은 38선 가까이는 한국군과 비슷한 수준으로 가벼운 무기로 무장한 경비병만 배치해놓고 있었다. 그러나 이 제1선의 경비부대 뒤에는 소련의 최신형 탱크를 비롯하여 중무기로 무장한 강력한 공격 부대를 집결시켜놓았었다.

북한 괴뢰군은 먼저 경무장한 경비 부대로 38선을 넘어 공격을 개시한 후 경비부대는 곧 좌우로 비켜서고 중무장한 주력 부대가 한국의 국방군을 격퇴시키면서 쾌속도로 남진하기 시작했다.

트루먼 대통령은 후에 한국 전쟁을 경찰 행동이라는 완곡한 명칭으로 불렀었다. 그러나 이 싸움은 경찰 행동이나 국지전보다 훨씬 대규모의 싸움이었음이 6월 25일 새벽 북괴군이 공격을 개시했을 때 이미 명백해졌다. 공산주의자들은 한국에서 자유 세계를 상대로 도전을 감행했던 것이다. 결단을 내려야 할 시기는 왔으며 공산 도당을 상대로 하는 전쟁이라는 사실은 의심할 여지도 없었다. 인류의 역사가 시작된 이래로 우리가 배워온 교훈, 즉 소심(小心)은 분쟁을 가져오고 용기는 분쟁을 방지한다는 교훈을 다시 한번 깨달을 때가 온 것이다.

이날 오후 워싱턴과 그 당시 유엔 본부가 있던 레이크 석세스에서는 중대한 결정이 내려지고 있었다. 트리그브 유엔 사무총장은 미국의 요청으로 안전보장 이사회를 긴급히 소집했다. 그러나 소련은 자유 중국의 유엔 가입에 항의하기 위하여 유엔을 보이콧하고 있어서 안전보장 이사회에는 출석하지 않았다. 미국은 북한 괴뢰군의 남침은 평화를 파괴하는 행위라고 맹렬하게 비난하고 다음과 같은 3개항을 골자로 한 결의안을 제출했다.
1. 북괴 정권은 전투 행위를 즉시 중지하고 38선 이북으로 그 군대를 철수시킬 것을 요구한다.
2. 유엔 한국임시위원단은 즉시 현재의 사태에 관하여 충분히 고려한 보고서를 제출하는 동시에 북한 괴로군이 38선 이북으로 철수하는 것을 감시하며 안전보장이사회의 결의가 실시되고 있는지의 여부를 이사회에 보고할 것을 요구한다.
3. 유엔 회원국들은 안전보장이사회의 결의안의 실천에 관하여 가능한 모든 원조를 제공하며 북한 정권에 대한 원조를 하지 않을 것을 요구한다.

트루먼 대통령은 한국에 모든 원조를 제공하라는 유엔의 호소를 한국에 군사원조를 제공해도 좋다는 승인으로 해석하고 있었다. 그러나 워싱턴 당국에서는 그 누구도 미국을 그렇게까지 완전히 개입시킬 만한 각오가 서있지 않았다. 나는 해군과 공군만 동원하여 그 범위 안에서 한국의 방위를 원조하라는 명령을 받았을 뿐이었다. 나는 또 자유중국이 장악하고 있는 대만을 중국으로부터 분리시키라는 명령을 받았다.

이 목적을 달성하기 위하여 미국의 모든 함대가 나의 작전 지회를 받게 되었다. 나는 중공군의 공격으로부터 대만을 지키는 한편 국부군이 중국 대륙을 공격하는 것도 막아야 한다는 특별 명령을 받았다. 6월 27일에 다시 소집된 안전보장이사회는 새로운 결의안도 채택했다. 이 결의안에서 안전보장 이사회는 사태의 진전, 특히 북괴정권이 공격을 중지하고 무장 부대를 38선 너머로 철수시키지 않고 있다는 사실에 유의하여, 국제 평화와 안전을 회복시키기 위하여 군사적인 긴급 조치가 필요하다는 결론을 내리는 한편 유엔 회원국들에 대하여 북한 괴뢰군의 무장 공격을 격퇴시키는 일에 필요한 원조를 한국에 제공할 것을 요구했다.

미국은 주저하면서도 이와 같이 한걸음 한걸음씩 아시아에서 공산주의와 대결하기 위하여 발을 들여놓고 있었다. 나는 이처럼 중대한 결정이 내려지는 데 대하여 놀라움을 금할 길이 없었다.

다시 말해서 미국 정부는 선전 포고를 할 의무를 갖고 있는 의회에 의존하는 일도 없고 해당 야전사령관과 상의도 하지 않고 한국 전쟁에 발을 들여놓기로 동의했다. 중공과 소련이 개입할지도 모른다는 가능성과 위헌은 항상 잠재해 있었다.

내 앞에 닥쳐온 문제 모두가 다급한 것들이었다. 미국의 공군과 해군의 지원만으로, 즉 한국은 미국의 공군과 해군의 지원과 중장비의 보급만 있으면 북쪽에서 밀려오는 강력한 기계화부대를 성공적으로 대항할 수 있을지, 아니면 남한 전체가 상실된 다음 결국은 미국의 지상부대도 투입해야 할 것인지 분간할 수 없었다. 지난날의 전쟁에서는 이와 같은 의문에 대한 회답을 얻을 수 있는 것은 하나밖에 없었다. 이번 경우도 그러했다. 그것은 내가 직접 한국에 가서 내 눈으로 정세를 살피고 판단하는 것이었다.

3. 패전의 언덕

6월 29일 아침, 비가 내리는데도 불구하고 나는 전용기인 바탄 호에 올랐다. 이날 한국에서 들어오는 뉴스에 의하면 사태는 더욱 악화되고 있는 것 같았다. 한국의 수도인 서울은 적의 치열한 공격을 받고 있었으며 한국 정부는 대전으로 옮겨갔다고 했다. 이미 50년이나 군인 생활을 거의 외국에서 해왔던 미국의 군인으로서 그리고 기록적인 군인 생활을 해온 나는 다시 또 절박한 전쟁과 직면하게 되었다.

나는 이번에도 거의 대항할 수 없을 정도로 우세한 적의 공격을 받게 되었다. 사태는 절망적인 것 같았다. 나는 순간적으로나마 자신을 잃을 것만 같았다. 나의 비행기가 먹구름 위로 떠오르고 내가 애용하는 콘 파이프에서 담배 연기가 곡선을 그릴 때 나는 용기를 되찾았다. 그때 누군가 "각하께서 그 파이프를 다시 사용하시는 것을 보는 것은 몇 년만에 처음입니다."라고 말했다. 나는 이 말에 "도쿄에서는 이 파이프로 피울 수 없었지. 나를 농사꾼으로 생각할 테니까. 피어즈 클럽 (귀족 회관) 친구들은 내가 이 파이프로 담배를 피웠더라면 나를 내쫓았을 것이 분명했으니까."라고 대답해주었다.

음산한 날씨와 불길한 뉴스로 무거워진 나의 마음은 영국의 아시아 함대가 나의 지휘하에 한국전에 참전한다는 소식이 기내에 있는 나에게 전달되었다. 나의 마음은 백만 원군을 얻은 듯 한결 가벼워졌다. 영국의 전투부대와 오랫동안 관계를 맺어왔던 나는 그들을 매우 존경하고 있었다. 그들의 탁월한 능력과 군인으로서의 훌륭한 매너, 변함없는 우정에 대해서 나는 오래 전부터 깊은 애정을 갖고 있었다. 나는 앞으로 어떤 일이 닥치더라도 영국 부대를 끝까지 신뢰할 수 있을 것이라는 확신을 갖고 있었다.

얼마 후 바탄 호는 폭격과 기총소사를 받아 파괴된 수송기들이 내뿜는 기름 냄새와 연기 사이를 뚫고 서울 남쪽 20마일 지점에 위치한 수원에 착륙했다. 나는 지프 차에 올라 한강으로 향했다. 가는 도중 우리는 여러 차례 적기의 공습을 받았다. 한국군은 완전히 분산되어 후퇴하고 있었다. 우리가 한강 둑에 도착했을 때는 마침 한강 다리를 지키기 위한 최후의 전투가 벌어지고 있었다.

서울은 이미 적의 수중에 들어가 있었으며 불과 1마일 떨어진 다리 건너에서도 검은 연기가 솟아오르고 있었다. 나는 조금 높은 언덕에 올라가서 강 건너를 바라보았다. 거기에서 내려다보이는 광경은 너무도 비참했다. 파괴의 소용돌이 속에서 서울 시내는 연기를 내뿜은 불길에 휩싸여 있었다. 괴뢰군은 계속 박격포를 쏘면서 한강 다리를 향해 몰려오고 있었다. 내가 서있는 언덕의 양쪽 기슭에는 조직이 와해된 부대의 병사들이 후퇴하기에 바빴고 팔다리가 부러져 신음하는 부상자를 가득 태운 앰뷸런스의 빨간 적십자 표지가 선명하게 보였다. 하늘은 날카로운 총성으로 찢어질 듯했고 격전이 휩쓸고 간 격전지에는 코를 찌르는 악취로 가득 차 있었다.

길이란 길은 먼지로 뒤덮여 있었고 피난민의 행렬로 붐볐으나 화를 내거나 울부짖는 모습은 찾아볼 수 없었다. 거기에는 몇 세기에 걸쳐서 난국을 극복해온 자랑스럽고 강인한 민족의 후예들이 걸어가고 있었다. 그들은 가재도구를 등에 지고, 겁에 질려서 눈을 크게 떴지만 울지 않는 아이들을 데리고 남쪽을 향해 가고 있었다. 나는 한 시간 가량 이러한 참상을 지켜보았다. 피로 물든 이 언덕에 서 있는 동안 나는 작전계획을 짰다. 물론 그것은 궁여지책에 불과한 작전이었지만 한국뿐만 아니라 아시아 전체를 잃지 않으려면 다른 방도가 없었다.

한강 가에서 벌어지는 전투를 보니 대한민국의 방위 능력은 이미 소멸되었음을 말해주고 있었다. 괴뢰군들이 그들의 탱크 부대를 앞세워 서울에서 부산까지 몇 개 안 되는 도로를 따라 내려오는 것을 아무도 막을 수 없을 것 같았다.

이것을 방치해 두면 한국 전체는 공산 도당이 차지하게 된다. 우리가 해군과 공군 부대로 지원한다고 해도 한국군의 힘만으로 적의 진격을 방어하기란 불가능했다. 이것을 막기 위해서는 즉각 우리의 지상군을 투입하는 길밖에 없었다. 내가 찾으려고 여기까지 온 회답은 바로 이것이었다. 나는 내 휘하의 일본 점령부대를 이 위급한 싸움에 투입해야 한다. 그래도 우리는 완전히 열세에 놓이겠지만 전략적인 작전으로 불리한 전세를 만회해야 한다.

그렇다면 일본은 어찌될 것인가? 나의 1차적인 책임은 일본에 있었다. 불과 몇 시간 전에 워싱턴으로부터 받은 지시는 대한민국을 방어하기 위하여 행동을 개시하는 경우에도 일본의 방어를 소홀히 해서는 안 된다고 거듭 말하지 않았던가. 내가 소련의 개입을 유발하지 않고서도 이처럼 중요한 점령군 주둔지를 비울 수 있을까.

일본에 주둔해 있는 적은 수의 미군부대를 뽑아서 한국에 투입하는 경우, 공산 국가가 일본을 탈취하려는 움직임을 사전에 막을 수 있을 만큼 충분한 수의 현지 병력을 만들 수 있을까? 작전상 미군부대를 부산에 데려올 때까지의 시간을 벌 수 있을 것인가. 또한 부대를 한국까지 수송할 수 있는 수송선과 전투에 필요한 군수 물자와 보급품, 일본의 방위대를 창설하는 데 필요한 최소한의 장비를 입수할 수 있을 것인가. 나는 패퇴한 한국군을 다시 집결시켜 재편성하고 사기를 되살릴 수 있을까.

이 모든 것들이 계획한 대로 되고 가늘고 긴 적의 보급로가 위험할 정도로 연장되고 소수의 병력으로도 적의 보급로를 차단하고 적의 주력을 섬멸시킬 수 있을 것인가. 그래도 아군의 병력은 적보다 3대 1의 열세에 놓일 것이다. 그러나 이런 생각에 잠겨 있는 동안에도 패배를 승리로 이끌 수 있는 반격작전, 즉 인천 상륙작전의 구상이 머리에 떠올랐다.

나는 즉각 워싱턴에 다음과 같은 메시지를 보냈다.

"한국군은 혼란 상태에 빠져 있다. 겨우 국내의 치안유지를 담당할 수 있을 정도의 병력이며 장비된 한국군은 기계화부대와 공군에 의한 적의 공격에 대항할 준비가 되어 있지 못하다. 또한 북한 괴뢰군 같은 강력한 부대에 대하여 주도권을 장악할 만한 능력도 갖지 못했다. 한국군은 튼튼한 방어진지나 체계적인 보급 기구나 보급망도 없으며 후퇴 작전을 할 때 보급품이나 기타 군수 물자를 파괴할 계획도 없다. 또 있다고 하더라도 그것을 실천하지 못한다. 그 결과 한국군은 보급 물자와 중요 장비를 상실했거나 포기했으며 부대간의 통신망은 완전히 두절된 상태이다. 한국군은 남쪽으로 후퇴할 때 대부분이 M1소총이나 칼빈 소총만 가지고 있었다. 본관이 파견한 선발대 장교들은 이들을 점차 집결시키고 있다. 한국군 병사들은 대포도, 박격포도, 대전차포도 없어서 적을 저지하기 위해서는 자연적인 장애물을 교묘하게 이용하거나 고도의 지휘능력에 의존할 수밖에 없다.

그러나 일반 민간인들은 침착하고 질서정연하며 각자 생활 정도에 따라 생계를 유지해갔다. 시민들은 매우 높은 수준의 국가의식을 가지고 있으며 미국에 대한 신뢰감이 대단하다. 서울에서 남쪽으로 향하는 도로는 공산당의 지배를 거부하는 피난민들로 가득 차 있다.

북한 괴뢰군의 전진을 저지하는 것이 전대로 필요하며 만약 저지하지 못한다면 현재의 정세로는 한반도 전체를 그들이 석권할 것이다. 한국군은 이미 반격할 힘을 갖고 있지 못하며 적군이 아군 진지를 돌파할 위험은 매우 크다. 적이 더 이상 전진한다면 한국군의 존립 자체도 위태롭다. 현 전선을 유지하고 장차 반격을 가하여 잃었던 땅을 회복하려면 미국 지상군을 한국의 전선에 투입하는 수밖에는 방도가 없다. 강력한 지상부대 없이 공군과 해군의 지원만으로 결정적인 효과를 거둘 수 없다고 본다. 치명타를 입은 한국 전선에서는 육해공군을 한 덩어리로 한 군을 효과적으로 이용할 수 있는 강력한 태세를 갖추어야 한다. 그러지 못한다면 우리의 임무는 최선의 경우에도 인명과 비용과 미국의 위신을 헛되이 낭비하게 될 것이고 최악의 경우에는 완전한 실패로 끝날 우려가 있다."

워싱턴에 이 메시지를 보낸 지 24시간도 되기 전에 트루먼 대통령은 지상부대의 사용을 승인했다. 일본의 안전을 해치지 않고 일본에서 어느 정도의 병력을 한국전에 투입시키느냐 하는 문제는 나에게 일임한다는 내용이었다.

마침내 대항하기로 한반도에서 공산주의의 도전에 대항하기로 결심한 것이다. 소련이나 중국의 공산주의자들이 이 전쟁에 개입할지도 모른다는 위험을 예상하면서도 그 위험을 받아들이기로 용단을 내렸던 것이다.

군대를 전쟁에 투입한 이상, 미국은 총력을 동원하고 모든 수단을 강구하여 최후의 승리를 쟁취할 때까지 싸우며, 교착 상태나 타협은 절대로 받아들이지 않는 것이 미국의 전통이었다. 나는 이 전쟁을 승리로 이끌 수 있는 전략을 구상했다. 미국의 전통이 깨어지는 결과를 초래하리라고는 꿈에도 생각지 않았다.

그 당시 일본에는 제8군 산하에 제7사단, 제24사단, 제25사단, 제1기갑 사단 등 4개 사단이 주둔해 있었으며 이들 부대는 규슈에서 홋카이도까지 광범위하게 산재해 있었다. 제8군은 월튼 워커 장군이 지휘하고 있었는데 그는 제2차 세계대전 중 유럽에서 패튼 장군 밑의 군단장으로 있던 노련한 장군이었다.

공군은 조지 E. 스트래트메이어 중장이 지휘했고 해군은 C. 터너 제독이 맡고 있었다. 이들 두 사람 역시 유능한 고참 장성이었다. 태평양 전쟁 중 내 밑에 있던 지휘관 전체와 대부분의 참모들은 거의 본국으로 돌아가고 없었다.

일본에 주둔한 보병사단들은 편제상의 TO보다 3분의 1의 병력이 모자라는 실정이었다. 따라서 1개 연대는 3개 대대 대신 2개 대대밖에 없었으며 중탱크 대신 경탱크, 155밀리 포 대신 105밀리 야포밖에는 갖고 있지 않았다.

따라서 한국전쟁에 개입한다는 것은 현재 보유한 상태의 장비와 병력으로 전선에 뛰어들어 사격을 개시하는 것을 의미했으며 병력이나 장비를 증강할 시간 여유도 없었다.

말하자면 모든 책임은 지아이(GI)들에게 떠맡기는 결과가 된 것이다. 보병의 역사는 길고 명예로운 것이다. 그들은 어떤 의미에서는 전투와 일상 생활에 필요한 자질구레한 살림살이까지도 가지고 다니게 마련이다. 즉 식료 잡화상에 해당하는 레이션 덤프가 있고 병원에 해당하는 의무반이 있으며 차고에 해당하는 모터폴이 있으며 전화에 해당하는 통신 부대가 있다. 그들은 비가 오거나 엄폐물이 있거나 없거나 걸어가면서 밥을 먹을 때도 있고 싸우기도 하고 죽기도 했다. 그들은 24시간 동안 밤낮을 가리지 않고 위험과 맞서게 마련이다. 그들은 전투를 할 때나 싸우러 갈 때나, 또는 전선에서 후퇴할 때나 언제고 죽음의 그림자에 쫓기고 있다. 이 제복을 입은 집시들의 사기가 단 한번도 흔들리지 않았다는 것은 기적이 아닐 수 없다.

북한 괴뢰군은 38선을 돌파할 때 6개 보병 사단과 3개 경찰 여단의 병력에 2백 대에 가까운 소련제 전차를 앞세우고 있었다. 이들은 또한 중포 부대의 지원과 공군의 엄호를 받고 있었다. 그들은 주공 목표를 중앙 회장에 두고 있었으며 서해안과 동해안의 도로를 동시에 공격하고 몇몇 해안에서는 수륙양용 작전도 펼쳤다. 괴뢰군이 한강을 건널 무렵 한국군의 저항은 형편없이 약화되어 있었다.

무엇보다도 시급했던 문제는 괴뢰군이 한반도 전역을 수중에 넣기 전에 전진 속도를 늦추는 일이었다. 이 목적을 달성할 수 있는 유일한 방법은 소규모라 하더라도 가급적 신속하게 지상 부대를 일선에 배치하여 미국의 지상 부대가 전투에 참가했다는 것을 보여주는 일이었다. 그렇게 되면 적의 사령관이 조심하게 될 것이고 따라서 시간을 벌 수 있을 것이다. 이런 방법으로 시간을 버는 동안 나는 앞으로의 작전 기지로 사용할 수 있는 부산에 부대를 집결시킬 계획이었다.

한국에 부대를 이동시킬 때 가장 중요한 것은 시간이었다. 일본에 있는 선박과 항공기, 기차는 모두 징발되었다. 우선 제24사단의 일부 병력이 공수되었다. 도로에는 장애물을 구축하여 필사적으로 적의 전진을 막았다. 생각할 수 있는 모든 방법을 총동원하여 적을 괴롭히고 적을 기만했는데 이 작전은 매우 효과가 있었다.

비록 그 수는 적었지만 미국의 지상군이 출동하여 적군의 전진을 지연시키자 즉각 효과를 발휘했다. 나는 더욱 확고한 희망을 가질 수 있었다. 적의 사령관은 전진을 멈추고 우리 공군의 폭격으로 교량이 파괴된 강 건너편에서 야포를 운반해오느라고 많은 시간과 정력을 낭비하고 있었다. 그들은 이미 출동한 미국의 병력이나 앞으로도 도착할 증원부대의 병력은 물론이고 미국 지상군의 출동으로 전황에 어떠한 변화가 일어날 것인지 그들은 전혀 알지 못했던 것이다.

예상했던 대로 괴뢰군 사령관은 모험을 하지 않았다. 그는 그의 탱크 부대를 계속 전진시키는 대신 전 병력을 통상적인 전투 방식에 따라 험난한 지형에 배치했다. 이것은 그가 범한 결정적인 과오였다. 이렇게 되자 수적으로 열세인 우리에게 희생을 강요할 수 있었지만 아군은 그 대신 귀중한 시간을 벌 수 있었다. 당시 같이 불리한 상황에서는 시간이야말로 전술을 성공시키는 가장 중요한 요소였다.

미국 지상군이 한국 전선에서 싸운 최초의 며칠 동안 나는 소수

병력을 공수하여 저항 거점을 구축하고 그 주위에 후퇴하는 한국군을 집결시킬 수 있었다. 이것은 적으로 하여금 내가 실제보다 많은 병력을 갖고 있는 것처럼 보이게 하려는 계략이었다. 우리는 이러한 방법으로 10일이라는 시간을 벌 수 있었으며 적이 수원을 주축으로 하는 150마일 전선에 병력을 배치했을 무렵에는 제24사단의 잔여 병력을 데려올 수 있었다. 사단장이던 윌리엄 F. 딘 소장은 내가 일본에서 제1기갑사단과 제25사단을 수송해 올 때까지 적의 진격을 지연시키라는 명령을 받고 있었다. 딘 장군은 고립된 일련의 전투에서 필사적인 전투를 계속했으며 전투에서 사단 병력의 대부분을 잃게 되었다.

사태가 이렇게 되었을 때 적의 사령관은 자기의 판단이 잘못되었음을 알게 되었다. 그는 미국의 대대적인 방어부대에 의해서 전진이 저지되었던 것이 아니라 단지 표면상의 힘의 과시에 의해 그의 전진이 지체되었다는 것을 뒤늦게 알아차린 것이다. 그는 잃어버린 시간의 공백을 채우기 위해 서둘렀으나 이미 때는 늦고 말았다.

그때는 이미 미 제8군을 한국에 완전히 편성해놓고 있었다. 그러나 적은 아직도 병력의 수나 무기의 양과 질에서 우리보다 훨씬 우세한 입장에 있었다. 적은 병력과 무기의 우세한 점을 이용하여 워커 장군이 지휘하는 부대의 중심부에 압력을 가했으며 한편 양쪽 측면에서 돌아서 포위 작전으로 나올 수도 있었다.

7월 7일 나는 워싱턴에 처음으로 증원을 요청했다. 나는 통합참모본부에 보낸 메시지에서 "아군은 매우 적극적이고 잘 훈련되어 있다. 그들은 사령관들의 뛰어난 작전 지휘를 받고 있으며 훌륭한 전술과 전략을 구사하는 직업군과 대치하고 있다. 그리고 완전 병력을 갖춘 5개 사단과 3개 탱크 대대 및 야포부대와 일반 지원부대도 파견해줄 것을 요청한다. 나의 궁극적인 목적은 아군의 제공권과 제해권을 충분히 활용하고 수륙양용작전을 전개하여 적 지상군의 배후를 공격할 예정이며, 만약 소련이나 중공이 개입할 경우에는 새로운 정세로 바뀌겠지만 현재로서 그것은 예측할 수 없는 일이다."라고 말했다.

워싱턴이 내린 결정 사항을 실천하는 데 필요한 병력을 다급하게 요구하는 이 메시지가 워싱턴 당국에 의해서 부결되었을 때 나는 놀라움을 금할 수 없었다. 워싱턴이 나의 요청을 부결하는 이유는 다음과 같았다.

1. 육해공군의 어느 부분을 막론하고 병력의 증가를 불허한다.
2. 세계의 다른 지역에서도 미국은 적절한 군사적 자세를 계속 유지해야 한다.
3. 선박이 부족하다.

이 회답은 구태의연하고 그릇된 '우선순위의 원칙'이었다. 이 우선순위에 따르면 극동은 최하위를 차지하고 있었던 것이다. 이 원칙 때문에 우리가 필리핀을 잃어야 했으며, 결과적으로는 일본의 패망을 지연시켰다는 사실만으로도 놀랍기 짝이 없는 일이었으며 더욱 기가 막힌 것은 이러한 결정을 내리게 된 상황이 제2차대전 당시와 한국전쟁 초기와는 판이하다는 것을 알아야 한다. 두말할 필요도 없이 제2차대전 중에는 미국이 유럽에서 싸우고 있었지만 지금은 그렇지 않았다. 이런 것은 군사 전문가가 아니더라도 동유럽에서 소련군의 배치는 공격 위주가 아니라 방위 위주라는 것쯤은 쉽게 판단할 수 있는 사실이다. 나는 또다시 요구했으나 이번에도 기각되었다.

유엔 안전보장이사회는 7월 7일, 한국에 통합된 군사령부를 설치할 것을 명했다. 동시에 유엔의 작전을 대행하게 된 미국이 통합사령부의 사령관을 임명하게 되었다. 이튿날 트루먼 대통령은 나를 유엔군 총사령관으로 임명하고 아직 유엔에는 가입하지 않았지만 대한민국의 이승만 대통령도 이것을 승인했다.

7월 8일, 나는 일본의 자위대 병력을 약 10만 명으로 증가시키는 것을 허가하는 한편 나의 지휘하에 한국군을 편입시킴으로써 미군 부대의 병력을 완전히 보충했다. 이것은 위급할 때 서로 돕는 이른바 버디 시스템(buddy system, 전우 제도)으로 큰 성공을 거둘 수 있었다. 나의 증원 요청에 대해서 워싱턴 당국은 전쟁도 없는 독일에 병력이 필요하다는 이유로 적은 병력밖에 보내주지 않았으나 현지 정부는 태평양 전쟁 때나 마찬가지로 있는 힘을 다하여 나의 노력을 지원해 주었다.

내가 유엔군 사령관으로 임명된 사실이 미국에서는 일반적으로 호감을 가지고 받아들여졌었다. 물론 좌익계의 상투적인 소란은 없었지만 나는 〈뉴욕 타임즈〉지에 실린 다음과 같은 사설을 읽고 매우 고맙게 생각했다.

"한국에서 전해오는 뉴스를 열심히 주시하고 있는 미국 국민으로서 무엇보다도 만족스럽고 믿음직스런 일이 있다면 그것은 더글러스 맥아더가 일선 지휘관으로 임명되었다는 사실이다. 미국 국민의 신임을 무조건 누릴 수 있는 사람으로서 맥아더 장군보다 훌륭한 자격을 가진 사람을 고르기는 힘들 것이다.

맥아더 장군은 뛰어난 전략가인 동시에 영감에 찬 지도자이며, 그 어떤 역경 속에서도 무한한 인내와 침착한 안정을 지닐 수 있는 분이며 대담하고 결정적인 행동을 취할 수 있는 사람이다.

그는 오랜 세월을 동양에서 보낸 관계로 동양에 대한 경험이 풍부하며 조직과 보급의 기본 원리에 밝고 자기의 조국뿐만 아니라 태평양 전역에 걸쳐서 그 명성을 떨치고 있으므로 이런 모든 것은 그가 유엔군 총사령관으로서의 직책을 수행하는 데 헤아릴 수 없는 가치를 부여하게 될 것이다.

미국의 가정에서는 조국에 봉사할 수 있는 능력은 이미 충분히 입증하고도 남은 도쿄에서의 훌륭한 봉사야말로 트루먼 대통령과 유엔 안전보장이사회가 그에게 맡긴 임무를 성공적으로, 그리고 또 명예롭고 효율적으로 수행할 것으로 확신하게 될 것이다. 그리고 인명과 노력의 낭비없이 직책을 완수할 수 있는 가장 훌륭한 적임자임을 확신하고 있을 것이다."

이러한 찬사에 어긋나지 않게끔 일하기란 어려울 것이라는 생각이 들기도 했다. 그 당시의 전황이 예측을 불허했던 것은 사실이지만 신문 보도는 종종 실제보다 훨씬 나쁘게 보도하는 경우도 있었으므로 나는 다음과 같은 해명서를 발표하지 않을 수 없었다.

"군부대의 검열이나 종군기자들의 행동을 부당하게 제한하는 것을 회피한다는 것은 아마도 현대전(現代戰)에서 처음 시도하는 실험일 것이다. 전투행위의 보도는 언제나 무시무시하고 불쾌하며 전투장면의 광경이나 포성 또는 폭음에 익숙하지 못한 사람들에게는 긴장감을 주는 것이 보통이다.

부상자나 정신적인 충격을 받은 사람으로부터 입수한 과장된 이야기는 전황이 왜곡되거나 잘못 묘사되어 전해지기 쉽다.

과장된 보도의 가장 대표적인 예는 완전히 섬멸되었다고 보도된 제34보병연대의 소위 잃어버린 대대에 관한 이야기이다. 실제로는 전사 2명, 부상 2명, 실종 12명뿐이었다. 미국의 지상 부대는 한국전을 통하여 가장 교묘하고도 영웅적인 지연작전과 후위작전을 전개하고 있다. 평소에 그들이 받은 훌륭한 훈련은 지금 그들이 작성하고 있는 전투기록에 잘 반영되어 있다. 그들은 어떤 때는 20대 1이라는 압도적으로 우세한 적과 싸우면서도 그들이 입은 피해보다 훨씬 큰 희생을 적에게 입혔다.

미군 부대들은 북한 괴뢰군들이 파놓은 돌파구를 틀어막는 데 성공했으며, 만약 그렇게 하지 않았더라면 괴뢰군은 이미 훨씬 전에 남한을 완전히 석권하고 말았을 것이다. 그러나 우리 지상 부대의 선전으로 우리는 증원부대를 전방으로 신속하게 이동시킬 수 있는 시간을 벌 수 있었던 것이다. 아군은 적의 병력과 무기의 상대적인 우세를 매일 경감시키고 있다."

이틀 후에 나는 시카고 〈선 타임즈〉의 편집국장으로부터 편지를 받았다. 그는 그 편지에서 자기가 관계하고 있는 신문은 자율적인 검열제도를 실시하기로 결정했다고 말했다. 이것은 자유로운 언론은 자유로운 사회에 대하여 완전한 책임을 져야 한다는 것을 다시 한번 표명한 것이었다.

7월 20일이 되자 전투에 소규모 병력을 투입하는 시기는 끝나버렸다. 압도적으로 우세한 적의 무력 앞에서 고통스런 후위전을 전개하면서 후퇴하는 작전과 공간에 대하여 시간을 벌려는 싸움도 드디어 승리로 끝났던 것이다.

한강의 방위선을 돌파한 적은 한국을 석권할 수 있는 계획과 기회를 가지고 있었다. 그것은 유엔군측에게 충분한 방위력과 공격력을 준비할 시간 여유를 주지 않고 빠른 속도로 전진을 계속하는 것이었다. 그러나 적은 일본에 있는 제8군을 한국에 배치하여 적의 진격을 저지시킨 그 놀라운 속도로 기회를 상실하고 말았다.

한강의 방위선을 돌파했을 때만 해도 승리의 길은 완전히 열려 있었고 승리는 이미 적의 수중에 들어간 것처럼 보였었다. 가능한 모든 수송 수단을 다 이용하여 소규모의 미군 부대를 일본에서 한국으로 이동시키기로 결정한 것은 하나의 궁여지책에 지나지 않았지만 그 당시 수습할 수 있는 유일한 희망이었던 것이다.

이 결정이 내려진 뒤에 미국의 지상군 부대가 위에 말한 전략의 기본개념에 따라 지연작전을 계속하면서 보여준 기술과 용기는 공군과 해군의 완전무결한 지원작전과 더불어 적으로 하여금 병력 배치와 정면공격, 보급의 혼란을 겪게 했던 것이다. 결과적으로 적의 진격과 공격을 약화시킴으로써 우리는 안전하게 기지를 확보할 수 있는 귀중한 시간을 벌 수 있었다. 시급한 문제가 해결되자 우리는 앞으로의 작전은 우리 마음대로 결정할 수 있게 되었다. 이제 우리는 한국을 확보할 수 있게 되었으며 적의 압도적인 우세에도 불구하고 비교적 적은 희생자밖에 내지 않았다.

4. 휘청거리는 대만 정책

나의 군사면에서의 책임 지역이 대만과 팽호 제도까지 확대되었으므로 7월 하순에 대만을 방문하여 방위 능력을 살펴볼 필요가 있었다.

이때 토의한 문제 중에 자유중국이 한국에 부대를 파견하여 유엔군과 행동을 같이 하겠다는 제의가 즉석에서 있었다. 그러나 관련된 사람들의 일치된 견해는 그 당시 그와 같은 행동을 취하는 것은 대만의 방위를 마비시킬 우려가 있으므로 그 제의를 받아들여서는 안 된다는 것이었다. 적성국가가 대만을 공격한다면 이에 대처하는 보다 효과적인 방법이란 내 휘하에 있는 미군부대와 자유중국군 사이의 효율적인 협조 관계를 유지하는 데 있다는 의견의 일치를 보고 이에 필요한 조치를 끝냈다.

나의 견해로는 대만에 대한 공산군의 공격 가능성은 희박했다. 나는 제2차대전 때의 전우인 장개석 총통을 만나는 것이 큰 기쁨이었다. 공산주의자들의 지배에 저항하려는 그의 굽힐 줄 모르는 결의에 나는 매우 감탄했다.

그런데 내가 대만을 방문하여 장개석 총통을 만났다는 것이 말썽을 일으켰다. 항상 나를 비난하는 자들이 소련과 중공에 대한 유화정책을 주장하는 유엔의 일부 인사들과 함께 나에게 반기를 들고 떠들어대는 것은 이해할 수 있는 일이었다. 그러나 미국 내에 있는 일부 그룹까지 나를 공격하는 데는 놀라움을 금할 수 없었다. 나의 대만 방문이 정치적으로 해석된다거나 또는 바람직하지 못하다고 생각할 것이라고는 여겨지지 않았다. 나는 다만 군사 정세에 관한 나 자신의 평가를 하고 싶었을 뿐이었다. 무책임한 욕심은 미친 사람들의 행동 같았으며, 그들의 왜곡된 해석은 분명히 악의에 찬 것이었으므로 나는 다음과 같은 해명서를 냈다.

"내가 대만을 방문한 것에 대하여 그릇된 해석이나 발언이 너무 많았다. 현재와 같이 중요한 시기에 그 내용을 시정할 필요를 느껴 해명한다. 내가 대만을 방문한 것은 미국 정부 및 자유중국 정부의 해당부처 사이에 사전에 협의되고 정식 절차를 마련하여 이루어진 것이었다.

내가 대만을 방문한 목적은 전적으로 군사 문제에 국한한 것이며, 나는 이 사실을 방문을 마친 후 공식 성명을 통하여 발표했었다. 또한 그것은 미국 대통령의 지시에 따라 대만에 대한 군사적 폭력 행위를 방지하는 문제로 국한시켰으며 대통령의 지시를 실천에 옮기는 것은 나의 책임이기도 하다.

그것은 정치 문제와는 아무런 관계가 없으며 따라서 정치 대표를 동반하자는 제의를 한 사람은 아무도 없었다. 자유중국 정부의 장래에 관한 문제나 중국 본토의 사태 진전이나 나의 군사적 책임 범위 이외의 문제는 토론도 되지 않았고 언급된 일도 없었다.

나의 대만 방문에 대한 완전한 보고서는 여행이 끝난 직후 워싱턴에 제출한 바 있다. 그러나 나의 방문 결과에 대해서 과거 태평양 지역에 있어서의 패배주의나 유화정책을 제창해온 일부 인사들은 악의적으로 중상하고 있다.

나는 미국의 국민들이 간사스런 암시나 무모한 억측, 출처가 불분명한 대답, 그릇된 발언에 오도되지 않기를 바란다. 그와 같은 암시나 억측, 또는 발언들은 현지에서 1만 마일이나 떨어져 있는 미국인 또는 외국인에 의해서 무책임하게 퍼뜨려진 것이다. 설사 이것이 고의적인 획책은 아니다 하더라도 지금처럼 세계적 위기에 처해 있는 미국의 기관이나 대표자들 사이의 행동 통일을 파괴하고 상호간의 신뢰를 파괴할 우려가 있다는 점을 명심하기 바란다."

미국의 행정부는 동양에서 미국의 위신이 날이 갈수록 악화되고 있다는 사실에 놀랐으며 트루먼 대통령은 다음과 같은 성명을 발표하기에 이르렀다.

"공산주의자들이 대만을 점령하게 되면 태평양 일대의 안전과 이 지역에서 합법적이며 필요한 임무를 수행하고 있는 우리 군대에 대한 직접적인 위협이 될 것이다."

나는 트루먼 대통령으로부터 다음과 같은 메시지를 받았다.

"나의 지시로 보좌관 애버릴 해리먼 대사가 극동의 정치 정세를 장군과 토의하기 위하여 8월 4일 워싱턴을 출발하여 도쿄로 갈 것입니다. 회담 결과는 이곳에서 발표할 것입니다. 안녕히 계십시오."

이리하여 트루먼 대통령은 해리먼을 도쿄에 보냈다. 그 목적은 극동의 정치 정세를 살펴서 대통령에게 보고하는 것이었다. 해리먼과 나는 오래 전부터 사귀어온 친구이며 내가 웨스트포인트의 교장으로 있을 때는 턱시도 근처의 사냥터에서 함께 오리 사냥을 한 적도 있었다.

도쿄에 온 해리먼은 매사에 극히 조심스러웠으며 발언에 신중을 기했다. 나는 해리먼으로부터 몇 가지 분명한 정보를 얻을 수 있었다.

1. 미국은 어떤 확고하고 포괄적인 극동 정책을 갖고 있지 않다.
2. 워싱턴에서는 외국의 영향, 특히 영국의 태도에 매우 강력한 영향을 받고 있다.
3. 공산주의자들에게 공세를 증대시킬 관심이 별로 없다.
4. 미국은 공산주의자들의 의도를 분쇄하는 것만으로 만족하고 있으며, 이에 대하여 미리 대응 조치를 서두를 필요를 느끼지 않고 있다.
5. 한국에서와 마찬가지로 대만이 공격을 받을 경우에 한해서만 이를 방어할 것이다.
6. 트루먼 대통령은 장개석 총통을 싫어하고 있다. 누구라도 장개석 총통의 편을 들면 대통령의 미움을 살 것이다.

해리먼 대사와 회담을 마치고 나자 나는 워싱턴의 고위 당국자들이 극동 정세에 관하여 전혀 모르거나 과소평가하고 있는 것은 아닌가 하는 불안과 우려를 갖게 되었다.

8월 17일, 나는 해외원정 재향군인회 총사령관으로부터 다음 연차 야영대회에서 낭독할 메시지를 보내 달라는 부탁을 받았다. 나는 전에도 여러 단체에 메시지를 보낸 일이 있었으므로 이것을 하나의 관례적인 것으로 생각했었다. 나는 이 메시지에서 대만이 차지하는 전략적인 중요성과 태평양 지역에서 미국의 방위 태세와의 관계에 대해서 나의 개인적인 의견을 피력했었다. 거기에는 전혀 아무런 정치적 의도도 개재되어 있지 않았다. 나는 야영대회가 열리기 10일 전, 육군성을 통하여 이 메시지를 발송했다. 육군성 관리들은 분명히 나의 메시지에서 반대할 만한 내용을 발견하지 못했었다. 그것은 트루먼 대통령이 발표한 대만 정책을 완전히 지지하는 내용이었으니까. 그 중 한 구절을 인용해보면 다음과 같다.

"지난 6월 27일에 발표된 트루먼 대통령의 결정은 꺼져가는 등불에 새로운 불을 붙여 아시아 전체를 비치게 했다. 그것은 극동의 자유를 위한 투쟁에서 하나의 초점인 동시에 전환점을 마련한 것이다. 대통령의 결정은 현지에서 멀리 떨어져 있는 많은 사람들을 혼란과 당혹 속에 빠지게 한 위선과 궤변을 깨끗이 없애주었다."

이 메시지를 보낸 1주일 후 해외 원정 재향군인회에 보낸 나의 메시지를 철회하라는 미국 대통령 명의의 전문을 받았다. 그 이유는 미국의 대만 정책과 상치되는 점이 많이 있다는 것이었다. 나는 매우 놀랐다. 그 메시지의 사본을 다시 갖고 오게 하여 재삼 검토해보았으나 대통령의 정책과 일치되지 않는 부분은 발견할 수 없었다. 나는 다음과 같은 회답을 보냈다.

"나는 대통령의 정책을 전적으로 지지하는 방향으로 매우 조심스럽게 메시지를 작성했었다. 내가 언급한 사항들은 대통령의 선언을 지지하기 위하여 쓴 것이며 다르게 해석될 수 있는 부분은 없다. 이것은 순전히 나의 개인적인 견해이며 그 주제는 이미 전에도 모든 서클이나 정부나 개인이 국내에서나 국외에서 자유롭게 토론되어 왔던 것과 내용이 완전히 일치하고 있다."

나는 현재까지 내가 한 말이 정반대로 해석될 수 있도록 만들어 대통령을 기만한 자들이 누구인지 알지 못한다. 대통령의 정치 고문들이 군사적인 전략가 노릇을 하고, 군사 고문들이 정치가 행세를 하지 않았는지 모른다.

이틀 후인 8월 30일, 나는 대통령이 직접 보낸 다음과 같은 서신을 받았다.

"본인이 8월 25일자로 트리그브 유엔 사무총장에게 전달하기 위하여 유엔 주재 미국 대사 워렌 오스틴에게 보낸 서신의 사본이 참고가 된 것 같아 동봉합니다. 이 사본을 보면 8월 26일 해외원정 재향군인에게 보낸 장군의 메시지를 철회하도록 지시한 이유를 이해할 것입니다."

대통령이 동봉한 사본에는 다음의 7개 항목이 포함되어 있었다.

1. 미국은 중국의 영토를 침해한 사실이 없으며 중국에 대하여 침략 행위를 한 일도 없다.
2. 대만에 대한 미국의 행동은 그 섬과 본토가 분규를 일으키고 있는 시기에 취한 것이다. 이 분규는 중국 공산당국자들의 공개 선언으로 더욱 심각해질 우려가 있었다.
3. 미국의 행동은 대만 및 본토에 있는 군사 세력을 다같이 중립화시키려는 것이다. 미국은 대만에 대하여 어떤 야심도 없고 미국을 위하여 어떤 특별한 지위를 획득할 목적도 갖고 있지 않다.
4. 미국은 장차 대만의 정치적인 해결에 관한 아무 선입견없이 행동을 취했다는 것을 명백하게 밝힌 바 있다. 현재 대만의 지위는 그것이 태평양에 있어서 연합군이 승리한 결과 일본으로부터 탈취한 영토라는 점이다. 같은 성격의 다른 영토와 마찬가지로 이 섬의 법적 지위는 그 장래를 결정하는 국제적인 조치가 이루어질 때까지는 확정될 수 없다. 중국 정부는 연합국측 요청으로 대만에 있는 일본군으로부터 항복을 받았으며 현재 중국 사람들이 이 섬에 머물고 있는 이유도 바로 여기에 있다.
5. 역사적으로 미국은 중국에 대하여 우호 관계를 유지해온 기록을 갖고 있다. 미국은 현재까지도 중국에 우정을 느끼고 있으며 몇 백만의 중국인들이 이에 보답하고 있다는 사실을 알고 있다.
6. 미국은 유엔이 대만 문제에 관하여 고려할 것을 환영한다.
7. 현재 대만은 매우 평온하며 누군가 무력에 호소하지 않는 한 계속 평온 상태를 유지할 것이다. 만약 안전보장이사회가 대만 문제를 조사하기를 원한다면 미국은 이를 지지하고 협력할 것이다.

이 사본에서 주목해야 할 것은 제4항에 표시된 기본 전체가 사실과는 다르다는 점이었다. 1943년 12월 1일, 카이로 회담에서 미국의 루스벨트 대통령, 중국의 장개석 총통 및 영국의 처칠 수상은 세 나라 사이의 합의사항에 각자 서명하고 이른바 카이로 선언을 발표했었다. 다음은 그 합의사항의 일부이다.

"1914년에 시작된 제1차 세계대전 이후 일본이 태평양 지역에서 탈취, 또는 점령한 모든 섬들을 일본으로부터 박탈하며 일본이 중국으로부터 탈취한 만주, 대만 및 팽호제도(膨湖諸島) 같은 영토는 중화민국에 반환하는 것이 미국, 중국 및 영국의 목적이다."

이 카이로 선언의 조항만이 제2차 세계대전이 끝났을 때, 대만을 중국에 돌려준 유일한 이유가 되는 것이다. 대만을 누가 소유하느냐 하는 문제를 새삼스럽게 해결할 필요는 없으며 미국에 관한 한 중화민국은 카이로에서의 합의사항에 따라 대만을 돌려받았을 뿐이다. 대만의 전략적 중요성에 관한 나의 견해는 합동참모본부도 지지하고 있었다. 9월 1일, 그들은 대만의 처리 문제는 장차 있을 외상회의 때 정치적 흥정에서 제외할 것을 건의했다. 즉 그들은 다음과 같이 질의했었다.

"공산주의자들이 대만을 지배할 경우 전략적인 결과는 미국의 안전에 매우 해로우므로 합동참모본부의 견해로는 미국이 대만의 처리에 대해서 유엔의 어떤 위원회나, 기관의 결정이나, 권고에 맡기는 것을 허용해서는 안 된다."

그러나 제2차 대전 때 우리의 맹방이던 자유중국에 대한 압력은 그칠 줄 몰랐다. 그러한 압력은 전쟁이 끝난 직후부터 나타나기 시작했다. 앞에서도 언급한 바와 같이 공산주의자들은 '농지개량주의자'에 지나지 않는다는 주장이 그 대표적인 예이다. 그러나 이 주장보다 더 비통한 웃음거리는 없을 것이다.

이러한 주장은 마샬 장군이 저지른 비극적인 과오로서, 미국의 위신을 이용하여 장개석 총통에게 공산주의자들과 연립 정부를 수립하도록 압력을 가했을 때 가장 큰 힘을 얻었음은 말할 것도 없었다. 그것은 또 내가 트루먼 대통령의 대만 방위에 관한 명령을 자유중국과 미국이 군사적 유대를 강화함으로써 실천에 옮기려고 노력했을 때 가장 두드러지게 표면화되었다.

자유중국에 대한 압력은 여러 가지 형태로 나타났다. 우선 장 총통의 정부가 부패했다는 주장이 그 하나였다. 어찌된 셈인지 국민당 정부도 공산당의 경찰 국가보다도 더욱 나쁘다는 것이 그들의 주장이어서 그것이 어떠한 정부이든 정권이 바뀌기만 하면 만사가 잘 풀려나갈 것이라는 생각이었다. 나는 그들이 일본과 싸울 때는 장개석 정부와 손을 잡으면서 공산당과 싸울 때는 왜 그와 손을 잡지 않았는지 석연치 않았다. 그러나 내가 머지 않아 공직에서 추방되는 것은 시간 문제라는 것은 분명했다.

8월 20일, 북한 괴뢰군들이 우리 포로들에게 잔학행위를 자행하고 있어서 나는 적측의 총사령관에게 다음과 같이 통고했다. 만행을 중지하도록 즉각 지시하지 않으면 적의 모든 지휘관들에게 전쟁 법규와 관례에 따라서 형사적 책임을 묻겠다고 경고했다.

이때부터 잔학행위는 현저하게 줄어들었고 적의 포로 취급도 많이 개선되었다.

일본 항복 제5주년을 맞이하여 나는 연합군 총사령관으로서 일본 국민에게 다음과 같은 성명을 발표했다.

"세계의 모든 나라들이 평화를 회복하고 유지하려는 엄숙한 조약을 체결한 지도 어언 오 년이 경과했다. 그때 모든 사람들은 새로운 희망과 결의를 가지고 목적과 이해를 같이하며 보다 높은 인도적, 정신적 이상을 공동으로 추구하는 기준에 입각하여 관계를 구축할 것을 기대했었다. 주요 강대국들이 유사 이래 저주의 대상인 무책임한 군국주의를 지구상에서 추방하겠다는 결의를 표명함으로써 새로운 희망이 싹텄었다.

그런데도 이 희망은 아직도 실현되지 못했다. 일본의 군국주의는 일본 국민의 자발적이고 헌신적인 노력으로 추방되었으며 현재로서는 토론의 대상도 되지 않고 있지만 다른 지역에서는 제국주의적 군국주의가 갖가지 가면을 쓰고 비참한 비극을 낳고 있다. 이 잔혹하고 무자비한 공격 앞에 많은 사람들은 생명을 잃고 노예화의 공포가 지구를 뒤흔들고 있다.

극단적인 선악의 대립 세력이 서로 충돌하고 의혹과 불안한 공기가 만연한 가운데서도 일본 국민은 냉철한 이성과 의연한 결의를 보여주었으며 일본은 자유국가의 일원이 될 자격이 충분한 정치 개혁, 경제 부흥 및 사회적 발전을 이룩하였다. 전쟁의 참담한 폐허 속에서도 일본은 개인의 자유와 존엄성을 존중하는 고매한 정신이 구축되었으며 정치도의와 자유로운 경제 활동, 사회 정의의 발전을 약속하는 대의제도에 입각한 정치 제도를 갖게 되었다.

이렇게 변모한 일본은 앞으로 아시아의 동향에 큰 영향을 줄 것이라는 기대를 갖게 한다. 점령의 기본 목표는 이미 달성되었다. 정치적, 경제적, 사회적으로 평화적인 일본은 세계의 기대에 어긋나지 않을 것이다."

나는 이 메시지를 쓰면서 이것이 내가 일본 사람들에게 보내는 마지막 메시지가 될지도 모른다는 예감이 들었다.

9월 18일, 나는 존 F. 덜레스 씨로부터 다음과 같은 서신을 받았다.

"우리는 대일 강화조약 문제에 관하여 많은 진전을 보았으며 국무성과 국방성은 사무 절차와 일반적인 목표에 관하여 의견 일치를 보게 되었습니다. 뉴욕에서 곧 열리게 될 외상회의와 유엔 총회를 계기로 하여 장차의 절차 문제에 관하여 우방 국가들의 견해를 비공식적으로나마 타진해볼 수 있을 것입니다.

워싱턴에 있는 우리가 내린 결론은 장군이 존슨 국방장관과 본인에게 보낸 견해와 일치하고 있으며 장군의 견해 표명으로 우리가 건설적인 진전을 볼 수 있는 자리가 마련되었다고 여겨집니다.

유엔 총회의 성격에 비추어볼 때 2, 3개월 안에 공식적으로 큰 진전을 기대하기는 어려우리라 믿습니다. 그러나 여하튼 유익한 예비 작업이 이루어지리라는 것은 확실합니다. 머지 않아 국무성에서 장래의 조처에 관하여 장군과 협의차 도쿄로 사람을 보낼 것입니다.

장군께서 새로운 임무를 훌륭하게 수행하고 계신데 대하여 심심한 경의를 표하면서 이만 줄입니다."

5. 인천 상륙작전

8월에도 북한 괴뢰군의 아군에 대한 무자비한 공격은 반복되었다. 그러나 지리멸렬했던 한국군은 다시 편성되어, 비록 적은 수였으나 제1, 제3, 제6, 제8사단 및 수도사단 등 5개 사단이 워커 장군의 지휘 아래 분전했다. 미국 제1해병사단의 1개 여단도 미8군과 합류했다. 아군은 계획에 따라 대전에서 철수하여 낙동강 전투에 대비하게 되었다. 4일간 영동에서 치열한 전투 끝에 수적으로 우세한 적군 부대는 우리 진지를 돌파하여 우리는 부산 주변의 교두보 근처까지 철수해야 했다.

괴뢰군은 일선에 13개 사단의 병력을 투입하고 있었다. 그들은 부대를 계속 옆으로 전개시키면서 싸우지 않고 대대 병력이나 연대 병력을 배치하여 도로와 산의 산길에 대한 탐색전을 벌였다. 그리고 아군 진지를 포위하려고 시도했다. 한 때 이러한 그들의 노력은 성공할 것처럼 보이기도 했다. 세계의 예언자들은 '아시아의 덩케르크'가 재현되는 것은 아닌가 하고 불길한 예측을 하기도 했다.

적군의 보급품과 증원부대는 그 양이나 운반되는 형태로 보아 만주와 시베리아에서 막대한 양을 보내고 있음을 알 수 있었으며 우리의 계속적인 폭격과 기총소사에도 불구하고 이들 물자는 서울을 경유하여 전선에 도착하고 있었다. 이들 물자의 수송은 주로 밤에 이루어졌다. 파괴된 교량이나 도로를 보수하는 재간도 놀랄 만했다.

북한으로부터는 새로운 사단과 탱크 여단이 속속 도착했다. 보급품, 식량, 탄약을 쉴새 없이 기차로 트럭으로 마차로 그리고 짐꾼이 지고 일선으로 수송되고 있었다.

그러나 배수의 진을 친 워커 장군은 놀라운 기술과 용기를 총동원하여 적의 전진 속도를 걸어가는 정도로 늦추어 놓았으며 8월 말까지는 상당히 안정된 방위선을 구축하는 데 성공했다. 워커 장군은 부하들에게 방위선을 사수하라는 명령을 내렸다.

일본의 자위대 10만 명을 소집하는 작업도 완료되었고 소련의 기습작전에 의한 공격으로부터 일본을 방위하는 계획도 순조롭게 진행되었다. 일본 방위대는 질서정연한 행동으로 미국에 대하여 절대적인 충성을 보였으며 우리의 공군과 해군 부대들은 적의 저항을 받지 않게 되었다. 나는 드디어 최후의 대공격을 가하려는 계획을 실천에 옮기기로 했다.

개전초 내가 한강의 둑 위에서 하나의 가능성으로 꿈꾸던 일이 이제는 확실한 형태로 구체화하기 시작했던 것이다. 적의 측면과 후방을 깊숙이 공격함으로써 적의 보급로를 완전 차단하고 서울 이남의 적을 완전히 포위하려는 작전이었다. 나는 과거에도 이와 비슷한 결정을 내린 적이 있었지만 이번의 경우처럼 위험을 수반하거나 작전이 성공할 경우 결정적인 승리를 약속한 예는 한 번도 없었다.

나는 서울에서 서쪽으로 약 20마일 거리이며 남한에서는 두 번째로 큰 항구인 인천을 공격 목표로 삼았다. 그리고 공격 개시의 시기는 인천의 큰 간만의 차를 고려하여 9월 중순으로 결정했다. 따라서 인천 상륙작전은 현대전의 다른 어떤 수륙양용 작전보다 빠른 속도로 완수하지 않으면 안 되었다. 7월 23일, 나는 워싱턴에 다음에 같은 전보를 쳤다.

"9월 중순으로 예정된 작전은 2개 사단 병력으로 적의 후방에서 수륙양용 작전을 감행하고 제8군에 의한 남쪽에서의 공격과 병행하여 적군을 포위, 괴멸시키는 것을 목적으로 한다. 적의 후방에 신속하고

제9장 한국 전쟁　189

강력한 공격을 가하면 적의 주요한 통신망과 보급망이 차단되어 적에게 결정적인 타격을 줄 수 있을 것으로 확신한다. 만약 이러한 계획을 채택하지 않고 정면 공격만 계속한다면 시일이 지연될 뿐 아니라 매우 값비싼 희생을 치르게 될 것이다."

나의 계획은 워싱턴에 있는 영향력이 큰 고위층 인사들의 반대에 부딪쳤다.

이 계획의 핵심은 방대한 수륙양용 작전에 의존하는 것이었는데 합동참모본부 의장인 오머 브레들리 장군은 이러한 작전은 시대에 뒤떨어진 작전이며 두번 다시 성공할 수 없다는 견해를 가지고 있었다. 그는 일찍이 해병대를 포함한 모든 해군 장병들을 가리켜서 '팬시 댄스(Fany Dans)' 즉 멋밖에 모르는 녀석들이라고 불러서 센세이션을 불러 일으킨 사람이었다. 트루먼 대통령도 해병대를 3군의 일익을 담당하는 주요한 부대로 사용하는 것을 찬성하지 않았다. 그는 캘리포니아 주 출신인 맥도너 하원의원에게 보낸 서신에서 다음과 같이 말한 적이 있었다.

"해병대는 해군의 정찰대에 지나지 않으며 내가 대통령으로 있는 한 다른 목적에는 사용하지 않을 것이다. 그들은 스탈린의 선전기관과 맞먹을 만한 선전기관을 가지고 있다."

3주 동안 침묵을 지키고 있던 합동참모본부는 전문으로 나에게 육군참모총장 콜린즈 대장과 해군 작전부장 포레스트 셔먼 제독이 이 작전 계획에 관하여 나와 협의하기 위하여 도쿄로 갈 것이라고 알렸다. 그들이 도착하자마자 취한 행동은 그들의 이번 여행 목적이 이 문제를 토의하려는 것이 아니라 내가 이 계획을 포기하도록 설득하려는 것이 분명했다.

8월 23일, 나는 이 문제를 토의하기 위한 전략회의를 도쿄의 다이이치 빌딩에서 개최했다. 이 회의에는 콜린즈 대장과 셔먼 제독을 위시하여 해병대 사령관 셰퍼드 중장, 나의 공군 사령관 스트랫매이어 장군, 참모장이며 장차 인천 상륙작전에 참가할 제10군단장을 맡게 될 아몬드 장군, 해군 사령관 조이 제독, 함대사령관 스트러블 제독, 수륙양용 작전의 전문가인 제임스 T. 독일제독, 그리고 참모들과 보좌관들이 참석했다. 이들은 명실상부한 은성(銀星)의 성좌를 이루고 있었다.

1944년, 루스벨트 대통령과 니미츠 제독이 참석한 진주만 회담 때처럼 해군이 먼저 그들의 입장을 설명했다. 해군측 브리핑을 담당한 참모는 두 가지 요소, 즉 조수와 지형이 인천 상륙을 극히 위험한 것으로 만들고 있다고 했다. 그는 해군이 수로학(水路學)적으로 조사한 인천만의 간만의 차를 참고로 제시했다. 이에 의하면 인천의 간만의 차는 평균 20.7피트로서 세계에서도 가장 큰 것 중의 하나였다. 잠정적으로 상정한 침공일의 간만 차는 달의 위치에 영향을 받아 30피트 이상이 될 것이다. 인천의 조수가 완전히 빠질 때는 과거 몇 세기 동안 황해에서 밀려와 쌓인 진흙이 곳이 따라서는 부두에서 2마일까지 뻗쳐 있다. 그리고 조수가 밀려올 때와 빠질 때 이 항구로 들어가는 가장 좋은 루트는 날치해협(Flying Fish Channel)으로 조수가 6노트의 속력으로 드나든다. 가장 조건이 좋은 경우에도 이 날치해협은 좁고 꾸불꾸불하다. 이 해협은 적이 기뢰를 부설하기에 가장 좋은 곳일 뿐 아니라 만약 그 중에서도 취약한 지점에 배가 침몰하는 경우에는 다른 배들이 이 해협을 통과하지 못하게 된다.

해군측 전문가들은 설명을 계속했다. 예정된 공격일에 최초의 밀물은 아침 6시 55분에 있고 오후는 해가 진 후 35분 후인 7시 19분에 있을 예정이다. 썰물이 있는 두 시간 뒤에는 공격용 주정의 대부분이 인천항의 진흙수렁에 빠져버려 다음 밀물이 밀려와서 그들이 다시 바닷물 위에 뜰 수 있을 때까지는 괴뢰군 해안 포대의 좋은 공격 목표가 될 것이다. 실질적으로는 수륙양용부대가 월미도를 공략하거나 무력화시키는 복잡한 임무를 두 시간 이내에 완료하지 않으면 안 된다. 월미도는 표고 350피트의 매우 요새화된 섬이며 인천항을 한눈에 내려다볼 수 있으며 육지와는 긴 인도(人道)로 연결되어 있다.

또 이 임무를 성공적으로 완수할 수 있다 하더라도 오후의 밀물과 곧 닥쳐올 저녁의 어둠 때문에 공격 부대가 상륙하여 그날 밤을 보낼 수 있는 교두보를 확보하고 아침까지 적의 반격을 견뎌내며 필요한 물자를 양육하는 데 필요한 시간은 불과 두 시간 반밖에는 없다. 그뿐 아니라 상륙용 주정은 최초의 공격 부대로 상륙시키고 난 후에는 다음 날 아침, 밀물이 들어올 때까지 진흙에 빠져 꼼짝도 못 하게 된다. 그리고 상륙부대는 인천시의 중심부에 상륙해야 하는데 도시의 모든 건물은 적의 강력한 저항 거점으로 변할 소지가 충분히 있을 것이라는 것이 해군측 견해였다. 브리핑을 듣고 난 셔먼 제독은 다음과 같이 결론을 내렸다.

"인천은 해군의 작전상 모든 지리적 핸디캡을 골고루 갖추고 있군."

이번에는 육군 참모총장 콜린즈 장군이 그의 의견을 말했다. 그의 말에 의하면 인천은 현재의 작전 지역에서 거리가 너무나 먼 후방에 위치하고 있어서 우리가 필요로 하는 즉각적인 타격을 적에게 주기 어렵다. 이처럼 대대적인 기동 작전을 제한된 자원으로 완수하려면, 그렇지 않아도 고전 중인 워커 장군의 방위선에서 제1해병여단을 빼돌려야 한다. 그렇게 하면 워커 장군의 방위선을 더욱 위태롭게 하는 결과가 된다고 했다. 결국 콜린즈는 내가 서울을 탈환한다 하더라도 남쪽에 있는 워커와 연락을 취할 수 있을지 반신반의하는 정도가 아니라 사실상 믿으려 하지 않았다. 뿐만 아니라 그는 내가 서울 지역에서 압도적으로 우세한 적의 공격을 받아 치명적인 패배를 맛볼지도 모른다고 했다.

콜린즈 총장은 인천 상륙계획은 포기하고 서해안의 군산항에 상륙할 것을 제안했다. 이 항구는 훨씬 남쪽에 있는 데다가 인천항이 갖고 있는 장애물은 거의 갖고 있지 않았다. 이때 셔먼 제독은 콜린즈 총장의 의견에 찬의를 표하고 나에게 인천을 포기하고 군산을 택하도록 종용했다.

셔먼과 콜린즈가 말을 끝내자 나는 잠시 생각을 가다듬기 위하여 침묵을 지켰다. 방 안에는 긴장이 고조되고 있었다. 아몬드는 불만스러운 듯이 의자에서 몸을 뒤틀고 있었다. 문자 그대로 실내는 침묵 일색이었다. 나는 먼 옛날 나의 선친께서 나에게 들려주시던 말씀이 귀에 들리는 것만 같았다.

"더그, 전쟁에 관한 회의는 소심과 패배주의밖에는 낳는 것이 없다."

나는 천천히 나의 의견을 다음과 같이 말했다.

"공산군의 주력부대는 지금 워커 장군의 방위선 주변에 투입되고 있습니다. 따라서 적은 인천에 대한 방위를 충분히 갖추고 있지 못하다고 나는 확신합니다. 지금까지 여러분이 실천이 불가능하다고 지적한 사항들이 본관에게 오히려 기습의 성공을 확약해주는 요소가 되리라봅니다. 왜냐하면 적의 사령관은 이처럼 무모한 모험을 시도할 사람은 없을 것이라고 판단한 것이기 때문입니다. 기습이야말로 전쟁에서 성공을 거둘 수 있는 가장 중요한 요소입니다.

한 예를 들겠습니다. 1759년에 몽칼름 후작은 당시 퀘벡 시의 성벽 남쪽에 있는 강둑의 절벽을 기어오르는 것은 불가능하다고 판단했기 때문에 시 북쪽의 보다 약한 강둑을 따라 강력한 방어진을 구축했습니다. 그러나 영국의 제임스 울프 장군은 소규모 부대를 이끌고 세인트로렌스 강을 거슬러 올라가서 위에 말한 절벽으로 기어올라갔습니다. 울프 장군은 에이브러햄 평원에서 대승리를 거두었는데 그것은 전적으로 기습 덕분이었습니다. 이리하여 울프 장군은 퀘벡 H시를 점령했으며 실질적으로 프랑스와의 싸움을 종식시킬 수 있었던 것입니다. 몽칼름 후작과 마찬가지로 북한의 괴뢰군도 인천상륙은 불가능한 것으로 간주할 것이며 나도 울프 장군처럼 기습작전으로 인천을 점령할 것입니다.

해군측에서 반대하는 바와 같이 인천항의 조수나 수로학적 측량 결과나 지형, 또는 물질적 핸디캡들은 사실상 중요하고 적절한 이유를 대표하고 있습니다. 그러나 이것은 전혀 극복할 수 없는 것이 아닙니다. 본관은 해군을 완전히 신뢰하고 있으며 나는 해군이 자신을 신뢰하는 것보다 더 깊은 신뢰감을 가지고 있습니다. 해군은 과거에도 태평양 지역에서 본관의 지휘하에 수륙양용작전을 수차 벌였는데 그 대부분은 인천의 경우와 비슷한 난관을 극복하고 이루어졌으며 본관은 이 점에 관한 한 조금도 해군의 실력을 의심하지 않습니다.

한편 군산에 상륙하자는 의견에 관하여 말씀드리자면 인천에 상륙하는 경우보다 위험성이 많이 제거되는 것은 사실이지만 그것은 훨씬 비효과적이며 결정적인 것이 되지 못합니다. 그 계획은 적을 포위할 것을 목적으로 하는 것이겠지만 실질적으로는 포위하지 못하는 결과가 될 것입니다. 그것은 적의 보급로나 보급창을 차단하거나 파괴하지도 못할 것이며 우리의 목적도 달성하지 못할 것입니다. 그것은 극히 범위가 좁은 포위에 지나지 않으며 전쟁에 있어서 이보다 더 무익한 작전은 없을 것입니다. 그러나 유일한 이점이 있다면 워커 장군의 좌익 부대와 연결하는 정도입니다. 그것은 차라리 증원 부대를 워커 장군에게 보내는 편이 간접적이고 비용이 많이 드는 절차를 밟는 것보다 훨씬 효과적일 것입니다.

다시 말씀드리자면 군산에 상륙한다는 것은 워커 장군에게 병력을 조금 더 주어 현상유지를 하도록 돕는 결과밖에는 안 되며, 현상유지만으로는 불충분한 것입니다. 지금 워커 장군의 방위지역에서 방위작전만 계속하는 것으로는 아무런 결정도 볼 수 없습니다. 우리가 만약 부산에서 정면공격으로 적진을 밀고 올라가는 작전을 시도한다면 이처럼 희생이 많고 아무 결말도 내지 못하는 작전은 없을 것입니다. 왜냐하면 적은 뒤로 물러서면서 보급로와 통신망에 보다 더 가까워질 뿐이기 때문입니다.

그러나 서울과 인천을 탈환하면 적의 보급로를 차단할 뿐만 아니라 한반도 남쪽 전체를 차단하여 봉쇄하게 됩니다. 적의 약점은 보급로에 있습니다. 적은 남쪽으로 전진하면 할수록 수송 라인이 더욱 길어지고 약화되어 적의 보급 상태는 그만큼 더 나빠질 것입니다. 북쪽에서 내려오는 적의 주요 보급로는 일단 서울에 집결된 다음 다시 전방으로 수송되고 있습니다. 따라서 서울을 점령하면 우리는 적의 보급로를 마비시킬 수 있습니다. 그 결과 현재 워커 장군과 대치하고 있는 적군의 전투력을 마비시켜버릴 것입니다. 탄약과 식량 보급이 중단되면 적은 절망과 혼란에 빠져버릴 것이며 우리는 수적으로는 적지만 충분한 보급을 받은 병력으로 손쉽게 적을 무찌를 수 있을 것입니다.

본관의 제의를 채택하지 않는다면, 그 대안은 현재 우리가 부산에서 치르고 있는 많은 희생을 내고 있는 전투를 무한정 계속하는 길밖에는 없습니다. 여러분들은 우리 장병들을 도살장에 있는 소처럼 저 피비린내나는 방위선에 그대로 버려두시기를 원하십니까? 이와 같은 미국에 대한 책임을 누가 지겠습니까? 분명히 말씀드리지만 본관은 그와 같은 책임을 지고 싶지 않습니다.

지금 서방 세계의 위신은 이번 싸움의 결과에 따라 좌우될 것입니다. 수백만의 동양인들이 이번 싸움의 결과를 주시하고 있습니다. 공산 세계의 음모자들이 세계를 정복하기 위한 도박장으로 아시아를 선택했다는 것은 명백한 사실입니다. 이러한 시련과 대결할 장소는 베를린이나 빈이나, 런던이나, 파리나 워싱턴이 아니라 바로 한국의 낙동강 유역입니다. 우리는 이 문제를 놓고 전쟁터에서 이미 대치하고 있습니다.

유럽에서는 공산주의자들과의 싸움이 아직 입씨름만 하고 있지만 우리는 지금 여기서 총칼을 들고 싸우고 있습니다. 만약 우리가 아시아에서 공산주의자들과 싸워서 진다면 유럽의 운명도 중대한 위기에 빠지게 되며 반대로 우리가 여기서 이긴다면 유럽은 전쟁을 면하고 계속 자유를 누릴 수 있을 것입니다. 이런 때 우리가 잘못된 결정을 내린다거나 이것저것 생각하다가 아무 일도 하지 못한다면 우리들의 운명도 끝장을 보고 말 것입니다. 이 순간에도 운명의 초침이 똑딱거리는 소리가 들리는 것 같으며 우리가 지금 행동하지 않는다면 우리 앞에는 죽음이 있을 뿐입니다.

만약 본관의 판단이 빗나가서 도저히 감당할 수 없을 정도로 강력한

제 9 장 한국 전쟁 195

적의 방위선에 부딪치게 된다면 본관은 우리 부대가 큰 피해를 입기 전에 즉각 철수시킬 것입니다. 그럴 경우 우리측 손실은 지휘관으로서의 본관의 평판이 저하되는 정도로 그치고 말 것입니다. 그러나 인천 상륙작전은 결코 실패하지 않을 것이며 반드시 성공할 것입니다. 그리고 그렇게 됨으로써 10만 명의 생명을 구하는 결과를 낳게 될 것입니다."

내 말은 끝났다. 실내는 물을 끼얹은 듯이 조용했다. 이때 태평양 전쟁 때의 옛 동료였던 셔먼 제독이 일어나서 이렇게 말했다.

"고맙습니다. 귀하는 위대한 목적을 위하여 위대한 말씀을 해주셨습니다."

8월 29일, 통합참모본부에서 다음과 같은 전문이 날아왔다.

"콜린즈 장군과 셔먼 제독이 갖고 돌아온 정보를 검토한 결과 우리는 한국 서해안의 인천에 수륙양용 부대에 의한 우회작전을 준비 실시할 것에 동의한다."

나는 인천 상륙작전을 위하여 이제까지 일본에 남겨두었던 제7사단과 제1해병사단을 동원하기로 계획을 세웠다. 이 두 사단은 아몬드 장군이 지휘하는 제10군단을 구성할 예정이었다. 그러기 위해서는 제1해병여단을 워커 장군의 방위선에서 빼돌려야 했으며 그 대신 제7사단에서 1개 연대를 부산 근처에 예비 부대로 남겨두기로 했다. 이 예비연대는 워커 라인이 돌파되어 공간이 생길 때는 그것을 메꾸는 데 충당하고 그렇지 않을 때는 맨 마지막으로 인천에 상륙시킬 생각이었다.

이러한 대규모 작전을 수행하려면 사전에 비밀이 누설될 가능성도 전적으로 배제할 수는 없었다. 그럼에도 불구하고 이 반격계획이 끝까지 비밀은 유지할 수 있었던 것은 새로운 병력배치를 목격하고 또 그 이유를 추측할 수 있었던 일선 종군기자들과 고국에 있는 편집자들이 군의 전략 수행에 적극적으로 협력한 덕분이었다. 공격개시 1주일 전까지는 마스터 플랜의 세부가 완성되어 있었다. 일본과 미국은 물론 멀리 지중해에서 빼돌린 부대들도 사실상 모두 도착했다. 각 단위부대는 각기 독자적인 임무를 맡고 있었으며 상륙작전에 참가할 해병과 보병들은 이미 한국 서해안의 바다 위에 떠 있거나 그렇지 않으면 배에 오르고 있었다. 그런데 이 마지막 단계에 이르렀을 때 통합참모본부에서 날아온 전문은 나의 등골을 오싹하게 했다.

이 전보는 인천 상륙작전의 성공에 대하여 의구심을 나타냈고 계획 전체를 포기하라는 듯한 암시를 주고 있었다.

"최근 한국에 있어서 전황의 추이에 대하여 우리는 상당한 불안을 느끼고 있다. 이번 계획에 의하면 제8군의 예비병력을 모두 동원하도록 되어 있는데, 이 작전을 예정대로 실천에 옮긴 경우 그 타당성과 성공률에 관한 귀관의 판단을 알려주기 바란다."

도대체 이 마지막 단계에 와서 이러한 의문을 제기하다니 그 원인은 무엇이었을까? 워싱턴의 어느 당국자가 겁이라도 먹었다는 말인가? 대통령이었을까? 그렇지 않으면 방금 국방장관이 된 마샬이었을까? 아니면 브레들리였을까? 그렇지 않으면 작전시 실패할 경우 발뺌을 하기 위해 이런 전보를 보냈을까. 마지막 순간에 와서 주저하게 된 이유가 무엇이든간에 이 전보는 현재까지 낭비한 방대한 노력과 시간과 비용에도 불구하고 이 계획을 포기하라는 명령을 내릴지 모른다는 가능성을 분명하게 시사하고 있었다. 나는 연필로 다음과 같은 회답을 즉시 기초했다.

"이 작전이 성공할 가능성은 매우 높다고 본관은 판단한다. 이 작전은 적으로부터 주도권을 빼앗는 동시에 적에게 결정적인 타격을 줄 기회를 포착할 수 있는 유일한 방법이라고 확신한다. 이 계획대로 하지 않는다면 적은 우리보다 월등한 병력과 물자의 보충 능력을 갖추고 있는 사실로 볼 때 우리는 언제 끝날지도 모를 전쟁에 우리 자신을 묶어 놓게 될 것이다.

현재 계획한 방식대로 반격하면 적은 현재의 전투지역에 병력과 물자를 증강하지 못할 것이다. 현재 방위선 주변의 상황은 결코 위태로운 상황은 아니다. 전투 지역을 더 축소시킬 가능성도 전혀 없지는 않다. 그러한 경우에 대비해서 이미 새로운 방위선을 선정해놓기도 했다. 그러나 어떠한 경우에도 아군이 부산 교두보에서 쫓겨날 가능성은 절대로 없다.

우리가 북쪽에서 적을 포위한다면 부산 주변의 방위선에 대한 적의 압력은 즉각 해소될 것이며, 또한 그렇게 할 수 있는 유일한 방법이기도 하다. 북쪽으로부터 개시하는 포위작전의 성공 여부는 제10군단과 제8군의 급속한 합류로 좌우되는 것은 아니다. 서울 지역에 있는 적의 보급망을 탈취하게 되면 남한에서 작전 중인 적에 대한 적군의 보급 체계는 완전히 마비될 것이고 결국 적군 전체는 붕괴되고 말 것이다.

제10군단과 제8군이 조속히 합류한다는 것은 적의 완전한 섬멸을 극적으로 상징하는 결과가 되겠지만 그것은 바로 이번 작전의 성패를 판가름하는 요소는 아니다.

거듭 말하지만 본관을 위시하여 각 사령관이나 참모들은 한 사람의 예외도 없이 이번 포위 작전에 적극적이며 또한 성공을 확신하고 있다."

나는 회답을 보내고 난 뒤에도 통합참모본부의 반응을 기다리는 동안 점점 커지는 불안을 감출 수가 없었다.

이처럼 큰 작전 행동을 이 시점에서 취소한다는 것은 거의 불가능한 일이었다. 그런데도 작전 지역에서 수만 마일이나 떨어져 있는 겁쟁이 관리가 비록 대통령이라 할지라도 패배를 승리로 전환시킬 수 있는 이 절호의 찬스를 놓치도록 강요할 수 있을까 하고 나는 자문해보았다.

그러던 차 마침내 통합참모본부에서 짤막한 암호 전문이 왔다. 나의 회답을 검토해본 결과 이번 작전을 승인하며 대통령에게도 그렇게 통보했다는 내용이었다. 이 전문의 내용으로 추측컨대, 대통령 자신이 군사적인 문제에 개입하고 이에 관하여 군 수뇌부의 의견을 뒤엎으려 하고 있다고 볼 수밖에 없었다.

9월 12일, 나는 사세보 기지에서 순양함 마운트 매킨리 호에 승선했다. 마침 태풍이 우리가 승선한 군함을 강습했다. 그러나 다음 날부터 바다는 다시 조용해져서 날씨도 청명해졌고 우리는 잔여 공격 선단과 합류하기로 된 장소를 향해 뱃길을 재촉했다. 그날 밤에 나는 마운트 매킨리 호의 뱃전에 서서 수평선 너머의 중국 대륙쪽으로 태평양이 저무는 것을 지켜보았다. 나는 지난 날에도 여러 차례 상륙작전을 감행했지만 이번처럼 복잡하게 얽히고 설킨 수륙양용작전에 참가하기는 처음이었다.

날이 새면 우리는 월미도의 포대 밑으로 자주 자리를 바꾸는 날치 해협의 모래톱 위를 조심스럽게 지나 다시 부두에서 2마일이나 불쑥 뻗은 진흙둑의 무서운 가장자리에 빠지지 않도록 피하면서 돌진해야 하는 것이다.

우리가 출발할 때부터 쌓였던 긴장감은 절정에 달해서 배 전체를 엄습하고 있었다. 뱃전을 스치고 지나가는 파도조차도 우리의 절박한 임무를 예언해주는 듯했다. 그날 밤 두시 반 경에 나는 갑판 위를 한 바퀴 돌아다녀보았다. 철저한 등화관제로 캄캄한 갑판 위에서도 장병들은 각자 맡은바 위치를 지키고 있었으며 평소와는 달리 농담도 하지 않고 긴장에 싸여 침묵을 지키고 있었다. 군함의 끝머리에 서서 나는 파도 소리에 귀를 기울이면서 불꽃처럼 반짝이는 인광(燐光)만 쳐다보았다. 어둠 속에서 군함은 목표를 향하여 돌진했으며 같은 지역으로 모여드는 다른 함정들도 이미 되돌아올 수 없는 지점을 통과하고 있었다. 다섯 시간이 지나기 전에 4만의 장병들은 남쪽의 한 구석에서 방위선을 담당하고 있는 10만의 전우들을 죽이지 않게 하기 위해 용감한 행동을 개시해야 한다. 내일에 대한 책임은 전적으로 나 개인의 것이며 만약 이번 작전이 실패한다면 그 엄청난 결과는 내 생애 최후의 날까지 내 영혼에 부담이 될 것이다.

나는 이때 해안 쪽에서 꺼졌다 켜졌다 하는 불빛을 발견했다. 그것은 항로 표지등이었다. 우리는 완전히 적을 기습하고 있는 것이다. 그들은 우리가 접근하는 줄도 모르고 표지등도 끄지 않고 있었다. 나는 선실로 돌아가서 잠을 청했다.

두 시간쯤 눈을 붙이고 있다가 나는 갑자기 들려오는 폭음에 잠이 깨었다. 월미도를 향하여 함포사격이 시작된 것이다. 브리지로 올라가 보니 월미도는 함포사격과 공중 폭격으로 수라장이 되고 있었다. 내가 보는 동안에도 구름 사이로 파란 코세어형 전투기 편대들이 급강하여 섬에 총격을 퍼붓고 있었다.

검은 연기가 하늘로 치솟았다. 그것을 가로지르듯이 몇천 발의 로켓탄이 불을 뿜으며 인천의 해안을 향해 날아가고 있었다. 바닷가 여기저기서는 요란한 폭발음이 들렸다. 수많은 상륙용 주정이 모선의 주위에서 끊임없이 원을 그리며 맴돌고 있었다. 월미도의 포대는 드디어 잠잠해졌다. 상륙부대 제1진이 인천을 향해 돌진해갔다. 만약 상륙에 앞장선 해병대가 퇴각하거나 의외로 오랫동안 멈추어 있거나 한다면 해안에 적의 대부대가 있다는 증거다.

그렇게 되면 나머지 상륙 부대는 모두 인천항의 거대한 진흙 더미의 방해를 받아 진퇴유곡의 상태에 빠질 것이므로 상륙한 제1진은 그 자리에서 괴멸되고 말 것이다.

오전 여덟시, 전령이 올라와서 나에게 종이쪽지를 건네주었다. 거기에는 해병대의 제1진은 한 사람의 전사자도 내지 않고 상륙하여 해안에 거점을 확보했다고 했다. 나는 도일 제독을 보면서 "다음 메시지를 전함에 보내주기 바랍니다. '오늘 아침 해병대는 전례없는 영광에 빛나고 있다.' 자, 내려가서 아침식사나 합시다."라고 말했다.

그런지 한 시간도 못 되어 인천항의 수위가 내려가서 상륙 주정 중 몇 척이 진수렁에 빠졌으나 그 무렵에는 월미도가 완전히 우리의 수중에 들어와 있었다. 그날 오후 늦게 밀물 때 나는 스트러틀 제독의 작은 배를 타고 상륙작전의 시찰에 나섰다.

월미도에는 방대한 강화 작업을 착수한 흔적이 남아 있었다. 이 상륙을 한 달 뒤의 만조(滿潮) 때까지 연기해야 한다고 주장하던 패들의 말에 내가 귀를 기울였다면 월미도는 난공불락의 요새로 틀림없이 바뀌었을 것이다.

나는 즉각 서울을 점령하고 남으로 전진을 개시하라는 명령을 내렸다. 이렇게 하면 북쪽에서 남하하는 제10군단과 남쪽에서 북상하는 제8군 사이에서 적의 대병력을 협공하게 된다. 이처럼 가위 모양으로 좁혀간다면 도마에 올려놓은 적을 위에서 망치로 내려치는 격이 되어 북한 괴뢰군을 일거에 괴멸시킬 수 있다.

제10군단은 급속히 내륙으로 전진해갔다. 그 중 한 부대는 남으로 옮겨지는 적의 보급선을 차단하고 동시에 한국 전역에서는 가장 큰 김포 비행장을 탈취하는 임무를 맡아 서울로 향했다. 이것은 적의 동맥을 끊어놓는 것이 된다. 다른 한 부대는 수원 비행장을 탈환하고 계속 진격하여 협공작전의 북방 부대가 되는 임무를 띠고 서울로 향했다.

전황은 빠른 속도로 바뀌어갔다. 김포 비행장이 함락되자 낙동강 전선의 적이 동요하기 시작했다. 나는 워커 장군에게 전면의 적이 동요하기 시작했으니 공격을 개시하라고 명했으며 워커 장군은 즉각 낙동강을 건너서 맹렬한 기세로 적과 맞섰다.

적은 필사적으로 저항했으나 보급이 끊긴 데다가 협공을 받아서 퇴로도 막힌 상태여서 순식간에 허물어지기 시작했다. 떼를 지어 퇴각하기 시작한 적은 69마일이나 북쪽으로 달아났으며 완전히 분열 상태에 빠지고 말았다.

북한 괴뢰군부대는 이제 보급도 지원도 통신 연락도 없어지고 통일된 부대로서는 그 기능을 발휘할 수 없게 되었다. 무기와 장비를 포기하고 크고 작은 도로에는 탱크, 대포, 박격포, 소화기 같은 것이 마구 흩어져 있었다. 북한 괴뢰군 장병은 몇천 명씩 떼를 지어 항복해 와서 한 달 이내에 포로의 총 수는 13만 명에 달했다.

서울을 방위하던 적군은 맹렬하게 저항하다가 9월 28일에는 완전히 손을 들었다.

나에게는 수많은 축전이 날아왔는데 그 중에는 이번 승리가 극동 전역에 준 심리적 영향을 유럽의 정치가보다 훨씬 더 잘 이해하고 있던 두 사람의 정치 지도자의 것도 포함되어 있었다.

그 하나는 이승만 대통령의 것으로서 다음과 같은 말이 들어 있었다.

"역사적인 서울 수복에 즈음하여 한국 정부와 국민을 대표하여 극히 불리한 여건에도 불구하고 승리를 거둔 귀관의 훌륭한 지휘에 충심으로 감사하며 영원히 기억할 것입니다. 귀관이 길고 탁월한 공적 생활에서 거둔 위대한 업적 중에서도 귀하가 대한민국에서 취한 유엔군 사령관으로서의 업적은 가장 뛰어난 것이라고 역사는 기록할 것입니다."

다른 하나는 역시 아시아의 지도자인 장개석 총통이 보내온 것인데 다음과 같은 내용이었다.

"귀관의 탁월한 계획과 유엔군 부대의 지휘로 서울을 수복하게 된 것은 중화민국 정부와 나에게 만족을 안겨주었습니다. 귀관이 몸소 전선으로 달려가서 인천에서 위대한 승리를 거둔 데 대하여 충심으로 칭송과 축하를 보냅니다."

나는 즉시 대한민국 정부를 서울로 복귀시키는 준비를 서둘렀다. 이때 워싱턴으로부터 놀랄 만한 메시지가 날아왔다.

합동참모본부가 이승만 정권을 부활시키는 계획은 '상부의 승인을 필요로 한다.'고 경고한 것이었다. 이 명령은 이승만 대통령에게 반감이 있는 국무성의 교사를 받은 것이 분명했다. 나는 즉각 다음과 같은 회신을 했다.

"합동참모본부의 메시지는 이해할 수가 없다. 나는 지금까지 받은 모든 명령을 정확하게 실행하는 외에는 아무런 계획도 갖고 있지 않다.

지금까지의 명령으로는 지난 6월 25일과 27일 이틀 동안에 안전보장이사회가 채택한 '대한민국 정부에 대한 무력공격을 격퇴하고 국제 평화와 안전을 회복하는 데 필요한 원조를 제공한다.'는 것을 유엔에 가입한 여러 나라 정부에 요청한다는 결의를 지지하기로 되어 있다.

현존하는 대한민국 정부는 한 번도 그 기능을 정지하지 않았다.

미국의 입장은 지난 7월 7일자 워싱턴에서 보낸 메시지에 명시된 바와 같이, 미국 정부는 대한민국 정부가 책임있는 통치 기구인 동시에 유엔에 의해서 합법성을 인정받은 한반도의 유일한 정부임을 인정한다는 내용이었다.

따라서 대한민국의 정부와 현지의 사태가 안전하다고 판단되는 즉시 미국 정부나 의회의 간부, 유엔 위원단 기타 관계자의 찬동으로 당연히 서울로 환도해야 한다.

그것은 무너진 정부를 부활시키는 것이 아니며 정부를 교체하는 성질의 것이 아니라 현존하는 정부를 그 소재지로 복귀케 하고 민간 행정을 재개하여 적의 지배로부터 해방된 지역에서 신속하고 효율적으로 치안을 회복하는 것일 뿐이다.

이러한 조치는 미국 대사, 기타 모든 관계자가 바라고 있을 뿐 아니라 내가 받은 명령에서도 명백한 것이다."

나는 9월 29일, 서울 시를 현 정부의 소재지로 반환하도록 명했다. 그 날 서울의 중앙청에서는 워커 장군과 아몬드 장군에게 인천 상륙작전으로 협공을 결정적인 승리로 만든 뛰어난 능력과 용기를 찬양하여 수훈십자훈장(DSC)을 수여했다.

수도 반환식이 시작되었을 때의 정경은 매우 감명 깊은 것이었다. 전화로 허물어진 넓은 회의장에는 무장한 유엔군과 한국군 장병들이 의자에 앉아 있었다. 회의장의 양쪽 창문은 부서진 채 있었고 거기서는 시체 썩는 냄새가 풍겼다. 나는 전에 마닐라의 말라카낭 궁전에서 필리핀 정부에게 수도를 반환하던 때의 일을 상기해보았다.

나는 수도 반환식 때 다음과 같이 언명했다.

"하느님의 은총을 입어 우리 부대는 한국의 옛 서울을 해방시켰다. 이 거리는 잔학무도한 공산주의의 압제에서 해방되었으며 시민들은 다시 자유와 존엄성을 결코 양보하지 않는 확고부동한 신념을 가지고 살 수 있는 기회를 되찾게 되었다.

이 결정적인 승리를 우리가 되찾게 해주신 전능하신 하느님께 감사를 드리기 위하여 다같이 일어나서 나와 함께 주기도문을 외어주시기 바랍니다."

 사람들은 일제히 일어섰으며 장병들은 아직도 말라붙은 흙으로 얼룩진 전투모를 벗었다. 우리는 함께 주기도문을 외었는데 "나라와 권세와 영광이 하느님께 영원히 있사옵니다. 아멘"이라는 구절을 다 외울 무렵 부서진 지붕에서 깨어진 유리 조각이 요란한 소리를 내며 떨어지던 것을 나는 지금까지도 기억하고 있다.
 나는 이승만 대통령에게 5년 전에 세르히오 오스메나 필리핀 대통령에게 했던 말은 그대로 되풀이했다.
 "대통령 각하, 저와 저의 장병들은 이제 군무에 전념하고 민사(民事)에 관한 책임은 각하와 각하의 정부에 맡기겠습니다."
 이승만 대통령은 나의 이 말에 매우 깊은 감명을 받은 듯이 나의 손을 잡고 두 볼에 눈물을 흘리면서 "우리는 장군을 숭배합니다. 우리 민족의 구원자로서 장군을 사랑합니다."라고 말했다. 식이 끝나자 서울 시민들은 길가에 연도하여 박수로 보내고 깃발을 높이 흔들었다. 그 후 나는 도쿄로 돌아갔다.
 다이이치 빌딩에는 많은 축전이 나를 기다리고 있었다. 그 중 몇 개의 전문은 그 뒤 머지않아 발생하는 사건을 생각해볼 때 매우 흥미 깊은 내용이었다.
 가령 트루먼 대통령은 다음과 같은 축전을 보냈다.
 "온 미국 국민을 대표하여 귀하의 지도로 대한민국에서 승리를 거둔 것을 진심으로 축하한다. 귀하가 시간을 벌고 전투력을 축적하기 위하여 벌인 지연작전이나 서울 수복에 이르는 훌륭한 작전은 전사(戰史)에서도 그 예를 찾아보기 어려울 것이다.
 우리 육해공군의 훌륭한 협력 솜씨에는 특히 깊은 감명을 받았다. 귀하가 실현한 3군의 통합 작전은 빛나는 규범이 될 것이다. 자유를 위해 싸운 귀하의 부대와 기타 참전국의 육해공군 장병들에 대해서 나는 물론이며, 모든 자유 우방이 감사하고 있다.
 귀하에게 다시 한번 경의를 표하고 고국의 모든 동포들이 보내는 인사말을 전한다──참으로 훌륭했다."
　합동참모본부로부터──
　"귀관이 거둔 위대한 전과에 대하여 합동참모본부는 크나큰 긍지를 느끼고 있다. 이 전과는 탁월하고 대담한 지휘와 3군 전부대의 협조와 전투 정신이 없었다면 불가능했으리라는 것을 우리는 잘 알고 있다.
　귀관은 적이 기습 공격을 받은 후 모든 기회와 능력을 최상으로 발휘하여 방위에서 공세로 전환시킨 계획, 그리고 시기의 선택과 실행 방법이 모두 훌륭했다. 귀관은 자유를 사랑하는 모든 사람들에게 새로운 영감을 주었다.
　유엔이 귀관에게 맡긴 막중한 임무를 더욱 성공적으로 매듭지을 것으로 우리는 믿는다."
　런던의 영국 참모총장 위원회로부터──
　"빛나는 승리를 거둔 것을 진심으로 축하한다. 불안했던 여러 주일 동안, 갖은 악조건 속에서 매우 힘든 후위작전을 편 귀관의 교묘한 전략뿐만 아니라 귀관 휘하의 장병들이 귀관의 탁월하고 지칠 줄 모르는 지휘에 잘 따라준 데 대해서도 우리는 경탄을 금할 수 없다.
　귀관이 적을 남단의 해안 근처에 묶어둔 사이에 인천에서의 반격 작전을 계획하고 이것을 실천에 옮긴 훌륭한 구상과 완전무결한 수행은 군사상 가장 훌륭한 전략적 승리로 손꼽히게 되리라고 우리는 확신한다."
　마샬 국방장관으로부터──
　"귀관이 한국에서 지휘한 용기로 일관한 전투와 완전무결한 작전이 사실상 전쟁을 종결시킨 데 대하여 개인적으로 축하를 보낸다."
　페이스 육군장관으로부터──
　"미국의 역사를 통하여 미국의 육군은 항상 그 어떤 역경이나 장해에 부딪칠 때라도 참된 지도에는 그에 따른 반응을 보여 왔지만 한국 전쟁에서 귀하가 보여준 우수하고 용감한 지휘에 대하여 우리 부대가 나타낸 반응만큼 뛰어난 예는 없을 것이다. 굽힐 줄 모르는 용기와

제9장 한국 전쟁   205

결의에 합당한 승리이며 귀관이 충분한 보상을 받기를 빈다."

　일본의 요시다 수상으로부터——

　"귀하의 대담한 전략적 행동은 하룻밤 사이에 한국의 정세를 바꾸어 놓았습니다. 굽힐 줄 모르며 탁월한 총사령관인 귀하에게 세계는 한없는 감사를 바칠 것입니다."

　콜롬비아 대학 총장이 된 아이젠하워 원수로부터——

　"귀하는 다시 한번 우리들에게 전문적인 군인이 행하는 지휘의 모범을 훌륭하게 보여주었다고 생각합니다. 전선에서 마지막 한 사람까지 아쉬울 때 필요한 병력을 아끼고 모아두었다가 결정적인 반격을 가한 귀하의 불굴의 정신과 반격 작전을 감행하여 적진 깊숙이 파고 든 귀하의 대담성은 내가 아는 모든 모범 중에서도 특히 뛰어난 것입니다."

　나는 아이젠하워에게 다음과 같은 답장을 보냈다.

　"한국에서 지금까지의 작전은 괴롭고 곤란한 것이었으나 아직 그 위기에서 완전히 빠져나온 것은 아닙니다. 그처럼 처참한 전투, 그처럼 완강하고 능력 있는 적을 나는 경험한 적이 없었습니다. 이 적은 정신면에서나 사상면에서는 모자라는 점도 없지 않겠으나 전사(戰士)로서는 제1급에 속합니다.

　나는 콜롬비아에서의 귀하의 일을, 내가 특히 웨스트포인트에서 교수단에 대하여 경험한 일과 관련하여 자주 생각해봅니다. 대학 교수라는 직업에 대하여 군인으로서는 이해하기 어려운 면을 보이는 것 같습니다."

　전 국무장관이며 사우스캐롤라이나 주지사 번즈로부터——

　"귀하의 탁월한 활약에는 미국의 온 국민이 귀하에게 감사의 뜻을 나타낼 기회를 갖고 싶어 하리라봅니다. 특히 귀관이 어려운 조건하에서 고생한 것을 어렴풋 하게나마 알고 있는 우리들은 군인 및 정치가로서의 귀관에게 더욱 찬양할 마음을 느끼고 있습니다."

　홀시 제독으로부터——

　"귀관답게 굉장합니다. 인천 상륙작전은 역사상 가장 뛰어났었고 대담하고 전략적인 행동입니다."

공군 참모총장 스파츠 장군으로부터――

"불충분한 우리 부대를 절망적인 정세에서 구출하고 승리를 거둔 것을 한 사람의 노병으로서 진심으로 찬양한다. 이것은 역사상 가장 중요한 군사 작전이나 적어도 그것과 어깨를 나란히 할 만한 것이며 미국을 돌이키기 어려운 전세에서 승리로 이끌어 올렸다.

모든 시대를 통하여 가장 위대한 사령관에게 우리는 모두 경의를 표하고 있다."

존 F. 덜레스 상원의원으로부터――

"축하합니다. 또 한번 해냈군요."

윈스턴 처칠 경으로부터――

"한국에서 덩케르크의 비극이 재현되리라는 불안을 나는 한 번도 가져본 적이 없다. 공간으로 시간을 얻고 반격을 가하는 일을 맥아더는 멋지게 해냈다."

미국의 역사가 더글라스 S. 프리먼 씨로부터――

"이번 작전은 탁월한 지휘관의 지휘 아래 행해진 위대한 전투이며 미국 군대의 이름을 크게 드높였다."

6. 38선을 돌파하여 북진!

이처럼 칭찬의 메시지가 쇄도해오는 사이에도 대한민국의 장래에 대한 미국 고위층의 사고에 나는 불안을 느끼고 있었다. 나는 이러한 걱정을 워커 장군에게 털어놓았다.

"전쟁을 하는 유일한 목적은 전선에서 승리를 거둠으로써 조속한 시일 내에 정치적으로 평화를 수립하기 위한 정세를 만들어내는 데 있다.

전쟁에 승리하기 위해서는 군사적 승리뿐만 아니라 그 승리를 정치적으로 잘 활용해야 한다. 희생을 무릅쓰고 군사 작전에서 승리를 거두었다 하더라도 그것이 곧 정치적으로 평화와 직결되지 않는다면 무엇 때문에 희생을 치러야 하는가?

지금이야말로 북한 괴뢰군을 괴멸시킨 인천에서 거둔 승리를 즉각 정치적인 평화로 바꾸어놓는, 다시 말해서 군사적인 승리를 계기로 하여 전쟁을 종결시킬 절호의 기회이다. 이것은 패배한 북한 괴뢰군에게 우리의 의사를 끈질기게 강요한다는 뜻은 아니다.

우리는 중공과 소련에게 미국은 아무런 야심도 갖고 있지 않으며 대한민국에서 적군을 일소하고 독립국으로 그 존재는 유지할 수 있는 상태로 만드는 이외에도 아무런 사명도 갖고 있지 않다는 것을 설득시킬 수 있는 외교 능력이 필요하다.

그런데 우리의 외교는 전혀 활동력이 없어서 이 승리를 활용하여 한국에 평화와 단결을 회복하기 위한 신속하고 다이내믹한 외교 활동을 전개하는 기색을 전혀 보이지 않는 것 같다. 전쟁을 종결시키고 태평양 지역에 영속적인 평화를 이룩하는 방향으로 향할 수 있는 절호의 기회가 찾아왔는데도 불구하고 그것을 잡지 못하고 놓쳐버릴 것 같은 예감이 든다.

우리가 정치적으로나 외교적으로 활발하지 못한 탓으로 상대방은 그것을 주저나 양보로 간주하고 앞으로 더욱 새로운 군사 행동을 일으킬 결과가 되지는 않을지 나는 염려하고 있다. 이러한 상태로는 전쟁이 끝나기는커녕 오히려 길어지기만 할 것이다."

워커 장군도 나와 똑같은 생각이었다. 우리들의 불안은 얼마 후에 걷잡을 수 없는 현실로 나타났다.

인천 상륙작전 후 평화를 얻기 위한 외교 활동이 전혀 없었기 때문에 유엔 회원국 사이에서는 의견 대립이 나타나기 시작했다. 미국은 북한 괴뢰군이 완전히 괴멸되어 북한에 평화와 질서가 회복되지 않는다면 남한은 다시 침략을 받을 위험 속에서 살아야 한다는 입장을 취했다. 그러나 영국을 비롯한 여러 나라가 유엔군이 38선 이북으로 들어가는 것을 반대했다. 이들의 주장은 아시아에서는 도의적 결단보다는 타협이 큰 성과를 거둘 수 있다는 생각 같았다. 이들은 공산권의 지도자들도 타협에 응할 것이며 궁극적으로는 세계 지배라는 큰 계획을 포기하고 장래에 대한 것보다는 임기응변식 정책으로 태도를 바꿀 것이라고 믿고 있는 것 같았다.

유엔군은 북한 괴뢰군의 나머지 병력을 일소하기 위하여 38선을 넘을 것인지 넘지 않을 것인지, 그리고 만약 넘지 않는다면 북괴는 38선이라는 성역 내에서 다시 새로운 군대를 편성하고 훈련하고 장비를 갖추어 전투에 대비할텐데 이것을 허용하느냐 마느냐의 문제를 놓고 온 세계는 떠들썩하게 토론을 벌였다.

그러나 합동참모본부는 이 문제에 대하여 즉각 단안을 내렸다.

1950년 9월 하순에 통합참모본부에서는 '금후 귀관이 한국에서 취할 군사 행동에 관한 상세한 지시'라는 것을 나에게 하달했다. 이 지시는 명백하게 이렇게 말하고 있었다.

"귀관의 군사 목표는 북한 괴뢰군을 괴멸시키는 데 있다. 이 목표를 달성할 수 있도록 귀관이 대한민국의 38선 이북에서 군사 활동을 하는 것을 허가한다. 다만 귀하의 육해공군부대는 어떠한 경우에도 만주와 소련의 국경을 넘어서는 안 된다. 또한 소련과 국경을 맞대고 있는 동북 지방과 만주와 맞닿은 지역에서는 한국군 이외의 지상부대는 사용하지 않는다.

또한 귀관은 38선의 북쪽이나 남쪽에서 작전 지원 행동에 만주나 소련 영역에 대한 해군이나 공군의 공격을 포함시켜서는 안 된다. 북한 괴뢰군의 조직적인 저항이 실질적으로 끝난 후에는 북한 괴뢰군의 무장해제와 항복 조항의 시행은 주로 한국군에게 맡긴다. 38선 이북을 어떠한 형태로 점령할 것인지는 그때그때의 정세에 따라 결정한다. 38선 이북 지역을 점령하기 위한 귀관의 계획을 합동참모본부에 제출하기 바란다."

나는 이에 대하여 다음과 같이 회신했다.

1. 제8군은 현재의 편성대로 38선을 넘어 진격하여 평양 공략을 목표로 하여 평양을 주축으로 한 적의 방위선을 공격한다. 제10군은 현 편성으로 수륙 양 면에서 원산에 상륙하고 제8군과 제휴한다.
2. 제3보병 사단은 1단계에서는 총사령부의 예비 병력으로 일본에서 대기한다.
3. 정주(定州)──영원(寧遠)──흥남(興南)을 잇는 선의 이북 작전은 한국군부대만으로 한다.
4. 제8군의 공격은 10월 15일부터 30일까지 한다.

9월 30일, 합동참모본부도 이 계획을 정식 승인하고 6일 후 유엔 총회에서도 그것을 확인하는 결의가 채택되었다. 이렇게 나는 분명하게 북진 명령을 받았었다. 그 후 유엔이 목적했던 것은 적을 38선 북쪽으로 쫓아버리는 것이었으며 내가 38선을 넘은 것은 월권행위였다는 의견이 신문을 통해 전세계로 퍼졌으나 이것은 전혀 사실과 달랐다.

나는 북진이 결정되자 중대한 문제에 직면했다. 중공이 개입할 위험성이 그것이었다. 중공이 한국전쟁에 개입할 가능성은 지난 6월, 워싱턴에서 대만의 군사행동을 막도록 제7함대에 명할 때부터 이미 나타나고 있었다. 이 명령은 중국 대륙의 공산 세력을 장개석 총통의 50만 병력의 공격으로부터 지켜주는 것이나 다름없었다. 그 덕분에 중국의 해안선을 방위하던 2개군이나 되는 중공의 대부대를 다른 임무를 맡게 할 수 있었던 것이다.

실제로 이 부대는 만주를 향하여 북상하고 있다는 정보가 들어왔다. 이처럼 중공이 안전지대가 된 것이 그 후 중공의 동향에 크게 영향을 준 것은 의심할 여지도 없다. 중공이 한국전에 개입하면 정세는 일변하게 되고 나는 전혀 새로운 국면의 전쟁에 휩쓸리게 될 것이다.

유엔은 이 반갑지 않은 문제에 대해서 전혀 무시하는 듯한 태도였다. 그렇듯 불길한 기미가 보인 것은 모든 관계국이 충분히 느끼고 있었는데도 거기에 대처할 수단을 강구하기는커녕 고려하지도 않았다.

우리 외교진이 인천에서의 승리를 이용하여 한국에서 평화 통일이 회복될 수 있도록 신속하고 다이내믹한 외교 활동을 하지 못한 관계로 그 후 중공이 우리를 새로운 전쟁으로 끌어들인 커다란 원인이 된 것은 의심할 여지도 없었다.

10월 1일, 나는 전투를 끝내고 싶은 희망에서 북한 괴뢰군 총사령관에게 '더 이상의 생명과 재산 손실을 피하고 유엔의 결의를 실천에 옮기기 위하여' 전투를 정지하자고 호소했다.

그때 나는 "북한 괴뢰군부대에 대해서는 이미 연합군에게 항복한 포로를 포함하여 문명 사회의 관습이 요구하는 보호를 하고 고향으로 돌아갈 수 있도록 허용한다."는 취지를 분명하게 약속했으나 아무런 회답도 받지 못했다.

그래서 제8군은 평양을 향하여 신속한 진격을 개시하였고 제10군단은 원산에 상륙했다. 서울의 보급 체제로는 제8군과 제10군단을 동시에 지원하기 어려웠으므로 보급 기지로 사용할 새로운 항구를 동해안에 확보하는 것이 시급한 문제로 등장했었다.

인천은 조수 관계로 보급물자를 하루에 5천 톤밖에는 양륙할 수 없었고 부산·서울간의 철도는 전쟁으로 파괴되었으며 육로 수송은 미미해서 결국 원산이 새로운 보급 기지로 선정되었다. 이 항구는 전술적으로 평양 공략을 위해서도 필요했고 측면에서 압력을 넣는 데 이용할 수도 있었으며 한반도의 동쪽 회랑을 제압할 수 있다는 점도 중요했다.

한반도의 중부인 동서의 두 해안에 갇힌 '허리' 부분은 반도를 종단하는 산맥으로 차단되어 양 해안 사이의 횡적 연락이 매우 어려웠다. 따라서 한 쪽에서 다른 쪽으로 보급 물자를 수송하는 것은 전혀 기대할 수 없었다.

그래서 산맥의 양쪽 지역을 모두 확보하는 것이 중요했다. 그렇지 않으면 적이 한반도의 동남으로 우회하여 측면 공격을 해올 경우 반도의 동쪽은 무방비 상태가 된다. 그리고 적들은 텅비어 있는 동북부를 이용하여 제8군의 우익에서 작전을 개시할지도 모른다.

이러한 지형에서는 적이 우리의 두 부대 사이에 쐐기를 박고 그 한쪽이나 양쪽에 측면 공격을 할 수 있었을텐데도 적은 끝까지 그런 움직임을 보이지 않았다. 제8군과 제10군단이 북에서 합류하기까지 총사령부의 직접 지휘하에 두어 두 부대의 작전을 조정하고 일단 북에서 합류한 다음에도 워커 장군을 두 부대의 사령관으로 임명할 계획이었다.

두 부대가 합류하기까지는 서쪽 지역에 있는 워커 장군이 동해안에 있는 부대를 지휘하여 작전을 조절한다는 것은 불가능했었다.

동해안에 대한 보급은 일본으로부터 전혀 다른 루트를 이용했던 관계로 그 보급 루트까지 워커 장군이 맡는다는 것은 힘든 일이었다.

10월 9일, 나는 북한 괴뢰 정부의 수뇌에게 전날 유엔 총회가 채택한 결의 사항에 유의할 것을 호소했다.

이 결의는 '한국 전역에 안정된 정세를 이루는' 것을 목표로 하여 '주권을 가진 한국에 독립된 민주적 통일 정부를 수립하기 위하여 유엔 감시하에 선거를 포함한 헌법 제정을 위한 행위'를 취할 것을 요청하고 있었다.

나는 이 호소에서 이북에 거주하는 모든 사람들이 공정한 취급을 받고, 또한 유엔이 통일된 한국의 구제와 부흥을 위하여 행동하는 것을 믿고 유엔에 적극적으로 협력할 것을 요청했었다.

그러나 나의 이러한 호소는 무시되었다.

7. 웨이크 섬 회담

1950년 10월 12일, 나는 두 통의 메시지를 받았다. 애버렐 해리먼과 마샬 국방장관이 보낸 것이었는데 해리먼의 전문은 "근간 귀하를 찾아뵙고 귀하의 훌륭한 전투에 대하여 축하의 마음을 전할 수 있게 됨을 기쁘게 생각합니다. 건강에 유의하시기를."이라는 내용이었다.

마샬의 전문은 트루먼 대통령이 나와의 회담을 희망한다는 것이었는데 대통령은 다음 달 15일 호놀룰루에서 나와 만나기를 희망하지만 한국의 정세를 감안하여 그런 긴 시간을 비울 수 없다면 대통령은 웨이크 섬까지 갈 것으로 생각된다."는 내용이었다. "나는 대통령과 15일 아침 웨이크 섬에서 만나뵙겠다."는 회신을 보냈다.

나는 해리먼도 참석한다는 것 이외에는 이 회담의 목적 등에 대해서는 전혀 아는 바가 없었다. 도쿄의 많은 신문기자들이 동행을 허가해 달라고 요청했다. 워싱턴에서도 기자가 많이 온다는 발표가 있었으며 비행기도 기자들을 태울 만한 자리가 있었으므로 도쿄의 기자들이 참가해도 별 지장이 없을 것이라고 나는 생각했다.

그래서 허가를 받고자 한다는 나의 의견을 첨부하여 기자단의 요청을 펜타곤에 보냈더니 이 요청은 놀랍게도 거부되었다. 대통령의 일행 중에는 35명의 기자와 카메라맨이 세 대의 비행기에 분승하여 웨이크 섬까지 동행했었다.

대통령은 나와 악수할 때 "장군, 오랫동안 만나지 못했었군." 하고 말을 꺼냈다. 나는 "다음에는 이렇게 오랜 시일을 두지 말고 뵈었으면 좋겠습니다."라고 대답했다. 그러나 '다음'에 만나는 일은 영원히 없어지고 말았다.

나는 트루먼 대통령이 사소한 일에도 화를 잘 내고 좋고 싫은 것을 지나치게 가린다고 전부터 듣고 있었지만 회담 중에는 매우 예의가 바르고 기분도 좋아보였다. 트루먼 대통령은 사람의 마음을 사로잡는 성격의 소유자이며 위트도 풍부하여 호감이 갔다.

대통령은 회의장에서 역사적인 지식을 쉴새없이 들추었다. 그는 매우 많은 것을 읽은 것 같았으나 사설에 다한 겉핧기식 지식은 가졌을 뿐 사실은 배후에 깔려있는 논리나 정확한 원인은 이해하지 못하는 것 같았다.

트루먼 대통령은 극동에 대해서 거의 아는 것이 없었으며 왜곡된 역사의 견해에 대하여 어떻게 하면 공산주의와 싸우고 있는 사람들을 구원할 수 있을까 희는 희망이 뒤섞인 묘한 의견을 내놓았다.

대통령은 많은 고관들을 대동하고 있었다. 태평양함대 사령관 아서 래드퍼드 제독, 육군장관 프랭크 페이스, 대통령 공보비서 찰스 로스, 유엔 대사 필리프 제섭, 합동참모본부 의장 오머 브래들리, 특별 고문 애버랠 해리먼, 법률 고문 찰스 머피 등이었다.

그 밖에도 대통령의 보좌관이나 보좌관의 보좌관 등이 떼를 지어 몰려와 있었다. 나의 일행은 군사 고문관과 부관이 각각 한 사람, 그리고 파일럿 한 사람뿐이었다. 회담 내용은 기록에 남기지 않는다고 로스 공보비서가 발표했다.

찌는 듯한 웨이크 섬의 더위에 대통령은 상의를 벗었다. 나는 새로 산 파이프를 꺼내어 "대통령 각하, 담배를 피워도 되겠습니까?"하고 물었더니, 대통령은 "괜찮고 말고요, 나만큼 얼굴에 담배 연기를 많이 쏘인 사람은 세상에 없을 거요."라고 대답했다. 그 뒤에 여기저기서 일어난 웃음소리를 트루먼 대통령은 즐기고 있는 것 같았다.

회담 자체는 매우 무난했다. 준비된 대체적인 의제는 일보에서의 연합군 최고 사령관 및 유엔군 총사령관으로서의 나의 책임과 관련된 어떤 문제로 워싱턴에서는 이미 나의 견해를 충분히 보고받고 있었으니까.

의제는 통일 후 한국의 행정과 부흥, 전쟁 포로에 대한 것, 필리핀의 경제사정, 인도차이나 반도의 방위 문제, 대일 평화조약의 준비에 대한 진전상황, 일본과 한국에 대한 보급 문제 등 자잘한 기술적인 사항이었는데 이런 것들에 대한 나의 견해는 이미 충분히 전달된 것들이었다.

회담을 통하여 새로운 정책, 새로운 전략, 혹은 국제적인 정치문제 같은 것은 제안되지도 않았으며 논의의 대상으로도 올려지지 않았었다. 특히 대만 문제는 의제에 오르지도 않았었다.

회담이 끝날 무렵 중공의 개입 문제가 약간 나왔다. 중공은 개입할 의사가 없을 것이라는 것이 회담에 참가한 사람들의 일치된 의견이었다. 중앙정보국과 국무성도 이미 그러한 의견을 말한 적이 있었다.

이 의견에 덧붙여서 브래들리 장군은 "극동의 미군을 유럽으로 돌리는 문제까지 내놓고 크리스마스까지 한국에서 2개 사단을 귀국시키게 되기를 바란다."고 말하기까지 했다. 중공 개입의 가능성에 대해서 나의 의견을 묻기에, "이 문제에 대한 답변을 현 시점에서 하자면 억측의 범위를 넘지 못할 것이다. 국무성과 그러한 정보를 얻는 외교단과 다른 나라가 평화 체제로부터 전쟁상태로 옮기려 하고 있는지의 여부에 대한 문제에 대하여 야전 사령관을 지도해야 할 입장에 있는 중앙 정보국은 모두 중공 정부가 대부대로 개입해 오지는 않는다고 말하고 있다.

나의 정보부는 어느 기관에도 뒤떨어지지 않을 정도로 유능하다고 믿는데, 이 기관은 만주와 압록강 연안에 대부대가 집결되어 있으며 현재로서는 그들의 저의를 알 수 없다고 보고하고 있다.

나 자신의 군사적 판단으로는 우리 공군이 현재 적의 저항을 받지 않고 있으며 압록강의 북쪽과 남쪽에서 상대방의 공격 기지나 보급선을 뜻대로 무너뜨릴 힘을 가지고 있는 이상 중공군의 사령관이 폐허화된 한반도에 대부대를 투입할 위험한 행동을 저지를 것으로는 생각되지 않는다. 그러한 행동은 보급 부족으로 전멸당할 위험이 크기 때문이다."

나는 이렇게 답변했다.

아무도 이 의견에 이의를 제기하지 않았다. 그런데 이 발언 이후 나의 입장을 고의적으로 왜곡하려고 한 보도로 인해 전혀 잘못된 사실이 일반인에게 전달되었다. 내가 한 말을 교묘하게 왜곡하여 내가 중공군은 어떠한 경우에도 한국 전쟁에는 절대로 참전하지 않을 것이라고 명백하게 단언한 것처럼 발표했던 것이다. 이것은 곡해였다. 회담은 1시간 36분만에 끝났고 나는 대통령을 전송하기 위하여 같은 차에 올라 비행장으로 향했다. 극동 문제는 더 이상 화제에도 오르지 않았으며 대통령은 미국의 국내 정치 문제로 화제를 옮겼다. 나는 좀

주제넘은 질문이긴 했지만 대통령이 재선에 출마할지 물어보았다. 그 무렵 내가 도쿄를 방문했을 때 천황이 그런 질문을 했었다.

대통령은 기자회견 같은 때 이러한 질문을 피하는 데는 익숙했으므로 그는 오히려 거꾸로 내가 그런 정치적 야심을 갖고 있는지 어떤지 되물었다. 나는 그러한 질문을 회피할 필요가 없었으므로 "저는 추호도 그런 생각이 없습니다. 각하에 대항할 장군이 있다면, 그 이름은 아이젠하워지 맥아더는 아닙니다."라고 대답했다. 대통령은 웃으면서 개인적으로는 아이젠하워를 좋아한다고 대답하고 "그러나 아이젠하워는 정치에 대해서는 아무것도 몰라. 아이젠하워가 대통령이 된다면 그랜트도 완전무결한 대통령의 견본이 될 수 있을 거야."라고 말했다. 대통령은 이런 식으로 더 이야기를 할 것 같아서 나는 화제를 바꾸었다.

웨이크 섬의 비행장에서 트루먼 대통령은 카메라맨들이 준비한 마이크 앞에 서더니 그 자리에 있던 사람들에게 대통령의 이름으로 나에게 수훈훈장을 수여한다는 취지의 표창장을 낭독했다. 다섯 번째의 수훈훈장이었다.

표창장에는 다음과 같은 말이 들어 있었다.

"한미 양국의 국민과 모든 자유 국가에 대한 원수의 뛰어난 공헌에 대하여 이 훈장을 수여한다. 최초의 유엔군 사령관에 임명되어 한국에 대한 무력 공격을 저지하고 그 지역에 국제적인 평화와 안전을 회복한다는 공통된 이해에 따른 임무를 맡은 맥아더 원수는 휘하 부대를 우수하고 용감하게 지휘하였고 훌륭한 판단력을 발휘하였다. 극히 불리한 조건과 상황에서 반격을 위한 병력 축적에 절대로 필요한 시간을 벌어야 했던 원수는 넓은 시야와 판단력, 불굴의 의지, 확고부동한 신념으로 휘하 부대의 사기를 크게 진작시키고 전사(戰史)에서 보기 드문 방위에 임하여 용감하고 끈질긴 강인함과 대담한 공격으로 빛나는 모범을 보여주었다. 원수의 업적은 온 세계의 자유를 사랑하는 국민으로부터 영원한 감사를 받기에 충분한 것이다."

웨이크 섬 회담을 통하여 워싱턴에서 기묘하고 우려할 만한 변화가 일어나고 있음을 느끼게 되었다. 제2차대전 중의 프랭클린 루스벨트 대통령처럼 기백에 찬 지도적 인물을 볼 수 없었고 그대신 사무를 철저하게 해내기보다는 일시적인 회피와 타협으로 얼버무리려는 경향이 나타나고 있었다.

아시아 지역에서 공산주의와 대결하여 승리하겠다는 트루먼 대통령의 최초의 용기와 결의는 간단없이 반복되는 주저와 냉소적인 태도에 둘러싸여 허물어져버린 것만 같았다.

대통령은 유엔의 일부 정치가들이 이기적인 동기에서 수긍하는 말에 위험을 무릅쓰고 단호한 결의를 표시하고도 2,3개월 뒤에는 그 결의를 번복하는 일관성없는 태도로 타락한 것 같았다.

이것은 야전 사령관인 나의 입장을 매우 어렵게 만들었다. 나는 그때까지 어느 시대에도 변치않는 전쟁 목적, 즉 승리를 위하여 전쟁을 수행했다. 그런데 한국 전쟁은 전혀 질이 다른 방향으로 발전해가고 있었다. 정부가 일련의 전투에 군대를 투입해놓고도 일부러 그들의 생명을 과소평가하려는 경향이 보이는 것 같았다.

웨이크 섬 회담이 무슨 목적으로 열렸는지 나는 잘 이해가 가지 않았다. 그 당시는 주로 국내 정치에 대한 포석이라고 보는 사람도 적지 않았다. 중간 선거가 회담 2주일 후로 다가오고 있었다. 대통령은 이 회담을 연 목적이 자기의 정당을 인천 상륙작전의 성공에 결부시키는 데 있었던 것 같다.

그러나 이런 이유를 붙이는 것은 대통령 자신에 대해서는 공정하지 못한 처사였다. 나는 트루먼 대통령이 그러한 동기에서 회담을 열었다고는 생각지 못하고 회담의 유일한 목적은 서로 좋은 감정을 유지하고 미국을 위하여 유익한 결과를 가져올 것으로 믿고 있었다.

이같은 나의 인상은 대통령이 워싱턴으로 돌아가는 도중에 보낸 서신으로 뒷받침이 되었다. 편지의 내용은 다음과 같았다.

"나는 웨이크 섬에서의 회담에 매우 만족하고 있다. 귀하와 만나서 일본과 한국, 그 밖의 극동 여러 나라에 대하여 함께 이야기를 나눌 기회를 가진 것은 나를 매우 즐겁게 해주었다. 우리가 당면하고 있는 아시아의 정세전반에 대해서 귀하의 의견을 들을 수 있었던 것도 기쁜 일 중의 하나였다. 이번 회담은 미국에서도 매우 좋지만 이렇다 할 성과는 없더라도 우리가 개인적으로 서로를 더 깊게 이해할 수 있게 되었다는 것만으로도 이번 회담의 가치는 충분하다고 생각한다."

나는 다음과 같은 답장을 보냈다.

"이번 회담을 통하여 서로의 이해가 깊어지고 의견을 교환할 수 있었던 것은 미국을 위하여 매우 유익했다고 느끼면서 나는 웨이크 섬의 회담장을 떠났습니다. 이번 회담으로 인하여 여러 가지 낭설을 퍼뜨려서 우리 사이의 이해를 방해하려 하는 사람들에게는 따끔한 경고가 되기를 희망하고 있습니다. 대통령을 진심으로 존경하는 맥아더로부터."

그러나 나의 그러한 희망은 이루어지지 않았으며 역선전과 편견이 극도에 달하게 되었다.

8. 성역 아닌 성역 압록강

1950년 10월 20일, 제8군은 평양을 공격했다. 지상부대가 남쪽에서 공격하고 평양 북방 25마일 지점에도 연대 병력의 제187 전투부대가 낙하하여 적을 완전히 포위했다.

이 작전은 뉴기니의 나드잡에서 전개한 '구멍막기 전법'을 되풀이한 것이었다. 나는 평양 공격의 전황을 전용 비행기에서 시찰하고 그 길로 시내의 비행장에 착륙했다.

평양은 북괴의 수도이며 평양 함락은 적의 완전한 패배를 상징하는 것이었다. 이제 조직적인 저항은 거의 끝났으며 그 뒤에도 게릴라적인 약간의 저항이 남게 될 뿐이었다.

침략자인 공산 괴뢰 도당은 완전히 패주하고 유엔, 특히 미국의 위신을 아시아 지역에서 되찾게 되었다.

트루먼 대통령은 즉각 "웨이크 섬에서의 회담 이후 귀관 휘하의 부대가 이룩한 전투는 더없이 훌륭했으며 나는 거듭 진심으로 축하를 보낸다. 귀관의 지휘하에 행하여진 한국에서의 군사 작전은 세계 평화를 위하여 절대적인 효과가 있었다."는 메시지를 보냈다.

그러나 나와 워커 장군은 평양에서 제8군의 보급 상태에 적지 않은 불안을 느끼게 되었다. 어떤 작전에서나 보급은 작전 기능의 신경 계통의 역할을 하게 마련이다. 그런데 바다를 건너서 운반되는 보급 물자의 양륙 기지인 부산 평양간의 철도는 우리 공군의 폭격으로 철저하게 파괴되어 있었다.

한편 서울의 외항인 인천은 우리가 수륙양용 작전을 할 때 강력한 반대에 부딪치게 했던 심한 간만의 차라는 불리한 조건을 안고 있었으며 평양의 외항인 진남포는 규모가 작아 적은 양륙 능력밖에 갖고 있지 못했다.

보급면에서의 이러한 불리함이 겹치게 되면 북방으로의 진격은 앞으로 더욱 느려질 수밖에 없었다. 더구나 두만강 건너에는 중공군의 대부대가 집결해 있다는 징조가 차츰 증대하고 있다는 것도 우리에게 불안을 가중시켰다.

그 이상으로 내가 염려한 것은 내 휘하의 공군이 지닌 능력을 워싱턴이 크게 제한하려는 암시를 자주 보내오는 점이었다. 그 예로서 적기가 우리 공군 항공기를 공격할 때 우리가 그 적기를 추격하는 것이 금지되어 있었다.

만주와 시베리아는 적의 전 병력의 절대적인 안전 지대로 변해 있어서 이 지역에서 적이 아무리 우리를 괴롭혀도 우리는 더 이상 손을 쓰지 못했다.

압록강 주변에 있는 수풍 수력발전소의 폭격도 금지되었다. 이러한 명령은 만주와 시베리아까지 전력 공급 능력을 가진 북괴의 모든 발전소에도 해당되었다. 내가 가장 이해하기 곤란했던 것은 중요한 보급의 중심지인 나진 폭격을 금지시켰던 점이다.

나진은 만주도 아니고 시베리아도 아니며 국경에서 멀리 떨어진 북한의 동북부에 있는 도시였다. 그리고 나진은 당시 소련이 블라디보스톡에서 북한에 보내는 보급 물자 저장소로 사용되고 있었다. 나는 내가 가진 무기를 하나하나 빼앗기는 느낌이 들었다.

1950년 11월 21일, 제10군단의 선발대가 압록강으로 진격했다. 그런데 이때 워커 장군은 차츰 불안을 느껴 나에게 다음과 같이 보고했다.

"제8군은 광대한 전선에서 부대간에 넓은 간격을 유지하면서도 패주하는 괴뢰군을 추격하는 중이다. 평양 이북의 진격은 보급의 어려움을 계산에 넣고 거의 모두 공중 보급에 의존하고 있다.

그러나 이러한 보급으로는 적의 약한 저항에 대한 전투를 가까스로 유지할 수 있는 정도이며 강력한 저항에 대처할 수 있는 전투력을 축적하기 어렵다.

한국군 제2군단은 적의 공격을 받아 혼란에 빠져서 전진을 멈추고 있다. 이 군단은 적의 공격에 응전하거나 현재의 방위선에서 더 이상 버틸 수 없게 되었다.

전세가 유리할 때 공격을 재개하기 위하여 적당한 거점을 확보하려고 전력을 기울이고 있다. 각 부대는 국지전을 계속하고 있다. 또한 조직적인 중공군의 출현이라는 새로운 상황에 대처하기 위하여 공세를 재개할 계획을 준비하고 있다. 이 계획은 가급적 신속하게 실행에 옮길 예정이다."

이러한 전황 속에서 가장 불안했던 것은 중공군으로 보이는 3개 사단 정도의 새로운 병력이 전선에 나타났던 것이다. 드디어 우리 앞에는 커다란 난관이 닥쳐오게 되었다.

그들은 제8군의 의도를 염탐하기 위하여 파견된 정찰의 임무를 띤 부대인지, 아니면 만주에서 편성되어 훈련된 새로운 북한 괴뢰군에 중공군의 의용군을 조금 섞어서 보낸 것인지, 아니면 중공군의 단순한 시위인지, 중공군이 본격적인 규모로 공세에 나선 것인지 알 수 없는 수수께끼 같은 부대였다.

적병을 심문하여 얻은 정보와, 유엔군에 대한 저항이 점차 강해진 것으로 보아 중공군의 개입은 이제 가정의 범위가 아니라 현실로 나타난 것이었다.

중공이 북괴에 대하여 어떠한 형태로든지 자기네 부대를 투입할 결심이라는 것은 이것으로 거의 확실해졌지만 나로서는 북경 당국이 총력을 기울여 한국에서 싸울 결의를 했다고 속단할 수는 없었다.

중공이 어떠한 결정을 내렸는가에 대한 정보는 한국의 전선에서 얻어지는 것이 아니라 당연히 워싱턴에서 나와야 한다. 그러나 국무성과 국방성은 물론이고 중앙정보국, 나아가서는 중공 내부의 동정에 언제나 정확한 지식을 자랑하던 유엔의 중립국조차도 이 문제에 대하여 신빙성있는 정보를 하나도 내놓지 않았다.

나는 완전한 정보부재 속에 있었다. 이것은 위험천만한 일이 아닐 수 없었다. 11월 3일, 나는 공산군으로부터 입수한 전투 명령서를 워싱턴으로 보냈는데 그것은 만주에 중공 정규군 56개 사단으로 이루어진 16개 군단, 총 49만 8천 명의 병력이 집결해 있는 장소와 병력의 수를 상세하게 표시한 것이었다. 중공군은 그 밖에도 지방 근로부대 37만 명이 있었으므로 총계 86만 8천 명에 달했다.

그 밖에도 각지에서 새로운 부대가 북상하고 있었다. 만약 그때 어느 쪽이든 시시각각으로 늘어나는 중공의 위협과 진지하게 대처할 결의를 갖추고 있었더라면 유엔군의 전진을 이북의 적당한 지점에서 멈추게 할 수 있었을 것이다. 하지만 내가 받은 명령은 다음과 같은 것이었다.

"중공군의 대부대가 사전경고 없이 한국의 영토에 공공연하게, 혹은 은밀하게 침입하는 경우 귀관은 휘하 부대의 작전이 성공할 가능성이 있다고 판단되는 경우에 한하여 전투를 계속한다. 중공 영토 내의 군사 목표에 대하여 군사 행동을 취할 경우에는 사전에 워싱턴의 허가를 얻기바란다."

　나는 워싱턴에 '중공군의 포악한 호전성'을 설명하고 "그들이 한국에 진입하는 것은 공세의 자세이며 방어가 아니다."라고 지적하고 고위층에게 이 위기 상황을 직시해줄 것을 탄원했다. 나는 다음과 같이 말하기도 했다.

　"전날 바탄의 정세가 심각하게 악화되었을 때 케손이 나에게 이렇게 말한 적이 있다. '나는 머지 않아 일본이 패배한다는 것은 의심할 여지도 없으며 더욱이 앞으로 일본에게 정복당한다는 것은 조금도 걱정할 필요가 없다. 내가 가장 두려워하고 있는 것은 중공이다. 날이 갈수록 군국주의와 침략적인 경향이 강화되어가는 점으로 보아 중공은 아시아의 큰 위협이다. 그들에게는 참된 이데올로기 같은 것이 없다. 중공이 가진 잠재적인 군사력이 싹트는 날, 어떤 일이 일어날 것인지는 생각만 해도 소름이 끼친다.'라고 했다."

　그 당시 이 문제에 대하여 대중들이 받고 있는 인상은 일방적이어서 오해를 초래하기 쉬운 신문보도로 매우 혼란스러웠다. 나는 당면한 정세를 명확하게 설명하고 미국과 그 밖의 유엔 참전국에게 유엔군의 육해공, 해병대 장병들이 어떠한 정세에 놓여 있는지 이해하도록 설득할 필요가 있다고 생각했다. 그래서 나는 11월 6일, 다음과 같이 특별담화를 발표했다.

　"한국 전쟁은 평양 북방에서 포위한 적을 섬멸시키고 동해안 지역을 점령함으로써 사실상 종식되었으며 그 결과 우리가 수용한 적의 포로는 13만 5천을 넘었다. 그 밖의 사상자는 20만 명을 상회하고 있어서 적의 손실은 33만 5천 명을 넘고 있다. 이것은 북한 괴뢰군의 추정 총병력과 거의 맞먹는 수이다. 북한 괴뢰군의 패배는 이제 결정적이다.

　유엔군의 승리에 대해서 중공은 아무런 예고도 없이 대부대를 압록강을 건너 북한 땅에 보내고 동시에 국경 배후의 특권적인 안전지대에 증원부대로 보이는 많은 병력을 집결시켰다.

　따라서 현재의 정세는 이렇다. 우리가 처음에 교전한 북한 괴뢰군은 이미 다 괴멸되었거나 군사 행동을 계속할 힘을 잃었으나 이제 새로운 군대가 우리 앞에 나타났다. 이 군대는 현재 우리에게 부과된 군사 행동의 범위 밖에 있으며 적에게는 접근이 용이한 장소에 광대한 예비병력과 충분한 보급 물자를 비축하고 있는 것 같다. 이 예비병력이 전선으로 보내질 것인지의 여부나, 또 보내진다면 어느 정도일지는 좀더 지켜보아야 하겠지만 이것은 국제적으로도 중요한 의미를 갖는다. 우리의 현재 임무는 한국 사람들에게 통일과 평화를 가져다주는 유엔의 목적을 달성시키는 것을 목표로 하면서 전선에서 우리와 대항하고 있는 당면한 적을 괴멸시키는 일로 한정되어 있을 뿐이다."

워싱턴이 내린 제한 명령으로 많은 제약을 받으면서도 나는 중공군의 대량 개입을 저지하기 위하여 취할 수 있는 한 가지 방법만은 남아 있다고 생각하고 있었다. 나는 스트레트메이어 장군에게 다음 날 아침 B29 폭격기 90대로 압록강 철교를 폭파하여 중공군이 밀려올 것으로 예정되는 만주와 북한 사이의 연락 루트를 단절하라고 명했다. 폭격을 잘못하여 폭탄이 만주 땅에 떨어질 위험이 있어서 나는 그때까지 그 명령을 내리지 않고 있었다.

그럴 즈음, 마샬 장관으로부터 전보가 와서 나는 이 명령을 철회했으며 만주의 국경에서 5마일 범위 내의 목표물에 대한 폭격은 연기하라는 지시도 받았다.

압록강이라는 자연적인 장애를 넘어서 중공군이 군대와 보급 물자를 옮겨오려면 이 교량에 의존할 수밖에 없었다. 적을 위하여 이 다리를 지켜주고 적이 이쪽으로 넘어온 뒤에야 공격 거점이 되도록 폭 5마일의 지역까지 성역처럼 내버려둔다는 것은 도저히 납득하기 힘들었다. 나는 즉시 항의 전문을 보냈다.

나는 이 전보에서 압록강 다리를 건너 상당수의 병력이 움직이고 있다고 경고했던 앞서 보냈던 보고에 덧붙여서 다음과 같이 말했다.

"적측의 이러한 움직임을 멈추게 하려면 교량과 북한의 내부의 시설을 폭격으로 파괴하는 외에는 달리 방법이 없습니다.

그러한 작전 행위는 전쟁 수행상 하나의 룰이며, 당연히 인정되는 것이고 내가 지금까지 받은 여러 가지 결의나 지시의 범위에도 포함되어 있다고 생각합니다.

나의 폭격 명령을 취소하라는 지시는 내가 생각하기에는 중대한 파국을 초래할 우려가 있으며 나로서는 그처럼 중대한 파국을 책임질 수 없습니다. 따라서 나는 이 지시에 대해서 엄중하게 항의하지 않을 수 없습니다. 그 쪽에서 결정을 번복하든지 이 문제를 대통령에게 보고하지 않을 수 없습니다. 그 쪽에서 결정을 번복하든지 이 문제를 대통령에게 보고하여 재검토를 하든지 긴급한 조치를 취해주시기 바랍니다.

그러나 그 결과는 명령을 약간 수정하여 '압록강 다리의 북한 지역의 끝'을 폭격해도 좋다는 것이었다. 나는 스트레트메이어에게 이 폭격의 허가 조건을 검토하게 했는데 스트레트메이어 장군의 보고도 "그렇게는 할 수 없습니다. 워싱턴 당국은 그것이 불가능하다는 것을 알면서도 허가한 것이 분명합니다."라는 것이었다. 스트레트메이어 장군 휘하의 극동 폭격기대대 사령관 오도넬 장군은 그 당시를 이렇게 설명했다.

"우리는 만주 지역을 침범하지 말라는 명령을 받고 있었다. 만주의 상공은 단 한치도 침범해서는 안 된다는 것이었다. 가령 만주의 안동까지 가는 도중에는 다른 강이나 마찬가지로 압록강에도 심한 굴곡된 부분이 몇 개 있었는데 안동의 중요한 다리를 공격하는 방법은 하나밖에 없었다. 그것은 만주 땅을 침범하지 않고 다리를 폭격하려면 압록강 최남단에 있는 굴곡 부분과 목표인 다리를 일직선으로 연결하는 선을 비행 코스로 하여 목표물에 접근하는 방법밖에는 없었다. 저쪽의 중공군들은 그것을 미리 알고 그 코스에 고사포를 배치해놓고 우리 폭격기에 맹렬한 포격을 가했다.

우리는 그들의 포격을 감수해야 했지만 반격을 가하지 못했다. 게다가 적의 전투기가 접근해서 우리 편대의 2마일쯤 뒤로 따라왔으며 우리가 목표로 향하는 동안 강 저쪽에서 같은 속도로 나란히 비행했다. 우리가 폭탄 투하 지점에 도달하기 위하여 북쪽으로 방향을 돌려 고도 3만 피트에서 회전하여 폭탄을 투하하려는 순간 사선 방향으로 적기가 습격해왔다.

그들은 만주에서 방향을 바꾸어 이쪽으로 접근, 급강하하면서 우리 편대에게 사격을 가하고는 다시 성역으로 도망치는 수법을 썼었다."

이 폭격 편대에 참가했다가 중상을 입은 파일럿 한 사람은 한쪽 팔이 떨어질 듯한 모습으로 피를 토하면서 나를 보았다. "각하, 워싱턴과 유엔은 도대체 누구 편입니까?"라고 물었다. 이 말은 내 영혼에 고문을 가하는 절규였다.

나는 즉각 극동의 임무에서 해임해줄 것을 요청하는 전보문안을 쳤다. 나는 나의 유능한 참모장인 히커 장군에게 이렇게 말했다.

"사령관이 자기 병사의 생명을 보호하고 부대의 안전을 도모하기 위하여 자기가 가진 군사력을 사용하지 못하도록 금지된 일은 전쟁사상 처음 있는 일이다. 나로서는 극동의 장래에 비극적인 사태가 일어날 것이라는 징조로밖에는 생각되지 않는다. 나는 말할 수 없이 큰 충격을 받았다.

이번 일로 몇천 명의 미국 병사가 생명을 잃고 부대 전체가 위험에 빠지게 된다. 북한과 중공의 연락 루트를 보호하는 우리쪽의 결정을 적군의 사령관은 알고 있음이 분명하다. 그렇지 않았다면 그토록 대담하게 대부대를 다리 너머로 보낼 수 있었겠느냐?"

히커는 이처럼 중요한 시기에 내가 사령관직을 포기한다는 것은 이해할 수 없으며 부대 전체가 사기를 잃어 전멸할지도 모르므로 지금은 미국을 위해서나, 자신의 명예를 위해서도 떠나지 말아 달라고 간청했다. 나는 보내려던 전보 문안을 찢어버렸다.

여담이지만 그로부터 몇 년 후 아이젠하워 장군은 만일 내가 그러한 상황에서 그런 명령을 받았더라면 그런 명령을 무시했을 것이라고 말했다는 보도가 신문에 실렸었다.

그가 만일 그렇게 했더라면 그는 즉각 해임되었을 것이다.

11월 6일의 결정은 끝내 변경되지 않았다. 압록강 철교는 여전히 건재했다. 그 다리 위로 유엔군을 공격하려는 몇십만의 군인이, 그리고 몇백만 톤의 보급 물자와 탄약을 실은 차량이 통행했다.

그 무렵, 나는 중공군의 대병력이 북한으로 들어오는 기미가 보여서 그런 경우, 교량이 가장 중요한 역할을 한다는 것을 수차에 걸쳐서 경고했었다. 그로부터 20일 동안 야음을 틈타 방대한 중공군이 이 다리를 건너왔다. 미국의 역사상 야전 사령관에게 주어진 결정 중에서 이처럼 융통성이 없고 무모한 결정은 그 유례를 찾아볼 수 없다. 그로 인해서 미국과 연합국 장병의 수많은 생명이 불필요하게 제물로 바쳐지게 되었다.

이 놀랄 만한 명령이 내려지고 또 내가 그것에 항의한 이튿날, 마샬 장군도 불안한 정세를 염려하는 나의 마음을 워싱턴 당국도 똑같이 느끼고 있다는 위안 비슷한 메시지를 보냈다. 그때 트루먼은 미주리 주의 자택에서 휴양을 즐기고 있었다. 마샬의 전보는 다음과 같았다.

"이곳에서 하고 있는 논의나 결정은 미국이 유엔 안전보장이사회에서 매우 미묘한 입장에 놓인 사실로 크게 영향을 받고 있다. 내일 열리는 안정보장이사회에서는 중대한 결정이 내려질지도 모르겠다. 추운 겨울 날씨에 여러 나라 부대와 함께 산악 지대에서 힘든 전투를 벌이고 있는 귀관의 고통은 우리도 충분히 알고 있다.

이 전투가 제한된 조건 아래서 행해지고 있다는 것, 또한 그것도 전황과 새로운 결정을 하나하나 멀리 떨어져 있는 워싱턴의 본부까지 알린다는 것이 얼마나 곤란한지 잘 이해하고 있다. 그러나 이러한 일들은 현재로서는 피할 수 없으며 현재 우리는 매우 심각한 국제 문제에 직면하고 있다."

한국의 정세가 중대한 파국의 위험을 지니고 있다는 점에 대해서는 나도 마샬과 전적으로 동감이었다. 그 위험은 노골적인 무력에 양보함으로써 한국에서 군사적인 대실패를 연출할 뿐 아니라 공산 세력이 아시아의 대부분의 지역에 손을 뻗칠 수 있도록 허용한다는 점에 있었다. 이것은 워싱턴 당국이 생각하고 있는 것보다 더 중대하고 복잡하고 장기적인 문제였다.

이 무렵 영국의 노동당 정부는 중공의 개입에 대항하는 문제에 대하여 기묘한 해결책을 들고 나왔다. 유엔의 선심을 보이기 위하여 중공에게 완충 지대로서 북한 땅의 일부를 주자는 것이었다. 나는 그 점에 대한 견해를 요청받고 다음과 같이 답했다.

"북한의 일부를 떼어주어 중공과 타협하려는 영국의 희망은 극히 최근의 전례로서 1938년 9월 29일 영국, 프랑스 및 이탈리아 3개국이 뮌헨에서 체코슬로바키아의 참가없이, 그리고 체코슬로바키아 정부의 반대에도 불구하고 전략적으로 중요한 보헤미아 산악지대의 요충인 수데텐란트를 독일에 떼어준 예가 있다.

독일은 이 요충 지대를 차지한 10개월 후, 체코슬로바키아를 점령하고 체코슬로바키아는 주권 국가로는 더 이상 존재할 수 없어서 앞으로는 독일이 치안 유지를 맡겠다고 선언했다.

상대가 침략 의지를 굳히는 한, 고상한 해결을 바라고 평화적인 수단에 호소하는 것이 얼마나 허약한 것인지는 역사의 교훈으로도 명확하다. 이 교훈에 의문을 던질 예외는 역사상 하나도 없다.

유엔이 그러한 행동으로 나오는 것은 머지않아 유엔 그 자체를 파괴해버리는 결과가 될 것이고 유엔의 결정이나 지시는 약자에게는 적용되지만 강자에게는 적용되지 않게 되어 유엔의 약체성을 폭로하는 결과가 되고 말 것이다. 이것은 침략을 장려하는 것이나 다름이 없으며 국제 사회의 무질서를 방지하는 기본 의무를 갖고 있는 유엔이 오히려 그것을 부채질하는 결과가 된다.

중공의 침략 행위로 인해서 북한 땅의 일부를 포기한다는 것은 최근 자유세계가 맛보는 가장 큰 패배일 것이다. 그런 비도덕적 제안에 무릎을 꿇는다면 아시아 대륙에서 가진 우리의 주도권과 영향력은 빛을 잃고 정치적으로나 군사적으로도 우리의 입장을 유지할 수 없게 될 것이다.

　이러한 제안으로는 금후 다시 세계대전이 일어날 만큼 현상이 악화되는 것을 막을 수 없다. 반대로 대전이 일어났을 때 우리는 원치 않는 싸움을 해야 하며, 현재 우리를 신뢰하고 우리와 함께 싸울 결의가 있는 수많은 아시아인들이 우리의 우방이 되기를 거부할 것이며 더욱 불행한 결과를 초래하고 말 것이다.

　이 제안을 받아들여 원칙을 포기한다면 지난 6월 25일, 유엔의 결의로 아시아 전지역뿐만 아니라 유럽 전역에까지 널리 퍼진 정신적, 도의적인 사기가 한꺼번에 허물어질 결과를 초래할 것이고 유엔에 대한 반감, 환멸과 불안감만 나타날 것이다. 어려운 시기일수록 마음을 든든히 가져야 하며 완전한 승리를 향하여 끝까지 버텨야 한다고 강력히 진언하는 바이다. 우리가 강한 결의와 불굴의 의지를 보이는 한 나는 완전한 승리를 얻을 수 있을 것이라고 확신한다."

　말하자면 이 시기는 한국전쟁에 있어서 하나의 전환점이었는데 나는 전쟁이 끝나려는 것인지 그렇지 않으면 전혀 새로운 전쟁으로 바뀔 것인지 추정하기 힘들었다. 중공의 의도는 그만큼 파악하기 힘들었다.

　압록강 건너에 있던 중공군은 만주에 주둔하던 부대였는데 북한 괴뢰군의 병력 보충을 해주기 위해 증원부대를 보내고 있는 것인지 그렇지 않으면 총력을 기울여서 참전하기로 결의한 것인지 이것은 워싱턴 당국이 응답할 성질의 것이었지만 나에게는 아무런 회답도 없었다.

　11월 24일, 중앙정보국이 나에게 보내온 정보도 "입수된 자료로는 중공군이 본격적인 공세를 취할지 확인할 수 없다."는 정도였다.

9. 밀려오는 중공군 부대

　그 무렵 내가 당면한 문제들은 나의 군인 생활 전체를 통해서 가장 힘든 것이었다. 이때 내가 취할 길은 세 가지밖에 없었다. 전진하든지, 현 위치에 그대로 있든지, 후퇴하든지 어느 한 길을 택해야 했다.

어쩌면 중공은 개입하지 않을지도 모른다. 그렇게 되면 전쟁도 끝날 것이라는 일루의 희망도 있었다. 현 전선에서 멈추어 있으려면 방위선을 골라 참호 속에 들어가 있어야 한다. 그러나 자연적 장해물이 있는 지형은 찾아볼 수 없었으며 나의 적은 병력으로는 그 넓은 방위선을 지킬 수도 없었다.

우세한 중공군을 대항할 수 있는 방위선을 지킬 만한 병력이 나에게는 없었는데 반하여 중공군은 우리 부대가 정지해 있으면 우리를 수월하게 포위할 수 있는 병력을 가지고 있었으며 만주로부터 얼마든지 증원부대를 지원받을 수 있었다. 그렇게 되면 나의 전부대는 머지 않아 전멸당하고 말 것이다.

그와 같은 정세에 대항하려면 나의 부대의 병력을 적어도 지금의 세 배로 늘려야 했지만 워싱턴은 그만한 병력을 줄 형편이 아니었다. 따라서 중공이 이 전쟁에 개입한다면 내가 정지한다는 것은 중공이 바라는 함정에 빠지게 되는 것이다. 한편 후퇴하는 것은 내가 받은 명령에 위배하는 것이며 한국 전쟁을 종결시킬 가능성을 영원히 소멸시켜버릴 것이다. 또 전진을 계속하여 중공군 대병력과 부딪치는 경우라면 수적으로 압도당할 것이 뻔하므로 내가 취할 전략은 신속하게 후퇴하여 적의 보급선이 연장되도록 하여 공격하기 쉬운 상태로 하는 방법밖에는 없었다. 그렇게 하면 중공군은 급격히 보급이 어려워지고, 나의 공군 부대는 무한정 파괴력을 발휘할 수 있다. 적은 전진하면 할수록 나의 부대에 비해서 전력이 떨어지게 될 것이고, 결국 적과 아군 사이에 어느 정도 균형이 잡힐 수 있다. 그런 다음 나는 적의 보급선을 목표로 교묘한 부대 조직을 통해 전투한다. 제10군단이 제8군의 우익을 엄호하는 임무가 완료되면 부산으로 철수시키는 한편 북에 대한 연락 루트를 만들고 그 뒤에는 그때그때의 정세에 따라서 판단한다.

나는 "중공군의 대부대가 사전경고 없이 한국의 어디에서라도 공공연하게 또는 은밀하게 침입해 오는 경우 귀관은 지휘 부대의 행동에 어느 정도 성공할 가능성이 있는 경우에 한해서 행동을 계속한다."라는 워싱턴에서 보내온 작전 명령을 다시 한 번 읽어보았다.

결국 최선의 '안전한 태세'는 전진이라는 결론을 내렸다. 우리가 전진하면 적은 자기들 마음대로 때와 장소를 골라 공격을 개시할 수 없을 것이고 만주로부터 건너오는 새로운 병력의 축적도 방해할 수 있다. 동시에 북한 괴뢰군의 잔존부대를 일소하고 중공군의 의도도 강행정찰할 수 있을 것이다.

만약 전진의 효과가 그 뒤에 일어나서 중공군의 함정을 폭로하게 되면 우리 부대는 거기에 걸려들지 않을 만한 행동의 여유를 가질 수 있다. 나는 그러한 사태에 대비해서 워커 장군에게 중공군이 대부대로 한국전에 참전하는 경우, 후퇴하기 위한 상세한 작전 계획을 준비하라고 지시했다.

워커 장군이나 참모들도 나의 기본 계획에 전원 찬성했다. 나는 이 계획을 워싱턴의 합동참모본부에 제출하여 승인을 얻었다. 그 후의 사태 발전으로 보아 그 당시 중공이 개입하는 것은 확실히 알고 있었다 하더라도 그 이상의 부대 배치계획은 세울 수 없었을 것이다. 왜냐하면 이 배치계획은 다음의 두 가지 목적을 겸하여 세밀하게 준비했었기 때문이다.

1. 중공이 개입하지 않을 경우, 이것으로 전쟁을 종결시킨다.
2. 중공이 개입한 경우에는 그 뒤에 일어날 극히 불안한 정세하에서 유엔군이 넓은 방위선에 갇히기보다는 훨씬 유리한 입장에서 대처할 수 있다.

워싱턴이 압록강 문제를 둘러싸고 겁에 질려 어쩔줄 모르는 사이에 중공군은 공격 태세를 가다듬었다.

유엔군이 발이 묶여있는 틈을 타서 중공군은 파괴력을 발휘할 수 있는 20만의 새 군대를 북한으로 이동시킬 수 있었다. 적은 일련의 방공 진지의 보호를 받으면서 11월 4일부터 26일까지 20일 동안을 이용했다.

11월 24일, 나는 청천강의 제8군 기지로 날아갔다. 워커의 전진 개시는 당초 예정을 11월 15일로 잡았으나 보급이 늦어져서 연기했었다. 내가 갔을 때도 보급 태세는 아직 불충분했으나 워커도, 나도 더 이상 우물쭈물할 수는 없다고 판단했다. 하루가 늦어지면 그만큼 압록강을 건너오는 중공군의 병력은 늘어날 것이고 겨울도 그만큼 더 가까워질 것이다. 압록강이 얼어버리면 더욱 많은 중공군 부대가 들어올 것이다. 나는 다섯 시간에 걸쳐서 전선을 시찰했다. 그때 나는 장교들과 이야기하다가 중공군이 개입하지 않을 경우 크리스마스 때까지 2개 사단을 귀국시키려는 희망을 브래들리가 갖고 있더라는 말을 했다. 그런데 그것이 신문에는 작전의 승리를 예고한 것처럼 보도되어 그 오해는 나를 공격하는 강력한 선전 무기로 이용되었다. 나는 전선을 둘러보고 불안을 느꼈다. 한국군은 아직 확고한 태세가 아니었으며 모든 전선에 걸쳐서 병력은 비참할 정도로 적었다. 중공군의 병력이 실제로 강대하다면 나의 부대를 즉각 후퇴시켜서 이 이상 북진하는 것은 포기해야겠다고 결심했다.

나는 내가 직접 정찰하고 적의 전선의 배후 상황을 확인하고 나의 오랜 경험으로 판단하기로 했던 것이다. 나는 비행기에 몸을 싣고 우수한 파일럿인 스토리 대령에게 압록강 하구 쪽으로 향하게 했다.

비행기의 승무원이나 동행한 장교들에게는 이런 위험한 일에 함께 참여시킨 것이 미안했으나 압록강 강가에서 북한에 이르는 루트를 조사하기 위해서는 그렇게 할 수밖에 없었다. 나의 비행기는 무장도 하지 않았으며 대공 사격이나 공중 공격에 알맞은 목표였으나 그런 비행도 불사한다는 대담성 그 자체가 완전한 방위가 된다고 나는 판단했었다. 사실, 결과도 그랬었다. 비행기가 압록강 어구에 당도했을 때 나는 스토리 대령에게 기수를 동쪽으로 돌리고 고도 5천 피트로

강을 따라 비행하라고 했다. 이 고도라면 국제적인 무인지대를 시베리아 국경까지 상세히 관찰할 수 있다. 눈에 덮인 도로는 쉽게 식별할 수 있었으나 어느 곳도 잘 사용될 것 같지는 않았다. 가령 대부대나 방대한 보급 물자의 수송대가 국경을 넘었다 하더라도 그 흔적은 이미 압록강 계곡에 몰아치는 눈으로 덮어버려 보이지 않았을 것이다.

우리의 눈 아래로는 황량한 산악과 깎아지른 듯한 절벽과 언덕이 계속되었고 눈과 얼음으로 얼어붙은 압록강의 검은 물줄기가 길게 뻗어 있었다. 그것은 문자 그대로 불모의 땅이었다. 나는 실제로 전투가 시작되어 필요하다고 생각될 때까지는 워커에게 철수 지시를 기다리라고 지시했다.

나는 이 비행으로 수훈비행 십자훈장을 받고 뒤에 전투용 비행사의 명예장까지 받았다. 나에 대한 공군의 호의는 나의 추억에 남을 가장 즐거웠던 일 중의 하나였다.

제8군 사령부로 돌아와 보니 합동참모본부로부터 다음과 같은 메시지가 와 있었다.

"귀하의 부대가 한국과 만주의 전 국경선을 향하여 진격하고 그 결과 중공군과 대규모 전투를 벌이게 되는 경우, 그것이 전면적인 전쟁으로 발전하는 것이 아닌지 하는 불안이 유엔 내부에서는 차츰 짙어지고 있다. 따라서 유엔에서는 귀하의 북진에 제한을 가하려는 제안이 나올 가능성도 없지 않다. 목요일에 열린 국무장관, 합동참모본부, 기타 관계관 회의에서는, 귀하의 임무를 변경하는 것은 아니지만 한국의 통일을 실현시키는 한편 전투 확대의 위험을 제거하게 할 행동계획을 정부의 최고 수뇌에서 즉각 수립해야 한다고 합의하였다."

합동참모본부는 이 메시지에 이어서 다시 새로운 메시지를 보내왔는데 그것에 의하면 나는 압록강 근처까지 전진한 다음 한국군을 사용하여 '압록강 계곡 부분을 제압할 수 있는 장소'를 확보하고 한국 동북구의 진격은 청진까지 하라고 했다.

메시지에는 "어떤한 군사 행동이 북경 당국과 소련과의 긴장 완화를 위한 정치적 조치에 이로울 것이냐를 검토하였다."라고 씌어 있었다.

"나는 중공이 한국 전쟁에 개입하기 위하여 어떠한 계획을 가지고 있는지 모르지만 이쪽에서 우물거리고 있는 것을 보인다면 중공은 그 계획을 바꿀 것이라는 생각은 매우 어리석은 짓이며 나약한 태도라고 생각됩니다."라고 워싱턴에 알렸다.

11월 27일, 중공군 사령관 임표는 전병력을 동원하여 압록강을 건너 공격을 개시했다. 이리하여 중공은 미국 및 기타 참전국 부대와 전쟁 상태로 들어갔다. 2개군의 중공군 중 제4군은 워커 장군의 부대에, 제3군은 아몬드 장군의 부대를 공격했다.

제4군의 공격을 최초로 받은 것은 한국군 제2군단이었다. 제2군단은 순식간에 와해되고 미8군의 측면이 노출되어버렸다. 워커는 사전에 세운 계획대로 후퇴를 명하고 후위 부대가 된 제2사단과 터키 부대의 용감한 작전으로 제8군은 적과의 작전을 피하여 포위를 면했다.

아몬드 장군의 제10군단은 중공의 제3군보다 불리한 상황에 있었다. 아몬드 장군은 나의 지시에 따라 즉각 원산에서 후퇴했다. 그러나 제1해병사단은 완전히 적에게 포위당했으나 올리버 스미스 장군의 용감한 지휘로 퇴로를 뚫었다.

두 부대의 후퇴는 매우 교묘하게 행해져서 작전 전체가 기술적인 면에서는 매우 만족할 만한 것이었다.

우리 부대가 구원을 받을 수 있었던 것은 후퇴에 앞서서 내가 어려운 결단을 내린 점과 후퇴시에 야전 사령관들이 우수한 지휘 능력을 발휘한 결과라고 생각한다.

우리의 북진으로 적들은 시간이 어긋나서 예정보다 일찍 행동을 개시해야 했으며 그 결과 봄까지 대병력을 집결시켜, 일거에 우리를 괴멸시키려 했던 계획에 차질이 생겨버린 것이다. 그때 내가 북진하지 않았더라면 우리는 가만히 앉아서 섬멸당하고 말았을 것이다.

그런데도 이 작전은 크게 오해를 받아 왜곡되어 전해지리라는 것은 나도 각오하고 있었으며 사실 그랬었다. 나는 전면의 적은 공격할 수

제 9 장 한국 전쟁 233

있었어도 등 뒤에서 쏘아대는 비난의 화살은 물리치지 못했다.
 압록강 전체의 작전을 통해서 우리가 입은 손해는 비교적 경미하여 제8군은 전사자, 행방불명자를 합하여 모두 7천3백37명, 제10군단은 5천6백38명이었다. 이것은 유오(硫黃) 섬에서의 약 절반, 오키나와 작전 때의 5분의 1 이하였으며 '돌출 작전'(제2차대전 때 독일군이 연합군의 중앙으로 뛰어나와 행한 작전) 등과 비교해보아도 적은 숫자였다.
 정보가 누설되고 있다는 것은 누가 보아도 확실했다. 워커 장군은 작전계획이 워싱턴 쪽을 통하여 사전에 적에게 알려지고 있다고 나에게 불평을 했다.
 그 당시 만일 한국에 대한 중공의 무력 개입을 미국에 대한 전쟁 행위라고 미국측이 경고했더라면 한국 전쟁은 우리가 북진한 시점에서 끝났을 것으로 나는 믿는다. 만약 그와 같은 경고를 했더라면 중공은 압록강 남쪽으로 건너오지 못할 것이라고 나는 확신한다.
 그런데도 압록강 철교는 계속 안전했고 중공의 기지는 절대 공격을 받지 않을 것이라는 정보가 중공측에 흘러갔음이 분명했다. 중공군이 압록강을 건너오더라도 만주 내의 보급로가 폭격당할 염려가 없다는 것을 중공측은 확실히 알고 있었던 것이다.
 임표는 "맥아더 장군이 나의 보급로와 통신망에 보복 공격을 가하는 것을 워싱턴 당국이 허용하지 않는다는 보증이 없었더라면 무모한 공격을 개시하여 우리 부대를 위험에 빠뜨리고 나의 평가를 나쁘게 할 어리석은 행동은 결코 하지 않았을 것이다."라는 전단을 공개적으로 배부했었다. 나는 합동참모본부에 다음과 같이 보고했다.
 "우리의 애매한 행동으로 적군은 공세를 개시했다. 한국에서의 전투가 북한군과 적은 수의 외국 군대를 합친 정도의 부대를 상대로 한 싸움이라는 희망은 일체 버려야 한다. 북한에 투입된 것은 엄청난 병력이며 많은 증원군으로 계속 증강되고 있다.
 중공이 지원병을 동원하여 소규모의 원조를 한다는 말은 새빨간 거짓말이라는 것이 여실히 드러났다. 우리는 전혀 새로운 전쟁에 직면하고 있다. 전쟁 포로의 심문에서 얻은 정보나 각 야전군 사령관의 보고에 의하면 적의 전투 부대는 북괴군 외에 중공군 제20, 38, 39, 40, 42, 66, 50의 군으로 편성되어 있다.

중공군의 전략계획은 명백하다. 인천 상륙작전 직후, 중공군은 중심을 북으로 옮겨 대병력을 만주에 집결시키고 중립 입장을 지키면서 야음을 틈타 부대를 북한에 침투시켰다. 유엔군이 북괴군을 괴멸시키고 10월 압록강에 육박했을 때 중공군은 유엔군과의 접전을 삼가하고 봄의 기습 공격에 대비하여 강력한 병력을 비축하려 했다.

중공의 궁극적인 목적은 한국의 유엔군을 단숨에 섬멸시킬 결정적인 공격을 가하려는 것이 분명하다. 그런데 우리가 전진함으로서, 적에게 예정보다 빨리 교전을 강요한 결과 차질이 생긴 것이다. 중공군은 선전포고를 하지 않은 전쟁이 지닌 이점이 있었다. 그러나 거기에 대항하는 우리의 병력은 너무도 불충분했다.

선전포고 없이 대부대로 공격을 감행하는 예는 이제까지도 자주 있어 왔지만 전쟁에는 언제나 있는 현상이다. 현재의 국제정세하에서는 피할 수 없는 일이기도 하다.

그 결과 지금 전혀 새로운 상황이 벌어지고 있으며 이 문제로 파생되는 문제는 금후에도 현지 사령관으로서는 결정을 내릴 수 없는 국제적인 성격을 지닐 것으로 예상된다. 앞으로의 문제는 유엔의 각 기구와 세계 각국의 정부가 해결해야 한다. 본 사령부는 최선의 노력을 다했으나 당면한 정세는 본 사령부의 힘으로 처리할 성질의 것이 아니다. 우리는 바야흐로 중공 전체가 지닌 무한한 힘과 소련의 원조가 더해진 힘과 대항하고 있다. 내가 취할 전략은 공세에서 수세로 신속히 전환하고 유동적인 전황에 적절하게 대처하는 일이다."

합동참모본부는 나의 계획을 승인했으며 이렇게 해서 한반도는 새로운 전쟁터가 되었다.

11월 29일, 나는 워싱턴에 '한국에서의 우리 태세를 강화하기 위하여 자유중국이 파견하는 부대를 유엔군에 편입시키는 문제에 대하여 현지

사령부가 자유중국과 직접 교섭할 권한'을 줄 것을 건의했다.

이에 대하여 워싱턴 당국은 나의 건의를 검토하고 있으나 이 문제는 '국제적인 영향'을 끼치는 일이므로 즉시 확답할 수는 없다고 했다. 여기에 덧붙여서 워싱턴 당국은 다음과 같이 말했다.

"그러한 행동은 미국과 연합 관계에 있는 국가들이 지금 유엔에서 취하고 있는 일체된 보조를 와해시킬 것이며 미국을 고립시킬 우려가 있음을 고려하기 바란다. 영연방은 영연방부대가 자유중국부대와 함께 참전하는 것을 전적으로 거부할지도 모른다. 극동 지역에 있어서 미국의 지도적인 위치는 현재 유엔에서 시련을 겪고 있다. 유엔에서 연합국간에 서로 보조를 맞추는 것은 매우 필요하며 그것이 흩어지는 것을 막기 위해서는 세심한 주의가 필요하다."

또 워싱턴의 다른 사람들은 자유중국의 군대가 군대로서의 진가가 의심스럽다느니, 장병들이 너무 고령이라느니, 그들을 신뢰할 수 없으며 중공군과 접전하면 우리를 배신할 것이라는 의견을 내놓기도 했다.

대만을 방문했을 때 나는 자유중국의 군대를 시찰할 기회가 있었는데, 그때 자유중국의 부대는 장비나 훈련도 우수했으며 중공군과 비교해서 결코 뒤떨어지지 않는다는 인상을 받았었다. 내가 아는 한 당시 그들의 자질은 의심하는 사람은 결코 없었다.

그러나 그 당시 유엔 회원국들은 장개석 총통이 자진해서 제공하려는 병력을 사용하는 문제에 동의하지 않았으며 그렇다고 어느 나라도 증원부대를 내놓으려는 기색은 전혀 보이지 않았다.

트루먼 대통령은 한 기자회견에서 전력의 불균형을 바로잡기 위하여 유엔군에게 원자폭탄을 제공할지도 모른다는 말을 한 적이 있었는데 그런지 48시간도 못 되어 영국의 애틀리 수상이 워싱턴으로 가자, 이 문제는 흐지부지되어버렸다.

중공군이 한국 전쟁에 참전하고부터 미국은 전사에 전례가 없는 불리한 상황을 강요당했다. 그때 한국 전선에서 미 8 군이 짊어진 불리한 조건을 왜 방치해두었는지 군인인 나로서는 도저히 이해할 수 없는 일이다.

1월 초에 나는 제8군의 전선을 남한의 중간쯤에서 안정시켰다. 적은 차츰 보급이 악화되어 곤란을 겪기 시작했다. 워커 장군의 후퇴가 빠른 속도로 진행된 탓으로 지각없는 어떤 기자는 워커의 부대는 날아가듯이 도망쳤다고 혹평했는데 이것은 전적으로 무지의 소치이다.

이 후퇴작전은 지휘관들의 교묘한 지휘와 전부대원들의 용감한 행동으로 이루어진 것이며 부대는 질서정연하게 행동했으며 각 부대는 서로 긴밀한 연락을 취하고 있었다. 장병들은 정신적으로나 육체적으로 극히 양호한 상태에 있었다.

제10군단은 적의 포위로부터 미8군의 우익을 막는 임무를 맡게 했으며 그것이 끝나자 해로로 부산까지 철수하여 다시 제8군과 합류케 했다. 아몬드 휘하의 제1해병사단 제2, 제7보병사단은 훌륭한 전투를 전개하여 중공군 3개 군단을 묶어놓았다. 흥남 철수는 훌륭한 성과였다. 12월 24일, 아몬드 장군의 보고는 이러했다.

"제10군단은 공로와 해로로 흥남에서 철수를 완료하였다. 35만 톤의 보급 물자도 후송을 완료했으며 적에게는 아무것도 남겨주지 않았다. 한국군을 포함한 10만5천 명의 병력과 약 10만 명의 피난민을 안전지대로 후송했다. 적에게 군사적 가치가 있다고 생각되는 건물은 모조리 파괴했다. 적은 우리의 철수 작전을 방해하려다가 큰 손실을 입었다. 그러나 우리 부대의 손실은 비교적 경미했다."

제10군단은 사기와 자신에 넘친 원기 왕성한 모습으로 부산에 도착했다. 나는 이 작전이 전례없는 위태롭고 어려운 작전으로 생각했는데 무사히 해낸 것이다. 이 작전이 성공한 것은 육해공군의 훌륭한 협동의 소산이었다.

트루먼 대통령, 페이스 육군장관, 콜린즈 육군 참모총장, 셔먼 해군 작전부장 등 많은 인사들이 축전을 보내왔다.

트루먼은 "내가 이제까지 받은 선물 중 최상의 크리스마스 선물이었다. 감사할 뿐이다."는 내용이었고 페이스 장관은 '훌륭한 성과'라고 했다.

콜린즈 장군은 "3군 합동을 통한 훌륭한 성과는 각 지휘관과 장병들이 신중하게 계획하고 그것을 과감하게 실천에 옮겼기 때문이다. 전 육군과 함께 감탄을 금치 못한다."라고 했다. 셔먼 제독도 "3군의 빈틈없는 협력은 극히 어려운 일이지만 훌륭한 군사 행동을 보여주었다."라고 찬사를 아끼지 않았다.

나 역시 미리 손을 써서 중공군의 함정에 걸려들지 않고 피할 수 있었다고 생각했다. 나에게 맡겨진 수많은 장병의 생명을 구하게 된 것은 내가 그때까지 받은 모든 영예를 합친 것보다도 큰 위안이 되었다.

10. 갈팡질팡하는 미국의 극동 정책

북한 괴뢰군에 대한 기본 정책이나 지시는 아직도 그대로 남아 있었으나 정세는 완전히 바뀌어 있었다.

중공군의 거대한 전투력을 상대로 한 새로운 전쟁을 앞에 놓고 나는 군대나 무기, 보급 물자의 증원도 필요했으며 새로운 정세에 대처하기 위해서는 정확한 정책을 지시받을 필요가 있었다.

그러나 워싱턴은 어떻게 방향을 잡아야 할 것인지 갈피를 잡지 못하는 듯, 합동참모본부는 다음과 같은 메시지를 나에게 보냈다.

"중공이 마음만 먹으면 한국에서 유엔군을 몰아낼 수 있는 힘을 갖고 있다는 것만은 확실하다. 중공이 이 힘을 발휘하지 못하게 하는 방법은 중공에게 매우 큰 희생을 주어, 그것을 단념케 하든가 아니면 상당수의 미군 병력을 새로 현지에 보내는 문제 등을 생각할 수 있을 것이다.

그러나 후자의 경우, 일본의 안전도 포함해서 미국이 안고 있는 다른 지역에서의 책임에 중대한 지장을 주게 될 것이다. 유엔의 다른 회원국들이 한국 전선에 병력을 더 파견하는 문제도 기대하기 어렵다. 한국에서는 대규모 작전을 벌일 장소가 아니라고 우리는 생각한다.

그리고 전면전의 위험이 점차 높아져 가고 있는 현 시점에서 중공군과 전쟁을 계속하는 것은 우리가 보유하고 있는 병력을 모두 투입하는 결과가 되며 그렇게 되어서는 안 된다고 본다. 그러나 한국의 어느 지점에서 중공이나 북한 괴뢰군에게 그리 큰 희생을 당하지 않고도 효과적으로 대항하고 군사적 정치적으로 중공의 체면을 손상시키는 것은 미국에게도 좋은 일이다.

귀하가 받고 있는 기본적인 지시는 현 정세로 보아 수정되어야 한다. 귀하는 금후 일본도 부단한 위협을 받고 있다는 점에 유의하여 임기응변의 태세를 유지하면서 일단 후퇴하여 연합군이 한국에서 철수할 수 있는 시기가 언제인가를 조속히 파악할 것을 명한다.

귀관이 금강 부근에서 동쪽으로 뻗는 선까지 후퇴하고 중공군이 유엔군을 한국에서 몰아낼 수 있을 만한 대병력을 귀관 부대의 전면에 집결시키는 경우에는 귀관이 일본으로 철수하는 명령을 내릴 필요가 있다고 생각한다. 이상의 계획에 대한 귀관의 견해를 제출해주기 바란다. 그 견해에 따라서 철수 시기를 결정하겠다. 귀하는 일본 방위가 주요한 임무이며 일본을 방위할 병력은 제 8 군뿐이라는 것을 고려하기 바란다."

이 메시지를 통해 받은 인상은 이미 '이기겠다는 의사'는 없다는 것이었다. 위험에 처한 한국을 방위하여 통일시키겠다던 대통령의 단호한 결의는 어디로 가버리고 패배주의로 전락해버린 것이다.

워싱턴이 구상하고 있는 것은 반격이 아니라 어떻게 하면 무난하게 도망치느냐 하는 것이었다. 바꾸어 말해서 자유중국의 병력을 동원해서라도 전세를 만회하려는 것이 아니라 비현실적인 전쟁 회피의 길을 택하려는 것이었다.

특히 어이가 없었던 것은 몇 배나 우세한 중공군과 대치하고 있는 제8군에게 소련이 참전할 경우, 일본 방위까지 떠맡기려 한다는 것

제 9 장 한국 전쟁 239

이었다. 나는 한국에서 우리가 진다는 것은 생각해본 적도 없었다.

만약 나에게 가해진 인위적인 제한에서 풀려서 내가 지닌 전투력을 내 뜻대로 사용되는 것이 허용된다면 중공이 지니고 있는 침략 전쟁의 능력을 철저하게 파괴하고 앞으로도 몇 세대에 이르도록 중공이 아시아의 평화를 위협할 걱정을 덜게 할 수 있다고 확신하고 있었다.

2월 30일 밤, 나는 한국 철수에 대한 합동참모본부로부터의 메시지에 대한 회답을 썼는데 그 내용은 다음과 같다.

"한국 전쟁에서 적군과 아군이 각각 어느 정도의 능력을 가지고 있는가에 대한 평가는 금후 정치적 군사적으로 우리 부대에 대하여 어떠한 정책이 수립되느냐에 달렸다고 본다. 중공이 그들의 모든 전투력을 소련의 보급을 받아 유엔군에 대한 최대의 공격을 기도하고 있다는 것은 명백한 사실이다.

중공은 이 기도를 실행하기 위하여 방대한 병력을 만주에 집결시키고 있으며 그 병력을 모집하고 있는 중공 내부는 점차 약체화될 것이 예상된다. 그러나 현재, 작전상의 제한으로 우리 해·공군의 전투력은 충분히 그 기능을 다 발휘하지 못하고 있으며 대만의 자유중국이 보유하고 있는 강력한 전투력이나 중국 대륙에서의 게릴라 활동의 가능성은 거의 희박해지고 있다.

그뿐 아니라 나는 자유중국이 중공에 대항하는 것을 해군을 시켜 방해하고 있는 실정이다.

만일 미국 정부나 유엔이 중공에 의해서 강요된 이 전쟁 상태를 그대로 인정하면 우리가 할 수 있는 보복 조치는 다음과 같다.

1. 중공의 해안을 봉쇄한다.
2. 전쟁에 사용되는 중공의 산업력을 해군의 포격과 공군의 폭격으로 파괴한다.
3. 한반도에서 전투를 계속하기로 결정되면 한국에는 전력을 강화하기 위하여 자유중국군의 증원부대를 투입시킨다.
4. 대만의 자유중국군에게 가해진 현재의 제한을 풀어주어 경우에

따라서는 중국 대륙의 취약 지역에 상륙 작전을 편다.

내가 제안한 이 4개항을 실행에 옮기면 중공의 침략 전쟁 수행 능력에 막대한 타격을 주어 그들의 군대를 소멸케 하고 중공에 의한 정복으로부터 아시아를 지킬 수 있다. 그리고 그것은 우리의 미약한 군사력으로도 충분히 가능하다고 믿는다.

이렇게 되면 한국 전선에서 우리 부대에 대한 압력은 곧 약화될 것이며 한국에서 전투를 계속하든지 아니면 부대를 전략적으로 철수시켜 인근의 일련의 도서(일본)를 방위하는 한편 중공의 군사력에 대하여 해·공군의 압력을 계속 강화하든지 우리는 그때 선택할 수 있을 것이다.

이제까지의 작전은 중공을 대규모 전쟁에 끌어들이지 않겠다는 의도에서 취해진 것임을 나는 이해하고 있다. 그러나 현재 중공은 이미 전쟁에 개입하였으며 그런 이상 우리가 어떠한 행동을 취하더라도 더 이상 사태를 악화시킬 수 없다는 것을 그들도 현실적으로 인정할 것이라고 본다.

우리가 방위를 위해 보복적 군사행동을 취했을 때 소련이 군사 행동으로 나올는지의 여부는 억측의 범위를 넘지 못한다. 나는 소련이 세계 전쟁도 불사할 것인지의 여부는 동서 양진영의 전투력과 능력을 소련이 어떻게 평가하느냐에 달려 있으며 소련의 평가기준으로는 감히 그런 경솔한 짓은 하지 못할 것이라고 믿고 있다.

만일 우리가 본부의 메시지처럼 중공 본토에 대하여 군사 행동을 취하지 않고 한국에서 철수하게 된다면 일본을 포함하여 아시아인들에게 좋지 못한 영향만 주게 될 것이다. 그리고 일본을 본격적인 공격으로부터 지키려 한다면 이 지역의 병력도 상당히 증강시켜야 한다.

또한 이유야 어찌되었든 우리가 한국에서 철수한다면 현재 전투에 임하고 있는 중공군의 대부분이 남아 돌아서 다른 지역, 그것은 한국보다도 훨씬 중요한 지역에서 행동을 전개할 가능성을 배제할 수 없다는 점에 유념할 필요가 있다.

유럽의 안전에 우리의 병력이 필요하다는 것을 나는 충분히 이해하고 있다. 그러나 다른 지역에서는 패배를 감수하면서도 유럽만 생각하는 데는 찬성할 수 없다. 그렇게 되면 유럽 자체의 패배도 피할 수 없을 것이다.

극동 지역의 비상 사태에 대처하여 무력을 사용하는 것은 유럽의 안전이라는 기본 정책에 어느 면으로 보든지 지장을 초래하는 것이 아니다. 바꾸어 말해서 유럽 자체가 군사력을 증강시키는 일과 병행해서 전투 경험이 풍부한 충분한 병력을 앞으로 유럽에 투입할 수 있는 태세를 갖추는 결과가 되는 것이다.

합동참모본부의 메시지에서 말하고 있는 한국 정세에 대한 전술적 판단(합동참모본부의 메시지가 한국 철수를 전제로 하여 점차 후퇴하는 것을 지지하고 철 수를 고려하는 그 국한선으로 남강에서 동쪽에 이르는 지역을 지칭한 것으로 생각된다)에 관한 한, 현재 제시된 조건, 다시 말해서 증원부대없이 자유중국군에 대한 군사행동의 구속을 앞으로도 계속하고 중공의 전쟁 능력에 대해서는 이를 저지하는 군사 행동을 취하지 않는다면 중공군은 한국에만 집결하고 다른 지역에는 적용되지 않는다는 조건하에서는 합동참모본부의 판단이 옳다고 생각한다.

여기에 대해서 합동참모본부는 다음과 같은 회답을 보내왔다.

"귀하가 제안한 중공군에 대한 보복 조치는 우리 본부에서도 검토했으며 현재도 계속 검토하고 있다. 정책의 변경이나 그 밖에 새로운 사태가 발생하여 한국에서 우리가 벌이고 있는 노력을 강화할 수 있는 예측은 서지 않는다.

중공의 해안선에 대한 봉쇄는 가령 봉쇄한다 하더라도 한국의 정세가 안정된다든지 혹은 한국에서 철수할 때까지 기다려야 한다. 중공 연해에 봉쇄선을 펴려면 영국이 홍콩을 통하여 중공과 상당한 양의 무역을 하고 있으므로 영국과의 교섭이 필요하다.

중공 내륙의 목표에 대하여 해·공군의 공격을 가하는 것은 중공이 한국 이외의 지역에서 미군을 공격하는 경우에만 허용되며 그러한 사태가 발생하기 전에는 이 문제에 대하여 결단을 내릴 수 없다.

자유중국으로부터 지원병을 받는 문제는 그렇게 한다 하더라도 한국전선에서의 전황에 결정적인 효과를 준다고는 생각되지 않으며, 또 자유중국의 군대는 다른 지역에서도 유용하다고 예상되므로 찬성할 수 없다.

이상과 같은 점에 비추어볼 때, 그리고 관련된 모든 요소를 충분히 검토해본 결과 귀관은 합동참모본부가 전에 보낸 메시지에서 말한 바와 같이 차례로 새로운 전선을 방위하여 적측에 최대의 손실을 줄 것을 명한다. 단, 귀 부대의 장병과 귀하의 기본 임무인 일본 방위를 우선적으로 고려하기 바란다.

귀관의 판단에 따라서 병력과 물자에 대한 중대한 손실을 피하기 위해 철수가 필요하다고 명확하게 인정되는 경우에는 한국에서 일본으로 철수하기 바란다."

나는 즉각 설명을 요청하는 다음과 같은 전보를 쳤다.

"현재 우리 부대의 편성으로는 한국에서 거점을 유지하고 또한 동시에 외부의 공격으로부터 일본을 지킬 만한 병력이 없다는 것은 자명한 사실이 아닌가. 따라서 현재 정세로는 그 어떤 전략적 조치를 취한다 하더라도 거기에는 미국이 극동에 대하여 얼마나 관심을 갖고 있는지를 명확하게 제시해주는 정책이 필요하다.

현재 한국에서 우리 병력은 단기간 해안의 상륙 거점에 사소한 정도의 방위선 유지가 가능한 것은 확실하지만 그것도 희생이 없이는 불가능하다.

우리 부대의 장병들은 힘들고 곤란한 전투를 막 끝냈을 뿐이며 후퇴작전의 의의를 잘못 받아들인 선전 탓으로 부대 전체의 용기와 전투 능력이 부당한 비난을 받고 있다고 분개하고 있다. 시간을 벌기 위해 이들 장병의 생명을 요구한다면 그것이 어떠한 정책적 이유에 의해서인지 빨리 제시하여 충분히 납득시키지 않으면 안 된다. 만약 그 이유가 부대원들을 사지로 몰아넣을 정도로 충분치 못하다면 부대의 사기는 전투를 심각하게 위협할 정도로 악화될 우려가 있다.

미국은 결국 한국에서 철수할 것인지, 아닌지 하는 것으로 모든 문제는 귀결된다. 이것은 국가적으로나 국제적으로 최고로 중요한 결정을 수반하는 문제이다. 그러므로 매우 한정된 행동범위 내에서 전술적인 면에 미치는 세세한 사건 때문에 일개 야전 사령관이 결정할 문제는 아니다. 또한 동시에 적에게 행동의 주도권을 양보한 채 그것에 추종하여 저항할 문제도 아니다. 본부의 메시지를 요약하면 결국 그런 것이 아니겠는가?

따라서 내가 알고 싶어 하는 것은 미국 정책의 현재 목표는 한국에서 무작정 임전태세를 유지하라는 것인지, 그렇지 않으면 일정 기간만 그렇게 하라는 것인지 아니면 손실을 최소한도로 줄이기 위하여 빨리 철수하라는 것인지 분명하게 알고 싶은 것이다."

그러나 이 전보에는 아무런 회신이 없었다. 합동참모본부와 나 사이에는 철수할 때에 대한 상세한 계획을 둘러싸고 계속 메시지가 교환되었다. 그리고 1월 14일에는 트루먼 대통령으로부터 다음과 같은 메시지를 받았다.

"우리가 기본적으로 국가적, 국제적 목적으로 한국에서 저항을 계속하고 있는가에 대한 나의 견해를 말하고자 한다. 우리는 이 침략에 대항하기 위하여 가능한 한 조속하게 전세계적인 조직을 하려고 노력하고 있지만 귀관 휘하의 유엔군은 최대한 어느 정도 기대할 수 있는지 귀관의 판단을 알고자 한다.

이 전보는 결코 지시가 아니며 우리가 생각하고 있는 것에 대한 일면을 귀관에게 알리는 것이 목적이다. 한국에서의 저항은 다음과 같은 목적을 수행하는 데 있다.

1. 미국도 유엔도 침략을 그냥두지 않는다는 것을 실제로 보여주며, 소련이 휘두르는 세계적인 위험에 대항하기 위하여 자유세계의 정신력과 정력을 동원하는 일에 중점을 둔다.
2. 중공의 정치적, 군사적 위력이 위험할 만큼 과대평가된 결과 아시아의 비공산 세력의 저항이 약화되고 중국 대륙의 공산화가

더욱 강화되어가는 기색이 엿보이므로 중국의 콧대를 꺾어버린다.

3. 중공의 국내는 물론 국외에서도 아시아 비공산 세력의 저항을 조직화하기 위하여 장기 계획을 세우고 직접 참여한다.
4. 한국에 대하여는 우리가 명예를 걸고 한 약속을 실행하고 역경에 처해 있을 때 미국의 우정이 절대적인 힘이 되어주었다는 것을 행동으로 세계에 보여준다.
5. 일본이 현재보다 훨씬 유리한 조건으로 강화조약을 체결하도록 하고 중국 대륙과 관련된 부분에서는 강화조약 체결 후 일본의 안전에 크게 공헌하도록 한다.
6. 공산 세력에 위협을 느끼고 있는 아시아나 유럽, 중동 여러 나라에 사기를 북돋아주고 공산측이 제시하는 요구에 굴복하여 그들 공산 세력과 성급하게 타협할 필요가 없다는 것을 이들이 알도록 한다.
7. 소련이나 중공으로부터 불의의 공격을 받았을 경우 불리한 여건에서 싸워야 하는 국가들에게 자신감을 심어주도록 한다.
8. 서방측의 방위력을 신속하게 강화시킨다.
9. 유엔이 마침내 본격적으로 다루려고 하는 공동 방위의 임무를 완수케 하고 미국의 국가적 안전에 가치가 있는 자유 세계와의 유대를 공고히 한다.
10. 철의 장막의 배후에서 침략 전쟁에 발을 들여놓으려는 사람들에 대하여 그러한 범죄 행위는 자유 세계의 저항을 받게 된다고 경고한다.

현재 우리의 행동은 유엔의 대다수 회원국들을 단결하게 하는 것이어야 한다. 유엔 회원국들은 단지 유엔에 자리를 두고 있을 뿐만 아니라 우리가 소련의 공격을 받을 경우 동맹국에게 의지해야 하는 나라이다. 귀관이 중공의 대병력을 상대로 하여 한정된 병력으로 저항을 계속하는 것이 군사적으로 불가능할지도 모른다는 것을 물론 우리는 인정한다.

　현재의 세계 정세로 보아 귀하의 부대는 일본이나 기타 지역의 방위에 충당할 효과적인 병력을 보존할 필요가 있다. 그러나 전기한 중요 목적의 몇 개는 한국에 그 거점을 유지하는 것이 불가능해지면(귀관의 판단으로 가능하다면) 한국 근해의 섬들 특히 제주도에서 저항을 계속함으로써 달성할 수 있을지도 모른다.

　최악의 경우, 우리가 한국에서 철수하지 않으면 안 될 때에는 군사적으로 부득이한 철수일 것이므로 그 침략 행위가 원상복구되기까지는 정치적으로나 군사적으로나 그 결과를 용납하지 않겠다는 것을 전세계에 알리는 것이 중요하다.

　귀관이 한국 전선에서 보여준 지도 정신과 귀하의 부대가 매우 어려운 상황에서 보인 훌륭한 태도에 전 미국 국민은 감사하고 있다."

　나는 즉각 "우리는 최선을 다하겠습니다."라고 회답을 보냈다. "제관들, 이제 한국을 철수하느냐의 문제는 해결되었다. 우리는 철수하지 않는다."라고 나는 참모들에게 말했다.

　나의 71세(1월 26일) 생일에는 많은 사람들이 따뜻한 축전을 보내주었다. 트루먼 대통령은 '마음으로부터의 축하와 인사'를 보내왔고 애치슨 국무장관도 "귀하가 자유를 방위하기 위해 밀접한 협력과 우수한 활동을 하고 있는 데에 우리는 모두 진심으로 감사하고 있다."라는 전보를 보냈다.

　이전의 나의 동급생이며 나의 오랜 전우인 패터슨 대령이 보낸 축하의 말에 나는 다음과 같은 편지를 보냈다.

　"자네의 멋진 생일 축하 편지를 지금 막 받았네. 참으로 고맙네. 자네의 편지는 우리의 평생을 통한 긴 우정을 새삼 느끼게 해주고 있네.

　지금 내가 한국에서 하고 있는 일은 편치 못하네. 가까스로 북한 괴뢰군을 물리쳤다고 생각했더니 이번에는 또 중공이 거대한 병력으로 몰려왔네. 거기다가 갖가지 핸디캡과 제한이 가해져서 우리는 단결을 유지하며 전국 전체를 어느 정도 안정시키는 것도 매우 힘들었네.

앞으로 어떻게 될 것인지는 잘 모르겠으나 정치적 의견이 여러 갈래로 분열되어 그것이 군사행동에 영향을 주고 있는데 이것은 미국의 역사에서 찾아볼 수 없는 일일세. 패트, 자네에게는 언제나 다름없는 나의 마음으로부터의 인사를 보내네. 내가 혹 동양의 전신주의 전선에 매달려 마지막 숨을 거두었다는 소식을 듣더라도 놀라거나 쇼크를 받지는 말게."

1951년 1월 22일, 미·일 강화조약의 세부 사항을 최종적으로 매듭짓기 위하여 덜레스 대사를 단장으로 한 사절단이 도쿄로 왔다.

이 사절단의 도착에 즈음하여 나는 다음과 같은 성명을 발표했다.

"미·일 강화조약을 성사시키기 위한 구체적이고 결정적인 노력이 드디어 시작된 것을 나는 매우 기쁘게 생각한다. 이 노력은 매우 지연되었다. 공정하고 명예로운 합의에 도달하는 것이 결코 어려운 일만은 아니다. 일본은 관대한 정신으로 해결책을 받아들일 준비를 완전히 갖추고 있다. 이 회담에 참석하는 미국 대표로는 덜레스 대사가 가장 적임자이며 나는 대사 일행의 도쿄 도착과 거기에서 비롯될 희망을 충심으로 환영하는 바이다."

이 사절단은 2월 9일 일본을 떠났다. 이때 덜레스 씨는 나에게 다음과 같은 서한을 보냈다.

"강화조약 사절단이 일본을 떠남에 즈음하여 귀하에게서 받은 원조에 진심으로 감사드립니다. 우리가 평화의 길을 다소라도 걸을 수 있었다면 그것은 귀하가 이미 쌓아놓은 기초이며 우리에게 주신 조언에 힘입은 짓입니다.

최고사령관으로서의 귀하의 정책은 정의와 연민의 마음을 갖춘 것이며, 그 결과 우리의 이전의 적이 자유 세계에서 약동하는 이상을 이해하기 시작했으며 그것을 서로 나누어 가지려는 마음을 갖기 시작했습니다. 우리는 평화와 신뢰와 기회를 일본과 함께 나눌 시대가 찾아올 것이라는 기대 속에서 장래의 계획을 추진할 수 있겠습니다.

그러한 기초가 없었더라면 우리가 현재 하고 있는 일은 아무런 희망도 없었을 것입니다. 우리는 일본측 지도자들과 공식 또는 비공식으로 말을 나누는 사이에 연합국 전체의 이익을 염두에 둔 폭넓은 조언을 귀하로부터 받게 되었음을 알게 되었습니다. 우리 사절단 일행은 일본은 이미 강화조약을 체결할 자격을 가지고 있으며 또 그렇게 하는 것이 우리 모두를 위해서도 중요해졌다고 말씀하신 당신의 생각에서 언제나 용기를 얻고 있습니다. 우리는 이후에도 그러한 정신으로 나갈 것이며 귀하가 추구하여 온 공정하고 연속적인 평화 수립이라는 목표에 다소나마 공헌하려 합니다. 지금 귀하가 차지하고 있는 지위는 모든 것의 중심이며, 모든 것을 지배하는 것이며, 또한 필요불가결한 것입니다."

이 서한을 받고 나는 다음과 같이 회답했다.

"대사가 9일자로 보내주신 편지는 감사히 받았습니다. 편지의 내용은 나에게 너무나 과분했습니다.

우리가 일본에게 요구하는 평화 방식은 그것으로 해결하려는 당면 문제보다는 훨씬 넓은 범위에 영향을 미칠 것으로 나는 확신하고 있습니다. 왜냐하면 이처럼 고매한 정의와 권리의 관념에 입각하여 세계의 여러 나라와 일본을 동등한 지위로 부활시키려는 강화조약은 전인류에게 새로운 사상을 불어넣어주는 것이며 또한 국제 사회에도 새로운 도의의 기준을 제시하는 것이 되기 때문입니다.

사절단의 여러분들은 자기의 사고가 올바른 것인지 확인하기 위하여 참을성 있게 일본 국민이나 그 지도자들의 의견을 구하고 또 고려했습니다. 이러한 점에 미국과 미국의 대표인 여러분이 보여주신 성실성에 일본 국민도 신뢰하지 않을 수 없었을 것입니다. 귀하가 채택한 방법은 일본 국민에게 미국의 높은 도의심을 새삼 일깨워주었다고 봅니다. 이것은 자유로운 사람이나 아직도 탄압 속에서 자유를 갈구하는 자도 포함해서 아시아의 모든 사람들로부터 큰 공감을 얻을 것으로 믿습니다. 귀하가 하고 계시는 일은 참으로 높은 세계적 의의를 갖게 되었습니다."

그로부터 얼마 후(1951년 9월 8일) 미·일 강화조약이 샌프란시스코에서 화려하게 조인되었다.

그러나 나는 초청되지 않았다. 아마 나를 부르는 일 따위는 염두에도 없었던 것 같다.

11. 반격 작전

12월 23일, 워커 장군이 지프를 타고 가다가 사고로 사망했다. 이것은 개인적으로도 가슴 아픈 일이었다.

워커 장군은 용기 있는 훌륭한 장군이었다. 그는 내가 적의 배후인 인천에 상륙하여 구원의 손길을 뻗칠 때까지 한국의 남단에서 전선을 방위해왔었다.

또한 워커 장군은 전세가 최악의 경우에 있었을 때도 변함없는 자신감과 굳센 의지로 휘하 장병들의 사기를 북돋아주었었다.

시기적으로 보아 야전 사령관을 바꾸는 문제는 매우 어려운 일이었으나 다행히 최고급 사령관인 매슈 리지웨이 장군이 취임했다. 그가 군인으로서의 소질이 풍부하고 숙련된 지휘관이라는 것을 나도 잘 알고 있었다. 리지웨이 장군이 취임했을 때 제8군은 서울 북방의 북위 38도선과 거의 비슷한 위치에 전선을 펴고 있었다.

리지웨이 장군은 전선을 시찰한 다음, 적군이 전선을 돌파하려 한다 해도 충분히 저지할 수 있다는 자신을 얻었다. 그러나 1월 1일에는 공산군이 총공격을 개시하여 최고 12마일까지 전진했다. 그 결과 제8군은 다시 후퇴하게 되었으며 1월 4일, 적군은 서울을 다시 점령하고 1월 7일에는 제8군은 38도선 남쪽 80마일까지 후퇴하여 새로운 전선을 펴게 되었다.

유럽과 미국의 신문들은 "유엔군은 바다로 밀려나 빠지게 되었다."고 떠들었으며 미국의 의회도 이러한 예고를 되풀이했다.

그러나 그때 나는 다른 생각을 하고 있었다. 적의 보급선이 더 길게 연장됨에 따라서 적측의 전력이 점차 저하될 것이라는 예상은 적중했다. 적의 병력은 또 질병에도 시달리고 있었다. 티푸스나 중공군으로서는 손도 쓸 수 없는 전염병이 만연하여 중공군의 병력에 큰 손실을 주었다.

나는 리지웨이 장군의 사령부에서 기자들에게 다음과 같이 말했다.

"중공군이 우리 군을 바다에 쓸어넣어버릴 것이라는 보도가 쉴새 없이 나왔는데 이것은 한국 전쟁 초기에 북한 괴뢰군이 우리를 바다에 밀어넣을 것이라는 허황된 말이 나왔던 것과 흡사하다. 그러나 아무도 우리를 바다로 밀어넣을 수는 없다. 우리 부대는 워싱턴 당국이 바라는 기간만은 한국에서 군사 거점을 유지할 결심이다."

나는 리지웨이에게 북진을 명했다. 우선 시험적으로 대대 규모의 정찰 대대를 보내보았는데 경미한 저항밖에 없었으므로 제8군은 전진을 계속했다. 내 계획은 피아간의 전력이 보급 루트의 관계로 균형을 유지할 수 있는 선까지는 나가겠다는 것이었다. 나는 리지웨이 장군에게 "적의 주저항선과 부딪칠 때까지 전진하라."고 명했다.

2월 3일, 리지웨이는 횡성까지 진격했다. 서울 입구에 있는 한강이 그 다음 목표였다. 2월 중순에 나는 다음과 같은 보고를 할 수 있었다.

"나는 전선의 상황에 매우 만족하고 있다. 적은 전술적인 후퇴가 불가피해졌다. 적이 받은 손실은 현대전에서도 가장 치명적인 부류에 속한다. 적은 자기들의 보급 기지에서 350마일이나 떨어져서 싸우고 있다. 그들은 지금의 전투가 바로 등 뒤에 안전이 보장된 성역을 두고 전투하는 것과 얼마나 상이한지를 겨우 알게 된 것이다.

적은 제8군을 철저히 격퇴시켰다고 떠들지 모르겠으나 이제는 그 댓가를 치러야 한다. 바로 얼마 전에 소련의 스탈린은 우리 부대의 전멸을 예언한 모양인데, 이 예언이 실현되려면 스탈린의 전우들은 지금까지보다도 훨씬 훌륭하게 싸워야 할 것이다.

나는 적의 주저항선을 찾아내거나 또는 38도선 이남에는 그런 선이 없다는 것을 확인할 때까지 진격을 계속할 것이다. 이제 적들이 한국전에서 결정적인 전과를 올릴 기회를 상실했다는 것은 명백하다."

나는 한국 내의 중공군을 괴멸시킬 장기 계획을 짜기 시작했다. 내가 결정적인 효과를 거둘 수 있는 목표는 적의 보급로였다. 나의 계획은 이러했다. 우선 넓은 지역을 점령하는 한편 도처에서 한정된 목표에 대한 공격을 반복하여 서울을 탈환하여 장차의 작전 거점으로 삼는다. 이어서 북한 전역에 대규모 공습을 가하여 적의 후방을 무너뜨린다.

압록강을 건너오는 적의 증원부대를 공격하거나 압록강 철교를 파괴하는 것이 아직도 허용되지 않는 경우에는 적의 주요 보급로를 방사성 폐기물, 즉 원자폭탄을 제조할 때 나오는 부산물을 투하하여 한국을 만주와 차단시킨다.

북한은 처참하게 파괴되어 보급 물자를 갖고 있지 않으므로 중공군의 식량이나 무기는 일체 중공에서 운반해 와야 한다. 중공군이 북한 내에 저장한 식량은 10일분 정도이며 탄약도 한정되어 있을 뿐이다. 그런데 북한에 투입된 중공군 병력은 백만에 달하고 있다.

나는 가능하다면 자유중국의 군대와 미국 병력의 증원 부대를 얻어서 북한 지역의 두 해안선 북단에 수륙양용 상륙작전과 공수작전을 동시에 전개하여 적의 숨통을 조인다. 중공군은 곧 기아에 허덕여서 항복할 것이 분명하다. 식량과 탄약이 없이는 손발을 움직이지 못할테니까 말이다. 이것은 이전의 인천 상륙작전을 더욱 확대시킨 대규모의 작전이 되어야 한다.

이 전략의 제1단계는 잘 진척되어 우리는 3월 중순에 서울을 탈환하고 38도선까지 진격했다. 합동참모본부는 다음 조치를 중공에 취할 수 있도록 국방장관에게 건의했다.

"해군으로 하여금 중공을 봉쇄케 한다. 중공의 해안 지대와 만주에 대한 공중 정찰을 하게 한다. 자유중국군의 사용에 대한 제한을 풀고 그들이 대 중공작전을 효과적으로 수행하는 데 도움이 되도록 보급 지원을 요청한다."

제 9 장 한국 전쟁 251

리지웨이 장군은 콜린즈 장군에게 옛 친구로서 하는 호소 형식으로 개인적인 서신을 보내어 제8군을 자유중국의 부대로 강화하여줄 것을 요청했다. 그러나 역시 헛수고였다. 합동참모본부의 건의는 각하되고 리지웨이의 개인적인 요청도 성사되지 못했다.

유엔군이 38도선을 넘을 것이냐 하는 문제가 다시 제기되었다. 일만 있으면 누군가를 희생의 제물로 삼으려는 미국 내외의 말썽꾼들은 비난의 화살을 나에게 돌리고 중공군이 한국 전쟁에 개입하게 된 것은 내가 멋대로 38도선을 넘었기 때문이라고 근거없는 말을 퍼뜨리기도 했다.

이것은 몇몇 신문기자의 입에서 나온 소문 정도의 성질이 아니었다. 그것은 용의주도하게 짜여진 하나의 운동이었으며 정체를 숨긴 정부의 고위층에 의하여 이용되고 있었으며 오랜 시일을 통하여 거의 병적일 정도로 격렬하게 공격을 계속하여 일부 미국 신문에 의해서 펼쳐지고 있었다. 내가 38도선을 넘은 것은 워싱턴 당국이 내린 결정이었다.

그러나 워싱턴 당국은 극동의 실제 정세를 일반 국민에게 정확하게 알리는 노력을 하지 않았다. 내가 이 회고록에 기록한 수많은 전보 교환은 단 한 줄도 발표되지 않았다. 발표된 것은 정권을 잡은 사람들에게 유리하다고 판단한 것뿐이었다.

"육군성의 허가없이 사전에 외교 정책이나 군사 정책에 대한 연설, 신문 발표, 기타 공식 발언을 해서는 안 된다."라는 함구령도 나왔다. 나는 전투 상황과 일본 점령에 대하여 종종 담화를 발표하고 있었으므로 이러한 지시가 있은 다음에는 워싱턴 당국에 허가를 요청했다. 그러나 워싱턴 당국은 이런 종류의 것은 허가를 받을 필요가 없다고 되돌려 보냈었다. 이 점에 대해서는 트루먼 대통령도 플로리다에서 가진 기자회견에서 확인했었다.

3월 8일, 하원 공화당 원내총무인 조 마틴 의원이 다음과 같은 편지를 나에게 보냈다.

"현재 외교 정책과 전체적인 전략에 대하여 토의 중인데 유럽 문제는 크게 강조되고 있으나 극동군 총사령관인 당신의 견해가 알려지지 않아 우리는 매우 유감스럽게 생각하고 있습니다. 미국은 가급적 폭넓은 뒷받침을 받는 정책을 마련하고 유럽을 지키는 일에 너무 열중한 나머지 아시아에서 미국의 지위를 약화시키는 사태에 이르는 것을 피해야 하며 이 일은 미국, 나아가서는 세계의 안전을 위하여 절대로 필요하다고 나는 생각합니다.

지난 2월 12일, 뉴욕의 브루클린에서 발표한 나의 연설 사본을 동봉합니다. 나는 이 연설에서 그 점을 특히 강조했으며 한국 내의 우리 부대에 가해진 압력을 제거하기 위하여 대만의 장개석 총통의 병력을 이용하여 아시아의 제 2 전선을 만들면 어떠냐고 제안했습니다. 나는 그 후 이 연설에서 말한 취지를 다른 연설에서도 거듭 주장했으며 3월 28일 라디오 방송의 연설을 통해서도 그렇게 말할 작정입니다.

이 점에 대하여 비밀이든 또는 공개적으로든 당신의 견해를 얻을 수 있다면 매우 고맙겠습니다. 많은 사람들이 당신을 숭배하고 존경하고 있습니다. 귀하가 지휘하고 있는 막중한 임무가 성공하기를 빕니다."

3월 20일, 일상 업무의 하나로 마틴 의원에게 회답을 보냈다. 나는 나의 직책상의 책임에 저촉되는 사항에 대한 의회의 문의를 받는 경우에는 거기에 솔직하게 대답하는 것이 나의 의무라는 생각으로 일관해 왔었다.

이것은 미국의 건국 이래의 관습이며, 이것은 또 법률로도 제정되어 있었다. 그러한 서신의 교환이나 의회에서의 증언이 있어야 미국의 입법기관은 국가적인 문제를 지적으로 다룰 수 있다.

나는 마틴 의원에게 다음과 같은 답장을 썼다.

"중공이 한국에서 우리와 전쟁을 벌이게 됨으로써 야기된 정세에 대한 나의 견해와 진의는 이미 상세하게 워싱턴 당국에 전달되어 있습니다. 나의 견해는 이미 일반 국민에게도 상당히 잘 알려져 있을 것이며 미국이 지금까지 일관해서 지켜온 것, 즉 힘에는 힘으로 강력하게 대처한다는 방식에 따른 것이므로 그 내용은 극히 이해하기 쉽습니다.

대만의 자유중국군을 이용하자는 귀하의 견해는 논리적으로나 또는 여기에서 말한 미국의 전통으로도 부당한 것이 아닙니다.

공산 세력들은 그들이 세계 제패의 손을 쓸 무대로 아시아 지역을 선택하고 있다는 것을 우리는 전쟁터에서 확인했습니다. 외교관들이 유럽에서 말씨름을 하고 있는 사이에 우리는 이곳에서 무기를 들고 싸우고 있는 것입니다. 우리가 아시아 지역에서 그들과의 싸움에서 진다면 유럽에서도 패배는 피할 수 없을 것이며 아시아에서 우리가 이기게 된다면 유럽도 전쟁을 면하게 되고 자유를 유지할 수 있을 것입니다.

이처럼 자명한데도 일부 사람들은 그것을 이해하지 못하는 것 같습니다. 귀하가 말했듯이 우리는 이 싸움에서 이겨야 합니다. 승리 외에는 해결책이 없습니다."

나는 마틴 의원과의 서신 교환을 의례적인 일로 가볍게 생각하고 있었다. 문의해온 사항에 대하여 정중하게 답변했을 뿐이며 승리를 바라는 공통된 애국적인 마음을 대변한 것에 지나지 않았다.

그런데 나를 비난하는 패들은 내가 "전쟁에서는 승리 외에는 해결책이 없다."고 말한 점을 크게 문제로 삼았다. 그러한 시비가 얼마나 바보스런 일인지는 명백했다. 그 뒤의 사건이 분명하게 보여준 바와 같이 승리 이외의 해결책은 유화 이외에는 없는 것이다.

강대국이 일단 전쟁에 발을 들여놓은 이상, 승리를 쟁취할 때까지 밀고 나가지 않는다면 결국 패배를 맛보게 되고 말 것이다. 앞으로도 뒤로도 가지 못하는 교착 상태에 빠지는 것은 전쟁에서 사상자의 수를 줄일 수 있을는지는 모르겠으나 전쟁을 시작한 당초의 목적을 군사적으로 포기해버리는 불투명한 짓이다.

3월 21일, 나는 합동참모본부로부터 다음과 같은 메시지를 접수했다.

"한국에 대한 침략군의 대부분이 격퇴된 지금, 유엔은 한국 문제의 해결 조건을 토의할 준비를 진행하고 있다는 대통령의 성명을 국무성은 조만간에 발표할 것이다.

유엔에서는 병력을 38도선 이북으로 전진시키기에 앞서서 문제를 해결하기 위하여 외교적인 노력을 더욱 계속해야 한다는 의견이 여전히 강하다. 앞으로 어떠한 외교적 반응이 나타날지, 또는 새로운 교섭이 시작될 것인지의 여부는 당분간 사태를 관망해야 할 것이다.

국무성에서는 지리적인 위도(緯度)에는 군사적 의의가 없다고 보고 금후 몇 주일 동안 귀관은 유엔군이 안전을 유지하면서 귀관에게 어느 정도의 권한을 주어야 할 것인지에 대하여 합동참모본부에 문의해 왔다. 귀관이 상신한 사항을 인정한다."

나는 "한국의 유엔군에게 더 이상의 군사적 제약을 가하지 말아줄 것을 요청한다."고 요청했었는데 이것은 이에 대한 회신이었다.

나는 합동참모본부로부터의 메시지를 받기 전에 다음과 같은 일상의 담화를 준비하고 있었는데 전선 시찰을 떠나면서 그것을 도쿄에서 발표했다. "작전은 계획한 대로 계속 진행되고 있다. 한국에 있던 조직적인 공산측 병력은 이제 실질적으로 일소되었다. 적의 보급선은 밤낮없는 우리 해공 부대의 대규모 폭격으로 막심한 손실을 입었다. 그 결과 전투지역에 있는 적의 전방 병력은 군사 행동을 유지할 수 있는 물자 부족을 심하게 느끼고 있다. 우리 지상 부대는 적의 이 취약점을 교묘하게 공격하고 있다.

적의 인해전술에도 우리 부대는 익숙해져서 현재로서는 전혀 문제시되지 않으며 적의 침투 전술도 미미해졌다. 또한 기후, 지형, 전투의 치열함을 견디어낸다는 점에서 적의 사기는 우리에 비해서 훨씬 뒤떨어져 있다.

그러나 이러한 전술적인 성과보다 더욱 중요한 사항이 있다. 우리의 새로운 적인 중공군은 근대전의 수행에 불가결한 수단인 중요한 자재를 충분히 보급해줄 수 있는 산업력이 없다는 것이 명백하다는 것이다.

현재 중공은 소규모의 해공 전투력을 만들어내고, 그것을 유지 조작할 수 있는 산업기지나 원료가 없으며 지상 전투를 수행하는 데 불가결한 장비인 전차, 중포(重砲) 기타 진보된 과학 병기를 공급할 능력이 없다. 종래의 전쟁이라면 중공의 수적으로 거대한 잠재적인 전투력으로 이러한 갭을 메꿀 수 있었겠지만 대량살육의 수단이 극도로 발달한 현재 수적 우세만으로 전세를 만회할 수는 없다.

바다와 하늘을 지배하는 것은 보급, 통신, 수송을 지배하게 된다. 이것은 극히 중요하며 결정적인 효과를 올릴 수 있다는 것은 과거나 현재나 다를 바 없다. 이 해·공권을 우리가 지배하고 적 지상군의 화력이 우리보다 열세인 이상, 여기서 생겨나는 전투력의 상이는 적이 아무리 용감성을 발휘하고 또한 아무리 인명의 손실에 구애받지 않는다 하더라도 메꾸어질 수는 없다.

중공이 선전포고도 하지 않고 한국 전쟁에 뛰어든 이래 군사상의 이러한 약점은 명백하게 드러나고 있다. 그러나 유엔군은 현재 행동에 제약을 받고 있어서 중공군에게는 유리하겠지만 그럼에도 불구하고 중공군의 한국을 무력으로 정복하려는 기도가 실패하고 있다.

만일 유엔이 전쟁 범위를 한국에 국한시키는 현재의 정책을 포기하고 우리의 군사 행동을 중공의 해안과 내륙까지 넓히기로 결정한다면 중공은 곧 군사적인 붕괴 위기에 직면하리라는 것은 지금 중공 자신도 잘 알고 있을 것으로 본다.

이처럼 기본적인 사실이 확실해졌으므로 한국 문제를 대만이나 중공의 유엔에서의 의식 문제 같은, 한국과 직접 관계가 없는 사항과 연계시키지 않고 문제 자체를 바르게 평가하고 검토한다면 한국 문제에 대하여 결단을 내리는 것은 결코 불가능한 일이 아니다.

무참하게 짓밟힌 한국과 그 국민을 더 이상 희생양으로 바쳐서는 안 된다. 군사적인 면에서는 문제를 전투 행동으로 해결하려 하겠지만 문제의 본질은 어디까지나 정치적인 것이며, 그 해결은 외교면에서 얻어야 하는 것이다.

그러나 내가 군사령관의 권한 내에서 언제나 적군의 총사령관과 전쟁터에서 회담할 용의가 있음은 말할 것도 없다. 그것은 어느 나라에서나 지지해야 되는 것이다. 한국에서의 유엔의 정치적인 목적을 군사적인 방법 이외의 다른 방법으로 달성할 수 있는지를 진지하게 탐구하기 위해서이다."

3월 24일 저녁, 한국 전선에서 도쿄로 돌아오자 나는 다음과 같은 성명을 발표했다.

"전선에서는 모든 것이 순조롭게 되어가고 있다. 우리 부대 장병들은 사기가 충전하고 건강도 양호하다. 적의 보급소는 패트리지 장군과 스트러블 제독의 지휘하에 우리 해·공의 집요한 포격과 폭격으로 막심한 타격을 받고 있다.

현재의 지상 전투는 치열하지 않다. 우리 부대는 주도권을 장악하고 적을 계속 퇴각시키고 있다. 현재 한국에서 북괴군은 현실적으로 일소되었으며 한국인들도 부흥과 재건에 힘쓰고 있다. 서울도 이제는 점차 활기를 되찾고 있다.

38도선 문제는 현재 워싱턴, 런던, 기타 여러 나라의 수도에서 활발하게 논의되고 있어서 내가 새삼스럽게 논평할 필요는 없을 것이다. 38도선이 실제로 군사적인 의의를 가진 적은 아직 한 번도 없었다. 우리의 해·공 부대는 현재 자유롭게 넘나들고 있으며 과거에는 피아간의 지상 병력이 이 선을 넘나들었었다."

그 당시 나는 모르고 있었지만 이 성명은 내가 사령관으로서 나의 부대에 일본에 나아가서는 세계에 호소했던 마지막 공식 성명이 되었다. 나는 이 마지막 두 개의 성명으로 맹렬한 비난을 맞이해야 했다. 특히 지적된 비난은 내가 적의 야전 사령관에게 군사적인 회담을 호소한 점이었다. 미국이 무엇인가 마술과 같은 평화 방식에 따라서 이미 국제적 양해를 얻어 그것을 곧 발표하게 된 단계에 내가 그것을 뒤엎었다는 논란도 있었다.

이것은 참으로 어처구니없는 일이었다. 그와 같은 계획은 초안에도 없던 일이었다. 나의 호소는 아무리 해석해보아도 현지 사령관의 지역적 발언 이외의 아무것도 아니며 또한 그 사령관의 책임관계는 "문제의 본질은 여전히 정치적인 것이며 그 해결은 외교면에서 얻어야 한다."는 말로 신중하게 표명했던 것이다.

나는 그때까지도 두 차례나 적군 사령관에게 항복과 유혈 행동을 정지하라고 호소한 적이 있었다. 첫번째는 인천에서 승리를 거두었을 때였고 두 번째는 평양에 입성했을 때였다. 그때는 어디에서도 비난의 소리는 나오지 않았으며 오히려 전혀 그 반대였다. 전쟁의 역사를 통하여 야전 사령관이 자기의 지휘하에 있는 병사들의 위험을 최소한으로 줄이기 위하여 자기의 권한 내의 모든 조치를 강구하는 것은 권리요 의무인 것이다.

나를 비난하는 자들은 내가 중공의 약점을 강조했다는 점도 비난거리로 삼았다. 그러나 내가 말한 것은 사실에 입각한 것이며 또한 적에게 어찌하여 전쟁을 중지하는 데 동의해야 하는지의 기본적인 이유를 말해준다는 의도에서 나온 것이었다. 사실 그로부터 4개월도 지나지 않아서 소련의 중재로 휴전을 위한 회의를 열자고 제안했을 때 미국은 즉석에서 수락했다. 이런 위험한 시기에 마틴 하원의원은 무슨 이유에서인지 내가 앞서 그에게 보낸 편지를 나의 동의도 없이 공표하였다. 그러자 또 내가 전쟁을 확대시키려 한다는 비난이 들끓었다. 이것은 나의 뜻을 전혀 반대로 잡은 것이다. 내가 바랐던 것은 전쟁을 끝내는 것이지 전쟁을 확대하려는 것은 아니었다.

그리고 전쟁을 시작한 것은 내가 아니며 나는 그때까지 수차에 걸쳐서 "미군의 지상 부대를 중공의 영토 안에서 싸우게 하고 싶어하는 사람은 머리가 이상해진 사람들이다."라고 말했었다.

12. 해 임

1951년 4월 11일 오전 1시 트루먼 대통령은 화이트하우스로 기자들을 초청하여 나를 극동군 총사령관의 직위에서 해임한다고 발표했다.

트루먼 대통령은 내가 무언가 비열한 방법으로 공화당과 공모하고 있다고 믿었던 모양으로 나의 해임은 극히 정략적인 인상을 주었다. 그러나 대통령이 그렇게 생각했다면 전혀 잘못이다. 나는 국내의 정치 정세와는 아무런 관계가 없었다.

나는 명목상 공화당을 지지하기는 해도 그것도 어느 쪽인가 하면 링컨을 숭배하는 마음에서였으며 민주당이 이룩한 기본적인 업적이나 민주당의 위대한 지도자에 대해서는 오랜 세월에 걸쳐서 찬의를 표해 왔었다. 지금까지 내가 해온 비판은 당에 대한 것이 아니라 내가 보기에 어느 당이든 잘못된 일, 실패한 점에 대한 것이었다.

점차 고개를 드는 우유부단한 유화정책이 한국 전쟁 전체를 뒤덮기 시작하는 것을 나는 무슨 일이 일어나도 놀라지 않을 만한 자신이 있었지만 1950년 12월 9일(토요일)자의 〈뉴욕 타임즈〉지에 게재된 기사에서 큰 쇼크를 받았었다. 이 기사에서는 이렇게 말하고 있었다.

"트루먼 대통령은 화요일 밤 이곳에서 열린 어느 음악회에서 대통령의 영애인 마가렛 양의 독창을 비판한 음악 비평가를 때려눕히겠다고 위협했다. 이 이야기는 오늘 대통령이 쓴 편지의 내용이 언론계에 누설되어 일반인에게 알려지게 되었다.

편지는 〈워싱턴 포스트〉지의 음악평론가 폴 흄 앞으로 보낸 것인데, 수개월 전 트루먼 대통령이 어느 위원에게 보낸 편지에서 해병대를 해군의 정찰부대라 부른 사건에 뒤지지 않을 만큼 큰 센세이션을 불러일으키고 있다. 편지 내용은 문장 중 너무 심한 부분은 삭제한 형태로 〈워싱턴 데일리 뉴스〉지에 다음과 같이 게재되었다.

――며칠 전 이곳에서 마가렛 트루먼 양이 노래를 불렀는데 〈워싱턴 포스트〉지의 음악평론가 폴 흄이 그 평을 썼다. 흄 씨는 현재 화이트 하우스의 표지가 찍힌 한 통의 편지를 열심히 검토하고 있다. 편지의

내용은 이러했다.

'나는 신문의 뒤페이지에 작게 실려 있는 자네의 시시한 평을 읽었네. 군은 지금까지 아무 일에서도 성공한 적이 없는 자포자기한 노인이 위궤양이 네 개나 생길 일을 움켜쥐고 그 배나 되는 여덟 개의 위궤양을 만들어서 그 위궤양이 모두 활동하고 있는 것을 믿는 사나이인 모양이네.

나는 아직 자네를 만난 적이 없으나 만나는 날에는 군은 코를 바꿔 달아야 할 것이며 상처를 치료할 비프 스테이크가 많이 필요해질 것이며 또한 아래쪽을 받쳐줄 띠도 필요하게 될 것이다. 군과 비교하면 넝마주이같은 웨스트부르크 페글러쪽이 훨씬 신사답겠지. 이것은 직접 군을 모욕하기 위해서 쓴 것이니 그렇게 생각해주기 바라네.'

이 편지에는 H.S.T 라는 머리 글자가 있었으며 화이트 하우스는 얼마 후 그 편지는 트루먼 씨가 직접 쓴 것임을 인정했다. 글귀의 어투는 일부 삭제한 문면보다도 훨씬 노골적이었다고 한다——

〈데일리 뉴스〉지의 이 편지는 화이트 하우스의 표지가 찍힌 메모용지에 펜으로 쓴 글씨였다. 이 트루먼 씨의 편지에 대해서 웨스트부르크 페글러 씨는 뉴욕에서 다음과 같은 성명을 발표했다.

"이 비상시에 미국의 국민이 대통령다운 지도를 받지 못하고, 이전에 비슷한 사건이 있었을 때 버나드 바루크가 무례하고 조잡하며 무지한 사나이라고 평한 그러한 인물의 심한 악의에 내맡겨져야만 되는 것은 크나큰 비극이다."

페글러 씨의 말에 의하면 바루크 씨의 평은 트루먼 씨가 1948년의 선거 때 바루크 씨에게 불쾌한 편지를 보냈을 때 한 것이라 했다.

〈뉴욕 타임즈〉지의 이 기사를 보았을 대 솔직히 말해서 나는 실망을 금치 못했다. 나 자신도 이처럼 자제력이 없는 감정의 분수에 희생당할 것 같은 정세하에 놓여진 것 같았다. 그런데 그것이 내게도 사실로 찾아왔던 것이다.

이것과 비교하여 링컨 대통령이 거의 같은 상황 아래, 그랜트 장군에게 보인 침착한 위엄과 자제력을 갖춘 태도와는 얼마나 차이가 클까? 1864년 4월 30일, 링컨 대통령은 그랜트 장군에게 다음과 같은 편지를 보냈었다.

"봄 전투가 개시될 때까지 다시 뵐 것 같지 않아, 이 기회에 이제까지 장군이 해온 일에 대하여 나는 내가 이해할 수 있는 한 충분히 만족하고 있음을 알려드립니다.

장군의 계획에 대해서 나는 알지 못하며 또한 알려고 하지도 않습니다. 장군은 방심할 사람이 아닙니다. 스스로 문제를 해결할 능력을 지니고 있으므로 나는 그것으로 만족하며, 장군을 구속하는 일은 하고 싶지 않습니다. 전투에 큰 파국을 초래하거나 우리의 장병이 많이 포로가 되거나 하는 사태는 피해야겠다고 생각하고 있지만 이런 일에 대해서는 장군이 더 잘 유의하고 있음이 틀림없습니다.

만약 나의 힘으로 할 수 있는 일 중에 희망하는 것이 있다면 사양치 말고 나에게 알려주시기 바랍니다. 용감한 군대와 올바른 목적을 가진 장군에게 하느님의 가호가 있기를 기원합니다."

링컨과 트루먼의 차이는 시간상의 갭만이 아니다. 트루먼을 비판하는 저명한 평론가가 결론을 내리고 있듯이 '트루먼 대통령이 가지고 있는 많은 약점 중의 하나는 역서(history)를 구별할 능력이 전혀 없다는 점이다.'라는 것이다. 그러나 나의 해임은 거기에 관련된 인물의 성격이란 점보다는 한국 전쟁에 발을 들여놓은 이래 아시아에 대한 미국의 시각이 기본적으로 달라졌으며 더욱 중대한 것은 이 태도의 변화에서 일련의 비참한 사건이 일어난 하나의 상징이라는 점에 그 중대성이 있는 것이다.

이와 같은 미국의 태도 변화는 자유 세계와 공산 세계의 투쟁을 송두리째 뒤흔들어버리는 일련의 영향을 야기시켰다. 한국에 대한 공산 세력의 군사적인 침략에 대항하는 결정은 만일 그것이 아무것에 대해서도 굴하지 않는 용기와 결의에 의해서 실행이 따르게 한 것이었다면 훌륭한 결단이 되었을 것이다. 그러나 유엔에는 그만한 실천력이 없었다. 중공이 참전한 이후 유엔은 공포에 사로잡혀 의견이 일치되지 못하여 한국을 위하여 자유로운 통일 국가를 세워준다는 공약을 포기해버린 것이다.

　유엔의 엄숙한 선언이 아시아인들로부터 신뢰를 받고 있던 때에 그러한 원칙을 포기한 것은 자유 세계의 희망을 매우 손상시켰다. 그 비참한 결과는 아시아 전역에서 나타나고 있었다. 중공은 일약 아시아의 거대한 군사 세력으로 성장하게 되었다.

　한국은 짓밟히고 분할된 채 방치되었다. 티벳은 공산 세력에게 짓밟히고 말았다. 다른 아시아 국가들은 차츰 중립국으로 기울어져 갔다. 한편 중공은 1946년부터 49년에 걸쳐서 농지개혁에 지나지 않는다는 애매한 생각에서 자유중국을 희생시키면서 중공과 타협케 했다. 마샬 사절단의 기본적인 잘못을 시정할 기회를 눈앞에 두고도 놓쳐버린 것이다.

　결국 중공이 중국 대륙을 지배하는 것을 확인하는 결과가 되었으며 이것은 또한 소련의 강력한 동맹국을 키워준 결과가 되어버렸다. 그 결과는 한국의 유엔군 부대가 통상 무기만으로, 그것도 지루한 휴전 교섭이 한창일 때 낸 손해보다도 훨씬 적은 손해로 승리를 거둘 수 있었는데도 오히려 이 부대에 인위적인 구속만 가하고 말았다. 유엔군이 낸 손해의 약 5분의 3은 내가 해임된 애매한 시기에 입은 것이었다. 결국 방위란 결말없는 교착 상태를 낳게 할 뿐이라는 전사(戰史)의 교훈도 잊었는지 1세기 반에 걸친 미국 전사의 역사를 뒤엎은 채 방위만 고수하게 되었다.

　이 일은 전쟁에서 승리를 대신하는 것이 있다거나 적의 지휘관들이 통상의 전쟁 법규를 위배하고 포학행위를 자행해도 그 책임을 물을 필요가 없다든지, 명예로운 전쟁 포로의 권리는 이제 각국에 위임된 성스러운 임무가 아니라는 결론밖에 내릴 수 없는 결단없는 정책 태도로 비극적인 희생을 치르게 된 것이다. 이러한 일들은 모두 서유럽의 불굴의 정신과 결의, 혹은 서유럽의 아시아에 대한 관심을 신뢰하던 동양인의 희망을 무너뜨렸다. 그 결과 제2차대전 때 극동에서의 승리가 거둔 심리적 효과를 자유 세계는 대부분 잃게 된 것이다.

어디까지나 세계 지배를 추구하려는 소련의 전략은 소련 지도자가 공개적으로 발표한 것으로도 명백하게 표시되고 설명되고 있음에도 불구하고 소련의 전략을 이해하지 못했다는 크나큰 과오를 범하고 말았다. 동서의 싸움은 이미 전부터 유럽을 중앙으로 하고 북쪽의 아시아와 남쪽의 아프리카를 측면으로 하는 3대 지역에 이르고 있음에도 불구하고 그것을 이해하지 못한 것이다.

자유 세계는 중앙 지역이 최고의 이해를 가진 곳이며 따라서 싸움도 항상 거기에서 일어날 것이라고 생각하는 모양이었다. 소련도 이러한 생각을 조성하려고 부단히 선전을 펴 왔으며 소련이 침략하려는 곳은 유럽인 것처럼 관심을 끌게 하고 그들의 흑심을 숨겨 왔었다. 그러나 소련이 진정으로 얻고자 하는 것은 세계의 경제적인 개척지, 즉 천연자원을 많이 갖고 있는 아시아와 아프리카였던 것이다. 중앙 지역으로 경제적인 진출을 꾀하기는 거의 불가능했지만 측면의 두 지역에는 모든 가능성이 약속되어 있었다.

소련의 전략은 중앙 지대에서 방위 체제를 유지하여 자유 세계의 자원을 중앙으로 집중시키게 하고 측면에는 관심을 갖지 않게 하는 점에 있었다. 이 전략을 이미 굉장한 성과를 올리고 있다. 북쪽은 이미 극동에서 전쟁이 일어나고 있음에도 불구하고 자유 세계는 중앙에 최대의 중점을 두는 태도를 바꾸지 않았었다. 현재 중앙에서는 아무런 전쟁도 일어나지 않고 있으며 소련은 이미 아시아를 무찌른 세력의 여세를 몰아서 남쪽도 포위하려고 했다.

한국에서의 일을 완수하지 않기로 한 유엔의 중대한 결정은 이상과 같은 일 이외에도 갖가지 결과를 야기시켰으며 도의적인 힘에 의한 불패의 입장에 섰던 자유 세계를 주저에서 야기된 혼란 상태, 적당히 그때그때를 모면하려는 정책이 결국은 비참한 처지로 빠뜨려버렸다. 하나의 권위가 이처럼 무참하게 정상에서 밑바닥으로 전락한 예는 역사상 드물 것이다.

 나는 한국에서의 싸움은 '경찰행동'이 아니라 전쟁으로 본다고 하여 비난을 받았다. 그러나 중공은 전쟁 상태로 생각하고 있었다. 중공이 가진 군사력과 경제력은 한국 전쟁에 모조리 투입되었었다.

 해군력과 공군력을 갖지 못한 중공으로서는 그 이상의 일을 하려 해도 할 수 없었다. 중공은 백 퍼센트의 전쟁 노력으로 능력이 미치는 한 극한에 이르기까지 싸웠다. 미국 병사 15만 명과 동맹국인 한국의 수많은 장병이 전사하고 상처받은 싸움이 전쟁이 아니라니 도대체 무슨 논법인지 알 수 없다. 이들 사상자의 대부분은 중공군에게 희생된 것이다.

 우리가 이기기 위하여 싸운다는 미국의 전통을 추진하면 소련이 참전할지도 모른다는 그런 의론이 벌어졌었다. 그러나 소련이나 중공이 참전하는 위험은 한국 문제에 개입하는 우리의 당초의 결정을 내린 순간부터 따라다닌 것이다. 그러한 결정을 내렸을 때, 이미 우리는 거기에서 생기는 영향을 충분히 고려하여 예상되는 모든 상황을 각오했던 것이다.

 그러나 소련이 적극적으로 참전하려 했다 하더라도 그것은 군사적으로 불가능했을 것이다. 시베리아에서의 소련의 태세는 필연적으로 방위적인 성격을 띠게 될 것이며 한정된 긴 보급로에 의존해야 하는 취약점이 있었다. 이 보급로는 하나의 철도뿐이었으므로 우리는 이것을 공중에서 얼마든지 차단할 수 있는 입장에 있었다. 더구나 시베리아의 동부에는 현지의 보급 능력이 거의 없으며 소련은 물자 보급을 전적으로 이 철도 수송에 의존할 수밖에 없었다.

 따라서 이 지역만큼 세계에서 소련의 전투력이 취약한 지역은 없었다. 그리고 우리는 원자폭탄이란 핵무기를 가지고 있었지만 소련은 아직 원자탄을 개발하고 있지 않았다. 이러한 점에서 소련이 적극적으로 개입해올 위험은 우선 생각할 수 없었다. 자기의 군대는 희생하지 않고 우방의 군대를 사용하는 것이 소련의 정책이어서 제2차 세계대전

이후의 방대한 소련 세력을 확장하는 데 소련병은 전쟁터에서 한 발의 총도 쏘지 않고 목적을 달성하고 있었다. 소련은 세계 정복을 군사적인 수단으로 달성하려는 것인지 그렇지 않으면 더욱 평화적인 설득 수단을 쓰려고 하는지에 그 기본적인 문제가 있다. 만약 무력에 의할 생각이라면 자기가 주도권을 가지고 선택한 장소와 시간에서 싸울 것이 예상되므로 우리가 한국 문제의 해결을 위하여 어떤 행동을 취하더라도 그것은 세계 전쟁을 유발할 지배적인 요소로는 되지 않았을 것이 분명했다.

내가 승리를 눈앞에 두고 해임된 몇 년 후에 나는 상관에게 복종하지 않았다는 비난을 받았다. 이보다 더 우스꽝스러운 일이 있겠는가. 미국의 군복을 입은 사람으로서 나만큼 상부에 대하여 철저하게 복종한 사람도 없을 것이다. 이러한 비난은 한국 전쟁 당시 나의 직속상관이었던 합동참모본부의 모든 멤버들이 전적으로 부정하고 있지 않은가. 이들은 나의 해임 이유를 조사하는 상원의 한 위원회에서 내가 군율을 위반한 사실이 없다고 강조했었다.

항간에서는 브래들리 장군이 이 비난을 한 장본인이라고도 말하고 있으나 브래들리 장군은 상원의원인 조지, 버더, 보스 등 세 의원의 질문에 대답하기를 내가 그와 같은 직무 태만을 한 사실이 없다고 세 번이나 부정했다. 그 후 〈새터데이 이브닝 포스트〉지에 실린 기사에 의하면 브래들리는 한국 문제에 있어서 나의 견해가 옳았을지도 모른다고 생각한다는 의견을 피력했었다.

영국 참모총장위원회 의장으로서 명성이 높던 앨런부르크 원수는 다음과 같이 평했다.

"한국 전쟁에 있어서 맥아더 원수가 최종적으로 도달한 결정은 태평양적 시각에 입각한 것이며 그것은 그런대로 옳았다고 나는 생각한다. 그는 사전에 정치적인 승인을 얻지 않고 행동했다는 비난을 받고 있으나 그는 자기가 요구한 정치적인 정책이나 지시를 받지 못했었다. 나의 견해로는 정치적인 지시를 받지 못했을 때, 어느 정도 자기의 재량으로 책임을 지지 못하는 장군은 거의 가치가 없다고 본다."

트루먼 대통령의 해임 명령에도 다음과 같이 모순된 구절이 포함되어 있었다.

"맥아더 장군은 미국이 낳은 가장 위대한 사령관의 한 사람이며 그의 역사적인 위치를 확립하였다. 그는 무거운 책임이 있는 지위에 있으면서 미국을 위하여 유례없이 탁월한 공헌을 하였으며 미국은 이에 대하여 감사하지 않으면 안 된다."

대통령이 야전 사령관을 해임시킬 수 있는 법적 권한을 가지고 있는데 대하여 그 행위가 현명했거나 어리석었거나 하는 문제와는 관계없이 아무도 이에 대하여 이의를 제기하는 사람은 없다. 문관이 무관보다 우위에 있는 정책은 미국 정치 제도의 기본 요소이므로 미국의 모든 장병이 이를 기꺼이 받아들이고 있다.

나는 이 점을 문제 삼으려는 것이 아니다. 역사가 시작된 이래, 많은 사령관들이 때로는 임명권자의 변덕으로 때로는 정당한 이유로 경질되었었다. 그러나 나의 경우처럼 갑작스런 방법으로 해임된 예는 역사상 없었다. 나는 해임되기에 앞서서 청문회도 열리지 않았고 변명할 기회도 부여되지 않았으며 과거의 경력에 대한 것도 고려되지 않았었다.

나는 해임되는 순간까지도 대통령으로부터 혹은 공적으로, 또는 나의 사령부에 파견된 대통령의 연락장교를 통하여 많은 칭찬을 듣고 있었다. 그럼에도 불구하고 해임될 때 나의 입장을 설명하거나 나에 대한 비난이나 반대에 답변하거나 장래에 대한 나의 구상이나 계획을 설명할 수 있는 기회를 줄 생각조차 하지 않았던 것이다.

내가 받은 해임 명령은 지휘권의 이양에 따른 당연한 예의를 지키는 것도 허용되지 않았으며 사실상 나를 감금 상태에 두는 것이나 다름없는 갑작스런 조치였다. 사무실의 사환이나, 청소부나, 하급 직원이라 하더라도 이처럼 당연한 예절을 무시한 방법으로 해고되지는 않을 것이다.

나는 나에 대한 해임 명령을 라디오 방송으로 발표했다는 신문보도를 통하여 처음으로 알게 되었다. 워싱턴 당국은 나의 해임을 발표하기 전에 그 당시 일본과 한국을 방문 중이던 페이스 육군장관을 통하여 나에게 알릴 예정이었으나 연락이 되지 않았다고 주장하고 있으나 이것은 믿기 어렵다. 페이스 장관은 내가 해임 소식을 듣기 조금 전에 나의 사무실에서 워싱턴 당국이 전하는 매우 정중한 말을 해주었었다. 해임이 발표되었을 때 페이스 장관은 한국에 있었으며 나의 사령부와는 언제라도 연락을 취할 수 있는 장소에 있었다. 나의 사령부와 워싱턴 간에도 연락은 늘 취할 수 있었다.

　그러나 나를 비방하는 자들이 지적하는 비난이 설사 모두 옳다고 하더라도 극동에 남아 있는 몇 가지 중대한 문제에 비하면 대수로운 것이 아니었으며, 이처럼 앞뒤 가리지 못하는 사고방식이나 일의 크고 작음도 분간하지 못하는 능력이 결여된 예는 찾아볼 수 없었다.

　나의 해임 명령은 11일 하오 방송 형식으로 도쿄에 알려졌다. 라디오는 정규 방송을 중단하고 "트루먼 대통령은 방금 맥아더 원수를 유엔군 총사령관의 지위 및 일본 점령국 사령관의 임무에서 해임하였다."라고 긴급 발표했다.

　나는 대사관에서 막 점심 식사를 마치고 한국 전선으로 출발할 준비를 하고 있었다. 이 보도를 처음 들은 사람은 나의 충실한 부관이며 오랫동안 나와 행동을 같이 해온 시드니 허프 대령이었다. 그는 나의 아내에게 전화로 내가 해임되었다는 사실과 해임 이유는 내가 정부의 정책을 지지할지 의심스럽기 때문이었다는 것 외에는 밝혀지지 않았다고 알려왔다.

　아내는 고통스런 표정으로 이 사실을 나에게 알려주었다. 그러나 나 자신은 이런 충격 따위에 놀라지 않았다. 나는 아내에게 "이제서야 겨우 귀국할 수 있게 되었군." 하고 말했다. 참으로 오랜 여행이었다. 필리핀의 군사 고문이 되기 위하여 워싱턴을 떠난 이래 15년 동안이나 계속 외국에서 생활해왔던 것이다.

모스크바와 북경은 환희에 싸여 종이 울리고 축제 기분에 들떴다고 했다. 좌익분자들은 어디서나 이 소식에 기쁨을 감추지 못했다. 나는 너무 오랫동안 최고사령관의 자리에 머물러 있었던 탓으로 이를테면 자유 세계의 상징, 또는 공산주의의 팽창에 대항하는 방벽처럼 간주되어왔던 것이다. 그러니까 그러한 상징이 제거되었다는 것은 극동 사람들에게는 이해하기 어려운 일이었으며 미국 정책에 대한 신뢰감을 뒤흔드는 현상을 나타냈다.

일본 국회는 나에 대한 감사 결의를 채택하였으며 한국의 국회도 똑같은 결의를 채택했다. 일본 천황은 직접 방문하여 작별 인사를 했다. 요시다 수상은 다음과 같은 내용의 방송을 국민에게 하였다.

"맥아더 원수가 일본을 위하여 성취한 일은 역사상 그 유례를 찾아보기 어려운 일이었습니다. 우리 나라가 전후의 혼란과 궁핍에서 다시 일어나 부흥의 길을 걸을 수 있었던 것은 맥아더 원수의 덕택이며 또한 원수께서는 우리 사회의 구석구석까지도 민주주의가 뿌리를 내리도록 했고 강화조약의 기틀을 마련했습니다. 원수께서 일본 국민 전체의 존경을 받고 있는 것은 조금도 이상한 일이 아닙니다. 원수께서 일본을 떠나게 된 데 대하여 우리 나라가 느끼고 있는 슬픔은 말로 다 표현할 수 없을 것입니다."

일본의 지도적인 신문인 아사히 신문과 마이니치 신문은 다음과 같은 논평을 실었다.

"맥아더 원수의 해임은 강화조약이 임박한 지금 일본 국민에게 큰 실망을 느끼게 했다. 우리는 인자한 아버지를 잃은 것 같은 심정이며 전후 최대의 충격이 아닐 수 없다. 맥아더 원수는 정복자로서가 아니라 대개혁자로서 일본 국민에 대한 고결한 정치적 선교사였다. 원수가 우리들에게 준 것은 단순히 물질적인 원조나 민주적 개혁 뿐만 아니라 새로운 생활 태도, 개인의 자유 및 존엄성이었다. 우리는 금후에도 일본의 입장을 가장 잘 이해하는 분으로 원수에 대한 친밀감과 신뢰를 잃지 않을 것이다. 일천한 우리 나라의 민주주의를 키우는 데는 원수의 협조가 더욱 필요하다. 최소한 우리 나라가 강화조약에 조인하여 세계의 광장에 다시 발을 들여놓을 때까지는 원수의 지도를 받고 싶다."

한국의 이승만 대통령은 다음과 같은 메시지를 보내왔다.

"귀하가 해임되었다는 소식은 전혀 예측하지 못했던 일이며 놀라움을 금치 못하고 있습니다. 언젠가 귀하께서는 한국이 공격을 받는 경우에는 캘리포니아를 지키는 것과 마찬가지로 한국을 지키겠다고 말씀하신 것을 나는 잘 기억하고 있으며 귀하는 그 말을 실천에 옮기셨습니다. 한국의 애국자들은 이 사실을 영원히 잊지 않고 있습니다. 귀하께서는 우리 문제의 해결책을 모색하려고 얼마나 애썼고 또 한국의 통일과 독립을 위하여 얼마나 애쓰셨는지 나는 잘 알고 있습니다.

한국 국민은 귀하께서 한국을 위하여 하신 일과 변함없는 우정을 우리들에게 베풀어주신 것을 영원히 잊지 못할 것입니다. 친애하는 맥아더 원수, 한국 문제의 궁극적인 해결책은 귀하의 계획 이외에는 없다는 것을 나는 확신하고 있습니다. 왜냐하면 이번 전쟁에서는 명예로운 결말을 결코 기대할 수 없기 때문입니다. 시간이 흐름에 따라서 귀하의 이름은 세계 역사상 이 시기의 탁월한 지도자 및 정치가로 더욱 빛날 것입니다."

제10장 결　별

1. 노병은 죽지 않는다

4월 16일 새벽, 우리는 아츠키 비행장으로 떠났다. 2백만 일본 시민들이 미국 대사관에서 비행장으로 가는 연도에 늘어서 있었다. 어떤 사람은 손을 흔들었고 또 어떤 사람은 눈물을 닦기도 했다. 일본 정부의 고관들과 자위대원들이 비행장에 나와 있었다.

이른 봄의 훈훈함이 공중에 가득 차 있었으며 해가 뜨기 시작할 무렵에 우리를 태운 비행기는 이륙했다. 비행기 아래로 국화(菊花)의 나라인 일본의 웅장한 산봉우리들과 낮은 계곡들 꾸불꾸불한 하천과 크고 작은 도시들, 굽이치는 고원과 함께 펼쳐졌다. 우리는 일본을 마지막으로 보기 위하여 후지산을 한 바퀴 선회한 다음 미국으로 기수를 돌렸다. 그러나 일본은 나를 잊지 않았다. 미·일 수호조약 100주년에 즈음하여 일본은 최고 훈장이며 외국의 군주(君主)와 원수들에게 수여하는 욱일동화대수장(旭日桐花大綬章)을 수여했다. 그것을 나에게 수여하는 이유는 대충 다음과 같은 것이었다.

"일본의 전후 재건을 촉진하고 오늘날 미·일 두 나라 사이에 존재하는 깊은 우호 관계를 구축하는 데 귀하가 지대한 공적을 남기신 사실을 인정하여 이 훈장을 드립니다. 귀하는 주일 연합군 총사령관으로서 진보적인 점령정책을 실시하여 역사상 가장 훌륭한 본보기를 남겼으며 일본 국민은 이 사실을 충심으로 감사하며 영원히 기억할 것입니다. 귀하는 전후의 어려웠던 시기에 일본 국민에게 희망과 진로를 가르쳐주셨으며 일본 국민이 자존심을 되찾고 경제를 재건하는 것을 도와주셨습니다.

일본은 귀하의 지도로 자유주의 국가가 되고 자유 세계의 일원이 될 수 있는 기초를 구축하게 되었습니다. 일본 정부와 일본 국민은 미·일 관계가 2세기로 접어드는 오늘을 맞이하여 일본의 장래가 자유 세계의 여러 나라들, 특히 미국과의 우호 및 협력에 달려 있음을 확신합니다."

이 영예는 나에게 큰 감명을 주었다.

세계 역사상 일본처럼 최근까지 적대관계에 있던 나라가 이전의 적장(敵將)에게 이토록 융숭한 대접을 한 예를 나는 기억하지 못한다. 뿐만 아니라 이 영예는 나의 총독 재임기간 중이 아니라 점령 정책의 성과를 오랜 시간을 두고 연구 분석한 끝에 부여했다는 사실을 생각할 때 나의 감격은 더욱 벅찼다.

미국에 도착했을 때의 환영은 매우 요란스러운 것이었다. 샌프란시스코의 모든 시민들이, 남녀노소 할 것 없이 나를 환영하기 위하여 거리로 나온 것 같았다.

나는 4월 19일에 열리는 상하원 합동회의에서 연설하여 달라는 초청을 받았기 때문에 워싱턴을 향해 떠났다. 이곳에 도착했을 때도 워싱턴 시민의 열광적인 환영을 받았다.

나는 의회의 연단에 올라가서 다음과 같이 연설했다.

"상원의장, 하원의장 그리고 존경하는 의원 여러분, 나는 깊은 검손과 큰 프라이드를 가지고 이 연단에 섰습니다. 나보다 먼저 이 자리에서 연설하였고 미국의 역사를 개척한 위대한 애국자들은 생각할 때, 나는 한없이 겸손하여집니다. 그리고 입법을 위한 이 토론장은 인간이 이 때까지 고안하여 낸 가장 순수한 형태의 인간의 자유를 대표하고 있다는 사실을 상기할 때, 저는 큰 자부심을 느끼지 않을 수 없습니다. 이 토론장이야말로 모든 인류의 희망과 포부와 신념이 집결된 곳입니다.

내가 이 자리에 선 것은 어느 한 정파의 입장을 주장하기 위해서가 아닙니다. 왜냐하면 내가 말씀드리고자 하는 것은 어느 한 정파의 이해관계를 초월한 보다 근본적인 문제들을 내포하고 있기 때문입니다. 우리의 진로가 건전하다는 것이 입증되고 우리의 장래가 보호되려면 내가 말씀드리고자 하는 문제들은 국가 이익이라는 높은 차원에서 해결되어야 할 것이라 믿습니다.

　따라서 제가 말씀드리고자 하는 것은 한 미국 시민으로서 심사숙고한 끝에 내린 의견이라고 여러분께서 받아들여주시리라고 확신합니다. 인생의 황혼길에 접어든 나로서는 오직 한 가지 목적, 즉 조국을 위하여 봉사한다는 목적 이외에는 아무런 고통이나 원한도 없이 나의 의견을 말씀드리는 것입니다.

　내가 말씀드리고자 하는 것은 그 하나하나가 세계적이며 서로 얽혀 있어서 어느 한 부분을 다른 부분과 분리시켜 생각하는 것은 문제 해결의 파국을 초래할 따름입니다.

　흔히 아시아는 유럽으로 향하는 입구라고 말하지만 이것은 또 유럽이 아시아로 향하는 입구라는 것도 사실이며 아시아나 유럽이나 어느 한쪽이 가지는 방대한 영향은 반드시 상대방에게도 끼치게 마련입니다.

　지금 우리 주위에는 미국의 힘이 아시아와 유럽을 동시에 보호하기에는 불충분하여 우리의 노력을 분산시킬 수 없다고 주장하는 사람들이 있습니다. 그러나 저는 이보다도 더 심한 패배주의를 생각해낼 수 없습니다. 만약 우리의 적성국가가 그 힘을 쪼개어 아시아와 유럽을 동시에 공격한다면 우리로서는 동시에 적에 대하여 반격하는 도리밖에는 없을 것입니다.

　공산주의의 위협은 세계적인 것입니다. 만약 공산주의자들이 세계의 한 구역에서 성공을 거둔다면 다른 지역들도 따라서 파멸되게 됩니다. 우리가 아시아에서 공산주의자들에게 유화정책을 쓰거나 다른 방법으로 항복하면서 유럽에 진출하려는 그들의 노력을 저지할 수 있다고 생각한다면 이보다 큰 실책은 없을 것입니다. 이처럼 극히 단순한 진리를 지적하면서 저는 아시아 문제에만 국한하여 말씀드리고자 합니다. 현재 아시아가 처해 있는 상황을 객관적으로 평가하기 위해서는 아시아의 과거와 이 지역이 현재까지 겪어온 혁명적인 변화들을 어느 정도는 이해하고 있어야 할 줄 믿습니다.

아시아는 소위 식민주의 국가들로부터 오랜 착취를 받아왔기 때문에 사회적으로나 개인의 존엄성, 또는 생활수준의 향상을 도모할 수 있는 기회가 전혀 없었습니다. 이것은 미국이 필리핀에서 추구한 이상적인 통치 방법과는 전혀 다른 것이어서 아시아의 많은 국민들은 수년 전 끝난 태평양 전쟁의 기간 중에 비로소 식민주의의 사슬에서 벗어날 수 있는 기회를 포착하게 되었던 것입니다. 그들은 이때까지 느껴보지 못했던 존엄성과 정치적 자유에 대한 자부심을 만족시킬 수 있는 새로운 새벽이 다가오고 있다는 것을 느끼게 되었습니다.

세계 인구의 절반과 천연자원의 60퍼센트를 차지하고 있는 아시아의 여러 나라들은 빠른 속도로 정신적, 물질적인 새로운 세력으로 성장하고 있으며 이러한 힘을 이용하여 생활 수준을 향상시키고 그들 고유의 문화적 환경에 알맞도록 근대화 정책을 계획하려고 노력하고 있습니다.

우리가 식민주의 사상에 동조하든 하지 않든 이것이 아시아의 현 정세이며 이러한 전진을 멈출 수 없을 것입니다. 이것은 또 필연적으로 세계 경제의 경계선에 변화를 가져올 것이며 세계 정세의 중심은 최초의 출발점으로 되돌아가게 될 것입니다.

아시아의 정세가 이런 이상, 미국은 당연히 식민주의 시대가 종말을 고하고 아시아 인들이 그들의 운명을 자기들의 뜻대로 결정할 수 있는 권리를 주장하고 있는 현실에 눈을 돌리는 정책을 추구해서는 안 된다고 생각합니다. 이러한 새로운 환경에 적응할 수 있도록 우리의 정책도 수정해야 할 것입니다. 지금 아시아의 국민들이 바라는 것은 우호적인 지도와 이해와 지원이며 제국주의적 감독은 결코 아닙니다. 그들은 종속적인 굴욕적 관계가 아니라 동등한 존엄성을 바라고 있습니다. 비참할 정도로 수준 이하였던 종전의 생활 수준은 전쟁 중의 파괴로 전보다도 더 저하되어 있습니다. 세계적인 이데올로기 문제는 아시아 사람들의 사고방식에는 별로 영향을 주지 않고 있으며 또한 별로 이해되지도 않고 있습니다.

현재 아시아 인들의 가장 큰 관심은 보다 배불리 먹고 살 수 있는 기회와 보다 좋은 옷을 입을 수 있는 기회와 보다 튼튼한 지붕이 있는 집을 마련할 수 있는 기회와 정치적 자유를 갈망하는 민족주의 사상입니다. 이러한 정치적 사회적인 상황이 미국의 안전에 끼치는 영향은 극히 간접적인 것에 지나지 않습니다만 우리가 비현실주의적 함정에 빠지지 않으려면 이러한 상황을 배경으로 한 당면계획을 신중하게 수립해야 할 것입니다.

미국의 안전에 보다 직접적이고 즉각적으로 영향을 주는 것은 지나간 대전 중에 일어난 태평양의 전략적 가치의 변화입니다. 그 이전까지만 해도 미국 서해안의 전략적인 경계선은 남북 아메리카 대륙의 해안과 하와이, 미드웨이, 괌과 필리핀을 연결하는 섬의 돌출부로 이루어져 있었습니다. 이 돌출부는 우리 전투력의 전초진지가 아니라 적이 공격할 수 있었고 또 실제로 공격해온 취약한 통로에 지나지 않았다는 것이 증명되었습니다. 태평양은 경계선을 같이 하는 나라의 침략군이 전진할 수 있는 잠재적 지역이 되었던 것입니다.

그러나 우리가 태평양에서 승리를 거두자 이런 것들에 변화를 가져왔습니다. 태평양 전쟁의 결과는 우리의 전략적인 경계선을 태평양 전역으로 확대시켰으며 우리가 유지하는 한 우리를 보호해주는 요새가 되었던 것입니다. 우리는 알류샨 열도와 마리아나 군도에 이르기까지 미국 또는 우리의 자유 우방들이 영유하고 있는 활 모양의 섬들에 의해서 아시아의 해안을 컨트롤할 수 있게 된 것입니다. 미국은 이 섬들에 기지를 둔 해군과 공군으로 블라디보스톡에서 싱가포르에 이르는 아시아의 모든 항구를 지배할 수 있으며 태평양으로 진출하려는 적성국가의 의도를 저지할 수 있는 것입니다.

아시아로부터의 침략은 수륙양용 작전에 의존하지 않을 수 없으며 침략군은 그 통로상에 있는 해로와 그 해로의 상공을 지배하지 않고서는 수륙양용 작전을 성공시킬 수 없습니다. 우리가 제해권과 제공권을 확보하고 우리의 기지를 방어할 만한 적절한 지상 병력을 보유할 수 있다면 미국이나 태평양에 있는 우리의 우방에 대하여 아시아 대륙으로부터 아무리 대규모 공격을 가해오더라도 그것을 좌절시킬 수 있을 것입니다. 이와 같은 상황에서 볼 때 태평양은 더 이상 침략자가 접근할 수 있는 통로가 되어서는 안 됩니다. 따라서 우리는 천연적인 방위선을 확보한 셈이며 그것은 최소한의 군사적 노력과 예산으로 유지할 수 있습니다. 이제 태평양은 어떤 누구에 대한 공격을 예상하거나 공격 작전에 불가결한 보루 구실은 하지도 않으며, 이것을 적절하게 유지할 수만 있다면 침략을 물리치기에는 난공불락의 방위 기지가 될 수 있을 것입니다.

서부 태평양의 해상 방위선을 방위하려면 이 방위선 상에 있는 모든 부분을 전부 방위하지 않으면 안 됩니다. 왜냐하면 이 방위선의 어느 한 부분이라도 적측이 돌파하게 되면 다른 부분도 적의 공격 앞에 무력해지기 때문입니다. 이것이 바로 내가 보는 군사적인 시각의 평가이며 이 견해에 동의하지 않는 군사 지도자를 저는 아직 한 사람도 보지 못했습니다. 어떠한 환경하에서도 대만이 공산주의자들의 수중에 들어가서는 안 된다고 했고 그 전략적 중요성을 강력하게 주장한 것도 바로 그러한 이유에서입니다. 대만이 적의 수중에 들어가는 날에는 당장 필리핀의 자유와 일본의 상실을 가져오게 되며 경우에 따라서는 우리의 서쪽 경계선이 캘리포니아 주, 오리건 주, 및 워싱턴 주의 해안선까지 후퇴하게 될 위험도 배제할 수 없습니다.

현재 중국의 본토에서 나타나고 있는 변화를 이해하려면 지난 50년 동안 중국인들의 성격이나 문화면에서 일어난 변화를 이해하지 않으면 안 됩니다. 50년 전만 하더라도 평화적인 문화주의를 지향하는 유교 사상을 믿고 있었기 때문에 현재와 같은 호전성(好戰性)은 거의 찾아볼 수도 없었습니다.

그러나 19세기에서 20세기로 전환할 무렵 통일된 민족 국가를 이룩하려는 민족주의 운동이 전개되었으며 장개석 총통의 영도로 이 운동은 더욱 발전하여 상당한 성공을 거두었던 것입니다. 그러나 이 민족주의 운동이 가장 큰 성과를 거둔 것은 현재의 공산 정권하에서이며, 공산 정권하의 통일된 민족주의는 점차 침략적인 경향을 증대시키고 있습니다. 이처럼 지난 50년 동안 중국인들은 그들 자신의 이상과 개념에 입각한 군국주의를 발전시켜온 것입니다. 그들은 지금 유능한 병사와 지휘관과 참모를 가진 훌륭한 군대로 성장하였습니다. 지금 중공은 아시아의 새로운 지배세력으로 등장했으며 그 목적은 소련과 동맹 관계를 맺고 있으나 그 방법과 개념에서는 점차 침략적인 제국주의 경향을 띠고 있으며 제국주의의 본질인 영토 확장과 세력 확장을 위한 야욕을 지니게 되었습니다. 지금 중공 정권의 구조에는 이데올로기적 요소는 적은 것 같습니다.

이들의 생활 수준은 형편없이 낮으며 축적된 재산은 전쟁으로 말미암아 완전히 탕진되었기 때문에 일반 대중은 절망 상태에 빠져 있습니다. 따라서 이 핍박한 사정을 개선해주겠다고 약속한 것처럼 보이는 정권이라면 누가 정권을 잡더라도 따라갈 처지에 있습니다.

나는 중국의 공산주의자들이 북한의 공산주의자들을 틀림없이 지원할 것이라고 믿고 있었습니다. 지금 중국 공산주의자들의 이해 관계는 소련과 비슷하지만 중공은 한국에서 뿐만 아니라 인도차이나나 티벳에서 최근 보여준 침략성은 앞으로 남방으로도 뻗칠 잠재성을 가지고 있으며 인류의 역사가 시작된 이래로 모든 정복 국가를 고무시켜 온 것과 같은 세력 팽창의 야욕을 나타낼 것으로 확신합니다.

태평양 전쟁이 끝난 후 일본 사람들은 근대사상 가장 훌륭한 개혁을 이룩하였습니다. 그들은 칭찬할 만한 의지와 배우려는 의욕, 놀랄 만한 이해력으로 전쟁의 잿더미 위에 개인의 자유와 인간의 존엄성을 1차적 목표로 하는 일본을 재건하고 있습니다. 그 과정에서 정치 조의와 기업의 자유, 사회 정의를 구현할 것을 약속하는 진정한 대의 정부를 수립하였습니다.

정치적으로나 경제적으로, 또는 사회적으로도 일본은 지구상의 많은 자유국가들보다 앞서 있으며, 두 번 다시 세계적 신의를 저버리지 않을 것입니다. 일본이 아시아에서 일어나는 모든 사건의 진로에 깊고 유익한 영향력을 행사할 수 있을 것이라고 우리가 기대할 수 있는 것은 일본 국민이 최근 그들의 주변에서 발생한 외부로부터의 전쟁 도발과 불안한 혼란뿐만 아니라 내부로부터의 공산주의의 위협을 극복하고 발전을 계속 추진할 수 있었다는 사실로도 충분히 입증되고 있습니다.

나는 일본에 있는 미국의 일본 점령군 4개 사단을 전부 한국 전선으로 이동시켰지만 이로 인한 힘의 진공 상태가 야기될지도 모르는 영향에 대해서는 조금도 걱정하지 않았습니다. 그들에 대한 나의 신뢰는 그 뒤에 나타난 결과로도 충분히 정당화되었습니다. 현재 일본 국민처럼 안전하고 질서가 잡혀 있으며 또한 근면할 뿐 아니라 인류의 발전을 위하여 건설적인 공헌을 기대할 수 있는 국민은 나는 알지 못합니다.

우리의 보호하에 있던 필리핀에 대하여 말씀드리자면 지난 전쟁의 처참한 파괴에도 불구하고 현재의 불안은 머지 않아 극복될 것이며 강력하고 건전한 국가를 건설할 수 있으리라는 것을 나는 자신있게 기대할 수 있습니다. 우리는 인내심과 이해심을 가지고 우리가 위기에 처했을 때 우리에게 그들이 실망을 주지 않았던 것처럼, 우리도 그들에게 실망을 주지 말아야 합니다. 크리스트교 국가인 필리핀은 극동에서는 가장 강력한 크리스트교의 보루가 될 수 있으며 아시아 지역에서 정신적 지도력을 발휘할 수 있는 가능성이 크다고 보겠습니다.

대만에 관하여 말씀드린다면, 중화민국 정부는 본토에서 손상한 영도력을 되찾을 수 있는 기회를 가지고 있습니다. 대만 사람들은 정부기관에 대의 제도에 입각한 자기들의 대표자를 파견할 수 있는 공정하고 진보적인 통치를 받고 있으며 정치, 경제, 사회 등 각 분야에서 건전하고 건설적으로 전진을 계속하고 있습니다. 한국 주변에 관한

제10장 결별

 짧막한 개관이 끝났으므로 다음에는 한국 전쟁에 관하여 말씀드리고자 합니다. 대통령께서 대한민국 정부를 지원하기로 결정을 내리기 이전에 나는 이에 대한 협의를 받은 사실은 없지만 이 결정은 군사적인 견지에서 볼 때 매우 적절한 것이었으며 그 결과 우리는 적을 격퇴하고 섬멸할 수 있었습니다. 우리의 승리는 완전했으며 우리의 목적이 거의 달성될 시기에 중공은 수적으로 우세한 지상군을 투입하여 선전포고도 없이 개입하였습니다. 이로 말미암아 전국은 새로운 양상을 띠게 되었으며 우리가 북괴의 침략군에 대항하기 위하여 우리 군대를 투입할 당시에는 전혀 고려하지 않았던 상황이 나타나게 되었습니다. 이 새로운 상황에 대처하기 위해서는 외교적인 면에서 새로운 결정을 내릴 필요가 있었습니다. 그러나 불행하게도 아직까지 새로운 결정은 내려지지 않고 있습니다.

 건전한 사고방식의 소유자라면 아무도 우리의 지상군을 중국 대륙에 파견하라고 주장하지도 않을 것이며 이러한 계획을 고려해보지도 않았겠지만 우리의 정치적 목적이 북괴군을 패배시키는 데 있었듯이 이 새로운 적도 패배시키는 데 있다면 그 전략에도 획기적인 수정을 가해야 하는 것입니다.

 적이 압록강 이북에서 누리고 있던 성역적 보호를 무력하게 만드는 것이 군사적으로 매우 긴요한 일이며 다음과 같은 조치는 전쟁 수행상 필수 불가결하다고 생각했습니다.

 1. 중공에 대한 경제 봉쇄를 강화한다.
 2. 중국 해안에 대하여 해군에 의한 봉쇄를 강행한다.
 3. 중국 해안 및 만주에 대한 공중 정찰의 제한을 해제한다.
 4. 대만의 자유중국군에 대한 제한조치를 해제하고 그들에게 병참 지원을 제공하여 공동의 적에 대한 작전을 효율적으로 수행하도록 한다.

 이상 말씀드린 조치는 한국 전선에 파견된 우리 부대를 지원하고 전쟁을 최단시일 내에 종식시킬 수 있으며 미국과 연합국 장병들의 생명을 덜 희생시키기 위하여 군사 전문가의 입장에서 구상한 것이었습니다. 그러나 이러한 구상을 갖고 있다는 이유 때문에 나는 많은 서클로부터, 특히 외국의 서클로부터 맹렬한 비난을 받았습니다. 그러나 군사적 견지에서 볼 때 위에서 말씀드린 견해는 미국의 합동참모본부를 비롯하여 한국전쟁에 관여했던 모든 군사 지도자들도 찬성한 견해임을 이 자리에서 밝힙니다.

나는 증원부대를 요청했으나 증원부대를 보낼 수 없다는 통보를 받았습니다. 나는 또 만약 압록강 북쪽에 있는 적의 보급 기지를 파괴하도록 허가하지 않는다면 대만에 있는 약 60만 명의 자유중국군 부대를 한국전에 투입하게 하고 그것이 곤란하다면 중국 해안을 봉쇄하여 중공이 외부로부터의 원조를 받지 못하게 해야 하며 이상의 문제들이 받아들여지지 않는 경우 승리를 거두기 어렵다는 것이 사령관으로서의 나의 견해임을 밝혔던 것입니다.

우리는 한국에서 끊임없이 기동작전을 전개함으로써 우리의 보급로를 유지하고 적의 보급로는 불리한 위치에 놓이게 할 수 있었습니다. 그러나 이것은 최선의 경우라 하더라도 결말이 나지 않는 전투를 의미한 것이며, 만약 적이 그들의 잠재적인 능력을 최대한 발휘하여 필사적인 공격을 해온다면 아군도 계속적이고 가공할 만한 소모를 강요하게 될 것입니다. 나는 한국 문제의 해결에 필수적이고 불가결한 새로운 정치적 결정을 내려주기를 계속 요청했습니다. 그러나 결과는 나의 입장을 왜곡할 뿐이었습니다. 즉, 나를 전쟁 도발자라고 비난하는 것이었는데 이것은 진실과 너무나 거리가 먼 이야기입니다.

나는 현재 살아 있는 어느 누구보다도 전쟁이 어떤 것이라는 것을 잘 알고 있으며 전쟁보다 더 나의 생리에 맞지 않는 것도 없습니다. 전쟁은 피아간에 다같이 파괴만 가져오며 국제적 분쟁을 해결하는 최상의 수단이 아니기 때문에 전쟁의 완전 폐지를 주장하기도 했었습니다.

1945년 9월 2일, 미주리 호 함상에서 일본의 항복식이 끝난 직후,

나는 다음과 같이 경고한 적이 있습니다.

"인류는 역사가 시작될 때부터 평화를 추구하여왔습니다. 오랜 세월을 통하여 국가간의 분쟁을 방지하거나 해결하기 위한 국제적인 절차를 마련하기 위하여 여러 가지 방법이 시도되었습니다. 그러나 개인간의 분쟁을 방지하고 또 해결할 수 있는 실행 가능한 방법은 발견되었으나 규모가 큰 국가간의 분쟁을 해결하는 방법은 한 번도 성공을 거둔 예가 없었습니다. 그 동안 인류는 군사동맹이라든가 세력균형, 또는 국제연맹 같은 것을 시도해보았으나 모두 실패로 돌아가고 전쟁이라는 시련을 통한 방법만 남게 되었습니다.

극도에 달한 전쟁의 파괴력은 그러한 대안을 무의미하게 만들고 있습니다. 만약 우리가 좀더 규모가 크고 실효를 거둘 수 있는 제도를 마련하지 못한다면 우리는 세계 최후의 결전을 치르게 될지도 모르겠습니다.

근본적인 문제는 신학적인 것이며, 인류가 지난 2천년 동안 과학, 예술, 문학 및 모든 물질적 및 문화적인 분야에서 이룩한 비약적 발전에 보조를 맞추기 위해서는 정신적인 재생과 인간의 성격을 개조하는 것이 무엇보다도 필요합니다. 우리의 육체를 구제하려면 먼저 정신부터 구제해야 될 것입니다."

그러나 일단 적이 전쟁을 걸어오는 경우에는 가능한 모든 수단을 강구하여 전쟁을 조속하게 종결시키는 길밖에는 없습니다. 전쟁의 최종 목표는 승리에 있으며 결말없는 전쟁을 무작정 계속하는 데 있는 것이 아닙니다. 전쟁에서 승리를 대신할 수 있는 것은 아무것도 없습니다.

여러 가지 이유에서 중공에 대하여 유화정책을 쓰자고 주장하는 사람들도 있습니다. 그러나 그들은 역사의 분명한 교훈을 모르기 때문입니다. 역사가 주는 교훈에 의하면 유화정책은 새롭고 보다 피비린내나는 전쟁을 유발할 따름입니다. 역사의 교훈에 따르면 목적이 수단을 정당화시킨 에는 하나도 없으며 유화는 위장된 평화를 가져올 뿐입니다. 협박과 마찬가지로 유화는 상대방으로 하여금 새롭고도 보다 큰 대가를 계속 요구하게 만들 뿐이며 종국에는 역시 협박의 경우와 마찬가지로 폭력이 유일한 해결책이 되게 마련입니다. 나의 부하들은 군사적인 이점을 적에게 양보할 이유가 어디에 있느냐고 물었습니다마는 나는 대답할 말이 없었습니다.

어떤 사람들은 중공과 전면전쟁으로 확대되는 것을 피하자고 했으며 또 어떤 사람들은 소련의 개입을 피해야 한다고도 말했습니다. 그러나 그 어느것도 설득력을 가지지는 못합니다. 왜냐하면 중공은 이미 그들이 동원할 수 있는 최대한의 힘으로 우리와 대결하고 있으며 소련이 반드시 우리의 움직임에 대응하는 행동을 일으킨다는 보장은 없기 때문입니다. 코브라처럼 우리에게 새로운 적이 나타난다면 그는 반드시 군사력이나 그밖의 분야에서 세계적으로 유리한 입장에 있다고 판단하는 경우에만 우리에게 덤벼들 것입니다.

한국에서의 비극은 군사행동이 지역적으로 제한되어 있다는 사실 때문에 더욱 비참해지고 있습니다. 이러한 사실은 우리가 보호해줄 의무가 있는 이 나라를 전면적인 함포 사격이나 공습의 파괴에 노출시키는 대신 작고 안전한 성역 안에 숨어서 폭격이나 파괴를 면할 수 있는 사태를 초래하게 되었습니다.

현재까지 세계의 모든 나라 중에서 사력을 다하여 공산주의와 싸우고 있는 나라는 한국밖에 없습니다. 한국민의 용기와 확고부동한 신념은 말로는 이루 다 표현할 수 없을 정도입니다. 그들은 노예가 되느니 보다는 차라리 죽음을 택할 것입니다. 그들이 나에게 전한 최후의 말은 태평양을 포기하지 말라는 것이었습니다.

나는 여러분들의 자제분들을 한국 전선에 남겨둔 채 돌아왔습니다. 그들은 한국에서 모든 시련을 극복하고 있으며 훌륭하게 싸우고 있다고 여러분께 보고할 수 있습니다. 나는 그들을 희생시키지 않고 이 비참한 전쟁을 가급적 빠른 시일 안에 명예롭게, 그리고 최소한의 생명의 희생으로 완결짓기 위하여 부단하게 노력했습니다. 한국 전쟁은 점차 유혈이 증대되고 있으며 이로 말미암아 나는 깊은 슬픔과 불안을 느끼고 있습니다. 지금 한국에서 싸우고 있는 용감한 사람들은 언제나 나의 머리에서 떠나지 않을 것이며 나는 그들을 위하여 항상 기도할 것입니다.

이제 나는 52년에 걸친 군인 생활을 마치려 합니다. 내가 육군에 입대한 것은 20세기가 시작되기 전이었습니다. 그 당시 나는 소년 시절의 모든 꿈과 희망을 충족시킬 수 있었습니다. 내가 웨스트포인트의 광장에서 선서를 마친 이래 세계에서는 수많은 변동이 일어났고 나의 희망과 꿈도 사라진 지 오래입니다. 그러나 나는 그 당시 군대에서 유행하던 노래의 후렴을 아직도 기억하고 있습니다. 그 후렴의 자랑스런 구절은 다음과 같습니다.

〈노병은 죽지 않고 다만 사라질 뿐이다.〉

이 노래에 나오는 노병처럼 나는 이제 군대 생활을 끝내고 하느님의 계시에 따라 자기의 임무를 완수하려고 노력하여 온 한 사람의 노병으로서 사라져갑니다. 여러분, 안녕히 계십시오."

2. 환호와 감사에 묻혀

내가 미국의 방방곡곡에서 받은 환영은 문자 그대로 대단한 것이었다. 내가 다시 미국의 품으로 돌아갔을 때 보여준 뜨거운 환성은 내 귀에 영원히 쟁쟁하게 들려올 것이다. 동포들은 어디서나 나를 열광적으로 맞아주었다. 뉴욕, 시카고, 보스턴, 디트로이트, 휴스턴, 산안토니오, 맨체스터, 포트워드, 마이애미, 로스앤젤레스, 리틀록, 시애틀, 노폭오스틴, 댈러스, 포틀랜드, 머프리스보로, 호놀룰루, 밀워키 등 어디를 가나 남녀노소, 부자, 가난한 사람, 흑인이나 백인이나 각 계각층의 사람들이 눈물을 흘리기도 하며 환성을 질렀고 손뼉을 치기도

했다. 그들은 한결같이 마음에서 우러나오는 목소리로,

"매크, 잘 돌아오셨어요!"라고 말했다.

내가 정착하여 살기로 한 뉴욕에서는 시 당국자의 추산에 의하면 그때까지 모인 군중으로는 가장 많은 사람들이 나를 환영하기 위하여 거리로 쏟아져 나왔다고 했다. 뉴욕에서는 2만여 통의 전보, 15만 통의 서신이 나를 기다리고 있었다. 이 서신과 전보는 세계 각처의 지체가 높고 권세 있는 사람은 물론 가난한 서민층에 이르기까지 각계에서 보내온 것이었다. 그 중에서도 이전에 나의 상사였던 후버 전 대통령의 메시지보다 나의 가슴을 뭉클하게 한 것은 없었다.

"맥아더 장군이 미국 국민을 위하여 바친 공적은 이루 다 헤아릴 수 없다. 장군은 미국의 역사가 낳은 가장 위대한 장군이며 가장 위대한 정치가 중의 한 사람이다. 그는 조지 워싱턴 이래 미국이 낳은 가장 위대한 정치가이며 군사 지도자를 겸비한 인물이다.

우리가 일본과의 싸움에서 승리를 거둔 것은 맥아더 장군의 군사적인 천재성에 힘입은 것이었다. 일본 국민이 품고 있던 적개심을 말끔히 씻어줄 수 있었던 것은 그의 정치가적 역량 때문이었다. 일본이 항복한 직후 맥아더 장군이 승리에 도취한 그의 부하들로 하여금 도쿄 시가를 행진시켰을 때 일본인들은 그에게 등을 돌렸었다. 그러나 6년이 지난 뒤 그가 귀국하기 위하여 도쿄 거리를 지날 때 일본 사람들은 눈물을 흘리면서 그와의 작별을 아쉬워했다.

맥아더 장군은 그의 말대로 노병은 죽지 않고 다만 사라져가는 것인지도 모른다. 육체적으로는 그럴지도 모른다. 그러나 위대한 인물의 행적은 그가 죽은 후에도 영원히 살아 있는 것이다."

내가 본국으로 돌아온 지 얼마 후 상원의 군사, 외교위원회 합동회의에서는 극동의 군사정세와 나의 해임에 따른 문제들을 조사하기 위하여 청문회에 출석하여 달라고 요청해왔다. 계속 사흘 동안 군사·외교위원회는 아시아의 역사와 미국의 외교정책 및 군사력에 관하여 질문 공세를 퍼부었다. 그들의 질문은 이전에 내가 의회에서 증언했던 여러 경우를 상기시켜 주었다. 그러나 이것은 나의 마지막 증언이었다. 따라서 위원회 위원장인 조지아 주 출신인 리처드 러셀 상원의원은 청문회를 종결하면서 다음과 같은 말로 나를 매우 행복하고 유쾌하게 해주었다.

"맥아더 장군, 장군께서 우리와 함께 이 위원회에서 보낸 사흘 동안은 저의 의회 활동 기간 중 그 예를 볼 수 없었던 유쾌한 경험이었습니다. 본인은 지금까지 그렇게 많은 분야와 그렇게 많은 주제에 관하여 그렇게 많은 질문 공세를 받은 인물은 장군 이외에 본 일이 없습니다. 본인은 장군의 그 육체적인 인내성에 오직 감탄할 따름입니다. 뿐만 아니라 본인은 장군께서 이 위원회가 제기한 모든 질문에 대하여 무한한 인내와 사려와, 솔직하게 답변하여주신 데 대하여 깊은 감명을 받았습니다. 장군은 위대한 군사 지도자일뿐 아니라 8천만 국민을 다스린 민간 행정가로서의 광범한 지식과 경험을 보여주셨습니다. 우리 위원들은 장군의 증언을 통해 얻은 바가 컸음을 분명히 말씀드리고자 합니다."

이 위원회는 곧 정치적 파벌에 따라 의견이 분열되었으므로 최종 보고서는 별로 가치가 없었다. 그러나 의회는 극동에서의 유화정책에 따른 파멸적인 결과가 점차 분명해짐에 따라 이성을 되찾고 의회가 줄 수 있는 가장 높은 훈장인 의회 감사장을 나에게 수여하기로 의결했다. 나에게 의회 감사장을 수여하는 합동 결의안은 리버즈 하원의원에 의해서 제출되었는데 그는 내가 유엔군 총사령관 직에서 해임되었을 때 극동 정세를 조사하는 의회의 한 위원회의 멤버로 도쿄에 왔었다.

이 결의안은 만장일치로 하원에서 통과되었으며 상원에서도 만장일치로 가결되었다.

이 조사위원회의 한 사람이었던 돈 하원의원은 이 결의안에 대한 제안 설명을 했는데 그 내용은 다음과 같았다.

"이 결의안은 물론 만장일치로 채택될 줄 믿습니다. 더글러스 맥아더는 모든 역사를 통하여 가장 위대한 군사 지도자 중의 한 사람이며 그는 제2차 세계대전과 한국 전쟁에서 뛰어난 전략으로 미국과 자유 세계의 몇만 명의 생명을 구했습니다.

진실로 위대한 장군의 천재적인 소질은 최소한도의 인명과 자연의 손실로 군사적인 목적을 달성했으며 전쟁을 방지한 능력은 높이 평가되며 더글러스 맥아더는 이 두 가지 능력을 최고도로 갖춘 천재입니다. 맥아더 장군은 제2차 대전이 발발할 것을 예견하고 육군 참모총장으로서 거의 맨주먹으로 미국의 병력 증강에 노력하였으며 이것이 주효하여 제2차 대전 중에 미국은 훌륭한 군대를 갖게 되었습니다. 만약 우리가 1930년대에 군비 증강을 역설한 맥아더 장군의 말에 귀를 기울였다면 우리는 전쟁을 방지할 수도 있었을 것입니다. 만약 우리들이 태평양에서 맥아더가 한 경고에 귀를 기울였더라면 우리는 준비없이 적의 기습을 받지도 않았을 것이며 일본과의 싸움을 사전에 방지할 수도 있었을 것입니다.

맥아더 장군은 이미 1920년대와 30년대에 다음 전쟁에서의 제공권의 중요성을 역설하였는데 본 의원은 맥아더 장군이 항상 미첼 장군을 숭배하고 있었다는 사실을 잘 알고 있었습니다. 두 장군은 앞을 내다볼 줄 아는 능력과 그것을 지적할 수 있는 용기를 가지고 있었다는 점에서 본질적으로 같은 정신의 소유자였다고 말할 수 있습니다.

만약 한국 전쟁 초기에 맥아더 장군의 건의를 받아들였더라면 세계가 오늘날과 같은 위기에 빠지지는 않았을 것입니다. 맥아더 장군이 자기가 계획했던 대로 한국 전쟁에서 전쟁을 수행하도록 허용했더라면 적들은 이미 괴멸되고 세계의 세력 균형은 자유 진영에 훨씬 유리한 방향으로 기울어졌을 것입니다. 북한 괴뢰군의 공격과 그 후 중공의 참전은 미국이 얄타와 포츠담에서 저지른 비극적 과오를 시정할 수 있는 절호의 기회였습니다. 당시 소련은 제2차 대전의 상처에서 완전히 회복되지 못했으며 핵무기를 대량으로 생산할 수 있는 단계가 아니었습니다. 맥아더 장군은 좋은 기회를 놓치고 만 것을 유감스럽게,

그리고 슬픈 마음으로 지적했던 것입니다.

언젠가 우리는 중공과 싸우게 될지도 모릅니다. 그때 중공은 유라시아의 광활한 대륙을 배경으로 원자 무기도 소유하게 될 것입니다. 이처럼 심각한 문제는 워싱턴에 있는 정책 입안자들이 아시아에 있는 맥아더 장군에게 진격 신호를 내릴 수 있는 선견지명이 있었다면 이미 1951년에 깨끗하게 해결할 수도 있었을 것입니다.

이 위대한 장군은 평화를 확보하고 자유 세계의 우세를 확실한 것으로 만들 수도 있었을 것입니다. 이것은 전적으로 워싱턴과 런던과 유엔에 있는 많은 인사들이 판단을 잘못했다고 말하지 않을 수 없습니다.

군사 외교위원회의 보고서는 맥아더의 뛰어난 업적을 잘 말해주고 있습니다. 우리가 이 보고서에 추가할 말은 거의 없습니다. 지금 우리가 할 수 있고 또 해야 할 일은 이 결의안을 만장일치로 채택하여 더글러스 맥아더 육군 원수에게 의회와 미국 국민의 감사를 표시하는 것뿐입니다."

하원의장 존 매코맥이 의사당 계단에서 의회 감사장을 주었다. 그 감사장에는 다음과 같은 내용이 적혀 있었다.

"더글러스 맥아더 원수는 미국 국민에 대하여 뛰어난 공헌을 하였으며 제2차 세계대전과 그 이후에 탁월한 지도력을 발휘하여 국민으로부터 무한한 존경을 받고 있으므로 의회 및 미국 국민을 대표하여 감사를 드리는 바이다."

매코맥 의장은 수많은 공헌과 유례없는 군사적 공적에 관해서 말했으며 부통령이며 상원의장인 린든 B. 존슨 씨는 미국의 군사상 유례없는 경력과 고매한 예지와 올바른 판단에 대하여 말했다.

의회는 그 후 합동결의안을 채택하여 나를 위해 금메달을 만들었는데 그 메달에는 나의 초상과 함께 '오스트레일리아의 방위자, 필리핀의 해방자, 일본의 정복자, 한국의 방위자'라고 새겨넣기로 했다.

나는 너무나 감격해서 의회에서, 국가에 대한 나의 봉사에 비하여

분에 넘치는 평가라고 말했다.

　이 밖에도 나는 이루 다 헤아릴 수 없는 감사장과 메달과 훈장을 받았으며 각 주의 의회, 각 대학, 재향군인회, 민간 단체에서 연설하였으며 1952년의 공화당 전당대회 때는 기조 연설도 했다. 한편 나는 사생활의 자유도 만끽했으며 새로운 힘이 치솟는 것을 느꼈다. 나는 실업계에 투신하여 큰 제조업체의 사장이 되기도 했다. 또한 아들이 콜럼비아 대학을 졸업하는 것을 대견스럽게 보기도 했다. 이렇게 국가의 고위 사령관직이라는 중책에서 벗어난 해방감을 마음껏 즐길 수 있었다.

3. 아이크에게 한 나의 건의

　1952년 12월 5일, 미국 제조업자협회가 주최하는 제57 연차대회의 만찬회 석상에서 나는 한국 전쟁에 관하여 다음과 같은 내용의 연설을 했다.

　"한국에서 집단 방위의 원리는 지금 시련에 직면하고 있습니다. 이 원리가 한국에서 성공을 거둘 징조는 아직 나타나고 있지 않습니다. 그러나 만약 이 원리가 한국에서 실패한다면 다른 지역에서도 실패할 것은 명약관화합니다.

　서유럽의 방위를 위해서는 집단 방위의 원리를 가장 강력하게 주장하는 사람들이 같은 원리를 한국이나 극동의 방위를 위하여 적용하자는 데는 미온적 태도를 취하거나 반대하는 사람이 많은데, 이보다 더 큰 시대착오는 없을 것입니다.

　우리가 만약 우리의 약점을 솔직하게 인정하고 검토한다면 우리는 한국에서 벌어지고 있는 비극을 살펴보는 것으로 충분할 것입니다. 여러분도 아시다시피 나의 의견을 채택하려는 노력은 아무데서도 보이지 않습니다. 본인은 한국 전쟁을 해결할 수 있는 명백하고 결정적인 방안을 자신 있게 제시할 수 있습니다. 본인이 사령관직에서 해임된 지도 20개월이 지났으나 한국 전쟁을 둘러싼 상황에는 물질적 변동이 많이 일어났던 관계로 그 당시 성공이 가능하던 해결책도 이제는 그대로 적용될 수 없습니다.

지금 본인이 제시할 수 있는 해결책은 물론 공개하거나 공개적으로 토론할 수는 없습니다. 그러나 이것은 우방 국가에게 부당한 희생을 강요하지도 않으며 세계대전을 유발할 수 있는 위험도 없이 실천에 옮길 수 있습니다. 최종적인 해결이 이루어질 때까지 수만 명의 미국 청년들이 싸움을 계속해야 하며, 죽음의 그림자가 기다리는 계곡으로 들어가야 합니다.

중공이 한국 전쟁에 참전한 이래 이와 같은 나날은 끝없이 계속되었으며 미국 지도자들이 결단을 내리지 못함으로써 위에서 말했듯이 피의 대가를 강요하고 교착 상태에서 오는 소모전을 피할 수 없게 된 것입니다. 미국의 역사상 한국전쟁처럼 군사적 목적도 없으며 작전에 제한을 가하는 이외에 정책도 없고 심지어 공식적인 선전포고도 없는 죽음의 전쟁을 경험해본 적은 일찍이 없었습니다."

이틀 후인 12월 7일, 나는 대통령에 당선되어 한국 전선을 시찰하고 돌아온 아이젠하워로부터 다음과 같은 메시지를 받았다.

"방금 헬레나 함상에서 귀하가 미국 제조업자협회에서 하신 연설문의 발췌문을 받았습니다. 장군께서 계속 미국과 우리의 동맹국들에게 지대한 영향을 주는 한국 전쟁에 관심을 갖고 계신 것을 고맙게 생각합니다.

본인과 새로운 행정부에서 국무장관이 될 사람들을 비롯하여 각료들은 한국과 극동 문제에 관하여 매우 우려하고 있습니다. 우리들은 지금 미국과 자유 세계의 이익을 최대로 보장할 수 있는 계획을 수립 중에 있으며, 그 최종적인 목적은 말할 것도 없이 한국과 극동에 평화를 가져오는 일입니다.

본인은 장군께서 이 문제에 관하여 본인과 토의할 용의가 있다고 하신 데 대하여 매우 고맙게 생각하고 있으며, 본인은 가까운 장래에 저의 각료들과 함께 장군과 비공식 회합을 갖고 장군의 고견과 경험담을 들을 수 있기를 간절히 바라고 있습니다.

아이젠하워"

나는 다음과 같은 회답을 보냈다.

"친애하는 아이크

나는 방금 귀하의 서신을 받았습니다. 한국 전쟁이나 극동에 관련된 문제 해결을 위한 본인의 견해에 대하여 귀하가 관심을 갖고 계시다니 저는 매우 고맙게 생각합니다. 본인이 개인적으로나 전문적인 연관성 또는 알려진 논쟁의 우려에도 불구하고, 본인이 귀국한 이래 본인의 견해에 관하여 정부 당국자의 관심이 다소나마 표명되기는 이번이 처음이어서 본인은 특히 고맙게 생각하고 있습니다.

한국 및 극동에서의 정책적 실패는 문명의 발전을 한없이 저해할 우려가 있습니다. 그 반면 이 문제의 성공적인 해결은 세계 평화를 이룩할 수 있는 열쇠가 될 수도 있습니다.

본인이 말씀드리지 않더라도 지금까지와 마찬가지로 조국을 위하여 봉사하는 것이 본인의 임무임을 귀하는 알아주실 줄 믿습니다.

언제나 변함없는 우정과 인사를 보내며

더글러스 맥아더"

12월 10일, 나는 다음과 같은 메시지를 받았다.

"본인의 전보에 대하여 신속한 회답을 주셔서 감사합니다. 보도 기관에서는 많은 억측을 하고 있으므로 우리가 교환한 전문의 내용을 공개했으면 하는데 의향이 어떠신지요?

아이젠하워"

나는 즉시 회답을 보냈다.

"이의없음. 맥아더."

우리는 12월 17일 국무장관으로 내정된 존 F. 덜레스의 저택에서 만났다. 이날 회합에는 아이젠하워, 덜레스, 나, 이렇게 세 사람이 참석했었다. 나의 견해와 건의에 대해서 오해나 혼란이 생기는 것을 방지하기 위하여 나는 다음과 같은 요지를 서면으로 준비하여 아이젠하워에게 주었다.

"한국 전쟁을 끝내기 위한 각서

한국 문제를 성공적으로 해결하기 위해서는 정치적인 면과 군사적인 면을 동시에 고려하지 않으면 안 된다. 왜냐하면 군사적으로 승리를 거두기 위한 희생은 그것을 즉시 평화를 달성하기 위한 정치적 이점으로 전환시키지 않는 한 무의미해지기 때문이다. 역사적인 기록에서 한 예를 들자면 인천 상륙작전의 성공으로 북한 괴뢰군을 섬멸, 한국의 평화와 통일을 회복시키기 위한 신속하고 다이내믹한 정치 활동을 벌이지 못한 미국 외교의 태만은 중공을 한국 전쟁에 끌어들이게 된 가장 큰 요인이 되었다.

1951년 4월, 본인이 해임되었을 때 적은 비록 잘 훈련된 보병부대와 적절한 소화기와 경장비를 갖추고 있었으나 사실상 공군 지원을 받지 못하고 있었으며 야포, 고사포, 수송기관 및 통신 기재 등 필수 불가결한 장비가 현저하게 부족했었다. 이러한 사실은 우리 공군이 거의 아무런 저항도 받지 않고 전략적, 전술적인 작전을 전개할 수 있게 해주었다. 이때 만약 압록강 북쪽에 있는 적의 공격 기지와 보급로를 괴멸시켰더라면 단기간에 이렇다할 비용도 들이지 않고 군사적인 승리를 거둘 수 있었을 것이다. 통상적 공격목표가 성역시 되어 보호를 받은 예는 전쟁의 역사상 한 번도 없었다.

중공군의 사령관은 그가 압록강 북쪽에 갖고 있는 기지나 보급로가 우리의 공격 목표에서 제외되었기 때문에 전례없는 특별 보호를 받게 되었던 것이다. 이 점을 우리 측의 부주의나 비밀 누설로 인해 그들이 사전에 알고 있지 않았더라면 그의 주력부대를 압록강 이남으로 진격시키지는 못했을 것이다. 만약 우리의 군사행동에 정책적인 제한이 없었더라면 압록강 북쪽에 있는 적의 기지와 보급망은 압도적으로 우세한 우리 공군의 완전한 희생물이 되었을 것이다.

그러나 20개월이 지난 오늘날, 한국 전쟁의 상황은 현저하게 달라졌다. 보고에 의하면 적은 대련에서 블라디보스톡에 이르는 넓은 지역에 활 모양의 공군 기지망을 형성하여 압록강 지역에 대한 우리 공군의 작전에 도전할 만한 공군력을 확보하게 되었다고 한다. 이제 적은 우리보다 우세한 포병 부대를 가지고 있을지도 모른다. 또한 대폭적으로 수송력을 증강시켜 그 당시 가장 큰 곤란을 받고 있던 보급 문제를 해결했을지도 모른다. 또한 적은 그들의 통신망을 개선하여 보다 효율적으로 일선 부대를 호율적으로 지배할 수 있게 되었다.

무엇보다도 큰 변화는 지난 20개월 동안 한국 전쟁이 미국과 소련의 전쟁을 상징하는 것으로 세계의 눈에 비치게 되었다는 점이다. 그 결과 세계의 모든 문제에서도 미·소 두 나라 사이의 의견 차이는 한국 전쟁과 연관성을 가진 전체의 일부로 간주되게 될 것이다. 그러나 이러한 사실도 우리가 기술과 용기, 원대한 안목을 가지고 이용할 수 있다면 우리에게 유리한 결과를 가져올 수도 있다. 우리는 아직도 중공의 보잘 것 없는 공업 기지를 파괴하고 소련으로부터 유입되는 빈약한 보급로를 차단할 수 없는 능력을 가지고 있다. 그렇게 되면 적들은 한국에서 현대전을 지탱하거나 방대한 군사력을 유지할 수 있는 자원을 상실하게 될 것이다. 결과적으로 이것은 중공 정권을 크게 약화시키게 될 것이며 아시아에 대한 소련의 지배력을 위협하게 될 것이다. 우리가 이와 같은 행동을 취하겠다고 경고하면 소련은 더 이상 피를 흘리지 않고 한국 전쟁을 종식시켜야겠다는 마음을 가지게 될 것이다. 소련은 중공 정권이 와해될지도 모를 위험을 고집하지는 않을 것이므로 이러한 협박은 결과적으로 우리의 강력한 무기가 될 수 있을 것이다.

우리는 이러한 문제를 염두에 두고 한국 문제를 고려할 때 평화를 추구하는 방향으로 그 범위를 확대시켜야 하며 이를 위해서는 다음과 같은 절차를 밟는 것이 유익할 것이다.

1. 미국 대통령 및 소련 수상이 서로 합의한 중립지대에서 회합을 가진다.(이 회의에 다른 나라의 원수를 참석시키는 것은 합의점에 도달하는 것을 저해하거나 회의 자체를 실패하게 할 우려가 있다. 사실 유엔은 한국 문제의 해결에 미국을 그 대리로 임명한 사실로 보아, 미국 대통령은 한국 전쟁에 관하여 이와 같은 회담을 개최할 수 있는 충분한 권리를 가지고 있다.)
2. 이 회담에서는 한국 전쟁의 종결과 관련한 세계 정세를 검토한다.
3. 우리측은 독일과 한국을 두 나라 국민이 결정하는 정부 형태에 따라 통일할 수 있도록 주장한다.
4. 또한 우리측은 독일, 오스트리아, 일본 및 한국의 중립을 미·소 양국이 보장하고 동의하도록 요청할 것을 제의한다.
5. 우리는 유럽에서 독일과 오스트리아에서, 아시아에서는 한국과 일본에서 모든 외국 군대를 철수시키는 원칙에 동의한다.
6. 미·소 양국이 각각 자기 나라의 헌법에 전쟁을 비합법화하는 조항을 삽입하도록 노력하며 다른 나라에 대해서도 이러한 도의적 제약을 받도록 요구한다.
7. 만약 이 회담에서 합의에 도달하지 못할 경우에는 이북에서 적의 병력을 격퇴할 계획임을 소련측에 통고한다.(이 계획은 북한에 있는 적 부대의 집결 지점과 시설에 원자폭탄을 투하하고 압록강에서 남쪽으로 통하는 적의 보급로와 통신망을 원자의 방사선 물질을 살포하여 폐쇄하며, 동시에 북한의 동해안과 서해안에서 수륙양용 작전을 감행한다.)
8. 또한 우리는 소련측에게 제 7 항에서 언급한 바와 같은 사태가 발생한 경우에는 중공이 근대전을 수행할 수 있는 능력을 제거할 필요가 있음을 통고한다.(이 계획은 중공의 몇 안 되는 비행장과 산업

보급기지를 파괴하고, 소련에서 들어오는 빈약한 보급로를 차단하며 압록강 어구에 위치한 만주 땅에 자유중국군을 상륙시켜서 중공 정부가 붕괴될 때까지 제한된 보급품을 제공함으로써 가능하다. 이렇게 하면 소련으로 하여금 명예로운 조건으로 국제적인 협정에 응하도록 만드는 강력한 역할을 하게 될 것이다. 모든 수단 방법을 다 강구해도 만족할 만한 합의에 도달하지 못할 때는 이 항목에 해당하는 계획은 그 시점의 정세에 따라서 재고한다.)

미국의 여론이 지금처럼 결단도 활동도 없는 정책을 무한정 기다리지 않으리라는 것은 자명하다. 장차 소련이 군사적인 세력을 확장시킬 의도를 가지고 있는지 아닌지가 명확하지 않기 때문에 이 문제에 따른 해답 여하에 따라서 전반적인 문제를 해결하는 우리의 방법과 태도도 결정될 것이다. 만약 소련이 군사적인 정복을 확대하려 한다면 그 시기와 장소는 그들 스스로 결정할 것이다. 그럴 경우 현재 원자 무기 분야에서 앞서고 있는 미국의 군사적 우위가 소련의 결정을 크게 좌우하게 될 것이다. 또한 미국과 공산 세계의 산업력의 차이도 소련의 결정에 영향을 주게 될 것이다. 다시 말하면 극동 문제를 해결하기 위하여 우리가 어떤 행동을 취하더라도 그것이 세계대전을 유발하는 결정적인 요소는 되지 않는다는 것이다. 본인은 소련의 일반 대중도 미국의 국민과 마찬가지로 평화를 갈망하고 있을 것이라고 확신한다. 나는 또 소련 국민이 자본주의 세계가 그들에 대하여 침략 의도를 가지고 있다는 환상으로 고통을 받고 있으며 그러한 환상을 제거시킬 수 있는 상상력이 풍부한 해결 방안이 제시된다면 그들 역시 이것을 환영할 것이라고 확신한다. 소련도 현재의 정세하에서는 그들이 직면하고 있는 위험을 모르고 있지는 않을 것이며 우리의 현안 문제들을 신속하고 결정적으로 종결시킬 결의와 방안을 가지고 있다는 것을 이해한다면 지금 내가 제시한 것과 같은 공정한 조건에서 한국 전쟁을 해결하려 할지도 모른다.

이 각서는 세부적인 토의는 생략하고 전반적인 개념의 윤곽만 서술한 것에 지나지 않는다. 만약 나의 이 기본적인 아이디어가 채택된다면 나는 세부적인 계획도 밝힐 수 있을 것이다.

1952년 12월 14일, 뉴욕에서
더글러스 맥아더"

아이젠하워가 나의 각서를 검토하는 동안 나는 덜레스에게 그의 반응을 물어보았다. 그는 이렇게 말했다.

"장군을 너무 일찍 해임시켰기 때문에 자유 세계에는 크나큰 비극을 초래하게 되었습니다. 장군을 해임한 것은 트루먼이 저지른 가장 큰 실책이었다고 나는 생각합니다.

지금 장군께서 제시한 계획은 매우 대담하고 상상력이 풍부하며 성공할 가능성을 다분히 가지고 있습니다. 그러나 아이젠하워는 우선 대통령으로서의 위치를 확고하게 굳힐 필요가 있으므로 적어도 1년이 지나기 전에는 이처럼 야심적인 종합계획을 실천에 옮기기는 어려울 것이라고 봅니다."

그래서 나는 이렇게 대답했다.

"대통령으로 취임하는 날, 아이젠하워도 그의 권력과 위신의 정상에 있을 것입니다. 그러나 그가 취임하는 날부터 국민에 대한 그의 권력은 하루하루 감소되어 갈 것입니다. 처음 3개월간은 산수적(算數的)으로 감소될 것이며 그다음 3개월간은 기하학적으로 감소되고 마지막 6개월간은 천문학적으로 감소되어 1년이 흐른 다음에는 그의 행정부가 세운 계획들을 위하여 싸우는 공화당의 지도자에 지나지 않게 될 것입니다.

지금 내가 제시한 계획은 즉각적인 행동을 요구하는 것이며, 아이젠하워는 소련이 매우 높게 평가하는 미국인 중의 한 사람입니다. 만약 그가 즉각 행동을 취하지 않는다면 영원히 행동할 수 없게 될 것이며 설사 행동에 옮기더라도 이미 때는 늦게 됩니다."

12월 16일, 나는 합동참모본부 의장으로부터 다음과 같은 서신을 받았다.

"친애하는 맥아더 장군

합동참모본부는 한국에서 취할 수 있는 가능한 군사행동을 토의하였으며, 미국 국민과 유엔이 수락할 수 있는 명예로운 조건으로 한국 전쟁을 종식시킬 수 있는 새로운 아이디어나 제안에 대하여 큰 관심을 가지고 있습니다.

우리들은 장군께서 한국 전쟁을 종식시킬 수 있는 명백하고도 결정적인 해결 방안에 관하여 발언하신 것으로 알고 있습니다. 우리는 이 문제를 토의하기 위하여 조속한 시일 내에 장군과 만나기를 희망하며 만약 그것이 불가능할 경우에는 서면으로 고견을 알려주시면 매우 감사하겠습니다.

합동참모본부를 대표하여
의장 육군 원수 N. 브래들리"

나는 즉각 다음과 같이 회답했다.

"친애하는 의장 각하

16일자로 보낸 귀하의 서한을 방금 받았습니다. 한국 전쟁에 관하여 합동참모들과의 회합에 초청하여주신 것을 고맙게 생각합니다. 본인은 현재 시행되고 있는 것과는 다른 종합적인 기본 정책에 관하여 확고한 견해를 가지고 있습니다. 그리고 이 견해는 유리한 결과를 가져올 것이라고 믿고 있습니다. 그러나 이 견해는 군사적 측면보다 더 중요한 정치적인 결정을 수반해야 하는 것이므로 나의 견해를 실천에 옮기려면 오랜 시일이 필요하며 현 정부의 나머지 임기만으로는 부족할 것입니다. 따라서 새로운 행정부에서 기본적인 결정을 내리는 것이 필요하다고 생각됩니다.

귀하의 서신을 받기 전인 12월 17일, 본인은 대통령 당선자의 초청을 받아 한국 문제의 해결에 관하여 그와 회담한 바 있습니다.

본인이 제안한 것 중에서 합동참모본부의 검토가 필요하다고 인정되는 사항은 틀림없이 합동참모본부에 회부되어 의견을 물어볼 것으로 확신합니다. 그렇게 되는 경우, 이 문제에 관하여 합동참모본부와 공동 토의가 필요하다면 본인은 기꺼이 이 토의에 참가할 것입니다. 매일 발생하는 인명의 피해를 즉각 종식시킬 수 있을 만한 효력을 가진 군사적 해결 방안은 거의 없다고 보아야 할 것입니다.

더글러스 맥아더"

12월 29일, 브래들리 의장은 다시 다음과 같은 서한을 보내왔다.
"친애하는 맥아더 장군

본인이 보낸 서신에 신속한 회답을 주셔서 감사합니다. 본인은 귀하의 회신 내용을 합동참모본부의 참모장들에게 통보하였으며 그들도 본인과 마찬가지로 귀하의 입장을 이해하고 있습니다.

새해에도 행복과 번영이 귀하와 함께 하기를, 그리고 좋은 일이 항상 장군과 함께 하기를 빕니다.

충심으로 개인적인 우의를 보내며

오머 N. 브래들리"

그러나 이날 이후 이 문제에 관해서는 아무도 나의 의견을 물어오지 않았다.

4. 미국의 앞날

미국의 군부에는 많은 변화가 일어났다. 그 중에는 좋은 변화도 있었지만 별로 달갑지 않은 변화도 있었다. 물질적인 개선은 눈부신 바 있으나 정신적인 면은 좀더 두고 보아야 알 것 같았다. 지금 육해공군 사병들은 대부분이 시민병(市民兵), 즉 농촌이나 도시의 고등학교나 대학에서 징집되어 온 사람들로서 전쟁 기술을 본업으로 하는 직업 군인이 아니며 우리가 일상 생활에서 서로 알고 만나는 보통 시민과 조금도 다를바 없었다.

만약 전쟁이 일어난다면 이 사람들은 끝없는 도보 행진, 저격병이 끊임없이 쏘아대는 총소리, 요란한 기관총 소리, 고막이 찢어질 듯한 공중전의 불길한 금속성, 포탄이 작렬하는 소리, 바다에서 발사하는 어뢰, 거친 파도를 헤치고 감행하는 수륙양용 작전, 위풍당당하게 교전하는 검은 군함들, 포탄에 파괴된 전선의 숨막힐 듯한 처참한 정경과 소름이 끼치는 공포와 만나게 될 것이다.

이 병사들은 굶주림과 갈증, 그리고 작렬하는 태양과 얼어붙은 변경에서 고통을 받게 되겠지만 체내의 모든 것이 기능을 정지하고 죽어가는 듯한 상황 속에서도 전진을 계속하지 않으면 안 된다. 아직도 많은 세월을 평화롭게 보내야 할 이 사나이들은 순식간에 젊음을 불태우고 말 것이다. 국제 사회가 혼란과 당혹 속에 빠져 있는 혼란의 시대에 이들이 자기들의 임무를 왜 완수하지 않으면 안 되느냐 하는 문제에 대하여 오해가 있어서는 안 된다. 이 젊은이들이 죽음의 위험을 무릅쓰고 싸우는 이유는 오직 하나, 조국인 미국을 위해서이다. 세계 정치의 흥정이나 모략 같이 복잡한 생각은 이들의 머리속에는 존재하지 않는다. 그들의 젊은 감정이 화려한 선전에 현혹되어 흐려진 때문도 아니다. 이유는 오직 하나 조국이 그들을 불렀기 때문이다.

그런데 지금 미국에서는 이처럼 많은 시련을 거친 애국심을 부정하는 괴이한 소리가 만연하고 있다. 말하자면 달콤한 목소리로 다음과 같이 속삭이고 있는 것이다.

"애국심이란 이미 시대에 뒤떨어진 사고방식이며, 우리는 좀더 폭넓고 포괄적인 시각으로 사물을 보아야 하며 자기 나라를 이상화시키는 것은 시골뜨기나 어리석은 반동가들이 하는 짓이다. 미국 사람들은 좀더 범위가 넓은 시야에서 행동할 고상한 운명이 기다리고 있는 것이다. 우리가 우리의 아들딸을 전쟁에 내보낼 때도 그들이 승리를 거둘 때까지 전쟁터에 묶어둘 필요가 없다. 열의도 없고 결말도 나지 않는 전쟁터에서 이들을 싸우게 하고 때로는 죽게 해도 무방하다. 우리는 그들을 전쟁터에 몰아넣었다가 그것이 잘못된 전쟁이라든지, 장소가 나쁘다든지, 시기가 나쁘다든지, 또는 전쟁이라 부르지 않고 보다 완곡한 이름을 붙인다 해도 무방하다. 그들이 우리와 피와 살을 나눈 동포인데도 불구하고 그들을 일개 소모품으로 취급해도 무방하다. 세계에서 가장 강한 미국이 국가의 안전과 국민의 복지 문제까지도 다른 나라에 의존하게 된 것이다."

만약 이러한 소리가 어느 정당에서 나오더라도 여기에 귀를 기울여서는 안 되겠다. 또한 그러한 소리가 특권층에서 나오든 망각된 서민층에서 나오는 것이든 개의할 필요가 없다. 이러한 소리에 대해서는 과거에 당신의 아들딸들이 전쟁터에서 희생되었다는 사실을 생각해서라도 그들에게 당연히 모욕을 주어야 할 것이다. 우리는 시장이나 연단이나 또는 설교대에서 이러한 소리를 배격하자. 애국자가 된다는 것이 무엇보다 조국을 사랑하고 필요하다면 생명까지 바치는 것을 의미한다면 애국자라 불리는 것은 지금까지 당신들이 얻을 수 있는 최대의 찬사인 것이다.

산업계에서는 군사적인 분야보다도 더 광범위한 변화가 일어났다. 무제한일 정도로 거대한 산업력과 간부들의 높은 의지력, 노동자의 기능과 정력이 결합되어 이제까지 전례가 없을 정도로 산업적 우위가 확립되었다. 이러한 산업력은 현재의 힘만이 아니라 장차 어떠한 사태가 발생하더라도 즉각 활동을 개시하여 상황에 대처할 수 있는 힘도 갖추고 있었다.

이러한 힘은 인류의 계속적인 발전을 보장할 수 있을 뿐 아니라 미국 대륙을 위협하는 자들이 감히 넘볼 수 없는 장벽이 되어주는 것이다. 미국의 산업력은 전쟁의 위협이나 공포가 인류의 발전을 위협할 정도로 사람의 마음을 비뚤어지게 하는 이 세계에서 지대한 영향력을 발휘하고 있다.

산업력은 비상 사태에 대처하는 준비가 되며 그것은 미국의 기억력과 비전이 낳은 것이고 미국의 정력과 노동이 권장하는 제도하에 발달되었으며 궁극적으로는 미국민의 의지와 결의에 의존하는 것이다.

그것은 자본주의 제도——산업의 소유화와 노동자, 산업의 서비스를 받는 대중과 같은 미국 사회의 모든 면을 포함한 제도——가 열매를 맺은 것이다. 일하는 권리와, 일에서 얻은 성과를 스스로가 소유하는 권리에 입각한 이 자유 기업은 하나의 경제적 자유를 낳게 하고 다른 모든 자유의 기반이 되고 있는 것이다.

그러나 미국의 산업력이 이처럼 성공을 거두었다는 사실은 또다른 몇 가지 위험과 국내외의 위협을 낳게 되었다. 현재 세계 곳곳에서는 산업과 경제를 지배하려는 거대한 투쟁이 벌어지고 있다. 그러한 투쟁은 공산주의, 사회주의 및 파시즘 등 그 어떤 가면을 썼더라도 오직 하나의 목적은 자유의 중요한 요소를 파괴하고 그것을 국가에 독점시키려는 데 있다.

그래서 자본주의 제도는 큰 공격 목표가 되고 있다. 그러나 자본주의 제도는 인류의 생활 수준을 상승시키기 위한 자원을 항상 끊임없이 제공해오고 있으며, 인간의 창조적인 노력에 의해서 언제나 최대한 성과를 낳게 하고 있으며, 전쟁에서 승리를 거둘 수 있는 무력을 재공하고 있는 것이다.

자본주의 제도는 이 나라의 건국자들이 상상도 하지 못했던 미국을 만들어냈으며 통신 설비의 과학적인 발전으로 국제간의 지리적인 간격을 좁히고 세계 각 국민간의 능률적인 통상무역을 가능하게 하였으며 근로자, 농민, 상인을 각기 알맞는 위엄과 번영의 혜택을 받을 수 있는 지위로 향상시키고 현대적인 산업화, 과학적 발전의 양식을 정하였다.

자본주의에 처음으로 반기를 든 사람은 칼 마르크스였다. 그는 폭력에 호소하는 것을 싫어하고 자원과 산업 수단에 대한 공동 소유 원칙을 민중에게 자발적으로 받아들이게 하려 했다. 그러나 인류의 본질적인 상식은 이 원칙을 받아들이지 않고, 제1차 세계대전 후 볼셰비키들은 이 원칙에 폭력적 요소를 주입했다. 이어서 마르크스의 학설은 테러와 폭력으로 공공의 정책을 관리하는 것을 목표로 삼은

니힐리즘과 결탁했다.

공산주의란 바로 이 결합에서 생겨난 것으로서 지금까지 여러 가지로 성공을 거두었다. 지구상의 여러 곳에서 소수의 공산당이 대다수를 지배하게 되었다. 이 소수의 압력을 확고하게 물리친 곳은 인간의 자유 관념의 뿌리가 굳게 박힌 지역뿐이다.

미국이 바로 그 예이며 개인적인 자본주의 원칙 위에 미국 경제는 현대 공산주의의 세력 확장에 큰 장해물이 되었다. 그래서 여러 가지 형태로 미국 경제를 무너뜨리는 시도가 되풀이되고 사기업의 축적된 재산에 몰수에 가까운 과세를 하는 마르크시즘적 방법으로 개인의 이윤을 지배하려 하였다. 이러한 조짐이 미국에 처음으로 나타난 것은 1914년의 연방 소득세법이었다. 이것은 정부가 국민의 재산에 무제한으로 손을 대는 것을 허용하고 국고수입을 위해서만이 아니라 사회적 목적을 위해서도 과세할 수 있는 권한을 주었다. 그후 정부의 활동 범위는 거의 폭발적인 힘으로 늘어나고 있다.

마르크스는 모든 입헌 정체의 파괴를 계획하려면 "사회적 질서를 뒤엎을 만한 가장 확실한 방법은 통화 가치를 하락시키는 데 있다."라고 말했다. 또한 자유기업 제도의 적인 소련의 독재자 레닌은 1920년에 미국은 머지않아 지출 팽창으로 파산해버릴 것이라고 예언했었다.

마르크스가 한 말은 과다한 과세로 인한 인플레이션의 진행, 이른바 '계획경제' 조건을 지배하는 것으로서 개인 생활을 지배하는 방법을 가리키고 있다. 금융이나 기타 경제 활동을 전반적으로 지배하게 되며 물가를 상승시키고 통화의 구매력을 점차 저하시키는 것이다.

현재 생활비가 오르는 것은 우리가 한 걸음 한 걸음씩 인플레이션에 깊게 빠져들고 있기 때문이며 우리의 경제, 사회, 정치 조직 전체가 인플레이션 심리의 영향을 받고 있다. 레닌은 마르크스의 기본적인 명제를 지지하고 "과세와 거기에서 생기는 인플레이션은 자유기업 제도를 빗나가게 하는 중요한 무기이다."라고 말했다.

이 자유기업 제도야말로 우리 나라 건국의 기초이며, 우리를 역사상 가장 풍부한 국민으로 만들었으며 세계의 17분의 1 이하의 지역과 인구로 세계의 생산물 중 그 절반 이상을 생산하게 하고 세계의 오랜 역사를 통하여 어떤 나라에게도 주어진 일이 없을 만큼 많은 자유와 권리와 기회를 주게 했던 것이다. 그것을 파괴하는 것은 말할 것도 없이 사회주의의 길을 걷는 것이고 여기에서 말하는 사회주의란 모든 국민에게 중앙에서 관리하는 경제 생활을 강요하고 정치적 조작으로 독재적 독점 체제를 쌓는 것을 말한다.

실제로 미국 자체의 공공 정책이 가리키는 방향이 부단하게 자본주의 제도를 침해하고 있다. 지금까지 우리 정부의 관리들은 미국을 공산주의는 물론 사회주의 국가로 만들 의향을 갖지 않았다고 주장할 것이고, 또한 그것은 사실이겠지만 실제로 우리의 재정 정책이 더듬어온 길은 바로 그러한 방향을 가리키고 있다.

자본주의 제도, 즉 자유기업을 다음 세대의 미국 국민을 위하여 유지할 생각이라면 과거의 미국을 지구상의 모든 나라보다 월등한 지위로 끌어올리지 않으면 안 된다. 앞으로 미국의 평화와 안전, 발전을 유지하기 위해서도 유일한 수단인 검약과 근면, 그리고 모험심을 권장하는 정책을 수립, 유지하는 방향으로 정치를 해야 한다. 이것은 의심할 여지없이 확실한 것이다. 현대의 동적인 정신이 변화를 바라는 것은 잘 알지만 변화를 위한 변화여서는 안 된다. 변화를 바란다면 그것은 지금까지 시간을 들여 엄격한 시련을 겪으면서 시험되어온 원칙을 확대하는 사회가 지닌 새로운 요구에 합치되는 것 이외에는 곤란하다. 그 이외의 변화는 참된 자유주의가 아니다. 헌법은 정치적 편의를 위한 도구로 사용되어서는 안 된다.

헌법의 정신에서 이탈하고 정치 권력을 과다하게 중앙에 집중시키고 개인의 자유를 축소시키거나 억제하려는 움직임은 모두 극단적인 형태의 반역이다. 왜냐하면 미국의 헌법을 만든 사람들은 모든 시대를 통해서 가장 자유주의적 사상의 소유자들이다. 당시, 자유주의 혁명으로 생긴 미국의 헌법을 능가하는 자유주의 사상은 그 뒤에는 나타나지 않았으니 말이다.

 자유의 목적과 실천은 정부의 권력을 제한하는 데 있다. 각 시대를 통하여 정부의 지배력이 부단히 팽창해온 것은 자유에 대한 최대의 적이었다. 다니엘 웹스터는 상원에서 다음과 같이 말한 적이 있다.

 "우리의 안전은 행정권을 감시하는 데 있다. 행정부에 관한 헌법의 규정은 현재 미국의 정체를 만드는 위대한 일로 다른 어떤 부분보다도 훨씬 어려운 부분이다. 그러나 그것은 행정부에 대하여 행정부를 유용하게 할 만한 권력을 주고 있지만 위험한 정도로 만들 권력은 주지 않고 있다. 즉 행정부를 능률적이고 강력한 독립 기관으로 하는 반면, 해당 정부가 군민(軍民) 양면의 권력을 결합하고 국민에게 공직에 대한 임명권이나 관권이나 무력에 의한 영향력을 미치게 하여 모든 것을 파괴하여 버리는 것을 방지하고 있다.

 나는 헌법에 정해진 대통령의 권한을 구속하려는 것이 아니다. 그러나 나의 모든 경험에 비추어 볼 때 양보해서는 안 된다고 생각하는 사항에 대해서 나는 맹목적으로 대통령을 신뢰하지는 않는다. 나는 한 사람의 인물에게 맡겨진 행정권이 자유의 수호역을 한다고는 믿지 않는다."

 웹스터가 한 이 말은 129년 전에 발언한 것이지만 어제 한 말이라 하더라도 전혀 어색한 데가 없다.

 이 초기 아메리카의 이상에 대한 신뢰를 잃고 사회주의적이고 전체주의적인 정치 형태, 즉 한 사람의 신과 같은 선배에게 우리의 생활이 관리되는 듯한 그러한 방법을 믿는 사람이 적지 않다. 이러한 사람들은 자유스러운 사람은 이미 충분히 자기의 문제를 처리할 수 있다는 것을 믿으려 하지 않는다. 정부에서 일하는 극소수의 사람들이, 그것도 대부분은 선거에서 선출된 것이 아닌 관료들이 우리가 애써 거둔 수확물을 거둔 자보다도 유리하게 활용할 수 있다고 생각하고 있는 것이다. 이처럼 정치 권력에 대한 맹목적인 신뢰를 정당화하는 것은 인류사상 찾아볼 수 없을 것이다. 이것은 가장 진부하고 가장 반동적인 사회

기구의 방법이다. 그것은 이미 고대의 바빌론, 고대 그리스와 로마, 무솔리니의 이탈리아, 독일의 히틀러, 그리고 공산국가에서 실행되고 있지만 시대와 장소를 불문하고 그것을 실행한 곳에서는 반드시 경제적 안전을 만들어내는 일에 철저할 정도로 실패하고 국가적 파국으로 끝나고 말았었다.

이러한 방법은 일개 시민으로서의 개인이 얻은 것을 처리하지 못하고 일단 관청으로 들어가면 세계적인 문제도 처리할 수 있는 초인이 된다는, 본질적으로 바보스런 생각에서 나온 것이다. 이것은 매우 본질적인 것이며 궁극적으로는 자유 그 자체의 장래가 걸린 문제이다.——사회의 구석구석에 스며든 사회주의적 경향에 대한 자유, 최소한의 제약하에서 생활하는 자유, 평범한 인간의 최소한의 평균적 표준을 얻는 방법에 대한 개척정신에 불타는 실질적 개인주의로 뒷받침된 진보, 규제와 숭배에 대한 자유기업 제도의 운명이 걸려있는 것이다. 그 결과는 문명의 장래를 결정할 것이 분명하다. 또한 그 결과는 모든 사람들의 생활로 되돌아오고 하늘에 빛나는 영롱한 무지개가 되어 남을 것이다.

나는 병상에 누워 있는 몸이었으나 런던의 BBC 방송이 보내온 다음과 같은 위로의 말은 나를 매우 기쁘게 했다.

"더글러스 맥아더의 병환은 유럽, 특히 영국에서는 미국 관계의 최대 뉴스가 되고 있다. 영국 전체를 통하여 회상록을 쓰고 있는 원수들은 한결같이 제2차 세계 대전 중의 미국 사령관들에 대하여 비판적이었으나 맥아더 원수만은 존경받고 논쟁의 대상이 되고 있지 않다. 아이젠하워 대통령이 전쟁 중에 유럽에 내린 몇 가지 군사적 결정도 전후의 비판자들에게는 절호의 공격 목표가 되고 있으나 맥아더 원수의 태평양 전쟁과 한국 전쟁에서의 행동에 대해서는 이곳 군인들은 한결같이 격찬하고 있다.

그만큼 원수의 병은 이곳에서도 크고 슬픈 뉴스가 되고 있다."

병에서 회복될 무렵, 시카코의 어느 저명한 목사로부터 나에게 위험에 처했을 때 애송하는 성경 구절을 알려달라는 편지를 받고 나는 다음과 같은 회답을 보냈다.

"가장 힘을 얻을 수 있는 성경의 구절을 알려달라는 서신을 받았습니다만은 성경이라는 가장 위대한 책 속에서 가장 감동적인 한 구절만 골라낸다는 것은 나로서는 쉬운 일이 아닙니다.

그러한 한 가지 예만은 들겠습니다. 나는 앞으로 36시간밖에는 살지 못한다는 말을 들었는데, 그때 요한복음에 있는 베다니의 나자로라는 사나이가 중병으로 죽은 한 구절을 생각해냈습니다. 그때 예수께서는 죽을 만한 병은 아니라 하시면서 나자로에게 '깨어라' 하고 말씀하시자 나자로는 죽은 자들 가운데서 일어났습니다. 그때, 예수께서는 '나는 부활이요 생명이니 나를 믿는 자는 죽어도 살 것이며, 살아서 나를 믿는 자들은 영원히 죽지 아니하리라.' 하셨습니다. 나는 그것으로 죽음을 모면하였습니다."

병을 앓고 난 나는 무척 쇠약해졌으나 옛날 무지개사단 시절의 한 부하가 찾아와서 "원수님, 벌써 40년 가까이 뵙지 못했군요. 원수님도 젊음에 가득 찼던 그 시절보다 많이 변하셨습니다. 나이를 잡수시니 기분이 어떠십니까?" 하고 묻기에 나는 퍽 좋다고 대답했더니 그는 매우 놀라는 듯했다. 나는 "내 생일을 생각해 보게. 내가 만약 늙지 않았다면 지금쯤 죽지 않았겠는가?"라고 말했다. 그 사나이는 머리를 긁적거리며 이해할 수 없다는 듯한 표정을 지으며 돌아갔다.

그런 얼마 후 노상에서 어느 친절한 사람이 나를 불러 세우더니 "당신은 사진에서 보는 것보다 훨씬 나아보이고 기력이 있어보이는군요. 게다가 안경을 쓰지 않으니 훨씬 좋아보이십니다. 사진으로만 보면 손해를 보시겠습니다, 맥아더 씨."라고 말했다.

나는 웃어야 할지 울어야 할지 착잡한 심정을 금할 수 없었다.

5. 센티멘탈 저니

나는 그 뒤에 다시 한 번 극동을 여행했다. 필리핀이 독립 15주년을 맞이하여 국빈으로 초청했는데 나에게는 '센티멘탈 저니'(감상적인 여행)였다.

나는 다시 옛날의 역사적 장소였던 레이테의 하얀 모래밭, 지금은 맥아더 하이웨이라고 불리는 루손 섬을 지나는 중앙 도로, 그리고 밀림에 뒤덮인 코레히돌의 가파른 비탈길, 마리발레스 산맥 저쪽으로 석양에 물든 바탄 반도의 산들을 둘러보았다. 내가 전에 이곳에서 싸울 때 이곳은 모두 황량한 폐허였다. 그때는 격전으로 포성이 요란하고 소총 소리가 그칠 줄 몰랐으며 검은 연기와 시체 썩는 냄새가 진동했었다. 그리고 수많은 필리핀 사람들은 가족을 잃고 슬픔에 잠겨 전화가 남긴 비극으로 가슴을 찢는 비탄에 젖어 있었다.

그러나 지금 이 도시는 부흥하고 경제가 재건되어 농업 생산도 풍족해지고 통상이 확대되어 갔다. 이제 필리핀의 생산물은 세계의 각 시장으로 팔려가고 필리핀은 국제회의에서 권위 있고 세계 각국이 한결같이 존경하는 위치를 차지하고 있었다.

모든 것이 명랑하고 웃음이 넘쳤다. 필리핀 사람들의 행복에 찬 얼굴과 번영하는 모습을 보니 나는 10년 묵은 체증이 뚫린 듯 가슴이 후련했으며 필리핀 해방에 나도 한 몫을 맡게 된 것을 하느님께 감사했다. 또 옛날처럼 일랑 일랑과 삼파기타의 꽃향기가 몇백만의 애정 깊은 필리핀 사람들의 '마부하이(만세)'라는 함성과 함께 나를 맞이하여 주었다.

나는 그들에게 좋은 말을 하려고 노력했으나 애정과 추억으로 가슴만 뿌듯할 뿐 목이 메어 말이 잘 나오지 않았다. 필리핀 지도자들은 다음과 같은 말로 나를 찬양해주었다.

"한국 전쟁에서 귀하가 압록강의 중공군 비행기와 기지에 대하여 폭격할 것을 방해당한 이래로 세계는 놀랄 만한 댓가를 지불하지 않으면 안 되었다. 이 승리로부터의 후퇴는 누군가에게 중대한 책임이 있다. 만일 귀하가 군인으로서의 임무를 수행하도록 허용되었더라면 인도차이나의 파국은 일어나지 않았을 것이다. 그리고 카스트로도 무명인사로 일생을 마쳤을 것이며 베를린도 지금처럼 중대한 사태로는 되지 않았을 것이다."

이에 대해서 나는 다음과 같이 말했다.

"세계 정세의 추이에는 간만이 있고 낡은 제국은 멸망하고 새로운 국가가 탄생하며 동맹 관계가 맺어졌다가는 사라진다. 그러나 이러한 혼란 속에서 미국과 필리핀 두 나라 사이의 우정만은 밤하늘의 별처럼 반짝이고 있다. 우리는 함께 싸웠다. 그리고 지금까지 함께 평화의 길을 추구하고 있다. 전쟁도 아니고 평화도 아닌 이 기나긴 황혼에 우리는 이제까지와 같이 굳게 맺어져 있다."

내가 필리핀에서 귀국하자 코네티컷 주 출신인 도드 상원의원이 상원에서 내가 미국 역사에 영향을 끼친데 대하여 다음과 같이 좋은 평가를 했다.

"맥아더 원수는 미국을 위하여 사명을 다하고 오늘 귀국한다. 원수의 필리핀 여행은 센티멘탈 저니라 불려지고 있지만 그것은 확실히 필리핀 국민뿐만 아니라 우리 모두에게도 감상적인 여행이었다.

맥아더 원수가 이처럼 군복을 입고 몇백만이나 되는 군중에게 환영받고 있는 모습은 우리가 언제까지나 보고 싶은 미국의 모습이며, 약속을 지키고 모든 전선에서 승리를 거두고 세계적인 세력으로서 국제적인 존경의 절정에 선 미국의 승리를 자랑하면서도 자유에 열성을 보이고 있는 미국의 모습을 우리들 가슴속에 생생하게 되새겨주는 것이다.

맥아더 원수는 인상적인 풍모, 자신에 가득 찬 걸음걸이, 전설적인 모자와 안경, 콘콥 파이프, 우렁차고 위엄에 찬 목소리, 폭넓은 표현,

국제적 제스처 등 그의 외관은 모든 종류의 미점, 탁월한 능력, 확고 부동한 신념, 예지, 고매한 이상, 바른 목적을 추구하여 패배할 줄 모르는 미국의 모습에 대한 절대적인 신념으로 뒷받침되고 있다.

맥아더 원수의 체내에는 분명히 2세기 전에 미국 또는 미국적인 것이 세계에 준 전류와 같은 흥분이 언제나 흐르고 있다. 원수는 이 전류를 현대 사람들에게 전할 수 있는 뛰어난 재능을 갖고 있다. 원수는 역사관, 극적인 것을 좋아하는 성격, 자기 자신을 로맨틱하고 신비적인 공기로 감싸는 재능을 지니고 있었으며 그것이 모두 미국의 이익에 공헌하는 방향으로 효과적이고 현명하게 사용되었다.

더글러스 맥아더의 이름은 우리의 마음속에 미국의 진보와 밀접하게 연결된 잊을 수 없는 몇 가지 정경을 상기하게 한다. 절망 상태에 빠진 바탄과 코레히돌에서의 훌륭한 방어, 돌아온다는 약속과 그 약속을 사람들에게 믿게 한 확고한 신념, 군사적 천재의 선물로 남게 된 오스트레일리아에서 도쿄에 이르는 광대하고 훌륭했던 '개구리뛰기 작전' 루손 섬에서 바닷물에 발을 적시면서까지 감행했던 상륙작전, 맥아더 원수가 적의 항복을 받고 결정적인 승리에 알맞은 종막을 기록한 전함 미주리 호 함상에서의 극적인 정경, 패배한 적에게 자유와 사회정의와 번영을 안겨준 일들. 더글러스 맥아더의 이름은 우리 모두의 마음에 미국의 빛나는 승리를 상기시키는 동시에 그 승리에서 미국이 후퇴한 비극적이고 비참한 모습으로 우리의 시선을 쏠리게 했다. 맥아더 원수는 미국의 전통적인 가장 뛰어난 대변자였다. 동시에 우리는 그 전통에서 벗어난 가장 크고 아마도 그 초점을 이룬 피해자였다. 원수는 전쟁에서 승리를 대신할 수 있는 것은 없다고 말했는데 이 말은 군사적으로도 당연한 말이며 역사적으로 미국이 표시해온 불굴의 정신을 강조한 것이다. 한국 전쟁과 그 전쟁을 둘러싼 일련의 사건은 이 전통을 파괴하고 미국의 전통에 이제까지는 없었던 것을 끌어들였다. 그 이유는 공포, 우유부단, 동요, 패배주의와 마음 약한 타협에 대한 건의가 차츰 힘을 얻기 시작했기 때문일 것이다.

맥아더 원수의 해임과 그에 따른 한국 전쟁에서의 패배를 낳은 대립은 미국 역사에 하나의 전기를 가져온 것인지도 모른다. 왜냐하면 이것은 미국이 승리를 위하여 필요한 위험을 무릅쓰기보다는 패배를 선택하는 결정을 의도적으로 내린 사건이기 때문이다.

그 당시 공산 세력의 침략에 대하여 끝까지 양보하지 않는 자의 의견이 받아들여지지 않았다면 도대체 언제쯤에나 받아들여질 것이냐 하고 자문하지 않을 수 없다. 왜냐하면 당시의 모든 조건이 그것에 유리하였기 때문이다. 원자력을 보유한 나라는 미국뿐이었다. 우리는 공산 세력이라는 범죄인들과 공개적인 전투 상태에 있었으며 따라서 미국의 지도자와 국민은 적들이 어떠한 성격의 소유자라는 것을 충분히 알고 있었을 것이다.

몇만이나 되는 우리의 아들들이 양손을 뒤로 묶인 채 희생되었다. 한국 전쟁의 승리가 눈앞에 보이고 있었는데도 거기까지 가지 않았던 것에 대하여 미국 전역에서 불만과 분개의 소리가 들끓었다. 맥아더 원수는 승리를 얻으려는 자들의 대표이고 그는 단순히 미국의 역사상 가장 존경받는 인물 중의 한 사람일 뿐만 아니라 하나의 주장에 대한 창도자로서도 가장 뛰어난 인물 중의 한 사람이었다.

1951년 봄, 맥아더가 귀국했을 때 전 미국을 뒤덮은 맥아더와 맥아더의 주장에 향해진 폭발적인 감정을 누가 잊을 수 있겠는가? 당시 맥아더가 한국 전쟁에서 승리할 수 있는 방법으로 제시했던 정책은 미국민의 압도적인 지지를 받고 있었다고 나는 믿고 있다.

미국의 전국민이 책임을 져야 할 하나의 결정이 내려지고 그로 인해 미국은 중공의 침략적인 세력을 초기에 무너뜨릴 기회를 목전에서 놓쳐버리고 승리로부터의 후퇴와 동요의 정책을 내디딘 것이다. 이 때문에 미국은 해마다 새로운 치욕과 패배를 감수해야 했다. 맥아더 원수는 이미 10년 가까이 정치적인 논쟁의 초점에서 초연히 떠나 있었지만, 지난 날 원수가 위대한 시간을 보낸 장소로의 이번 여행은 미국 및 온 세계에 깊은 감명을 주었다.

필리핀 전국에서의 맥아더 장군에 대한 폭풍 같은 환영은 한 사람의 뛰어난 영웅에 어울리는 헌사일 뿐 아니라 그 이상의 의미가 담겨져 있다고 나는 생각하고 있다. 필리핀, 나아가서는 온 세계가 미국의 다이내믹하고 자신과 경의로 가득 찬 지도자에 대한 경의를 표시한 것이며 맥아더 원수는 그 상징이 된 것이다.

원수는 다시 귀국했다. 미국 국민은 원수의 업적, 원수의 인격과 현세대는 물론 장래의 모든 세대에 대하여 원수가 남긴 업적에 대하여 진심으로 존경과 애정과 감사를 바친다."

6. 육사여 잘 있거라

1952년 5월 12일, 나는 미국 육군사관학교가 수여하는 최고의 영예인 실버너스 데이어(Sylvanus Thayer) 메달을 받았다. 그 날 나는 웨스트포인트의 연병장에서 생도대를 사열했고 학교 식당에서 함께 점심 식사를 했으며 훈장을 받은 인사로 다음과 같은 연설을 했다.

초고를 준비하지는 않았지만 그때의 기록을 대충 더듬어 적어본다.

"오늘 아침, 호텔을 떠날 때 도어맨이 나에게 '장군님 어디로 가십니까?' 하고 묻기에 '웨스트포인트로 가네'라고 대답했더니 그는 나에게 이렇게 말하는 것이었습니다. '아름다운 곳이지요, 가보신 적이 있으신가요?'

미국의 육군사관학교가 주는 훌륭한 훈장을 받고 깊은 감명을 받지 않는 사람은 한 사람도 없을 것입니다. 오랜 세월을 통하여 복무한 천직, 그리고 내가 깊이 사랑해온 사람들이 주는 이 훈장을 받은 나의 마음은 말로는 이루 다 표현할 수 없는 감동으로 가득 차 있습니다. 그러나 이 훈장의 1차적인 목적은 어느 한 개인에게 명예를 주기 위한 것이 아니라 도의적인 위대한 규범, 즉 오랜 문화와 선조를 가진 이 국토를 지키는 장병들의 기사도적 행동의 규범을 상징하기 위한 것입니다. 이것이 바로 이 훈장이 지니는 의미입니다. 이 훈장은 모든 사람들에게 영원히 미국 군인의 윤리를 표시하는 것입니다. 나에게 이 훈장을 줌으로써 이와 같은 고매한 이상과 나를 결합시켜 준 데 대하여 나는 영원히 사라지지 않을 자랑과 겸손을 느끼게 됩니다.

의무, 명예, 국가. 신성한 이 세 단어는 제군들이 장차 무엇이 되어야 하며 무엇이 될 수 있으며 또 무엇이 되리라는 것을 엄숙하게 말해주고 있습니다.

이 세개의 단어로 해서 제군들은 하나로 뭉칠 수 있으며 용기를 잃으려 할 때 힘을 북돋아주고 신의를 지킬 만한 이유가 거의 보이지 않을 때 신의를 되찾게 해주었으며 희망이 절망으로 바뀔 때 제군을 지켜줄 수 있을 것입니다.

불행하게도 나는 이 말이 지닌 의미를 충분히 설명할 수 있는 말솜씨도 시적인 상상력을 교묘하게 비유할 수 있는 재능도 갖고 있지 못합니다. 믿음이 없는 자들은 이 교훈을 단순한 낱말, 단순한 슬로건, 단순하고 화려한 문구에 지나지 않는다고 말할지도 모릅니다. 모든 현학자(衒學者), 모든 선동자, 모든 빈정대는 사람들, 모든 위선자, 모든 모략가, 그리고 이들과는 전혀 성격이 다른 일부 사람들은 이 교훈의 참다운 의미를 깎아내리고 웃음거리로 만들려고 애쓸지도 모릅니다. 그러나 이 낱말들은 다음과 같은 효과를 갖고 있습니다. 이 교훈의 낱말들은 제군들의 기본적인 성격을 만들며 제군들로 하여금 미국의 국방을 양어깨에 질머진 장차의 임무를 위하여 준비를 갖추게 하며 제군들이 약해질 때 제군들에게 힘을 주어 제군들이 겁을 먹고 있을 때 그것을 극복할 수 있는 용기를 줄 것입니다. 또한 이 낱말들은 제군이 후회없는 실패를 저질렀을 때도 불굴의 정신을 되찾게 해주며, 성공을 거두었을 때도 겸손하고 상냥해질 수 있는 아량을 가르쳐주며, 행동이 필요할 때는 말로만 대신하지 않으며, 안락만 추구하지 말도록 가르쳐주며, 압력과 곤란과 도전에 대결하며, 폭풍 속에서도 힘차게 일어나며, 실패한 사람들에게는 동정을 베풀며, 깨끗한 마음과 높은 목표를 가지며, 웃을 줄도 알고 울 줄도 알며, 앞을 바라보되 과거를 잊지 않으며, 심각하게 행동하되 너무 심각한 체하지 않으며, 진정한 위대함은 단순 속에 있으며, 진정한 지혜는 넓은 도량에서 나오며, 진정한 힘은 유순함 속에서 나온다는 사실을 아는 겸손한 사람이 되는 것을 가르쳐줄 것입니다.

이 교훈의 낱말들은 제군들에게 강한 의지력과 풍부한 상상력과 발랄한 감정과 신선한 생명력, 주저함이 없는 용기 있는 기질과 안일보다는 모험을 즐기는 기품을 가르쳐줄 것입니다. 이 낱말들은 제군들의 마음속에 경이를 찾아내는 감각과 다음에 올 것을 기다리는 희망과 인생의 즐거움과 영감을 길러줄 것입니다. 이 낱말들은 이처럼 제군들이 장교인 동시에 신사가 되는 길을 가르쳐줄 것입니다.

그러면 제군들이 장차 지휘하게 될 병사들은 어떤 성격의 사람들이겠습니까? 그들은 신뢰할 수 있으며 용감하고 승리를 거둘 수 있는 능력을 가진 사람들일까요? 제군들도 잘 아시는 바와 같이 그들은 미국을 대표하는 용사입니다. 나는 이미 여러 해 전에 전쟁터에서 그들에 대한 평가를 내린 바 있는데 이것은 그 뒤에도 추호도 달라지지 않았습니다.

그때나 지금이나 미국의 병사는 세계에서 가장 고상한 존재이며 가장 훌륭한 군인일 뿐 아니라 가장 흠이 없는 인간이라 생각하고 있습니다. 미국 병사의 명성은 미국의 모든 시민들이 태어나면서부터 가지고 있으며 그들은 젊음과 힘과 애정과 충성심으로 인간이 바칠 수 있는 모든 것을 다 바쳤습니다.

이제 나는 누구이든 그 밖의 어느 누구도 미국 병사들에게 새삼스럽게 찬사를 보낼 필요는 없습니다. 그들은 자기들 스스로 역사를 기록했을 뿐만 아니라 적의 가슴속에도 붉은 글씨로 그 역사를 남겨 놓았던 것입니다. 그러나 미국 병사들이 역경 속에서 보여준 인내, 포화 속에서 보여준 용기, 승리했을 때 보여준 겸손한 태도를 생각할 때마다 말로는 다 표현할 수 없는 감탄으로 내 가슴은 가득 찹니다. 미국의

제10장 결별

　병사들은 애국심이 승리를 거둔 가장 위대한 모범을 역사에 남겼으며 후세에 대해서는 자유의 원칙에 따른 교훈을 역사에 남겼으며, 현재의 우리들에게도 미덕과 공적을 베풀고 있습니다.

　나는 20개의 전역(戰域)과 백 개의 싸움터, 천 개의 캠프파이어 주위에서 미국 병사가 미국 국민의 가슴속에 확고한 지위를 차지하게 된 굽힐줄 모르는 인내심과 애국적인 자기 부정의 정신, 그리고 확고부동한 신념을 발휘하는 것을 목격하였습니다. 미국의 병사들은 세계 도처에서 인간이 발휘할 수 있는 최대의 용기를 보여주었습니다.

　글리 클럽(합창 클럽)의 노래에 귀를 기울일 때 나의 눈에는 제1차 세계대전 중 지칠대로 지친 병사들이 억수같이 퍼붓는 빗속을 해가 질 때부터 동이 틀 때까지 배낭을 메고 진수렁이 된 길을 계속 행군하다가 입술이 파래진 찬 몸으로 공격 태세를 갖추어 목표를 향해 돌격해가던 모습이 희미하게 떠올랐습니다.

　나는 이들 미국 병사들의 출신 성분의 귀천에 대해서는 잘 모르지만 그들은 명예를 위하여 싸우다가 명예롭게 죽어간 것은 알고 있습니다. 그들은 아무런 반문도 하지 않았으며 아무런 불평도 없이 우리가 반드시 승리한다는 희망을 간직한 채 숨져갔습니다. 그들에게 부과된 임무는 언제나 의무, 명예, 국가라는 세 마디였으며 우리가 나갈 길과 광명과 진리를 찾을 때는 언제나 이들의 피와 땀과 눈물에 호소했던 것입니다.

　그로부터 20년이 지난 오늘 이 지구의 반대편에서는 또다시 더럽고 침침한 참호와 음산한 악취, 비로 질척거리는 진지와 뜨겁게 작렬하는 태양과 장대같이 퍼붓는 빗줄기와 무서운 파괴력을 가진 폭풍과 밀림의 오솔길에서 느끼는 외로움과 사랑하는 사람들과 오랫동안 떨어져서 지내야 하는 쓸쓸함과 열대 지방의 무서운 질병이 주는 위협과 전쟁이 휩쓸고 지나간 아수라장과 결의에 찬 강인한 방위와 신속하고 정확한 공격과 안전하고 결정적인 승리와 피로 물든 안개를 뚫고 발사하는 최후의 총탄, 그리고 야위고 초라한 모습의 사나이들이 웨스트포인트의 교훈인 '의무와 명예와 국가'를 엄숙하게 입에서 입으로 전달하는 정경이 벌어지고 있습니다.

이 낱말들이 나타내는 규범은 최고로 도의적인 규범이며 인류의 향상을 위하여 선포된 그 어떤 윤리나 철리(哲理)의 시련에도 견디낼 수 있는 규범입니다. 이 낱말들은 오직 옳은 것만 추구하고 그릇된 것은 배척합니다. 군인은 다른 어떤 사람들보다도 희생이라는 종교적 교훈을 쌓도록 최고의 행동을 해야 합니다.

싸움터에서 위험과 죽음에 직면했을 때 군인은 하느님이 인간을 창조하실 때 부여한 모든 특성을 발휘합니다. 이럴 때 군인을 지탱케 해주는 것은 하느님의 도움뿐이며 그 어떤 육체적 용기나 야수적인 본능도 하느님의 도움을 대신할 수는 없습니다. 전쟁의 상황이 아무리 가혹한 것일지라도 조국을 위하여 목숨을 바치도록 요구되고 있는 군인이야말로 인간이 가상 고상하게 발전한 모습입니다.

제군들은 바야흐로 새로운 세계, 변화하는 세계에 직면하고 있습니다. 인공위성과 미사일을 대기권 밖으로 발사함으로써 인류는 기나긴 역사에 획기적인 시대의 개막과 우주 시대의 제 1 장을 기록하였습니다. 지구의 시작은 50억 년 이전이었고 인류의 진화에는 30억 년 이상이 걸렸다고 학자들은 주장하고 있습니다. 그러나 지금처럼 크고 급격하고 놀라운 진화는 일찍이 없었습니다.

우리가 다루어야 할 문제는 지구상의 일만이 아닙니다. 무한한 우주의 거리와 미지의 현상까지도 포함하고 있습니다. 우리들은 무한한 새로운 분야에도 손을 뻗치고 있으며 지금까지는 쓰지 않았던 말도 입에 올리게 되었습니다. 즉 앞으로 우리는 우주의 에너지를 제어하며 바람과 조수를 이용하여 지금까지 얻은 표준적인 기본 재료를 보완하고 또 때로는 고장난 부분을 교체하기 위하여 들어본 적도 없는 인조 물자를 창조해내기도 합니다. 바닷물을 정화하여 식수를 만들고 해저를 개발하여 새로운 부(富)와 식량을 얻기도 합니다. 질병의 예방법을 더욱 발전시켜 몇백 년이라도 살 수 있는 길을 열고 있기도 합니다. 기후를 조절하여 더위나 추위, 또는 흐리고 개는 것도 마음대로 조절할 수 있게 되었습니다.

우주선을 타고 달나라를 여행하고, 전쟁의 주요 목표는 군대만이 아니라 민간인에게로까지 확대됩니다. 궁극적으로는 인류가 한 덩어리가 되어 우주에서 침공해 오는 사악한 세력과도 싸우게 될 것입니다. 그 밖에도 갖가지 꿈과 환상이 일어나서 현대를 역사상 가장 흥미 깊은 시대로 만들고 있습니다.

하지만 이렇게 다양한 변화와 발전 속에서도 제군들의 사명은 변화할 수 없으며 침범할 수도 없습니다. 그것은 곧 어떠한 일이 있더라도 전쟁에서 이기는 것입니다. 앞으로 직업군인이 될 제군들의 경력은 이 절대적인 사명을 위하여 바쳐야 하며 그 밖의 것들은 모두 부수적인 것에 지나지 않습니다. 공공 목적이나 계획이나 그밖의 요구는 대소를 막론하고 다른 사람들이 해줄 것입니다. 제군들은 오직 싸우기 위하여 훈련을 받고 있으며 따라서 제군들은 싸우고자 하는 의지를 가져야 하며 전쟁에서 승리를 대신하는 것은 아무것도 없습니다. 제군들이 싸움에서 지면 국가는 멸망하고 제군들이 할 일은 어디까지나 의무와 명예와 국가를 위해 싸우는 것이라는 것을 명심해야 합니다.

어떤 사람들은 인간의 마음을 분열시키는 국가적, 국제적으로 골치 아픈 문제에 관하여 논쟁을 벌일지도 모릅니다. 그러나 제군들은 냉정하고 침착하게 초연한 자세로 미국의 파수병, 즉 국제적인 분쟁의 파도에서 미국을 방위하며 싸움터에서는 미국을 위하여 싸워야 한다는 임무를 한시라도 소홀하게 여겨서는 안 됩니다. 제군들의 선배들은 과거 1세기 반 동안 자유와 권리와 정의의 빛나는 전통을 지켜왔습니다.

미국의 정부 시책에 대한 장단점이라든가 적자 재정이 너무 오래 계속된다거나 연방정부의 지배력이 너무 강대한다든지 범죄가 격증하고 사기가 저하되며 세금이 너무 비싸다든지, 과격분자들이 너무 횡포를 부려 미국의 힘이 너무 약화되었다든지, 미국 국민의 개인적인 자유는 본래의 완전함을 유지하고 있지 못하다든지 하는 따위의 문제들은 민간인들에게 맡겨두면 되는 것입니다. 물론 이러한 문제들은 국가적인 문제이기는 하지만 군인인 제군들이 논쟁에 가담한다든지 군사적인 해결을 요구한다든가 하는 성질의 것은 아닙니다. '의무와 명예와 국가'라는 제군들의 도표(道標)는 밤길을 밝히는 신호등처럼 빛나고 있습니다.

제군들은 미국의 전체적인 국방조직을 하나로 묶는 발효소가 되어야 합니다. 제군들 가운데서는 전쟁의 경종이 울릴 때 국가의 운명을 손아귀에 쥘 수 있는 위대한 사령관이 나올 것으로 확신합니다. 긴 회색 제복의 대열은 아직 한 번도 미국의 기대를 배신한 적이 없습니다. 만약 제군들이 배신하는 경우가 있다면 올리브색, 카키색, 푸른색 및 회색의 군복을 입은 백만에 달하는 육해공군의 망령들이 하얀 십자가 아래서 일어나서 마술적인 힘을 가진 '의무와 명예와 국가'라는 세 마디를 외칠 것입니다.

이것은 제군들에게 호전적인 인간이 되라는 뜻은 결코 아닙니다. 오히려 이와는 반대로 군인은 다른 어떤 사람보다 평화를 위하여 기도합니다. 왜냐하면 전쟁의 상처를 누구보다도 괴로워하고 또 견디어야 하는 것은 바로 군인이기 때문입니다. 그러나 우리의 귀에는 유명한 철학자 플라톤이 남긴 '전쟁이 끝나는 것을 본 사람은 오직 죽은 사람뿐이다.'라는 섬뜩한 명언이 울리고 있을 것입니다.

나의 인생의 그림자는 이미 길어지고 있으며 인생의 황혼이 다가오고 있습니다. 내가 겪었던 옛날의 격조(格調)나 음영(陰影)은 흔적도 없이 지나간 꿈 속에서 희미한 빛을 남기면서 사라졌습니다. 지난날의 추억은 눈물에 젖어 놀랍도록 아름다우며 지난날의 다정스럽고 매혹적인 웃음으로 가득 차 있습니다. 나는 이미 가는귀를 먹었지만 희미하게 들려오는 기상나팔의 추억 어린 멜로디와 멀리서 울려오는 길게 반복되는 북소리에 귀를 기울여봅니다.

나는 꿈 속에서 대포 소리, 콩볶는 듯한 소총 소리, 그리고 전선의 야릇한 슬픔에 젖은 속삭임을 지금도 들을 수 있습니다. 그러나 내

추억의 마지막은 언제나 웨스트포인트로 돌아갑니다. 그리고 나의 귀에는 언제나 '의무와 명예와 국가'라는 세 낱말이 되풀이하여 울려옵니다.

나는 오늘 제군들과 함께 최후의 점호를 가집니다. 그러나 내가 숨을 거둘 때 내 의식에 남은 마지막 생각은 바로 육군사관학교의 생도대라는 것을 제군들은 알아주시기 바랍니다.

안녕히 계십시오."

당신을 영원한 감동의 세계로 안내할

完訳版 世界 名作100選

#	제목	저자
1	누구를 위하여 종은 울리나	E. 헤밍웨이
2	폭풍의 언덕	에밀리 브론테
3	그리스 로마신화	T. 불핀치
4	보바리 부인	플로베리
5	인간 조건	A. 말로
6	생의 한가운데	루이제 린저
7	분노의 포도	존 스타인 백
8	제인 에어	사일럿 브론테
9	25時	게오르규
10	무기여 잘 있거라	E. 헤밍웨이
11	생활의 발견	임어당
12	변신 / 심판	프란츠 카프카
13	지와 사랑	H. 헤세
14 15	인간의 굴레 Ⅰ Ⅱ	S. 모옴
16	적과 흑	스탕달
17	테 스	T. 하디
18	부 활	톨스토이
19 20	바람과 함께 사라지다 Ⅰ Ⅱ	마가렛 미첼
21	개선문	레마르크
22 23 24	전쟁과 평화 Ⅰ Ⅱ Ⅲ	톨스토이
25	백 경	허먼 멜빌
26	죄와 벌	도스토예프스키
27 28	안나 카레니나 Ⅰ Ⅱ	톨스토이
29	닥터 지바고	보리스파스테르니크
30 31	카라마조프가의 형제 Ⅰ Ⅱ	도스토예프스키
32	슈바이쩌의 생애	슈바이쩌
33	채털리부인의 사랑	D. H. 로렌스
34	파우스트	괴 테
35	데카메론	보카치오
36	에덴의 동쪽	존 스타인 백
37	신 곡	단 테
38 39 40	장 크리스토프 Ⅰ Ⅱ Ⅲ	R. 롤랑
41	오만과 편견	제인 오스틴
42	전원교향곡·배덕자·좁은문	A. 지드
43 44 45	레 미제라블	빅토르 위고
46	여자의 일생·목걸이	모파상
47	빙 점 48 (속)빙 점	미우라 아야꼬
49	크눌프·데미안	H. 헤세
50	페스트·이방인	A. 카뮈
51 52 53	대 지 Ⅰ Ⅱ Ⅲ	펄 벅

일신서적출판사

121-110 서울·마포구 신수동 177-3호
공급처 : ☎ 703-3001~6, FAX. 703-3009

당신을 영원한 감동의 세계로 안내할

完訳版 世界 名作100選

54 안네의 일기	안네 프랑크	83 오만과 편견	제인 오스틴
55 달과 6펜스	서머셋 모옴	84 설 국	가와바타 야스나리
56 나 나	에밀 졸라		
57 목로주점	에밀 졸라		
58 골짜기의 백합(外)	오노레 드 발자크		
59 60 마의 산 Ⅰ Ⅱ	도스토예프스키		
61 62 악 령 Ⅰ Ⅱ	도스토예프스키		
63 64 백 치 Ⅰ Ⅱ	도스토예프스키		
65 66 돈키호테 Ⅰ Ⅱ	세르반테스		
67 미 성 년	도스토예프스키		
68 69 70 몽테크리스토백작 Ⅰ Ⅱ Ⅲ	알렉상드르 뒤마		
71 인간의 대지(外)	생텍쥐페리		
72 73 양철북 Ⅰ Ⅱ	G.그라스		
74 75 삼총사 Ⅰ Ⅱ	알렉상드르 뒤마		
76 크리스마스 캐럴	찰스 디킨스		
77 싯다르타(外)	헤르만 헤세		
78 햄릿·리어 왕(外)	셰익스피어		
79 80 쿠오 바디스	솅키에비치		
81 동물농장·1984년	조지 오웰		
82 도리안 그레이의 초상	오스카 와일드		

일신서적출판사   121-110 서울·마포구 신수동 177-3호
공급처 : ☎ 703-3001~6, FAX. 703-3009

*계속 간행중입니다.

세계명작학술문고 일신 그랜드 북스

① 여자의 일생	㊽ 리어왕 · 오셀로
② 데미안	㊾ 도리안그레이의 초상
③ 달과 6펜스	㊿ 수레바퀴 밑에서
④ 어린 왕자	㊿ 싯다르타
⑤ 로미오와 줄리엣	㊿ 이방인
⑥ 안네의 일기	㊿㊿ 무기여 잘 있거라 (Ⅰ Ⅱ)
⑦ 마지막 잎새	㊿㊿ 지와 사랑 (Ⅰ Ⅱ)
⑧ 젊은 베르테르의 슬픔	㊿㊿ 생활의 발견
⑨⑩ 부활 (Ⅰ Ⅱ)	㊿㊿ 생의 한가운데 (Ⅰ Ⅱ)
⑪⑫ 죄와 벌 (Ⅰ Ⅱ)	㊿㊿ 인간 조건 (Ⅰ Ⅱ)
⑬⑭ 테스 (Ⅰ Ⅱ)	㊿ 이반 데니소비치의 하루
⑮⑯ 적과 흑 (Ⅰ Ⅱ)	㊿㊿ 25시 (Ⅰ Ⅱ)
⑰⑱ 채털리 부인의 사랑 (Ⅰ Ⅱ)	㊿~㊿ 분노의 포도 (Ⅰ~Ⅲ)
⑲⑳ 파우스트 (Ⅰ Ⅱ)	㊿ 나의 생활과 사색에서
㉑㉒ 셜록홈즈의 모험 (Ⅰ Ⅱ)	㊿~㊿ 누구를 위하여 종을 울리나 (Ⅰ~Ⅲ)
㉓ 이이솝 우화	㊿ 주홍글씨
㉔ 탈무드	㊿ 슬픔이여 안녕
㉕㉖ 한국 민화 (Ⅰ Ⅱ)	㊿ 80일간의 세계일주
㉗ 철학이란 무엇인가	㊿ 물과 원시림 사이에서
㉘ 역사란 무엇인가	㊿ 람바레네 통신
㉙ 인생론	㊿~㊿ 인간의 굴레 (Ⅰ~Ⅲ)
㉚㉛ 정신 분석 입문 (Ⅰ Ⅱ)	㊿ 독일인의 사랑
㉜ 소크라테스의 변명	㊿ 죽음에 이르는 병
㉝ 금오신화 · 사씨남정기	㊿ 목걸이
㉞ 청춘 · 꿈	㊿ 크리스마스 캐럴
㉟ 날개	㊿ 노인과 바다
㊱ 황토기	㊿㊿ 허클베리 핀의 모험 (Ⅰ Ⅱ)
㊲ 백범 일지	㊿ 인형의 집
㊳ 삼대 (上)	㊿㊿ 그리스 로마 신화 (Ⅰ Ⅱ)
㊴ 삼대 (下)	㊿ 인간론
㊵ 조선의 예술	㊿ 대지
㊶㊷ 조선 상고사 (Ⅰ Ⅱ)	㊿㊿ 보봐리 부인 (Ⅰ Ⅱ)
㊸ 백두산 근참기	㊿ 가난한 사람들
㊹ 선과 인생	㊿ 변신
㊺㊻ 삼국유사 (Ⅰ Ⅱ)	㊿ 킬리만자로의 눈
㊼ 유리동물원 (外)	㊿ 말테의 수기

판형 / 4 · 6판 ✽ 면수 / 평균 256면

세계명작학술문고 일신 그랜드 북스

⑨⑨ 마농 레스꼬	⑭⑭⓪ 잠 못 이루는 밤을 위하여
⑩⓪ 젊은이여, 시를 이야기하자	⑭⑭① 페스트
⑩① 피아노 명곡 해설	⑭⑭② 크눌프
⑩② 관현악 · 협주곡 해설	⑭⑭③⑭⑭④ 빙점(ⅠⅡ)
⑩③ 교향곡 명곡 해설	⑭⑭⑤ 페이터의 산문
⑩④ 바로크 명곡 해설	⑭⑭⑥ 적극적 사고방식
⑩⑤ 혈의 누	⑭⑭⑦ 신념의 마력
⑩⑥ 자유종 · 추월색	⑭⑭⑧ 행복의 길
⑩⑦ 벙어리 삼룡이	⑭⑭⑨ 카네기 처세술
⑩⑧ 동백꽃	⑮⓪ 한중록
⑩⑨ 메밀꽃 필 무렵	⑮① 구운몽
⑪⓪ 상록수	⑮② 양치는 언덕
⑪①⑪② 아들들(ⅠⅡ)	⑮③ 아들과 연인
⑪③ 감자 · 배따라기	⑮④⑮⑤ 에밀(ⅠⅡ)
⑪④ B사감과 러브레터	⑮⑥⑮⑦ 팡세(ⅠⅡ)
⑪⑤ 레디 메이드 인생	⑮⑧⑮⑨ 짜라투스트라는 이렇게 말했다(ⅠⅡ)
⑪⑥ 좁은문	⑯⓪ 광란자
⑪⑦ 운현궁의 봄	⑯① 행복한 죽음
⑪⑧ 카르멘	⑯② 김소월시선
⑪⑨ 군주론	⑯③ 윤동주시선
⑫⓪⑫① 제인 에어(ⅠⅡ)	⑯④ 한용운시선
⑫② 논어 이야기	⑯⑤ 英 · 美 명시선
⑫③⑫④ 탁류(ⅠⅡ)	⑯⑥⑯⑦ 쇼펜하워 인생론
⑫⑤ 에반제린 이녹 아든	⑯⑧⑯⑨ 수상록
⑫⑥⑫⑦ 폭풍의 언덕(ⅠⅡ)	⑰⓪⑰① 철학이야기
⑫⑧ 내훈	⑰②⑰③ 백경
⑫⑨ 명심보감과 동몽선습	⑰④⑰⑤ 개선문
⑬⓪ 난중일기	⑰⑥ 전원교향곡 · 배덕자
⑬① 대위의 딸	⑰⑦ 소나기(外)
⑬② 아버지와 아들	⑰⑧ 무녀도(外)
⑬③ 나의 라임오렌지나무	⑰⑨ 표본실의 청개구리(外)
⑬④ 갈매기의 꿈	⑱⓪ 사랑방 손님과 어머니(外)
⑬⑤⑬⑥ 젊은 그들(ⅠⅡ)	⑱① 순애보(上)
⑬⑦ 한국의 영혼	⑱② 순애보(下)
⑬⑧ 명상록	
⑬⑨ 마지막 수업	

판형 / 4 · 6판 ✻ 면수 / 평균 256면

맥아더 회고록

지은이 D. 맥아더
옮긴이 반 광 식
펴낸이 남 용
펴낸데 一信書籍出版社

121-110 서울 마포구 신수동 177-3
등 록 : 1969. 9. 12. No. 10-70
전 화 : 703-3001~6
FAX : 703-3009
대체구좌 / 012245-31-2133577

ISBN 89-366-1508-4   03890
ⓒ ILSIN PUBLISHING Co. 1992.

값 10,000원